HISTORIQUE

DU

3^E RÉGIMENT DE DRAGONS

1649 - 1892

HISTORIQUE

DU

3ᵉ RÉGIMENT DE DRAGONS

PAR LE

CAPITAINE ANDRÉ DE BONNIÈRES DE WIERRE

ILLUSTRÉ PAR LE COMMANDANT AMEIL

BOURGEOIS, *Imprimeur-Editeur*

NANTES, 1892

BOURBON CAVALERIE
1686-1776

ANGUIEN CAVALERIE
1649-1686

L'Historique du 3ᵉ Régiment de Dragons est divisé en deux parties :

La première expose les actions du Régiment depuis qu'il fut levé en **1649**.

La deuxième partie comprend des citations, des ordres, des lettres particulières qui ajoutent des éclaircissements à la première et qui l'auraient surchargée.

Elle est terminée par les États de service des colonels et des principaux officiers, par des notes sur les costumes et les étendards et par la liste des morts et des blessés.

Cette deuxième partie n'est pas complète.

Aucun auteur d'historique ne peut se flatter d'avoir jamais terminé son travail. Il a pu apporter beaucoup de conscience dans ses recherches, jamais il n'est certain d'avoir tout trouvé; le hasard d'une lecture amène quelquefois la découverte d'un fait ignoré et digne d'être enregistré. Aussi la deuxième partie de l'Historique du 3ᵉ Dragons déposée à la Salle d'Honneur du Corps, sera toujours ouverte, et tout militaire du Régiment tiendra à honneur de l'enrichir.

C'est avec confiance dans sa future perfection que je livre mon travail aux Officiers, Sous-Officiers et Cavaliers du 3ᵉ Dragons.

Nantes, le 1ᵉʳ Janvier 1891.

ANDRÉ DE BONNIÈRES DE WIERRE,

Capitaine au 3ᵉ Dragons.

HISTORIQUE

DU

3ᴱ RÉGIMENT DE DRAGONS

PREMIÈRE PARTIE

CHAPITRE PREMIER

1649 — 1715

ANGUIEN-CAVALERIE — BOURBON-CAVALERIE

Débuts du 3ᵉ Dragons sous le nom d'**Anguien-Cavalerie**. — Campagne de Flandre et Guerre de Dévolution. — Guerre de Hollande. — **Anguien-Cavalerie** depuis la guerre de Hollande jusqu'à la guerre de la ligue d'Augsbourg. — **Anguien-Cavalerie** devient **Bourbon-Cavalerie.** — Guerres de la ligue d'Augsbourg et de la Succession d'Espagne.

Notre Régiment est un des plus anciens de la cavalerie française. Il fut levé le 17 janvier 1649 par le *Grand Condé*, pour son fils aîné, le *Duc d'Anguien*, alors âgé de cinq ans. Dès le 8 février suivant, il est au combat de *Charenton*, où il perd son premier Mestre de Camp Lieutenant, le comte *de Saligny, Marquis d'Orne*.

Anguien-Cavalerie était encore à peine monté et équipé ; il représentait plutôt une forte compagnie qu'un régiment. Ses officiers portaient l'écharpe isabelle, pour les distinguer des officiers d'Orléans et de Mazarin ; ses cavaliers avaient l'habillement alors en usage, mais sans uniformité.

Un an après (18 janvier 1650), les princes sont arrêtés et leurs régiments suivent leur mauvaise fortune. Dès que cette nouvelle est connue, *Coligny* (1) qui avait remplacé son frère à la tête du régiment d'Anguien, lui fait quitter ses quartiers d'hiver du Limousin et l'amène à Bellegarde « augmenté de quelques compagnies qui s'y étaient jointes, jusqu'au » nombre de cinq cents chevaux, avec une diligence incroyable, passant » les rivières avec conduite et résolution » (2).

En janvier 1652, attaqué dans les cantonnements de Rouffiac, il essuie des pertes sérieuses (3). En juillet, au combat du faubourg Saint-Antoine, quand les portes de Paris s'ouvrent enfin à l'armée de Condé qui allait succomber, c'est à *Anguien-Cavalerie* et aux escadrons de Condé et Conti, que revient le périlleux devoir de soutenir la retraite ; grâce à leur dévouement elle s'exécute en bon ordre (4).

Enfin à la bataille des Dunes, il sauva le Grand Condé ; du moins le comte de Coligny, son Mestre de Camp, le rapporte dans ses mémoires :

« J'étais dans les Dunes, ayant avec mon seul escadron d'Anguien (5) toute l'infanterie ennemie devant moi qui ne me disait rien, ni moi à eux ; je ne pouvais voir en quel état le prince était, parce qu'il était dans un fond ; j'y envoyai, on me rapporta qu'il avait chargé les ennemis deux fois, et qu'à la fin les ennemis l'avaient repoussé et mis en déroute. Je fis marcher la droite de mon escadron, et je le fis joindre ; j'arrivais de si bonne heure qu'arrêtant les ennemis sur cul, je donnais loisir à M. le Prince de changer de cheval, le sien étant blessé, et de se retirer. Il me doit sa liberté..... » (6)

A la paix des Pyrénées, *Anguien* est réintégré dans les troupes françaises, le 7 novembre 1659 (7). Depuis, il est peu de campagnes qu'il n'ait pas faites ; il a en effet cet avantage particulier, étant régiment royal, de n'avoir pas subi les licenciements que subissaient souvent à la fin des guerres les régiments de gentilshommes ou de province ; il n'a souffert que des réductions d'effectif (8).

(1) Voir ses états de service aux Notes et Remarques (2e Partie).
(2) Mémoires de Pierre Lenet.
(3) Voir cette relation aux Notes et Remarques.
(4) Relations de ce qui s'est passé dans Paris depuis le 5 janvier 1652 jusqu'au 26 août 1653 (Bibliothèque Nationale), cité dans les *Souvenirs du règne de Louis XIV* par le comte de Cosnac.
(5) Un plan de la bataille des Dunes donne cependant deux escadrons à Anguien.
(6) Mémoires de Coligny.
(7) Chronologie historique de Pinard.
(8) Réintégré le 7 novembre 1659, réduit à une compagnie le 12 avril 1661, rétabli

A cette époque, Turenne, colonel général de la cavalerie, s'occupe activement de son organisation. Elle ne devient définitive qu'en 1671 après les épreuves du camp d'instruction de Compiègne.

Peu après commence la campagne de Flandre (24 mai 1667). Anguien-Cavalerie est dans la brigade Bissy, à l'armée des Pays-Bas commandée par le roi en personne (1). Ce fut une marche triomphale plutôt qu'une véritable expédition ; aucune bataille sérieuse, quelques sièges de courte durée ; celui de Courtrai par exemple de deux ou trois jours, « où le duc » d'Anguien pensa se faire prendre par des partisans au moment où il rejoi- » gnait son régiment. » Après le siège de Tournai, on hiverna au camp de Catenon (novembre 1667). « Les compagnies d'Anguien y sont bien » placées tant pour subsister que pour servir en cas de besoin, mais elles » sont bien réduites et toutes ont moins de 50 maîtres » (2).

Campagne de Flandre
et Guerre
de Dévolution.

Après la conquête de la Franche-Comté le régiment occupe Marsal. Il est remis à une compagnie ; réduction fictive, car la plupart des cadres sont gardés à la solde du roi, et on ne renvoie que les malingres.

Guerre de Hollande.

Cette mesure permit au Régiment de compter, au début de la guerre de Hollande, deux bons escadrons de trois compagnies chacun. Chaque compagnie comprend un capitaine, un lieutenant et un cornette, le nombre des maîtres y est variable et quelquefois modifié au moment des quartiers d'hivers (3).

Le Régiment ne se signale par aucun fait bien particulier, aussi semble-t-il plus rapide et plus net de donner tout simplement, dans leur ordre chronologique, la série de ses marches et de ses campagnes :

1672. — *Sous les ordres de Prince de Condé,* **prise d'Orsoy** (*duc d'Orléans*) **et passage du Rhin.**

1673. — **Occupation des Pays-Bas.**

1674. — **Sièges de Besançon et de Dole.**

    En Flandre : **Bataille de Senef,** *où* *le* **duc d'Anguien,** *Mestre de Camp du Régiment, est blessé.*

---

le 7 décembre 1665, et réduit de nouveau à une compagnie le 24 mai 1668. Pendant toute cette période Auguien est en garnison dans plusieurs places de la Picardie ; il passe l'année 1666 au camp de Compiègne.

(1) Campagne de Flandre, par Van Dœuvre.

(2) Maréchal de Créqui au Roi. Lettre du 2 novembre 1667. Dépôt de la Guerre.

(3) Cette variation dans les effectifs est présentée d'une façon claire et complète dans les Tableaux historiques et chronologiques rédigés en 1773 par M. de Roussel. Le tableau relatif à Anguien-Cavalerie est aux Notes et Remarques.

1675. — **Prise de Limbourg, puis en Allemagne.**

1676. — **Prises de Condé, de Bouchain et d'Aire.**

1677. — *Armée du Maréchal de Créqui, Brigade Saint-Loup ;* **14 et 15 juin, combat de Morville ; 7 octobre, combat de Kochersberg.**

1678. — *Armée du Maréchal de Créqui ; aile gauche, 1ʳᵉ Ligne. Brigade Bulonde.* **Attaque et prise des retranchements près du château d'Orteberg (23 juillet).**

De nombreuses ordonnances paraissent pendant les dix années de paix qui suivent les traités de Nimègue. Elles modifient peu à peu la constitution de la cavalerie et tendent toutes à ses progrès.

Depuis longtemps, l'inconvénient des officiers de Cour présents seulement les jours de bataille avait été signalé. Aussi le roi, « pour son service et le maintien de la Cavalerie », (1) établit le grade de Lieutenant-Colonel, donné au plus ancien Capitaine. *M. de Caumont* fut le premier Lieutenant-Colonel du Régiment.

Les majors (2) n'ont plus de compagnie sous leur nom, « afin de pouvoir servir dans leurs charges avec plus d'application, » et les aides-majors ont le rang de lieutenant « pour commander à tous les cornettes sans difficultés. » Dans l'esprit de l'ordonnance ces officiers, toujours présents, étaient destinés à maintenir la tradition au régiment; ils s'élevaient sur place ; nous en avons l'exemple au régiment par M. de Gruy-Verloin, qui, aide-major à la création, devient major le 12 Avril 1692 et Lieutenant-Colonel en 1718 (3).

Toujours pour conserver cette tradition, il faut de vieux bas-officiers : « les cavaliers doivent avoir au moins six ans de service pour être nommés brigadiers, et dix ans pour passer maréchaux-des-logis. » (4) Il n'était pas rare de voir des maréchaux des logis, des brigadiers et même des cavaliers, se retirer après trente et trente-cinq ans de service (5). On distingue même les cavaliers entre eux par la création des Carabiniers, deux par compagnie avec haute paie.

(1) Ordonnance du 20 Novembre 1696.

(2) M. de Maffricourt est notre premier major.

(3) Les contrôles commencent même à être tenus. Le manuscrit existe au ministère pour Bourbon-Cavalerie. Tous les officiers qui ont servi au régiment depuis le 20 août 1691, y sont mentionnés par compagnie.

(4) Ordonnance du 4 novembre 1684.

(5) Voir aux Notes et Remarques des congés délivrés dans ces conditions en 1709, 1715 et 1736 à des cavaliers du régiment.

Plus tard il sera créé une compagnie de Carabiniers choisis sur tout le Régiment, tous armés de carabines rayées, même les officiers sauf le capitaine. Elle doit marcher toujours à la tête du 1er escadron. C'est l'origine de la compagnie d'élite et de nos cavaliers de 1re classe (1). Les officiers choisis dans Bourbon furent *MM. de Serres*, Capitaine au Régiment depuis le 21 Juillet 1674, *de S.-Germain*, Lieutenant et de *Talance*, Cornette.

Quant aux jeunes officiers, les Cornettes, on en agissait plus légèrement avec eux ; si le nombre des cavaliers diminue dans la compagnie, on les réforme ; s'il augmente, on les rétablit (2).

D'autres ordonnances prescrivent qu'il n'y aura plus qu'un étendard par compagnie (3), que les trompettes de toutes les compagnies seront à la livrée du mestre de camp ; que la cavalerie ne sera montée qu'avec des chevaux, « les cavales devant être réformées ; » que leur taille est diminuée (4), etc., etc...

Anguien cependant contribuait aux réunions en pleine paix. En 1683 il est des escadrons rassemblés au camp de la Saône, sous le marquis de Boufflers (5) ; l'année suivante il couvre les opérations du siège de Luxembourg.

A la mort de son père (11 Décembre 1686) le duc d'Anguien devient Prince de Condé. Il se démit du régiment d'Anguien-Cavalerie en faveur du duc de Bourbon, son fils. Le Régiment prend dès lors le nom de *Bourbon* et le conserve jusqu'en 1791 pour devenir le 3e Dragons.

Anguien-Cavalerie devient Bourbon-Cavalerie.

Grâce à Danjeau qui sert sous Monseigneur le Dauphin comme le Régiment, on peut suivre, pour ainsi dire jour par jour, les mouvements de Bourbon-Cavalerie pendant la guerre de la Ligue d'Augsbourg. Il est aux

Guerre de la Ligue d'Augsbourg et de la Succession d'Espagne.

---

(1) ... On apprit en ce temps-là (11 oct. 1690) que le roi faisait dans chaque régiment de cavalerie, une compagnie de 30 carabiniers à l'instar des grenadiers de l'infanterie, laquelle devait être levée en prenant 4 cavaliers dans chaque compagnie au choix du Capitaine des Carabiniers, lequel aussi bien que ses officiers devait être choisi par le Mestre de Camp, et le Capitaine des Carabiniers devait avoir faculté de prendre des cavaliers dans tout le régiment, quand il lui en manquerait, en payant 200 livres par Cavalier tout monté, ce qui déplaisait fort à tous les capitaines de Cavalerie. (Mémoires du Mis de Sourches, t. 3, p. 312).

(2) Ils sont réformés le 21 Décembre 1678. Rétablis le 10 Mars 1683. Supprimés en 1684. Rétablis en 1690. Supprimés à la paix de 1697 et rétablis en 1701.

(3) Voir la note sur les Guidons et Etendards du régiment.

(4) Minimum 4 pieds, 4 pouces. Maximun 4 pieds, 6 pouces.

(5) Il est dans la Brigade Lavalette composée de : Royal-Dauphin-Etranger, *Anguien*, Lavalette.

armées du Rhin et de Flandre et présent aux sièges de Philipsbourg, Manheim, Frankenthal, Namur et à la bataille de Nerwinden (1).

En 1690 il est particulièrement remarqué au camp de Wachenheim pour « sa beauté étonnante. »

Le 12 Juin 1692 le *comte de la Chapelle-Balon,* son mestre de camp reçut en escarmouchant, un coup de feu dans les reins dont il mourut. Son successeur le *marquis de Lanques,* de la maison de Choiseul, ne parut pas au Régiment ; il se mourait d'avoir été foulé aux pieds des chevaux à la bataille de Steinkerque. (2)

C'est pendant cette guerre que Louis XIV envoya au M^{al} de Luxembourg le célèbre règlement destiné à la Cavalerie « pour être observé un » jour d'action. » (3) Voici quelques-unes de ses prescriptions les plus nouvelles :

Le commandant de chaque escadron sera dans le centre, ayant la croupe de son cheval jusqu'au flanc dans le premier rang ; chaque capitaine à la tête de chaque compagnie plus reculé que le commandant ayant seulement l'encolure de son cheval hors du rang des cavaliers de leur compagnie à distance égale, et comme il n'y a que deux étendards par escadrons, ils seront placés entre le huitième et le neuvième cavalier de la droite et de la gauche. Le dernier lieutenant de chaque escadron sera mis à la queue avec les maréchaux des logis. On mettra un lieutenant ou un maréchal des logis sur chaque aile. Les carabiniers de chaque compagnie auront le mousqueton haut dans le rang à droite et à gauche du commandant de la compagnie qui les fera tirer lorsqu'il le jugera à propos. Il y aura quinze maîtres commandés par un lieutenant à chaque aile des escadrons dont le commandant se pourra servir, lorsqu'il le croira nécessaire, soit pour les faire tirer d'abord sur les ennemis, principalement sur les officiers, soit pour leur faire pousser après une charge, soit pour les faire charger en flanc.

Le gros de l'escadron demeure toujours ensemble, sans désordre ni confusion, prêt à charger les ennemis s'ils se rallient, ou s'il vient une deuxième ligne pour soutenir ceux qui sont poussés ou battus et pour empêcher les cavaliers des escadrons de se débander au pillage... Les cavaliers du 1er et 2e rang auront le mousqueton haut et ceux du 3e l'épée à la main. Ceux du 1er tireront d'abord et ceux du 2e quand les ennemis seront rompus..., etc.

Ce feu à cheval proscrit par bien des généraux et par Turenne en particulier fut en usage très longtemps ; nous en retrouverons encore des exemples à la fin des guerres de l'Empire, même en 1870.

La paix fut signée à Ryswick en 1697. Elle dura peu. Dès 1701 les

(1) Voir aux Notes et Remarques les mouvements de Bourbon-Cavalerie pendant la guerre de la Ligue d'Augsbourg.

(2) Saint-Simon.

(3) Quincy. T. 2. P. 487.

armées s'observent et marchent (1). Bourbon fort de deux Escadrons est à Longwy, puis à Limbourg dans l'armée du Maréchal de Villeroy. En Novembre il va en Franche-Comté, d'où il rejoint l'armée d'Italie. Il prend une bonne part à la bataille de Luzzara, et Monsieur de Langallerie qui l'avait dans ses troupes, écrit directement au roi sa satisfaction :

« Sire,

» Je prends la liberté de rendre compte à Votre Majesté qu'ayant eu le bonheur de le
» servir utilement au combat de Luzzara, m'y étant trouvé commandant six bataillons et
» un régiment de cavalerie, qui ont combattu avec toute la valeur et l'intrépidité du
» monde, je me donne l'honneur d'en rendre compte à Votre Majesté parce que l'action
» a roulé sur moi, qui me suis trouvé hors de communication avec l'armée de Votre
» Majesté, et que les ennemis étaient entre elle et les troupes que j'avais l'honneur de
» commander, ce qui me fait espérer que Votre Majesté ne trouvera pas mauvais que je
» les lui nomme, et leur rende la justice qui leur est due : Ce sont trois bataillons de
» Piémont, deux de Lyonnais, celui de l'Ile-de-France, un détachement de cent
» cinquante hommes des troupes de Savoie, et le *Régiment de Cavalerie de Bourbon*. Les
» officiers et les troupes ont combattu avec une valeur que je ne puis exprimer à Votre
» Majesté. Les ennemis sont venus trois fois à la charge avec des forces infiniment plus
» grandes que les nôtres, mais la valeur et l'intrépidité de vos troupes qui combattirent
» depuis neuf heures du soir jusqu'à une heure après minuit, quoique ces mêmes troupes
» eussent encore combattu pendant la bataille, obligèrent les ennemis de se retirer à la
» portée du pistolet. Cependant le grand feu que j'avais fait ayant consommé toutes
» mes munitions, je pris la résolution de faire une retraite à la vérité un peu hardie,
» mais nécessaire parce que j'avais le Pô derrière moi. Je me retirai donc en leur
» prêtant le flanc ; ils n'osèrent pas me charger, étant rebutés des feux qu'ils avaient
» essuyés, et j'arrivai sur les deux heures après minuit au camp de la réserve. Je ne dois
» pas finir cette petite relation, sans assurer Votre Majesté que rien n'approche de la
» bravoure et de la capacité de M. de Broglie, Colonel du Régiment de l'Ile-de-France,
» aussi bien que de la valeur de *M. de Saint-Micaud, Mestre de Camp du Régiment de*
» *Bourbon* lequel a beaucoup souffert, dans les différents postes où je l'ai placé, et où il a
» demeuré avec une fermeté admirable.....

Bourbon-Cavalerie commence la campagne de 1703 avec le duc de Vendôme, mais dans le courant de mai il va renforcer l'Electeur de Bavière en Tyrol sous les ordres du prince de Vaudémont. Le roi se bornait « à maintenir en Italie les affaires dans le bon état où les avait mises le duc de Vendôme, et voulait porter la guerre dans l'Empire, moyen plus sûr de terminer la campagne (2). » Ce détachement fut très dur, à en juger par cet état d'effectif de novembre.

(1) Voir aux Notes et Remarques les différents mouvements du Régiment pendant la guerre de la Succession d'Espagne.

(2) Etat des troupes que le roi destine à joindre l'Electeur de Bavière (Ministère de la Guerre, minute de la main du Roi). — Vol. 1640, pages 151, 152, 153 d'après Pelet.

BOURBON : Deux escadrons

Capitaines en état de servir à cheval 4
Lieutenants et Cornettes   id. 6
Maréchaux des Logis   id. 2
Cavaliers   id. 23
Cavaliers en état de servir à pied 199
Officiers à pied 4 (1)

Mais il reçut des renforts, car l'année suivante, le 26 janvier, nous le retrouvons avec trois escadrons. Il est à Ocimiano, entre le Pô et le Tanaro. En mai, notre Lieutenant-Colonel, *M. d'Anglure,* est cité « pour avoir chargé à la tête des Dragons et s'être fort distingué (2) ».

Bourbon finit la campagne au siège de Turin (3) qui fut pris à la fin de 1706. Il fut malmené dans la retraite, et entra en France, où il assiste à la triste Campagne du Var, sans avoir la compensation de la marche en avant qui succède. En mai 1708, il est à Neuwiller, dans la Basse-Alsace. Il emploie inutilement son année à fourrager, sauf pendant deux détachements ; l'un au complet à trois escadrons, sous les ordres de M. de Saint-Frémont, l'autre avec deux escadrons seulement, sous M. d'Imécourt. En octobre, il prend ses quartiers d'hiver dans la Haute-Alsace.

Enfin, en 1709, il combat à Malplaquet, et termine la guerre de la Succession d'Espagne en Flandre sous le Maréchal de Villars.

(1) Ministère de la Guerre.

(2) Détail de l'attaque de l'arrière-garde des ennemis le 7 mai 1704 (Pelet). *M. d'Anglure* avait commission de Maréchal de Camp.

(3) *M. de Saint-Micaud,* mestre de Camp de Bourbon, est cité au combat de Cirié (7 juillet 1705) et, à l'affaire d'Asti (9 novembre).

Pendant le siège de Turin M. de Saint-Micaud commande la brigade composée de Figuera (deux escadrons) et *Bourbon* (trois escadrons). Elle est tout à fait à la gauche de la ligne derrière les Dragons qui appuyent à Lucento. Après la perte de Turin, elle fit l'arrière-garde de la gauche avec quelque perte. (Pelet T. 4, page 659).

CHAPITRE II

1715-1791

BOURBON-CAVALERIE — BOURBON-DRAGONS

Réduction des effectifs. — Camps d'instruction. — Guerre de la Succession de Pologne (1733-1738). — Guerre de la Succession d'Autriche (1741-1748). — Guerre de Sept ans (1756-1763). — Incorporation du **Régiment de Noé**. — **Bourbon-Cavalerie** devient **Bourbon-Dragons**. — Incorporation d'un Escadron des **chasseurs de Lorraine**. — Le marquis **de Laguiche**.

Après les traités de 1715, l'armée est réduite à la fois par la diminution des effectifs et par la suppression de plusieurs régiments créés pour les besoins de la guerre précédente.

Bourbon est un de ces 61 régiments de cavalerie seuls conservés (1).

Il n'est pas de l'Expédition d'Espagne, et ne marche que pour la guerre de la Succession de la Pologne. Il y est préparé en 1727 par le Camp de la Meuse, à *Stenay* d'abord, puis à *Douzy* (2), et en 1730 par le Camp de *Troussey*, sur la Haute-Meuse, du 6 juin au 20 juillet. L'établissement de ces camps répondait à la double nécessité de garder dans la main un grand

Réduction des effectifs
et
Camps d'Instruction.
Guerre de la
Succession de Pologne
(1733-1738).

(1) 8 compagnies à 25 hommes (pied de paix). Ordonnance du 28 avril 1716.

Les réductions avaient commencé dès 1713, car cette année, Bourbon avait reçu le régiment de *du Fief*. Ce régiment levé le 20 août 1688 sous le nom de Dumont, a fait les campagnes de Flandre jusqu'en 1695, du Rhin en 1696, d'Italie et de Dauphiné pendant la guerre de la Succession d'Espagne. Il s'était distingué le 4 octobre 1701 à l'escorte du maréchal de Villars.

(2) Ce camp est commandé par le maréchal de Belle-Isle. D'après une de ses lettres, les troupes étaient moins belles que celles du Camp de Richemont, mais cependant la bonne volonté des officiers était digne des plus grands éloges et par suite, lorsque le camp fut levé, les troupes n'étaient plus reconnaissables, tant elles avaient gagné depuis l'ouverture du camp.

Voir Pajol : *Les Guerres sous Louis XV*. T. I. p. 146.

nombre de troupes, en raison des bruits de guerre, et de parfaire l'instruction des régiments très négligée depuis la paix.

Au mois d'août 1733, le *Comte de Charolais*, mestre de camp titulaire de Bourbon, va rejoindre l'armée du Rhin commandée par le Maréchal de Berwick. Il assiste au siège de Kehl et passe le Rhin; peu de temps après il prend ses quartiers d'hiver sur la rive gauche (fin de novembre).

L'année suivante (1734), dans les premiers jours d'avril, Bourbon est au siège de Philipsbourg. D'abord placé au camp de *Brüchsal*, à la gauche de la deuxième ligne (du 10 au 25 mai), il va jusqu'au 27 juin au camp de *Kronau*. Le 12, le maréchal de Berwick était tué et remplacé par le maréchal d'Asfeld. En juillet, le régiment est dans le Spierbach. Philipsbourg ne capitula que le 18 juillet. « Toutes ces dispositions du maréchal « d'Asfeld, très bon ingénieur, avaient abouti à faire piétiner l'armée dans « ses lignes sans hâter la prise de la ville. » Ayant peu agi, Bourbon est cependant classé parmi les régiments les plus fatigués (1).

Les quartiers d'hiver sont pris au commencement d'octobre. On y fait comme d'habitude l'instruction des recrues. Il ne faut pas croire que les quartiers d'hiver à cette époque étaient toujours des lieux de repos complet; les troupes y étaient toujours en éveil, souvent attaquées et généralement placées de façon qu'en quatre ou six heures la majeure partie puisse se réunir. Cette instruction d'escarmouches était excellente pour les recrues, encadrées par les vieux soldats.

L'année 1735 se passe de juin à septembre en marches et contremarches sous le maréchal de Coigny (2) jusqu'à la suspension d'armes (novembre), qui précède la paix; les possessions du Rhin sont évacuées seulement en 1736 (avril et mai).

Bourbon-Cavalerie avait tenu garnison pendant l'hiver à Evreux (1733), à Vendôme (1734), en Lorraine (1735), à Schelestadt, à Stenay (juin et novembre 1736). Il est à Verdun et à Longwy en septembre 1737, à Damvillers en 1740.

La Guerre de la Succession d'Autriche ne commence pour le régiment qu'en 1741. Il fait partie seulement de la 2ᵉ armée qui marche en Westphalie, et appuie les négociations entamées par l'Electeur de Bavière. M. d'Epinay qui l'avait dans sa division quitte Sedan le 28 août et arrive à Neuss le 16 septembre. Notre mestre de camp, *M. de Crussol*,

Guerre de la Suc-
cession d'Autriche
(1741-1748).

____

(1) Archives de la Guerre.
(2) Effectif : 3 escadrons, 38 officiers, 12 maréchaux des logis, 480 maîtres.

commandait la brigade (1). Le 23, passage du Rhin à Kaiserwerth, après lequel Bourbon est à Paderbon (octobre) et pour longtemps.

Ce n'est que l'année suivante (fin d'août 1742) qu'il quitte cette ville pour marcher au secours de l'armée de Bohême, qui évacuait Prague. Après deux petits combats à *Ellenbogen* et *Caaden*, il entre à *Brauneau* le 12 décembre avec le maréchal de Broglie et hiverne sur la Wils.

La défaite de Dettingen (1743) amène une retraite lente sur l'Alsace et sous les ordres du comte de Saxe, le Régiment assiste aux affaires de *Rheiweiler*, de *Wissembourg* et aux combats sur la *Lauter*.

Après l'hiver, il forme un 4e Escadron et le conserve jusqu'à la fin de la guerre. Il est sur le Rhin en 1744 au camp *de Landau* d'abord (18 mai), il suit jusqu'à Fribourg la retraite du prince Charles et prend ses quartiers à Ober et Nieder Ingelheim sous le maréchal de Maillebois, (armée du Bas-Rhin), qui occupe le pays entre la Lahn, le Mayn, le Necker et le Rhin. Le 11 avril, il est du détachement de M. du Châtelet qui, sur la Basse-Moselle assure la gauche de l'armée, en s'étendant depuis Zell jusqu'à Traerbach; le 25 juin, toutes ces troupes sont réunies pour former la 1re Division destinée à la Flandre. Elles arrivent après la bataille de *Fontenoy*, vont au siège d'*Ath* et de là à *Valenciennes*. Bourbon termine la guerre en Flandre au siège de *Bruxelles*, à la bataille de *Rocoux*, à celle de *Lawfeld* et enfin au siège de *Maestricht*.

Pendant la Guerre de Sept ans, et jusqu'en 1761, Bourbon n'a plus que 2 escadrons de 161 chevaux chacun. En 1757, au commencement des grandes opérations sur le Weser, il est au camp de *Halteren*. Il assiste à la bataille de *Hastembeck* (2) et après à la capitulation de *Clostersewern*, il va au camp de *Brême*, sous M. d'Armentières, (12 septembre), espérant prendre ses quartiers d'hiver; mais le roi de Prusse marchait sur l'armée du prince de Soubise, et le duc de Richelieu dut lui envoyer des renforts. Bourbon arrive pour la désastreuse bataille de *Rosbach* (3); il eut du moins l'honneur de s'y bien montrer (4).

(1) Etapes de *Bourbon-Cavalerie* : Sedan (28 août), Bouillon, Fay-les-Veneurs, Libramont, St-Hubert-Rochefort, Château-de-Ry, Neuvillle-en-Condrez (5 septembre), Cheneux, Mélin, Burtscheid, Lauzensberg, Breich, Ellsen, Neuss (16 septembre).

(2) On sait que la cavalerie ne put donner à cause du terrain au commencement de la bataille; à la fin elle chargea brillamment plusieurs fois avec le duc d'Orléans.

(3) 5 novembre : Brigade Bourbon (*Bourbon* 2 escadrons, Rangrave 2 escadrons, Beauvilliers 2 escadrons). Bourbon est le 11 octobre à Quedlinberg et le 31 à Reichertswerben.

(4) Lettre de M. de Castries au Ministère de la Guerre. — Nordhausen, 9 novembre.
« Le régiment de Rangrave se trouvait à la gauche de la 1re ligne. Dans la charge de

Les batailles d'Hastembeck et de Rosbach l'avaient fortement éprouvé ; il revint en France et ne reparut à l'armée qu'en 1759. Il est à *Minden*, battu avec le reste de la cavalerie (1), et à la *prise de Cassel* où le capitaine *de la Coudraye* fut blessé d'un coup de feu au coude gauche.

Le 23 mai 1760 Bourbon commence la campagne dans la brigade Cambis (ou Bourbon) (2), le 10 juillet il contribue à la victoire *de Corbach* (3) et surtout au combat de *Warburg* (31 juillet). « La brigade de » *Bourbon* marcha sur la cavalerie anglaise au moment où elle se préci- » pitait sur notre infanterie, et la mit en désordre. Cette charge si vigou- » reuse et si opportune assura le passage de la rivière dans le meilleur » ordre » (4).

Le lieutenant *Nicolas* reçut un coup de feu et eût son cheval tué sous lui ; le lieutenant *de Maussabrey* fut très grièvement blessé, et pris comme notre major *M. de Neuilly*.

Le 10 octobre Bourbon arrivait sous *Neuss* avec M. de Castries qui devait secourir Wesel ; la bataille de *Clostercamp* avait lieu le 16, et le siège de *Wesel* était levé le 18.

Cette campagne glorieuse avait surmené le régiment, il ne fut cependant renvoyé en France qu'à la fin de l'année. Il occupa Metz.

Le 9 février 1761 il est à *Liége*, dans l'armée du Bas-Rhin. Peu de choses à signaler, sauf une jolie marche exécutée par 150 cavaliers du régiment que le maréchal du Muy avait emmenés à Hoechst pour secourir le maréchal de Broglie (5). Ce fut l'occasion pour le Régiment d'être à l'affaire de *Grunberg* (24 mars) qui délivra Cassel.

» cavalerie, les régiments de *Bourbon*, Beauvilliers, Rangrave et Fitz-James fournirent » une charge vigoureuse, renversèrent ce qui était devant eux; mais ils furent obligés de » se retirer, lorsque la 2e ligne des ennemis s'ébranla... »

6 officiers tués ou blessés, parmi lesquels il faut citer le capitaine *de Caillères*, qui, blessé et démonté se retira à pied et se conduisit avec distinction pendant toute la retraite ; le lieutenant *Mausabrey* dangereusement blessé et prisonnier ; le capitaine *de l'Isle*, plus tard colonel du Régiment.

Beaucoup de cavaliers furent tués (Voir Notes et Remarques).

(1) C'est un des rares combats où la cavalerie, 1re et 2e ligne, est au centre de la ligne de bataille.

(2) *De Cambis* était alors mestre de camp lieutenant du régiment.

Sa brigade était formée de Beauvilliers (2 escadrons) Montcalm (2) et *Bourbon* (2).

Cette brigade était placée à la réserve de gauche de la 1re ligne.

(3) Le capitaine *de la Coudraye* y fut blessé à la cuisse droite.

(4) Comte Pajol. Les guerres sous Louis XV. T. 5, page 68.

(5) Lettre du maréchal du Muy au Ministre : « La jonction des troupes que j'ai amenées du Bas-Rhin pour secourir M. le maréchal de Broglie s'est faite aujourd'hui. La

A la fin de 1761, par ordonnance du 1ᵉʳ décembre, Bourbon est porté à quatre Escadrons au moyen de l'incorporation du *Régiment de Noé*. Les cavaliers de Noé conservent leur costume (1). Leur mestre de Camp (Vicomte de Noé) moins ancien que le *Comte de Coigny* est remboursé et employé avec ses appointements en qualité de mestre de camp incorporé. Il deviendra définitivement mestre de camp du Régiment en 1762.

Pendant les quartiers d'hiver de 1761 à 1762, Bourbon ainsi constitué (2) est dans l'armée du Haut-Rhin (Soubise, d'Estrées). La campagne ne commença que vers la fin de juin par l'affaire de *Willemsthal* sous Cassel (24 juin). En juillet il est à *Melsungen*, en décembre les préliminaires de paix étant signés à Versailles, il évacue l'Allemagne et est dirigé sur *Coblentz* et *Thionville*.

Telles sont, sans entrer dans les détails, les campagnes de Bourbon pendant le règne de Louis XV. Il n'en fit pas sous Louis XVI, comme la plupart des régiments de cavalerie. Son histoire jusqu'en 1791 se confond donc avec celle de tous les autres régiments ; il supporte les mêmes réductions, les mêmes essais de composition et d'organisation ; il applique les mêmes ordonnances qui régissent l'intérieur des corps de troupe, les mêmes règlements de manœuvres ; en parler serait entrer dans l'histoire générale, le mieux est de s'abstenir.

Il y a cependant un fait spécial au Régiment qui doit être noté, c'est sa transformation en Dragons.

L'ordonnance du 25 mars 1776 porte les régiments de dragons de 18 à 24 par le changement de Condé, *Bourbon*, Conti, Boufflers, Penthièvre, Chartres et Noailles (3).

1ʳᵉ division est à Hœchst au confluent de la Nidda et du Mayn... Toute cette marche depuis Cologne jusqu'ici s'est exécutée en 8 jours. La situation où se trouvait le maréchal exigeait qu'elle fut prompte, c'est ce qui m'a fait prendre la route d'Andernach et de Coblentz. Elle demandait qu'elle fut vive, c'est ce qui a abrégé la durée et supprimé les séjours. »

(1) Ce costume était : Habit et manteau gris blanc, parements et doublures rouges, boutons d'étain des deux côtés jusqu'à la poche, patte rouge pour supporter la bandoulière, buffle bordé de blanc à bouton de cuivre, bandoulière et culotte de peau jaune, chapeau bordé d'argent. En 1760, on avait ajouté des revers rouges. L'équipage rouge était bordé d'un galon rouge à chaînette bleue. Ce régiment avait des étendards citron présentant sur une face, le soleil et la devise du roi ; sur l'autre : un lion regardant le soleil et cette devise : *Ardet et Audet*. Les étendards étaient brodés et frangés d'or. Noé avait été levé le 23 février 1649.

(2) 4 escadrons de 2 compagnies. — Par compagnie, 4 maréchaux des logis, 1 fourrier 8 brigadiers, 8 carabiniers, 32 cavaliers, 1 trompette, 1 capitaine, 1 lieutenant, 1 sous-lieutenant.

(3) Bourbon est classé le 12ᵉ des régiments de dragons (ordonnance du roi sur le rang des régiments entre eux et l'incorporation des légions, 7 mai 1776).

Bourbon a 5 escadrons, quatre de dragons et un de chasseurs à cheval. Il doit avoir de plus en temps de paix un escadron auxiliaire (1).

Le 4ᵉ escadron de la Légion de Lorraine forme l'escadron de chasseurs du Régiment (2). Il est commandé par M. *de Gondin,* les autres officiers sont *de Lacoudray,* capitaine en 2ᵉ, le fameux *Houchard,* lieutenant en 1ᵉʳ, et *Laroche,* lieutenant en 2ᵉ (3). L'uniforme devient alors :

HABIT. — Veste de drap foncé, collet droit de drap rouge, parements et revers de drap chamois-Condé ; la patte de la poche coupée en travers, lisérée de même drap, marquée de trois boutonnières sans boutons, chaque côté des revers garnis de 7 petits boutons placés à distance égale, 4 petits au-dessous des revers, 2 aux épaulettes, l'ouverture de l'avant-bras et des parements fermée par deux petits boutons.

GILET et CULOTTE de drap blanc.

BOUTONS blancs aux armes des Bourbon..... Nᵒ 12.

La HOUSSE en drap vert bordée d'un galon en laine velouté, avec raie ventre de biche au milieu de deux raies cramoisies mouchetées de blanc, liserées de couleur ventre de biche.

Le CASQUE est supprimé et remplacé par un chapeau de laine bien feutrée, même forme que l'infanterie.

Bourbon-Dragons a deux guidons attachés aux compagnies du mestre de camp en 2ᵉ (marquis de Cayla) et du lieutenant-colonel (comte de Mazancourt). Le mestre de camp n'avait plus de compagnie.

C'était le jeune marquis de Laguiche (4) qui fit cette transformation du régiment en Dragons. En 1766, à 19 ans, ses notes portaient : « Encore jeune, a beaucoup d'autorité. » Il la montra dans cette organisation. Aussi quand il quitta le commandement en 1788, pour passer maréchal de camp, le Régiment était-il considéré comme « un des plus solides de l'armée française (5). »

(1) Ordonnance du 25 mars 1776. — Art. 3.

(2) Ordonnance du 7 mai 1776.

(3) Cet escadron en 1779, quitte le régiment avec les mêmes officiers, sauf Houchard, pour former le 3ᵉ chasseurs.

(4) Voir ses états de service aux Notes et Remarques.

Le marquis de Laguiche est mort sur l'échafaud révolutionnaire le 9 messidor an III 27 juin 1794) et fut enterré au cimetière de Picpus. Son père Jean, comte de Laguiche, était lieutenant-général et commandant la province de Bourgogne; son grand-père, Claude-Elisabeth, marquis de Laguiche, fut laissé pour mort à Malplaquet avec quatorze blessures qui l'empêchèrent de reprendre du service.

(5) Archives du Ministère de la guerre.

CHAPITRE III

1791-1795

3ᵉ RÉGIMENT DE DRAGONS

1792. — **Bourbon-Dragons** prend le nom de **3ᵉ Dragons**.— Nouvelle composition du Régiment. — Déclaration de guerre à la Maison d'Autriche. - Le **3ᵉ Dragons** à la division Duval. — Beau fait d'armes du dragon **Roux**. — Le brigadier **Coquillon**. — Mouvements avant la bataille de Valmy. — Bataille de Valmy. — Le Régiment fait l'avant-garde de Beurnonville dans sa marche sur Valenciennes. — Avec le général Miranda, il se porte sur Ruremonde et Tongres.

1793. — Le 3ᵉ Dragons fait partie des troupes qui couvrent le siège de Maëstricht. — Retraite sur Louvain et Liège.— Combat de **Tirlemont**. — Bataille de Nerwinden. — Combats de **Pellenberg**. — Le 3ᵉ Dragons escorte du général Dumouriez. — Emigrés du 6 avril 1793. — Les trois Escadrons du Régiment à Béthune. — Bataille d'Hondschoote. — Combats de Menin et Tourcoing. — Cantonnements à Guise.

1794. — Sièges des places du Nord sous Schérer (Le Quesnoy, Valenciennes, Condé). — Le Régiment à l'armée de Sambre et Meuse. — Petits combats à Grand-Chêne, Petite-Somme, Durbuy, etc. — Combat de **Sprimont** (18 Septembre 1794) où le Régiment prend cinq drapeaux. — Bataille de Düren. — Entrée du Régiment à Cologne. — Expédition dans le Luxembourg. — Résumé des Campagnes de 1792, 1793, 1794, 1795.

Le 1ᵉʳ janvier 1791 un décret de la Convention supprime les noms de provinces et de propriétaires, et désigne les régiments par des numéros. Nous devenons alors *Régiment de Dragons n° 3* (cy-devant Bourbon).

Le même décret remanie l'organisation des régiments. Les deux tableaux suivants la font bien saisir, et donnent en même temps la décomposition exacte de notre effectif, au moment où le Régiment poursuit sa glorieuse histoire avec ce numéro 3 que nous portons toujours.

RÉGIMENT DE DRAGONS N° 3 (cy-devant Bourbon)

			PRÉSENTS	ABSENTS	DÉTACHÉS	EN PLACES VACANTES	TOTAL
Officiers	Etat-Major	Colonel.................	»	1	»	»	1
		Lieutenant-Colonel	»	2	»	»	2
		Quartier-Maître-Trésorier .	1	»	»	»	1
	Compagnies	Capitaines..............	2	4	»	»	6
		Lieutenants.............	1	2	3	»	6
		Sous-Lieutenants........	2	8	2	»	12
		TOTAL............	6	17	5	»	28

DRAGONS

NOMS DES COMPAGNIES	Adjudants	Maréchaux des Logis Chefs	Maréchaux des Logis	Brigadiers-Fourriers	Appointés	Dragons	H. de l'Etat-Major et Trompette-Major	Brigadiers	Trompettes	Total	En congé	En recrue	En remonte	A l'Hôpital	A l'Infirmerie	Détachés	Total des Absents	Restant sous les armes	Manquant au complet	Chevaux D'Officiers	Chevaux De Troupe	Chevaux Manquant au complet D'Officiers
Etat-Major.....	2	»	»	»	»	»	7	»	»	9	»	»	»	»	»	»	»	9	»	8	3	»
De Recoing....	»	1	2	»	4	51	»	2	1	61	4	»	4	»	1	14	23	38	6	5	53	»
De Franclieu...	»	1	2	»	4	50	»	4	1	62	7	1	4	»	»	13	25	37	5	5	53	»
De Sarret......	»	1	2	»	4	51	»	4	1	63	6	»	4	»	3	15	28	35	4	»	51	»
De Perrex.....	»	1	2	»	4	51	»	3	1	62	5	»	3	»	»	14	22	40	5	5	53	»
De Mazancourt .	»	1	2	»	4	50	»	4	1	62	5	»	4	1	»	13	23	39	5	5	53	»
Daunant.......	»	1	2	»	4	51	»	4	1	63	5	»	4	»	3	13	25	38	4	5	52	»
TOTAUX..	2	6	12	»	24	304	7	21	6	382	32	1	23	1	7	82	146	233	29	38	318	»

NOTA. — Les 64 chevaux de troupe qui manquent sont achetés ou en route pour arriver le 2 avril.

Arrêté par nous Capitaine, Commandant le Régiment, chargé de l'exécution de la nouvelle Composition du Régiment.

A Ardres, le 21 Mars 1791.

DE RECOING.

Par suite de la déclaration de guerre à la maison d'Autriche, décrétée par l'Assemblée législative le 21 avril 1792, *le 3ᵉ dragons* doit compléter deux escadrons de guerre à 150 hommes par escadron (1). Le 25 juin il est au camp de *Maulde*, formant la division de dragons Duhoux, avec les 6ᵉ, 4ᵉ et 17ᵉ; il est commandé par le colonel *de Vaujour*, et fait partie de l'armée du Nord sous Luckner. De là, (5 août) il va au camp de *Pont-sur-Sambre*, près Maubeuge, et revient à celui de *Maulde* le 1ᵉʳ septembre.

Ces marches, le séjour dans ces différents camps avaient d'abord pour objet d'aguerrir des troupes qui n'avaient jamais combattu et d'instruire un peu des chefs qui n'avaient jamais commandé devant l'ennemi. Dans ces combats d'escarmouches il faut citer le dragon *Roux*, dit Rousse, (2) qui à la tête de quelques dragons s'empara du secrétaire du général en chef prussien malgré son escorte de 12 hussards qu'il mit en fuite.

Le Régiment ne resta que peu de temps aux camps de *Pont-sur-Sambre* et de *Maulde*. Au commencement de septembre, alors que Dumouriez se disposait à défendre l'Argonne, il était dirigé sur Réthel sous le commandement de Duval, avec les 19ᵉ et 68ᵉ de ligne et quelques autres détachements, qui devaient renforcer les troupes de Myackzynski. Ce général était chargé de tenir la campagne, de conserver les communications de Dumouriez avec Montmédy, et d'intercepter les convois qui venaient de Luxembourg et de Longwy. Le 7 septembre, au jour fixé, malgré la pluie et les routes défoncées il arrive au *Chêne-Populeux* et reçoit l'ordre de rendre la trouée de Noirval impraticable. Sa mission terminée, il marche sur Sedan au-devant des Autrichiens de Clerfayt; le 10 septembre, il vient sur les hauteurs de Marcq, au sud-est de *Grand-Pré* (3). Le 12 septembre, à Langurges, près de Beaumont, beau fait d'armes du brigadier *Coquillon*; suivi de quatre de ses camarades, il met en fuite une compagnie entière du régiment de Béru (Hussards Autrichiens). Voici le fait tel qu'il est raconté par le général Championnet dans son *Recueil des Actions héroïques.* Tome I, page 2 :

Déclaration de guerre à la Maison d'Autriche.
Le 3ᵉ Dragons à la division Duval.
Beau fait d'armes du dragon Roux.
Le brigadier Coquillon
Mouvements avant la bataille de Valmy.
Le Régiment fait l'avant-garde de Beurnonville dans sa marche sur Valenciennes.
Avec le général Miranda il se porte sur Ruremonde et Tongres.

(1) Voir aux Notes et Remarques les noms des Officiers au 17 mars 1791.

Le Régiment occupe la garnison d'Ardres et il fournit des détachements à Dunkerque et à St-Omer. Il est de 6 compagnies, et présente un effectif total de 28 officiers et 382 hommes de troupe.

L'Escadron de Dépôt est à Bergues (183 hommes).

(2) Voir aux Notes et Remarques les États des services des principaux officiers.

(3) Le 12 il y eut une petite affaire du Régiment près de Grand-Pré où le dragon *Cottignies* se conduisit brillamment, et fut blessé à la jambe gauche : il devint plus tard capitaine.

« Les hussards autrichiens emmenaient un troupeau de moutons. *Co-*
» *quillon* se jette sur eux en leur criant : « Vous êtes prisonniers. Aban-
» donnez ces moutons, car nous ne sommes que l'avant-garde. » Ce trait
» de hardiesse réussit, car ils ramenèrent seuls 25 prisonniers et le
» troupeau (1). »

Dans la nuit du 14 au 15 septembre, pendant la retraite de Dumouriez,
le général Duval passe le dernier aux ponts de Senuc et de Grand-Ham.
Après avoir été à l'avant-garde dans la marche sur Sedan, il formait
l'arrière-garde et « une arrière-garde très en règle (2). » Ce fut elle, en
effet, qui par son attitude empêcha la panique de Chazot, à Montcheutin,
de se communiquer à toute l'armée.

Quand Dumouriez prit sa position près de Ste-Ménéhould, avant la
bataille de Valmy, Duval fut envoyé sur la route de l'Aisne, et chargé de
relier l'armée de Dumouriez au corps de Dillon qui gardait la Chalade
et les Islettes. Aussi le 3ᵉ *Dragons* ne prit-il part que très indirectement à
la canonnade de *Valmy*. La division dont il faisait partie devait se réunir
à Vienne-le-Château, pendant la bataille, et menacer les bagages placés
aux Maisons de Champagne. D'après les témoignages des Prussiens eux-
mêmes (3) elle perdit là, faute d'un peu de hardiesse, une belle occasion
de leur faire grand mal. Elle se contenta d'un petit butin et de quelques
fonctionnaires de la chancellerie.

En octobre 30 à 40,000 hommes de l'armée de Dumouriez sont mis
en mouvement sur *Rhétel*. Ils sont formés en deux colonnes aux ordres
des généraux Beurnonville et Miranda, pour se rendre à Valenciennes et à
Maubeuge. Le 3ᵉ *Dragons*, chargé du campement de la 1ʳᵉ colonne
(Beurnonville), parti le 11, arrive le 21 octobre à *Valenciennes*, et va
s'établir au camp *de Famars*. Le colonel du régiment est *M. de Lisle*.

A la fin de 1792, les deux escadrons du régiment, (300 chevaux) font
partie du corps de bataille (Lieutenant général Duval) de l'armée du Nord
(Général Miranda). Ils sont cantonnés à *Ruremonde*, par suite du mouvement du général Miranda pour s'établir sur la Meuse entre Ruremonde
et Tongres.

1793
Le 3ᵉ Dragons fait

Au commencement de 1793, le 3ᵉ Dragons fut augmenté d'un escadron

---

(1) Un croquis attribué au général Championnet représente ce fait d'armes.
Il est à la Bibliothèque de la Chambre des Députés.
(2) Mémoires de Dumouriez.
(3) Massembach. Mémoires. - Gœthe, Campagne de France.

formé à Bergues, où était déjà le dépôt; mais les deux escadrons (1) que nous avons suivis en 1792 prennent seuls part à la campagne de Belgique, dans la brigade Miaczinski. Cette brigade est à *Rolduc* et *Limnich* à la fin de février ; les brigades Dampierre et Steingel sont à Aix-la-Chapelle, et sur la Roer ; toutes trois doivent couvrir le siège de Maëstricht défendu par le prince de Hesse.

partie des troupes que couvrent le siège de Maëstricht. Retraite sur Louvain et Liège. Combat de Tirlemont. Bataille de Nerwinden. Combats de Pellenberg. Le 3e Dragons escorte du général Dumouriez. Emigrés du 6 avril 1793. Les trois escadrons du Régiment à Béthune. Bataille d'Hondschoote Combats de Menin et de Tourcoing. Cantonnements à Guise

Le 2 mars, le prince Charles, avec une partie autrichienne de l'armée de secours, perce facilement cette ligne étendue. Il passe la Roer, et se porte par Eschweiler sur *Rolduc* où la brigade Miaczinski supporte les premiers coups ; elle ne peut résister au nombre, et se met en retraite soutenue vaillamment par les deux escadrons du Régiment (2). Elle fut obligée de traverser Aix-la-Chapelle que les Autrichiens avaient déjà dépassé et fut assez heureuse pour rejoindre le Général Dampierre à Herves. Elle fit sa retraite sur Louvain, par Liège.

Cependant, les autres généraux n'avaient pas été plus victorieux, et toute l'armée française abandonnant la Meuse se réunissait presque entièrement le 9 à Louvain. Dumouriez à la nouvelle de ces désastres de l'armée de Belgique, arrive en personne le 13, et prend de nouvelles dispositions. Il commence à rendre un peu de confiance aux troupes dans un petit succès à *Tirlemont* (3) qui avait été pris la veille par l'avant-garde du prince Charles. Il fallait une action décisive pour arrêter la marche des Autrichiens qui recevaient journellement des renforts ; ce fut la bataille désastreuse de *Nerwinden*, le 18 mars. Le 3e Dragons était dans la division Champmorin (4). Le matin à sept heures, elle se porte d'Oplinter et Neerlinter sur les Donches, qu'elle fortifie, elle passe la Grande-Gheete au pont de Bingen, et s'empare du poste de *Leau* où elle se maintient (5). Mais la déroute de l'aile gauche du Général Miranda l'entraina et la porta

---

(1) Leur effectif est de 284 hommes.

(2) Archives du Ministère de la Guerre.

(3) Le dragon Fauborie dit Favori, depuis capitaine, y reçut deux coups de sabre sur la main gauche.

(4) Cette division comprend : 9e bataillon de chasseurs, 2e bataillon du 24e et 56e, 1er des 71e et 87e ; 2e bataillon des 74e, 89e ; les escadrons du 13e de cavalerie et du 3e *Dragons;* elle est à l'attaque de gauche commandée par le Général Miranda, et forme la 3e colonne.

(5) Dans ces différentes actions, le Maréchal des Logis *Milquin*, Nicolas, (depuis capitaine), reçut un coup de feu à la cuisse ; le Capitaine *Bousson*, Pierre-Claude (depuis chef d'escadron), un coup de sabre à la main gauche : il s'était engagé au Régiment le 26 avril 1776 ; le dragon *Cottignies*, Louis-Joseph (depuis capitaine), un coup de sabre. (Voir aux Notes et Remarques les états de service des principaux officiers).

le lendemain de la bataille, à l'extrême gauche en position entre Oplinter et Sainte-Marguerite sur Kercheim et Bincklum, et le 21 la division s'arrête à *Pellenberg*. Elle est attaquée le 22 à 11 heures du matin et résiste jusqu'à la nuit; le lendemain nouvelle attaque aussi victorieusement repoussée. Les autres divisions ne furent pas aussi heureuses et Champmorin fut obligé de se conformer à leurs mouvements de retraite. Le soir même, par ordre du Général en chef, il se retira sur Tournay, sans être inquiété en passant par Louvain, Bruxelles, Hal et Antoing (30 mars).

Le 1er avril, le 3e *Dragons* va à Saint-Amand pour garder, avec les 1er et 4e Hussards, le quartier général de Dumouriez. Ce service d'honneur était la juste récompense de la bravoure et de la solidité qu'il avait montrées pendant toute cette désastreuse retraite. Des écrivains ont prétendu que Dumouriez méditant sa défection, avait rapproché de lui les régiments qui lui étaient dévoués, et que le 3e Dragons en entier l'avait suivi dans « sa bagarre (1) ». Cette assertion doit être réduite en grande partie; sur la matricule du corps on relève quelques noms de cavaliers, qui ont suivi Dumouriez; ils sont portés « émigrés du 6 avril 1793 ». La veille, ils avaient enlevé les caissons du trésor renfermant environ un million trois cent mille livres sur les glacis de Valenciennes, pour les conduire à Tournay; mais, attaqués à Fresnes par des grenadiers, ils se réfugièrent à Mons sans pouvoir emporter leur butin. Il n'en est plus parlé (2). Il faut que cette défection ait peu diminué l'effectif du régiment, car le 15 avril suivant, nous le trouvons à Béthune fort de trois escadrons (770 hommes); il y reste jusqu'au mois de juin sans combattre. Il arrive à Lille le 3 avec son Colonel *Capitain*, et passe sous les ordres du général Larmarlière qui commande le faubourg de la Madeleine et les cantonnements.

Houchard (3) marche le 6 septembre au secours de Dunkerque, ayant rallié les troupes du camp de la Madeleine, et livre la bataille d'*Hondschoote;* le Régiment y assiste en spectateur.

(1) C'est ainsi que quelques lettres du temps nomment la défection de Dumouriez.

(2) Voir à l'appendice l'extrait de la *Gazette Nationale* du 21 avril et la lettre rectificative du Général Dampierre insérée au *Moniteur* du 24, qui certifie que le 3e Dragons n'a pas suivi Dumouriez.

(3) *Houchard* avait été incorporé au 3e Dragons avec l'Escadron des chasseurs de Lorraine. Il avait cinquante-cinq blessures au moment de la victoire d'Hondschoote. Il fut décapité.

Quelques jours après, (13 septembre) le Régiment se signalait à *Menin* où le Sous-Lieutenant *Labbé* était tué (1) et surtout dans l'attaque de *Tourcoing*. Ce bourg, défendu par 4.500 hollandais, entouré de haies, de vergers et de bouquets de bois, résista pendant quatre heures aux efforts des assaillants ; il fut enlevé à la bayonnette sous les yeux des généraux Houchard et Béru. « Le 12ᵉ d'Infanterie, brave et discipliné, ainsi que les 3ᵉ et 6ᵉ régiment de Dragons, se sont honorablement distingués ; cependant les troupes se livrèrent après le combat à de tels excès de pillage et d'ivrognerie que le général (2) dut se retirer dans la crainte que l'ennemi ne profitât de cet épouvantable désordre (3).

La victoire de *Wattignies* procura cinq mois de repos pendant lesquels on put faire de nouvelles levées. Il n'y eut plus que quelques petits combats à *Menin* et à *Guise*, et les quartiers d'hiver furent établis vers le milieu d'octobre. Le régiment demeura à Guise.

La campagne de 1794 ne s'ouvrit qu'en juin. Les immenses levées que faisait la République demandaient du temps, il fallait organiser les régiments, les discipliner, les instruire, les armer ; les pluies étaient continuelles. Le 3ᵉ Dragons fit partie de l'armée de Schérer.

Elle était détachée de l'armée de Jourdan, et destinée à assiéger les places de Quesnoy, de Valenciennes et de Condé, prises par les Autrichiens dans la dernière campagne. La Convention avait rendu un décret qui sommait les commandants de ces places de se soumettre dans les vingt-quatre heures, sous peine d'être passés par les armes. Heureusement pour la gloire du nom français, Schérer trouva le moyen de les faire capituler, l'une après l'autre avec des délais plus étendus, et sans leur refuser les honneurs dus à leur résistance. Valenciennes se rendit le 29 août, et Condé dans les premiers jours de septembre. Nous ne relevons dans la correspondance du temps aucun service bien signalé du 3ᵉ Dragons. Il dut être remarqué cependant, puisque le 5 septembre, il lui fut délivré 70 chevaux « de ceux laissés par l'ennemi à Nord-Libre (Condé et Valenciennes), le 3ᵉ Dragons appartenant à l'armée qui a réduit ces places » (4).

Le 6 septembre, Condé rendu, Schérer va rejoindre l'armée de Sambre et Meuse. Le régiment a 727 hommes. Le 11 il est au camp d'Endoys, le

1794
Sièges des places du Nord sous Schérer (Le Quesnoy, Valenciennes, Condé). Le Régiment à l'armée de Sambre-et-Meuse. Petits combats à Grand Chêne, Petite-Somme, Durbuy.

---

(1) Il était Sous-Lieutenant au choix du 9 juin 1793.

(2) Le dragon *Daud* est blessé de trois coups de feu.

(3) Général de brigade Dupont.

(4) Archives de la guerre.

12 sur les hauteurs en arrière de Fontaine, et le 13 il livre de légers combats à *Grand-Chêne*, *Petite-Somme*, *Durbuy*, etc.

Les étapes avaient été rudes, sept à huit lieues par jour par des chemins boueux et défoncés ; et cependant, après un jour de repos seulement, Schérer opère sa jonction et bivouaque sur les hauteurs de l'Ayvaille. Le lendemain 18 a lieu le combat de *Sprimont*.

Combat de Sprimont (18 septembre 1794), où le Régiment prend cinq drapeaux. Bataille de Düren. Entrée du Régiment à Cologne. Expédition dans le Luxembourg.

L'Ayvaille qui serpente entre des hauteurs escarpées, couvrait sur une étendue de deux lieues le front de la position occupée par le Général Latour ; on ne pouvait l'aborder que par les défilés d'Halleux, d'Ayvaille et Sougnès, défendus par 12 bataillons et une nombreuse artillerie. En arrière, la réserve de 10 bataillons et 3000 chevaux était à *Sprimont*. Schérer fit attaquer le centre par Mayer et la gauche par la division Hacquin dont faisait partie le 3e *Dragons*. Hacquin devait s'emparer du gué de de Sougnès et du village, gagner les hauteurs et tourner la gauche de Latour. Ce plan fut réalisé de point en point, mais non sans difficulté. Cette attaque commencée au point du jour, une demi-heure avant les autres, avait attiré sur Sougnès la plus grande partie des forces ennemies, et la résistance fut rude. Quand le passage fut forcé par l'infanterie, le 3e Dragons « se porta avec légèreté sur les hauteurs et se forma en Escadrons dès » qu'il put agir ». Telles sont les propres expressions du rapport de Schérer. Il le résume ainsi : « L'armée française eut dans ce combat mé- » morable près de 1200 hommes tués ou blessés dont la moitié à la seule » attaque de Sougnès ; l'infanterie française, à l'exception de l'infanterie » légère, ne fit pas usage d'une seule cartouche ; elle vainquit par les » bayonnettes et par les charges vigoureuses de sa cavalerie. »

L'adjudant général Boyer écrivait le lendemain à Lacoste, représentant du peuple : « J'oubliais de t'annoncer la prise de cinq drapeaux qui ont » été arrachés au milieu des bataillons ennemis par des dragons du » 3e et 10e Régiment. » Impossible malheureusement de retrouver les noms de ces dragons du 3e.

Le Régiment tout entier est cité avec honneur, mais le dragon *Roux François* dit *Rousse* est mentionné comme s'étant particulièrement distingué par son intrépidité. Plus tard il parvint au grade de Chef d'Escadron.

Ce combat fit évacuer aux Autrichiens, non seulement les positions de l'Ayvaille, mais celles de la Vesder.

La Division Hacquin avec le 3e *Dragons* est à Cornélis-Munster près d'Aix-la-Chapelle le 23 septembre après avoir remonté le cours de la Vesder par Verviers et Limbourg.

Les Autrichiens en retraite, tentent de résister derrière la Roër. Jourdan leur fait évacuer cette ligne par la bataille de *Düren*. Quoique la division Hacquin, à l'aile droite n'ait pas une bien grande part à la bataille, « elle « attira beaucoup d'ennemis par sa position sur le flanc gauche des « Autrichiens et par son mouvement tournant les força à la retraite. » Elle était partie le matin à 4 heures, devancée par le 3ᵉ Dragons et ne put arriver qu'à la nuit ayant marché pendant 14 heures par Krentzau, Jacobwullesheim et Binsfeld.

Cette bataille de Düren fit repasser le Rhin aux Allemands et cinq jours après l'armée de Sambre et Meuse entrait à Cologne ; la division Hacquin était envoyée devant Dusseldorf.

On peut dès lors considérer la campagne comme terminée. Les Français bordent le Rhin et s'étendent dans leurs cantonnements. Le 3ᵉ *Dragons* qui était passé sous les ordres du général Regnier, abandonna Dusseldorf en novembre pour Neuss, qu'il quitta le 6. Il vint prendre ses quartiers d'hiver dans le pays de Limbourg en couchant le 6 près de Juliers, le 7 près d'Aix-la-Chapelle, le 8 entre Henri-Chapelle et Herve.

Malgré les succès de l'armée de Sambre et Meuse le pays était loin d'être pacifié. Les rassemblements de paysans armés de fusils et de fourches, refusant de reconnaître la République loin de se dissiper, devenaient de plus en plus inquiétants dans le pays de Bastogne, Wiltz et St-Hubert. Les représentants qui résidaient à Bruxelles, voulant mettre fin à ces désordres, se concertent le 22 décembre avec le général Jourdan.

L'ordre est envoyé au général Grenier de se porter dans le Luxembourg avec une partie de sa division sur Marche, Laroche, Bastogne, St-Hubert et Neufchâteau. Ce mouvement s'opère le 24 décembre, et la 1ʳᵉ Brigade avec le 3ᵉ *Dragons* se dirige sur ces différents endroits. Outre qu'elle était chargée de maintenir la tranquillité, elle devait encore établir une correspondance avec le général commandant le blocus de Luxembourg.

Le 17 janvier 1795, la division remplaça celle de Championnet à Aix-la-Chapelle et Juliers. La brigade Boyer avec le 3ᵉ Dragons est à Honfalise.

Le Régiment ne combattra plus avant d'aller en Italie, à la fin de 1796. Le 22 avril 1795, il est dirigé sur Cambrai, de là à la Fère, (14 mai), et enfin sur Paris où il reste du 23 octobre 1795 au 14 avril 1796.

Telles sont les marches et actions principales du régiment pendant ses campagnes aux armées du Nord et de Sambre et Meuse. Il n'a cessé de se montrer avec honneur dans les victoires à Hondschoote, à Tirlemont, à Sprimont, à Düren comme dans les retraites à Nerwinden et Pellenberg, mais au prix de quels sacrifices ! Sa gloire grandit encore quand on songe à ses faibles ressources, aux privations qu'il a endurées, à toutes les causes de désorganisation qu'il eut à subir, remontes défectueuses, habillement misérable, nourriture et solde imparfaitement assurées ; heureusement ses cavaliers étaient bons et ses officiers tous anciens du régiment.

De 1791 à 1795 nous avons 6 Colonels ; ils sortent de Bourbon-Dragons et ont conservé la tradition. Un seul fait exception, *Capitain*, qui vient de la gendarmerie ; mais il paraît peu, étant nommé le 15 février 1794 Inspecteur des dépôts de Dragons. Il n'est remplacé au régiment qu'à la fin de l'année (1).

La réorganisation du 21 mars 1791 n'avait maintenu que 28 officiers ; un nombre à peu près égal avait été réformé, retraité ou était parti volontairement. A la formation de 1793, trois seulement y sont encore (2). Les autres officiers ont démissionné ou ont été chassés comme ci-devant nobles. Mais l'élection destinée à remplacer les vacances a fait nommer des anciens du régiment (3). Sur six capitaines, trois y ont débuté de 1757 à 1776 (4), les trois autres étaient sous-lieutenants au régiment depuis 1791. Parmi les douze Lieutenants ou sous-Lieutenants six à l'élection sont tous du Régiment (5) ; les six autres, au choix du gouvernement et des

(1) Voir aux Notes et Remarques les Etats de service des Colonels.

(2) *Daunant*, de capitaine est passé chef d'Escadron, et il sera colonel du Régiment le 11 novembre 1794.

Legrand, Lieutenant en 1791 est chef d'Escadron, et *Dufrenoy*. quartier-maître trésorier (rang de capitaine) en 1791 est toujours quartier-maître trésorier, mais avec le rang de chef de Brigade. Il s'était engagé au Régiment le 11 mai 1752. Pour compléter l'Etat major, citons aussi deux anciens serviteurs, les adjudants Antoine *Legros*, entré au service le 3 septembre 1779, et Antoine *Gaudriot* le 1er avril 1780.

Comparer aux Notes et Remarques l'Etat des Officiers à la formation de 1791 à l'Etat du 8 juin 1793.

(3) Voir aux Notes et Remarques les Etats de service du 8 juin 1793.

(4) Augustin-Joseph *Hunion* ; Ignace-François *Boussen*, 26 avril 1776 ; Jacque *Ravier*, 6 décembre 1777.

(5) Jean-Baptiste *Hommeau*, lieutenant engagé au Régiment le 27 novembre 1769.

Nicolas *Brunelet*	—	—	— 16 février 1774.
Henri *Moran*	—	—	— 19 avril 1778.
Pierre-Claude *Bousson*, sous-lieutenant, rengagé au Régiment le 27 mars 1779.			
Claude *Roland*	—	engagé	— 1er octobre 1781.
Baptiste-Joseph *Dulac*	—	—	— 26 décembre 1777.

généraux, ont de un à deux ans de service. Ce sont surtout les six premiers que nous retrouverons dans les campagnes suivantes.

La composition en hommes était solide. La plupart des cavaliers avaient de 5 à 10 ans de service, quelquefois plus (1).

Pendant les années que nous venons de suivre les effectifs ont varié assez sensiblement. En 1791, le Régiment avait 382 cavaliers ; 474 en Août 1793 après la création du 4e escadron ; 727 le 6 Septembre 1794 ; et à la fin de 1795 environ 500. Nous ne parlons évidemment que des hommes prêts à entrer en campagne. Les matricules du dépôt font ressortir des chiffres beaucoup plus considérables ; il y en a jusqu'à 1409 sur l'Etat du 23 octobre 1795, quand le Régiment est à Versailles. Il n'était pas rare à cette époque de voir arriver dans les dépôts des jeunes gens qui n'étaient pas destinés au régiment qui les instruisait; la Cavalerie versait les siens dans l'infanterie, leur instruction à peine ébauchée. C'était une nécessité du temps; nous verrons la même instruction pressée reparaître à la fin des guerres de l'Empire.

Les seules incorporations relevées sont celles de la *Compagnie de Bergues*, quelques cavaliers des *Hussards de Jemmapes* et des engagés volontaires que l'on appelait la levée en masse.

La Compagnie de Bergues était toute constituée. Elle fut incorporée au Régiment avec ses officiers, ses cavaliers et ses chevaux. Cette compagnie avait été levée par la ville de Bergues (2).

Les Hussards de Jemmapes avaient une origine semblable. Ils n'arrivèrent pas tout constitués au Régiment comme la Compagnie de Bergues, ni en aussi grand nombre. Il en vint seulement une trentaine avec quelques Maréchaux des Logis.

Quant aux volontaires, on connaît le décret de la Convention nationale qui ordonne que les « troupes à cheval de la République seront incessamment portées au complet (3) par des citoyens de bonne volonté pris tant parmi les militaires en activité de service dans l'infanterie que parmi les autres citoyens. » Il est du 24 Octobre 1793. Le Régiment n'en reçut pas beaucoup, il était assez riche en vieux cavaliers.

Les chevaux furent vite épuisés aussi bien par la campagne que par les

---

(1) Ministère de la guerre; matricule du corps.
(2) Ministère de la guerre ; Matricule du corps.
La compagnie de Bergues comptait : 5 Officiers, 13 Maréchaux des Logis ou Brigadiers, 147 Dragons et 130 chevaux.
(3) 170 hommes par Escadron.

augmentations d'effectif. La Revue de composition du 21 Mars 1791 portait pour le 3ᵉ Dragons : 38 chevaux d'officiers et 318 de troupe. Soixante-quatre manquaient au complet, mais ils étaient achetés et en route pour arriver le 2 Avril (1).

C'est donc avec environ 400 chevaux que nous commençons la guerre de 1792. Au 17 Septembre nous en avions à peine 300, et dès la fin de l'année la préoccupation du gouvernement était déjà attirée par la nécessité de remonter la cavalerie. Ce fut surtout à la fin de 1793, après deux années de fatigue, qu'il fallut cesser de faire appel aux bonnes volontés et commencer les levées.

Chaque canton devait fournir au moins 6 chevaux, avec l'équipage complet de l'arme à laquelle ils étaient destinés. Tous les chevaux furent pris ; mais quelle énergie durent employer les hommes qui les montaient pour accomplir avec eux les exploits dont nous avons parlé ! Arrivés au dépôt, ils ne subissaient ni entraînement ni dressage et ils partaient à l'armée dès qu'ils étaient en nombre suffisant. Nous nous sommes remontés encore par quelques prises comme celles que nous avons citées après la capitulation de Condé.

La pénurie des fourrages était grande à l'armée du Nord en 1792 et 1793, elle fut plus grande encore dans l'hiver de 1794. Le 12 Janvier le représentant du peuple arrête que « vu la rareté des fourrages et surtout de l'avoine, » il ne sera plus délivré à chaque cheval jusqu'à nouvel ordre qu'un demi-» boisseau d'avoine au lieu d'un boisseau entier. » La mesure n'est pas encore assez radicale et le 29 la Convention nationale supprime la ration d'avoine et la remplace par un mélange de paille, de trèfle et de luzerne. En Mai, on allait commencer la campagne qui avait été « retardée par les pluies et la jeunesse des soldats » et la ration est portée à deux tiers de boisseau d'avoine, dix livres de foin et dix livres de paille.

L'alimentation des hommes n'était guère plus substantielle que celle des chevaux. D'après les correspondances du temps ils vivent au jour le jour. Dans l'hiver de 1794 à 1795 le pain manqua ; on n'en recevait qu'une livre pour 4 ou 5 jours. Les troupes qui étaient à Crevelt (2) ne vivaient que de navets. La solde n'était payée qu'en assignats. Grande pénurie également pour l'habillement. Nous avons alors le même costume qu'en 1788, légèrement modifié par la nécessité et les circonstances.

(1) Voir page 17.
(2) Le 3ᵉ Dragons y est resté quelque temps.

Des décrets de la Convention avaient prescrit la formation des régiments à 6 escadrons, mais successivement ; le 5ᵉ ne devait être formé que si le 4ᵉ était complet. Nous n'avons eu que quatre escadrons, le 4ᵉ formé le 9 juin 1793. Les officiers et sous-officiers du nouvel escadron étaient tirés des trois autres ainsi que le quart en dragons.

Nos guidons de soie bleue avaient été brûlés à Ardres, en exécution de la loi du 22 avril 1792, et d'après le procès-verbal envoyé à l'Assemblée. Ils avaient été remplacés par les nouveaux guidons, qui étaient aux trois couleurs pour le 1ᵉʳ Escadron, aux couleurs du 3ᵉ Dragons (ventre de biche) pour les deux autres. Tous portaient l'inscription : « Discipline, obéissance à la loi » et le numéro du Régiment.

CHAPITRE IV

1796-1797

3ᵉ RÉGIMENT DE DRAGONS

Arrivée du 3ᵉ Dragons à Milan le 29 novembre 1796. — Le Chef d'Escadron **Hom-meaux,** Commandant du régiment. — Expédition du Commandant **Bousson** avec un escadron contre Bergame sous le Général Baraguay-d'Illiers. — Le Régiment à la réserve de cavalerie à Villafranca. — Journée de **Saint-Michel,** près Vérone. — Le Lieutenant **Montcharmont** et ses cinquante hommes à Rivoli. — Le Sous-Lieutenant **Jeantot** prend un canon. — Combat singulier du Lieutenant **Gibert** contre un officier autrichien. — Le Capitaine **Guyon** et son détachement combattent à pied avec l'infanterie. — Le Lieutenant **Prince** et le Capitaine **Vanvelsen** font mettre bas les armes à 150 fantassins. — Le Sous-Lieutenant **Jean Milquin** prend deux canons. — Charge sur la route de Bellune avec le 10ᵉ Chasseurs. — Les ordonnances du 3ᵉ Dragons à Bellune, à Guémonna, à Trévise. — Affaire sur la route de Trévise à Trieste. — Le Capitaine **Legros** s'empare de deux canons le 28 et de deux autres le 29 ; il est tué. — Préliminaires de Léoben. — Insurrection des Etats de Venise en terre ferme. — Cantonnements du 3ᵉ Dragons pendant cette expédition. — Rentrée en France par la Suisse. — Préparatifs pour la campagne d'Egypte.

Après un long repos à Paris et dans les environs où il s'était réorganisé, le *3ᵉ Dragons* fut appelé en Italie, à la fin de l'année 1796. La campagne était déjà commencée ; les combats de Montenotte, Millésimo, Dego, avaient eu lieu et le pont d'Arcole était passé. Il arriva à temps pour prendre part à la bataille de *Rivoli* et fut placé dans la division Masséna quand ce général fit sa pointe en avant.

Plus tard, Bonaparte prescrivit à chaque corps d'établir un précis histo-rique de la campagne qu'il venait de faire. La minute faite pour le régi-ment est conservée au Ministère de la Guerre ; elle est signéepar le chef d'escadron *Hommeaux* (1) alors commandant le 3ᵉ Dragons. C'est le meilleur récit et le plus authentique qui puisse être cité.

Quelques auteurs (2) ont attribué au Régiment toute la campagne d'Italie et le font paraître à Arcole. Le récit qui suit ne fait pas mention de cette bataille.

PRÉCIS HISTORIQUE DE LA CAMPAGNE D'HIVER

qu'a fait le 3ᵉ Régiment de Dragons *à l'armée d'Italie, sous les ordres du Général de Division* Masséna.

Le 3ᵉ Régiment de Dragons venant de l'intérieur (3) est arrivé à Milan le 9 frimaire an V (29 Novembre 1796), y a séjourné jusqu'au 20 du dit mois qu'il reçut l'ordre d'aller prendre ses cantonnements à Monza. Le 3 Nivôse (23 Décembre 1796), le Commandant du Régiment fit partir sur l'ordre du Général en chef, un escadron commandé par le chef *Bousson* (4) pour se rendre à Cassano sous les ordres du général Baraguay d'Hilliers qui l'employa ensuite à l'expédition de Bergame. (5)

Le 12 Nivôse (1ᵉʳ Janvier 1797) le restant du Régiment partit de Monza pour se rendre à Villafranca et y faire partie de la Cavalerie de la réserve; le 22 du même mois (11 Janvier 1797) le Régiment réuni reçut l'ordre de partir pour Vérone, l'escadron détaché l'avait rejoint en route. Le 23 (12 Janvier) envoyé à S.-Michel près Vérone, un escadron s'y trouva détaché et le reste du Régiment fut mis en bataille en avant des

Marginal notes:
Arrivée du 3ᵉ Dragons à Milan le 29 novembre 1796.
Le Chef d'Escadron Hommeaux, Commandant du Régiment.
Expédition du Commandant Bousson avec un Escadron contre Bergame sous le général Baraguay-d'Hilliers.
Le Régiment à la réserve de cavalerie à Villafranca. Journée de Saint-Michel, près Vérone.
Le Lieutenant Montcharmont et ses cinquante hommes à Rivoli.
Le Sous-Lieutenant Jeantot prend un canon.

---

(1) Jean-Baptiste *Hommeaux,* né le 21 Avril 1744, servit d'abord dans Eu-Infanterie (Juillet 1760) puis au Régiment à partir du 27 Novembre 1769; sous-lieutenant le 25 janvier 1792, Capitaine le 9 Juin 1793, chef d'Escadron le 8 février 1794.

(2) Sicard, Paul-Léoni, Revue de Cavalerie, etc... Nous avons recherché si des détachements du Régiment n'avaient pas donné lieu à cette erreur. Nous n'avons rien trouvé. Les seuls détachements que nous avons relevés, sont : avant la campagne;

5 Novembre 1796 : — 103 hommes, 133 chevaux à la garde du Directoire à Paris.

18 Janvier 1797 : — 101 hommes, 114 chevaux à Versailles.

Et pendant la campagne,

Un détachement à Bergame.

Un autre avec Joubert à la bataille de Rivoli (Lieutenant Mortcharmont) et plus tard quelques ordonnances attachés à Masséna.

(3) Il était parti de Fontainebleau le 21 Octobre et passait par Chambéry.

(4) *Bousson,* Ignace-François, engagé au Régiment le 25 Avril 1776, sous-lieutenant le 25 Janvier 1792, chef d'escadron le 11 mars 1794. Retraité le 23 Octobre 1800.

(5) Voir aux Notes et Remarques l'extrait du rapport du général Baraguay d'Hilliers.

portes Peschiera et Mantoue. L'affaire fut très vigoureuse sur le point où elle s'était engagée et les troupes françaises firent à l'ennemi 800 prisonniers.

A cinq heures du soir de la même journée, tout le Régiment à l'exception de cinquante hommes détachés au poste de *Saint-Georges*, reçut ordre du Général Dugua commandant la cavalerie de réserve de se porter à Lignazo où il arriva pendant la nuit; le lendemain 24 (13 janvier) il partit pour *Carpi* où il devait cantonner, mais sur les onze heures de la nuit du même jour, le canon commençait à se faire entendre, il en partit sur le champ pour se porter en avant de Lignazo où se trouva l'aide-de-camp du général Dugua avec le 10ᵉ Régiment de Chasseurs; il dirigea leur marche sur Mantoue. En route le général Dugua reçut ordre de se porter à *Castel-Novo*, près Rivoli, avec ces deux corps.

Pendant cette marche le détachement de cinquante hommes qui était au poste de Saint-Georges, se réunit suivant un ordre du général en chef à la division Joubert attaqué à Rivoli. L'officier *Montcharmont* (1) qui commandait cette troupe eut pendant la bataille l'occasion de charger quatre fois l'ennemi et lui fit deux mille prisonniers. Le lendemain 26 (15 janvier) le régiment partit de Castel-Novo et vint à *Roverbella* à onze heures du soir; il monta à cheval avec le 10ᵉ Régiment de Chasseurs, et se porta à la rencontre de l'ennemi qui avait passé l'Adige à trois heures du matin. Nous le découvrîmes près *Mantoue* à la portée du pistolet; on envoya à l'instant deux détachements du régiment commandés par les citoyens *Gibert* (2) lieutenant et *Jeantet* (3) sous-lieutenant lesquels, chacun sur leur point, joignirent bientôt l'ennemi. Le premier eut en tête la nombreuse cavalerie ennemie, le second chargea et prit une pièce de canon qui nous tirait à mitraille et qui nous mettait dans un danger évident si elle n'eût été emportée par ce détachement. Le citoyen *Gibert* garda sa position jusqu'au jour, l'ennemi n'ayant osé s'avancer; mais quand il eut reconnu sa force, quoique bien supérieure à lui, il ne balança pas de le charger avec son détachement. En arrivant sur l'ennemi, l'officier qui

(1) *Montcharmont*, François-Henri, Sous-Lieutenant au Régiment le 5 juin 1793. Lieutenant le 18 août 1795. Capitaine à l'ancienneté le 30 mars 1797. Tué en Egypte le 13 mars 1801.

(2) *Gibert*, Guillaume, né le 1ᵉʳ janvier 1766, dragon au Régiment le 8 avril 1788. Sous-Lieutenant le 7 février 1794. Capitaine le 30 mars 1797.

(3) *Jeantet*, Pierre-François, engagé au Régiment le 19 novembre 1775, Sous-Lieutenant le 4 mai 1793. Lieutenant au choix le 30 mars 1797.

commandait cette colonne de cavalerie lui présenta son sabre en lui demandant : « Qu'exigez-vous de ma troupe? » Il lui répondit en républicain : « Qu'elle mette bas les armes sur le champ, » ce qui fut exécuté, après s'être engagé à faire respecter les officiers.

Dans le nombre des officiers de cette troupe un seul refusa de se rendre et voulut combattre; le citoyen *Gibert* s'avance et accepte le défi. L'acharnement qu'ils y mirent l'un et l'autre les obligea à se prendre corps à corps ; ils se renversèrent l'un l'autre de dessus leurs chevaux. L'officier ennemi prit son adversaire aux cheveux ; l'autre pour le faire lâcher prise le mordit vigoureusement, et en se relevant lui donna un vigoureux coup de sabre qui mit fin à ce combat. On s'occupa ensuite de faire conduire cette troupe désarmée au quartier général. Cette affaire décida du sort de toute la colonne ennemie qui avait passé l'Addige, car Provera et ses généraux ainsi que toute la division finirent par mettre bas les armes, et par se rendre à discrétion malgré les efforts du général Wurmser qui voulait sortir de Mantoue pour faire sa jonction avec ce renfort. On évalue à huit mille prisonniers la perte de l'ennemi pendant cette journée. Le Régiment vint de là cantonner à *Villafranca* dont il partit le lendemain pour se rendre à *Vérone* et de là à *Saint-Michel*.

Il en partit le 2 pluviôse (21 Janvier 1797) avec la division Masséna à laquelle il fut pour lors attaché. Le détachement de 50 hommes détaché avec le général Joubert ne fit sa jonction avec le Régiment que le 4 pluviôse (23 Janvier) à *Vicence*. La division marcha jusqu'au 6 (25 Janvier) où elle rencontra l'ennemi. C'est là que le général Leclerc aux ordres duquel se trouva un détachement du Régiment, composé de 65 hommes et commandé par le capitaine *Guyon* (1), prévoyant l'impossibilité de faire usage de la cavalerie dans un terrain coupé d'arbres et de larges fossés, fit mettre pied à terre à une partie de ce détachement pour combattre à pied avec les tirailleurs d'infanterie, ce qui s'exécuta avec tant de courage que l'ennemi fut repoussé avec pertes jusque dans *Bassano*. Dans cette affaire le nommé *Maffre* (2), maréchal des logis, donna des preuves de sa valeur qui lui méritèrent les éloges du Général qui le commandait.

Le 7 (26 Janvier) l'ennemi ayant évacué Bassano, la division se porta en avant ; le Régiment fut partagé en plusieurs petits détachements pour

Combat singulier du Lieutenant Gibert contre un officier Autrichien. Le Capitaine Guyon et son détachement combattent à pied avec l'infanterie.

Le Lieutenant Prince et le Capitaine Vanvelsen font mettre

(1) *Guyon*, Dominique-Claude. Engagé au Régiment, Capitaine au 9 juin 1793.

(2) *Maffre*, Jean-Baptiste-Sébastien. Tué en Egypte le 21 Mars 1801. Etait Sous-Lieutenant du 22 Novembre 1797.

aller à sa poursuite dans la retraite, qu'il fit sur différents points. Ceux commandés par les citoyens *Prince* (1) et *Vanvelsen* (2) ne joignirent l'ennemi qu'à *Osolo*, où ils firent mettre bas les armes à 150 hommes d'infanterie ; mais au moment où ils allaient s'emparer de leurs prisonniers, ils furent enveloppés par une nombreuse cavalerie et ne durent leur salut qu'à leur courage ; ils se retirèrent en bon ordre sans perdre qu'un seul homme tué. L'aide de camp *Lasalle* qui commandait ces deux détachements réunis pourrait rendre compte de cette action héroïque. Le lendemain, le Régiment se réunit et cantonna en avant de *Bassano* dont il partit le 12 ventôse (2 Mars 1797) pour une expédition dans les gorges où l'ennemi se retira toujours sans hasarder de combat (3). La nuit du 11 au 12 (1er au 2 Mars) un détachement de 25 hommes commandé par le citoyen *Jean Milquin*, sous-lieutenant, rencontra la queue du convoi de l'ennemi avec deux pièces de canon du calibre n° 3 dont il se rendit maître sans résistance.

La division partit le 12 au matin (2 mars) de *Primolano* pour se rendre à *Burgo* sans rencconter l'ennemi ; le lendemain le Régiment reçut ordre de revenir à *Primolano* et de là à son cantonnement au-dessus de *Bassano* ; il y séjourna jusqu'au 20 ventôse (10 Mars 1797), ayant fourni pendant cet intervalle des détachements et reconnaissances sur différents points des bords de la Piava, et essuyé quelques légères escarmouches dans ces différentes reconnaissances, ce qui n'a contribué qu'à faire connaître son courage et son républicanisme.

Le 20 du mois de Ventôse (10 Mars 1797), la division s'avança le long des bords de la Piava jusqu'à *Feltre*. Le 21 (11 Mars) un escadron, étant aux avant-postes, rencontra l'ennemi sur la route de Bellune avec le 10ᵉ Régiment de Chasseurs ; ils le chargèrent si vigoureusement qu'il se retira en désordre après avoir laissé plusieurs prisonniers en hommes et en chevaux.

Le 22 (12 Mars) le Régiment se porta sur *Bellune* avec l'artillerie légère, où étant arrivé, il eut quelque repos et marcha ensuite en avant de cette place pour se réunir au 10ᵉ Régiment de Chasseurs qui était d'avant-

---

(1) *Prince*. Lieutenant le 22 Septembre 1799.

(2) *Vanvelsen*. Engagé le 25 Mars 1792, Sous-Lieutenant le 25 Décembre 1794. Capitaine le 18 Novembre 1800.

(3) Dans le combat de Torbola (28 Janvier 1797), le Sous-Lieutenant *Cottignies* chargé de poursuivre l'arrière-garde ennemie avec un détachement de 25 dragons, l'atteint à l'entrée des montagnes du Tyrol, le charge, lui enlève deux pièces de canon et lui fait 27 prisonniers.

garde. Le Régiment ne prit part à l'affaire de Bellune que par ses ordonnances qui au nombre de vingt-cinq accompagnaient le général Masséna ; plusieurs dragons furent détachés à pied avec leurs fusils pour aller prendre les postes ennemis qui se trouvaient isolés sur le haut des montagnes; ils en enlevèrent plusieurs, et firent les hommes prisonniers. Le lendemain, le Régiment logea à Bellune, passa par Paravana, Port d'Enone, Stemberg, *Guémonna*, où il séjourna jusqu'au 2 Germinal (22 Mars) ; affaire ce jour-là avec les avant-postes ; le Régiment n'y contribua que par ses ordonnances dont trois s'enfoncèrent avec trois chasseurs du 10ᵉ dans la colonne ennemie avec une telle impétuosité que l'ennemi s'ébranla et arrêta le cours de sa marche, ce qui donna le temps au gros de la colonne qui les poursuivait de les atteindre et de leur faire 800 prisonniers. Ces six braves furent tous blessés, mais aucun n'est mort sur le champ de bataille.

Le 3 Germinal (23 Mars), le restant de la division s'avança sur *Trévise* où l'ennemi se rencontrant en force et bien défendu par sa position fit une vigoureuse résistance pendant toute cette journée ; mais il fut enfin obligé de céder au courage de nos braves soldats. Une partie de la cavalerie ennemie fut prise par le 10ᵉ Régiment de Chasseurs. Le Régiment n'eut encore part à cette affaire que par les ordonnances du général Masséna, l'un desquels nommé *Morel* (1), dragon, fut grièvement blessé. Le 4 (24 Mars) le Régiment marcha avec ce qui lui restait de disponible pour faire une reconnaissance sur la route de Trévise à Trieste, et rencontra l'ennemi. N'ayant point encore d'infanterie le Commandant du Régiment fit mettre pied à terre à une vingtaine de dragons pour repousser les premiers postes avancés de l'ennemi, mais aussitôt que l'infanterie commandée par l'Adjudant général Sornet fut arrivée, le détachement rentra et apporta le citoyen *Védy* (2), brigadier, blessé d'un coup de feu ; alors l'infanterie s'étant portée en avant au nombre de 300 hommes, les tirailleurs ennemis se retirèrent peu à peu pour nous attirer sous le feu de deux pièces de canon chargées à mitraille; ce qu'ayant reconnu, l'Adjudant général envoya l'ordre au Commandant de l'avant-garde des Dragons de charger les pièces, quoiqu'elles fussent placées sur un amphithéâtre de glaces. Le Capitaine *Legros* (3) qui commandait cette troupe n'hésita point de les charger, et étant

3ᵉ Dragons à
Bellune, à Guémonna,
à Trévise.
Affaire sur la route
de Trévise à Trieste.
Le Capitaine Legros
s'empare de deux
canons le 28 et de
deux autres le 29 :
il est tué.

(1) Il mourut des suites de ses blessures.

(2) Il mourut le 14 avril suivant.

(3) Legros (Antoine). Rengagé au 3ᵉ Dragons le 1ᵉʳ Mars 1786. Lieutenant le 4 Mars 1793. Capitaine le 11 Mars 1794. Tué par l'ennemi le 29 mars 1797.

arrivé près des pièces, comme les chevaux ne pouvaient se tenir sur la glace, ce détachement mit pied à terre, et s'en rendit maître sur le champ à l'aide d'une partie du Régiment qui se porta au lieu où étaient les pièces pour soutenir son avant-garde ; l'ennemi était encore si près que deux chevaux furent tués dans la position qu'ils avaient prise ; quelques minutes après l'ennemi s'étant renforcé repoussa notre infanterie qui prise dans cet instant d'une terreur panique nous mit dans le plus grand danger. Pour éviter l'effet du feu de l'ennemi, le Régiment battit en retraite quelques toises en arrière, mais au pas, pour ne point augmenter le désordre et l'épouvante de notre infanterie. Le général Masséna à qui le commandant du Régiment avait fait rendre compte de la résistance de l'ennemi, arriva très à propos avec de grandes forces qui décidèrent promptement de son sort ainsi que de celui des grands convois qu'il protégeait. Nous n'eûmes dans cette affaire qu'un dragon tué, un maréchal des logis, un brigadier et douze dragons grièvement blessés.

Après l'affaire finie une partie de la division rentra à *Trévise*, ainsi que le Régiment, d'où elle partit le lendemain pour *Villach* ; elle y arriva le 6 (26 mars), y séjourna le 7 (27) et repartit le 8 (28) pour Clainfort. A son arrivée dans cette ville le 9 (29) dans l'après-midi, elle trouva l'ennemi qui fit une vigoureuse résistance. Le Régiment souffrit beaucoup dans cette affaire, ne se trouvant que trois pelotons de réunis pour exécuter une charge commandée par le général Leclerc. C'est dans cette affaire que le brave Général sachant allier le courage du jeune homme à l'expérience d'un militaire consommé dans l'art de la guerre chargea si vigoureusement l'ennemi qu'on se trouva bientôt pêle-mêle, ce qui diminua le feu avantageux que faisait l'infanterie ennemie sur la droite et sur la gauche du chemin. Le Général s'en apercevant fit avancer promptement le peu de renforts qui nous restait pour soutenir notre retraite devenue indispensable par la supériorité de l'ennemi qui faisait avancer sa cavalerie de réserve ; celle-ci cependant se voyant à son tour abandonnée de son infanterie, fit un mouvement rétrograde duquel profita le Général pour nous faire avancer de nouveau. Elle battit réellement en retraite dans le plus bel ordre. Nous eûmes dans cette affaire les citoyens *Legros* capitaine, *Pralet* (1) Maréchal des logis, *Lecler* Brigadier et plusieurs autres dragons tués en défendant deux pièces de canon qu'ils avaient prises à l'ennemi et qui restèrent enfin, par cette vigoureuse résistance, en notre pouvoir ;

(1) *Pralet* Henri-Joseph, mourut de ses blessures à l'hôpital le 31 mars 1797.

les hommes blessés dans la même affaire au nombre de huit ou dix sont presque tous morts de leurs blessures (1).

Le Régiment a suivi ensuite la marche de la division qui passa à *Saint-Viers*. Le 13 (2 Avril 1797) à *Romagne*, affaire où le Régiment ne donna pas, non plus que dans celles du 14 (3 Avril), à *Frosselle*, et du 15 (4 Avril) à *Goudenberg*; arrivés le 16 (5 Avril) à Nidrefeld, on reçut un parlementaire ennemi qui obtint la cession d'armes; le 18 (7 avril), on se porta à *Léoben*, et le 19 (8 Avril) à Pruck, où on séjourna jusqu'à la signature des préliminaires le 29 Germinal (18 Avril). Depuis le 3 Floréal (22 Avril), le Régiment a suivi la marche rétrograde jusqu'à *Gozzicia* où il reçut ordre de se porter à Trévise pour faire partie de la division de cavalerie aux ordres du général Dumas, et y arriva le 25 Floréal an V de la République (14 Mars 1797).

Préliminaires de
Léoben.

Nota. — Un détachement du dit Régiment venant de France a eu part aux affaires qu'ont occasionnées les trahisons de Vérone et autres lieux. Le général Chabras aux ordres duquel était ce détachement pourra rendre compte de sa conduite.

A Lendinara le 12 Messidor an V (30 Juin 1797).

Signé : HOMMEAUX, Chef d'Escadron.
Commandant le 3ᵉ Régiment de Dragons.

La note suivante complète le précis historique qui vient d'être cité :

NOTE HISTORIQUE

des mouvements du 3ᵉ Régiment de Dragons, des affaires où il s'est trouvé, et des traits de bravoure des militaires qui se sont distingués dans les différentes affaires depuis le 23 nivôse an V (12 janvier 1797) **jusqu'au 8 pluviôse** (27 janvier 1797).

Le 21 nivôse (10 janvier 1797) le 3ᵉ Régiment de Dragons stationné à Villafranca où il faisait partie de la réserve, reçut ordre de se rendre à Vérone et y prit ses cantonnements. Le 23 du même mois (1ᵉʳ janvier 1797) il fut dispersé sur les trois points d'attaque, c'est-à-dire un escadron à Saint-Michel où l'affaire fut assez chaude, et les deux autres aux portes Mantoue et Peschiera.

Quand l'ennemi repoussé eut repris ses positions et que tout fut tranquille, il rentra avec les deux autres troupes dans Vérone avec l'ordre d'en partir à cinq heures de l'après-midi pour se rendre à Porto Lignago, où il bivouaqua pendant la nuit; il y vint un ordre

(1) Voir aux Notes et Remarques, l'extrait des Mémoires de Masséna.

de se joindre au 10ᵉ Régiment de Chasseurs devant Porto-Lignago, et de là, les deux régiments se portèrent sur Castel-Novo pour garder la route de Rivoli. Le Régiment, pour exécuter ces diverses manœuvres marcha toute la nuit et pendant la journée du 25 (14 janvier).

Pendant le mouvement qu'opérait le Régiment, dans cette même journée, un des détachements au nombre de cinquante hommes et commandé par le citoyen *Montcharmont*, lieutenant, se trouva continuellement aux prises avec l'ennemi, mais comme ce détachement faisait alors partie de la division de Joubert, ce Général peut mieux que personne rendre compte des services qu'il en a reçus (1).

Le 26 (15 janvier) notre marche fut dirigée sur *Roverbella*, mais le général Dugua, commandant la cavalerie de réserve, nous en fit partir dans la nuit même pour nous porter en avant avec le 10ᵉ et le 24ᵉ de chasseurs ; nous ne fûmes pas longtemps sans essuyer un feu vigoureux de l'ennemi qui se portait sur Mantoue, et c'est à ce moment que le général Dugua emmena avec lui sur un autre point les deux régiments de Chasseurs, laissant au Commandant du 3ᵉ Régiment de Dragons l'ordre de protéger par des pelotons de son corps notre brave infanterie qui faisait tête à l'ennemi et se battait avec acharnement.

En exécution de cet ordre, les citoyens *Gibert* lieutenant et *Jeantot* sous-lieutenant, à la tête chacun d'un peloton de vingt-cinq hommes, se portèrent sur deux points différents pour observer les mouvements de l'ennemi, et protéger en même temps notre infanterie. Le premier rencontra peu de temps après la colonne des hussards de l'ennemi qu'il chargea avec impétuosité sans s'embarrasser si cette troupe était plus nombreuse que la sienne ; cette bravoure étourdit tellement le chef de cette cavalerie, qu'à l'instant où notre lieutenant l'aborda à la tête de sa troupe, il lui remit son sabre et se rendit le premier à sa discrétion, en lui demandant ce qu'il exigeait du régiment qu'il commandait : « Qu'ils rendent tous les armes, dit le citoyen *Gibert*, en mettant sur le champ pied à terre. » Le Colonel fit exécuter cet ordre et tous obéirent à l'exception d'un seul lieutenant de son corps qui refusait de rendre son sabre. Notre lieutenant qui s'en aperçut courut sus, et ils se trouvèrent bientôt si près l'un de l'autre, que ne pouvant se servir de leurs armes, ils se prirent corps à corps et se renversèrent tous deux de dessus leurs chevaux ; l'officier ennemi fut encore vaincu, et notre détachement emmena toute la troupe prisonnière.

Le citoyen *Jeantot* qui commandait l'autre détachement de 25 hommes, et qui soutenait un corps de notre infanterie, s'apercevant qu'une pièce de l'ennemi qui tirait continuellement à mitraille sur elle, l'incommodait beaucoup, lui proposa de charger dessus. Son avis fut suivi, il l'aida de tout son pouvoir, et bientôt la pièce fut emportée avec ses munitions, chevaux et caissons.

Ces deux traits de bravoure contribuèrent pour beaucoup à la célèbre victoire que remporta l'armée française dans cette mémorable journée.

Après la bataille, le Régiment reçut l'ordre de rétrograder sur Roverbella, de là il se porta à Villafranca, et rentra le 29 (18 Janvier 1797) à Vérone. Le 30 Nivôse (19 Janvier) il vint cantonner à S.-Michel et en partit avec la division de Masséna dont il faisait partie pour lors, le 2 pluviôse dernier (21 Janvier 1797). Depuis cette époque il a suivi la marche de cette division qui n'a eu d'autre occasion de battre l'ennemi que le 6 du même mois (25 Janvier). Dans cette journée, un détachement du corps mit pied à terre, et fut se mêler avec notre infanterie qui était à tirailler.

---

(1) Nous n'avons pu retrouver la part exacte prise par ce détachement pendant les combats livrés par le Général Joubert. On sait qu'à Rivoli ce Général soutint les premiers et les derniers efforts des Autrichiens.

Le 7 (26 Janvier) les citoyens *Prince* et *Vanvelsen* tous deux sous-lieutenants et à la tête chacun d'un détachement de 25 hommes, quoique partis séparément, se réunirent à Citadella que l'ennemi occupait encore ; ils furent chargés vigoureusement ; un de nos dragons fut tué, trois autres blessés et leur quatre chevaux furent pris ; ensuite l'ennemi se retira.

Le citoyen *Prince* détaché de nouveau avec 25 hommes sous les ordres du général Leclerc, se rendit maître d'un poste d'infanterie sous les yeux même de ce Général.

Il est rentré à Bassano, pour se réunir au Régiment qui ne s'attend qu'à cueillir de nouveaux lauriers sous les ordres des braves généraux qui le commandent.

A Bassano, le 11 Pluviôse an V (30 Janvier 1797).

En l'absence du Commandant :

Le Quartier-Maître payeur du Régiment :

Signé :

Pendant la signature des préliminaires de Léoben eut lieu l'insurrection des Etats de Venise en terre ferme. Le général Dumas y fut envoyé avec une division, le 6 mai 1797. Elle était composée des 1er et 7e Hussards 3e, 18e et 24e Dragons. Il la rassemblait à *Trévise*, et avait comme mission d'interrompre toute communication de Venise avec la terre ferme, pour empêcher d'y faire venir de l'eau.

Le 14 Juin, la composition de la division changeait. Le Général Dumas n'avait plus sous ses ordres que les 1er et 7e Hussards (3e Brigade, général Kellermann) et les 3e et 14e Dragons (4e Brigade, Général Walther) : c'était la 2e Division.

Le 5 août, commandant toujours la 2e division, il n'a plus sous lui que les 7e hussards, 3e et 14e Dragons, et en septembre la ville de Padoue lui est assignée comme résidence ; puis le 13 le bourg de Santa-Maria-la-Longa. A cette époque le régiment était ainsi réparti dans ses cantonnements :

Etat-major et un escadron à Strasoldo.

Un escadron à Saciletto et Muscoli.

Un escadron à Parrenzano et Pertéole.

Un escadron à Pampolongo.

Le 4 octobre 1797, nouvelle composition de la 2e division, le 4e chasseurs et le 14e Dragons sont dans la 1re Brigade (Walther), le 7e hussards et le 3e *Dragons* dans la 2e, (général Mercier). Cette composition ne doit être que sur le papier, car un ordre du 20 octobre 1797 prescrit au général Dumas de partir le 21 avec le 4e chasseurs, le 3e *Dragons* et son artillerie pour se rendre à Rovigo en laissant la brigade Walther « composée du 7e hussards et du 14e Dragons. »

Insurrection des Etats de Venise en terre ferme. Cantonnements du 3e Dragons pendant cette expédition. Rentrée en France par la Suisse. Préparatifs pour la campagne d'Egypte.

Enfin, le 9 novembre 1797, Bonaparte prépare déjà sa campagne d'Egypte, sous couleurs de guerre à l'Angleterre ; de Milan, il fait prévenir les chefs de brigade qui doivent faire partie de l'expédition. Les hommes à pied, les équipages et « tout » suivront le corps ; les ordonnances seront rappelés. « Tous les jours exercice à pied et manœuvre, ploiements et déploiements, » les fusils et baïonnettes seront en règle, comme si le Régiment devait s'embarquer sans chevaux. Le général Dumas commande tous les Dragons, le général Leclerc tous les Chasseurs.

Le 21 novembre, le Régiment (372 hommes et 432 chevaux) est à *Landennara ;* le 21 décembre il part pour rentrer en France.

Ce retour s'effectue par la Suisse. Il passe à *Iverdun* près Lausanne le 19 février 1798 (450 hommes et 454 chevaux) et part de Berne au milieu de mars, où il avait reçu l'ordre de se diriger sur *Toulon,* pour y être embarqué ; il est à *Hyères* le 20 avril.

CHAPITRE V

1798-1801

EXPÉDITION D'EGYPTE

Départ de **Berne**. — Soins pour compléter les effectifs. — Le Régiment n'emmène
que quelques chevaux. — Il s'embarque sur le **Franklin** et sur l'**Heureux**. —
Arrivée à Alexandrie. — Une partie du Régiment à l'avant-garde. — Beaux faits
d'armes près d'Alexandrie. — **Rabasse** et le Maréchal des Logis **Moyen**. —
Combat de **Salahieh**; Eloges de Bonaparte. — Expédition de **Syrie**. — Reconnaissance du 14 mars par le sous-lieutenant **Delesalle**. — Siège de Saint-Jean-d'Acre. Combat de **Nazareth**; Le Maréchal des Logis **Roux** prend un étendard.
— Bataille du **Mont-Thabor**. — Retour en Egypte. Réorganisation du Régiment.
Bataille d'**Aboukir**. Belle récompense donnée au 3ᵉ Dragons. — Départ de
Bonaparte. — Bataille d'**Héliopolis**. — Assassinat de Kléber. — Combats autour
d'Alexandrie. — Le 3ᵉ Dragons à la bataille de **Canope**. — Retour en France.

Le Régiment était à Berne quand il reçut l'ordre du 14 mars (1) qui
le plaçait à l'aile gauche de *l'Armée d'Angleterre*. C'est ainsi qu'on nommait
alors les troupes destinées à l'expédition d'Egypte. En même temps le
général *Leclerc* était appelé à Lyon pour prendre au passage les *3ᵉ* et *15ᵉ*
Dragons qui formaient sa brigade.

Les cadres et les effectifs furent complétés, et cette opération fut faite
avec le plus grand soin. Bonaparte en effet, d'après sa Note au Directoire
du 5 Mars (1) ne comptait que sur 400 cavaliers du 3ᵉ *Dragons*, et il en
arriva 450 à Toulon, le 9 Avril. Il est vrai que certains étaient à la suite,

(1) Correspondance de Napoléon.

et ne comptaient au Régiment que pour la traversée. Nous avions trois chefs de brigade, *Bron* le titulaire, *Martinet* nouvellement attaché au Régiment, et *Duplessis* nommé au commandement du 7ᵉ Hussards le 7 Juillet suivant. *Beauvoisin*, chef d'escadron, était destiné à un état-major ; *Rabasse* était à la suite, et y resta quelque temps (1).

Le Régiment fut embarqué sur le *Franklin* et l'*Heureux*, les chevaux sur la *Faucille* et douze autres transports. L'*Heureux* ne portait que trois officiers et quarante et un hommes de troupe ; la majeure partie embarqua sur le *Franklin* (2).

Le 3ᵉ *Dragons*, comme les autres régiments de cavalerie, n'emmenait environ que le tiers de ses chevaux ; les autres furent distribués aux régiments restant en France et les plus à proximité ; il se remonta après la prise du Caire par les chevaux des Mameloucks et par les réquisitions quand le pays fut organisé Il emportait ses harnachements et ses armes. Aucune modification n'était prescrite pour l'uniforme.

Arrivée à Alexandrie
Une partie du
Régiment à l'avant-
garde.
Beaux faits d'armes
près d'Alexandrie.
Rabasse et le maréchal
des logis Moyen.
Combat de Sahalieh.
Eloges de Bonaparte.

La flotte mit à la voile le 19 mai 1798, et après la prise de Malte arriva en vue d'Alexandrie le 1ᵉʳ Juillet. Le débarquement s'effectua de nuit les chevaux à la nage. Les quelques hommes qui étaient montés se joignirent à la division Desaix à l'avant-garde. Les hommes démontés qui consentirent à porter leurs selles suivirent l'armée, et furent pourvus les premiers ; les autres furent embarqués sur la flottille.

Après la prise d'Alexandrie et la blessure de Kléber un détachement de cinquante dragons du Régiment eut l'occasion de se signaler le 26 Juillet. Il faut citer particulièrement le chef d'escadron *Rabasse* (3) qui le commandait et le maréchal des logis *Moyen ;* il y eut trois hommes tués et huit hommes blessés (4).

Quand la ville du Caire fut prise, le Régiment y tint garnison.

Au commencement d'Août, un escadron fit partie de la colonne envoyée sur Belbeis, et destinée à combattre Ibrahim Bey. Elle quitte le Caire le 2 août avec le général Leclerc qui précède la division Reynier. Première affaire à *El Kankha* où l'escadron se signale. Le 11, Bonaparte rejoint la colonne, et atteint à *Salahieh* l'arrière-garde du pacha forte de 4000 cavaliers. Il n'avait avec lui que la cavalerie de Leclerc, quatre compagnies de gre-

---

(1) Voir aux Notes et Remarques, l'Etat des officiers du Régiment présents au commencement de la Campagne d'Egypte.

(2) Le *Franklin* prenait 222 sous-officiers et dragons du 3ᵉ (Archives du Ministère).

(3) Il était capitaine à la suite du Régiment depuis le 6 Janvier 1796.

(4) Voir aux Notes et Remarques le détail de cette expédition.

nadiers et une pièce d'artillerie. Il lança d'abord les deux escadrons du 7e Hussards et du 22e Chasseurs qui chargèrent vigoureusement, mais furent bientôt entourés par une multitude de Mamelucks. Le général Leclerc à la tête des *3e* et *15e* Dragons s'avance et prescrit à ces deux escadrons de faire feu à cheval, puis d'entamer la charge. Cette manière habituelle contre les Mamelucks (1) réussit pleinement ; une mêlée terrible s'engagea et l'ennemi quoique supérieur en nombre fut forcé de se retirer. *Murat* est cité comme combattant au premier rang du *3e Dragons*.

Cette brillante action valut au Régiment les éloges de Bonaparte à l'ordre de l'armée (2). Il faut mentionner en particulier le brigadier *Guyon* et l'adjudant sous-lieutenant *Delesalle* (Augustin) qui, enveloppé par une troupe nombreuse de Mamelucks, reçut plusieurs coups de sabre et parvint à se dégager après avoir tué un cavalier qui le pressait vivement (3). L'Escadron du 3e Dragons revint ensuite au Caire où le Régiment fut réuni ; il contribua à réprimer la révolte de cette ville les 21 et 22 octobre. Il ne la quitta qu'avec Murat pour l'expédition de Syrie.

L'armée partit à la fin de Janvier, la cavalerie et *le 3e Dragons* en tête. On relève dans cette marche des combats d'avant-garde continuels et de temps en temps de sérieuses rencontres. Le Régiment prit part aux deux principales, le 24 Février entre *Kan-Younès et Gaza*, le 4 Mars sous *Jaffa*, dans cette reconnaissance hardie que conduit Murat autour des murs de la ville.

Ce genre de reconnaissance faite avec de petits effectifs n'était pas sans péril ; ne citons que celle du 14 Mars commandée par le Sous-Lieutenant *Delesalle* (4). Ils n'étaient que 25 hommes et 2 officiers (5) ; après avoir

Expédition de Syrie.
Reconnaissance
du 14 Mars par le
Sous-Lieutenant
Delesalle.
Siège de Saint-Jean-
d'Acre.
Combat de Nazareth.
Le maréchal des
logis Roux
prend un étendard.
Bataille du Mont-
Thabor.
Retour en Egypte.
Réorganisation du
Régiment.

---

(1) Voir aux Notes et Remarques : Manière de combattre des Mamelucks par le général Bertrand et Combat de Sahalieh par le marquis de Colbert.

(2) Voir aux Notes.

(3) Voir plus loin la reconnaissance de Delesalle entre Jaffa et Saint-Jean-d'Acre et ses états de service aux Notes et Remarques.

(4) Joseph-Augustin *Delesalle* (ou Delasalle) est un des meilleurs officiers du Régiment. Nous le retrouvons partout jusqu'en 1811. Né le 22 Mars 1773, à Neuve-Eglise (ancien département de la Lys) de parents français, il arrive comme réquisitionnaire au 3e Dragons, le 8 septembre 1793, il fait toutes les campagnes du Régiment à l'armée du Nord et de Sambre-et-Meuse. — En Italie comme brigadier-fourrier il est blessé au poignet près de Feltre Il est encore blessé à Salahieh. En 1806, il dégage au bois de Bendenich le général Becker fortement engagé et près d'être pris ; à Gudstadt, le 3 Mars, il force avec son escadron un défilé gardé par 800 Cosaques ; à Friedland il prend une batterie. En Portugal, il a le commandement d'un régiment provisoire. Enfin, à San-Carpio, le 23 Novembre 1809, il résiste pendant toute la journée au corps du duc d'El Parque avec 150 Dragons du Régiment ; il a le genou droit fracassé. Il lui fut impossible dès lors de remonter à cheval et il prit sa retraite le 1er Janvier 1811.

(5) *Delesalle* et *Terraud*.

dépassé les avant-postes d'une lieue et demie, ils découvrirent une colonne de 200 arabes à cheval, précédés d'une avant-garde de 50 hommes qu'ils chargèrent. Les premiers rangs furent enfoncés, les autres se replièrent sur le gros qui s'était avancé au premier coup de feu :

Trop engagés pour songer à faire retraite, écrit Delesalle, nous résolûmes d'attaquer en flanc la tête de la colonne ennemie. Le chef des Arabes ayant vu notre mouvement, il fit le sien de droite à gauche, et nous bloqua en faisant feu ; nos dragons se jetèrent sur les Arabes et défendirent leur vie à la française. Pour moi, déjà blessé au bras droit par un coup de lance, je me trouvais entouré de quatre Arabes avec lesquels je me battis à outrance ; je reçus encore 2 blessures, l'une dans le flanc, l'autre au col, et j'eus la douleur de voir plusieurs têtes de mes malheureux compagnons portées sur des piques ; ce spectacle me rendit furieux, je repris mon courage et mes forces, mais un dernier coup de lance dans le côté droit me désarçonna, je tombai de cheval et à la merci des Arabes, ils se jetèrent sur moi comme des vautours affamés de carnage, me dépouillèrent de mes vêtements, ne me laissèrent que mon caleçon et ma chemise ; l'un d'eux pour être plus sûr d'avoir mes anneaux se mit en devoir de me couper les oreilles ; heureusement pour moi qu'ils cédèrent à ses efforts, j'en fus quitte pour la peur. Quoique sans armes, nu et baigné dans mon sang, ils me portèrent un coup de lance au corps, je le parai avec la main droite qui fut traversée, ils hachèrent en pièce sous mes yeux quatorze de mes compagnons ainsi que mon camarade *Terraud* (1), et vinrent me présenter et faire baiser leurs têtes sanglantes ; j'ai su depuis que les autres dragons, tous blessés très dangereusement, étaient parvenus à s'échapper (2).

Pendant le siège de Saint-Jean-d'Acre, le Régiment fut placé à la droite près de la division Kléber, à l'est du grand aqueduc ; il fut tiré de ces cantonnements pour le combat de *Nazareth* ou Loubi (8 Avril 1799) et pour la bataille de *Mont-Thabor* (16 Avril 1799).

Junot s'était emparé de Nazareth le 6 Avril, et avait envoyé en reconnaissance le sheick Daher avec 70 chevaux. Celui-ci signala bientôt une avant-garde de l'armée de Damas forte de 500 Cavaliers. A cette nouvelle Junot partit de Nazareth le 8 Avril emmenant 150 Grenadiers de la 19ᵉ de

(1) *Terraud*, Bernard, né le 2 juillet 1762, sous-lieutenant le 4 septembre 1795.

(2. Cet extrait est tiré d'une brochure intitulée : *Cent heures d'Agonie*, ou Relation des aventures d'Augustin Delesalle, sous-lieutenant au 3ᵉ Régiment de Dragons, fait prisonnier par les Arabes en Syrie, le 23 Ventôse an VI: avec le détail des traitements barbares qu'il a soufferts dans les vallons de Naplouze, à Jaffa, à Saint-Jean-d'Acre, dans le palais du pacha Djezarr (ou l'égorgeur), son naufrage dans la Méditerranée, son retour en France, suivi du certificat du commodore Sydney Smith ministre plénipotentiaire de S. M. Britannique et d'autres pièces justificatives. « Publié par Pierre Villiers, Capitaine au 3ᵉ Régiment de Dragons en Vendémiaire an IX (23 Septembre au 22 Octobre 1800).

Cette brochure est malheureusement trop longue pour être donnée en son entier.

Elle est déposée aux archives du 3ᵉ Dragons.

Voir aux Notes et Remarques la lettre de Delesalle, à son chef de brigade. (Ministère de la Guerre). Correspondance de Napoléon Iᵉʳ.

ligne, 150 Carabiniers de la 2ᵉ légère, et environ 100 chevaux de différents régiments, et en particulier du 3ᵉ *Dragons*, commandés par le chef de brigade *Duvivier* du 14ᵉ. Il arriva au village de Cana à 8 heures. L'avant-garde ennemie s'était augmentée et comptait de 2 à 3000 cavaliers divisés en plusieurs corps, dans la plaine entre Loubi et le Mont-Thabor. Elle fut bientôt soutenue par un autre corps de 2000 Cavaliers venant de Loubi, sur les derrières de Junot.

Le moment était difficile. Le Général reco.nmande le plus profond silence, on ne devait tirer qu'à bout portant, et laisser l'ennemi s'avancer. Les Mamelucks s'approchent croyant à une victoire facile ; mais, à portée de pistolet, les Français font une décharge des plus vives et couchent à terre 300 cavaliers. La cavalerie restée à cheval avait tiré comme l'infanterie, mais n'ayant pas un feu aussi meurtrier à opposer, elle avait reçu le plus grand choc de la charge, et avait éprouvé quelque désordre bientôt réparé. Les Mamelucks tentèrent une deuxième attaque qui fut repoussée avec le même sang-froid que la première. C'est pendant cette deuxième attaque que le maréchal des logis *Roux* (François), arracha l'un des principaux étendards à un cavalier ennemi qui le défendit vaillamment. Cette lutte corps à corps a été représentée par Gros sur l'ordre du 1ᵉʳ Çonsul ; le tableau est au Musée de Nantes.

Le combat commencé entre neuf et dix heures du matin, ne fut terminé qu'à trois heures. Junot dans son rapport fait une mention particulière du maréchal des logis *Roux*, du capitaine *Gibert* (1), qui fut tué, du commandant Paul *Sainglant*.

Le 10 le Régiment combattit encore à *Seid-Jarra*.

Ces combats de détail forcèrent Bonaparte à une action générale. Il partit le 15 avril avec la cavalerie qui restait sous Saint-Jean-d'Acre et la division *Bon*, et arriva à temps le 16 pour soutenir Kléber et Junot qui se battaient déjà depuis six heures du matin au pied du *Mont-Thabor*. La victoire fut complète et le 3ᵉ *Dragons* se battit « comme de coutume » (2). Une compagnie seulement du Régiment ne put y assister, ayant été détachée avec Murat sur Safed et le pont d'Yacoub.

Après la bataille du Mont-Thabor, le Régiment revint au siège de Saint-Jean-d'Acre, mais n'a plus combattu. Le siège fut levé le 21 mai, la nuit. Pendant la retraite, la cavalerie fit l'avant-garde jusqu'à Jaffa ; de Jaffa

(1) C'est le même qui a été cité en Italie.
(2) Correspondance de Napoléon Iᵉʳ publiée par Ordre de Napoléon III.

jusqu'au Caire elle tient la droite de l'armée et suit le bord de la mer. Le 14 juin avait lieu le retour solennel au Caire, la cavalerie en tête et partagée en deux brigades : la première (Général Davoust) composée des 22ᵉ Chasseurs, 15ᵉ et 20ᵉ Dragons ; la deuxième (Général Murat), des 7ᵉ Hussards, 3ᵉ et 4ᵉ Dragons.

La période de paix qui sépara l'entrée de l'armée au Caire de la bataille d'Aboukir fut employée par Bonaparte à réorganiser les troupes qui revenaient de Syrie. Il fut très bien secondé, et nous fûmes très vite en état de reprendre la campagne. Le 3ᵉ *Dragons* était parti avec 364 cavaliers ; il en comptait 329 le 14 juillet 1799, malgré les pertes qu'il avait subies en Syrie (1).

Bataille d'Aboukir. Belle récompense donnée au 3ᵉ Dragons. Départ de Bonaparte.

Au milieu du mois de Juillet, Bonaparte apprit le débarquemenent d'une forte armée turque. Murat qui était à Giseh avec sa cavalerie, fut de suite envoyé pour soutenir Marmont et former l'avant-garde de l'armée de secours. La bataille eut lieu le 25 Juillet à *Aboukir*. A l'attaque de la première ligne de retranchements, Murat qui occupait d'abord le centre put en menaçant les derrières des Turcs, leur faire lâcher pied. A l'attaque de la seconde ligne il passe à la droite, le long de la plage, charge l'ennemi plusieurs fois avec la plus grande vigueur et le jette à la mer, mais il ne put s'engager plus avant faute d'infanterie. C'est seulement plus tard quand il fut soutenu et que les Turcs sortirent de leurs retranchements pour couper les têtes, que la cavalerie tourna la redoute et s'en empara.

Dans ces glorieuses et nombreuses charges, il est impossible de dégager les manœuvres particulières du Régiment ; mais il a vigoureusement combattu. *Bouquerot des Essars* (Jean-Baptiste) est grièvement blessé ; *Danel* (Joseph), maréchal des logis, démonté dans une charge combat six cavaliers turcs qui l'entourent ; il est sauvé par le dévouement d'un de ses caramades qui revient pour le secourir et se fait tuer ; *Hacquin* (Louis-Pierre-François) s'empare de deux pièces de canon ; le brigadier *Roome* (Jean-François) succombe après des prodiges de valeur. Le Maréchal des Logis *Guyon* (Dominique-Clément) est nommé Sous-Lieutenant sur le champ de bataille.

Le Régiment reçoit de nombreuses récompenses ; il est cité à l'ordre de l'armée et Bonaparte lui donne les deux canons qu'il a pris sur l'ennemi ; on grave sur la volée : « *Bataille d'Aboukir.* » (2)

---

(1) Archives du Ministère.
(2) Voir cet ordre aux Notes et Remarques.

Le Général Bonaparte quittait l'Egypte le 22 Août laissant le commandement à *Kléber*.

Jusqu'à la bataille d'Héliopolis, le Régiment n'eut aucune expédition à entreprendre. La victoire d'Aboukir avait assuré la tranquillité du pays et Kléber faisait la paix. La Convention d'El Arish fut signée le 24 Janvier 1800. On sait avec quelle fierté elle fut rompue, et comment Kléber répondit à la lettre de Lord Keith par la victoire d'*Héliopolis*.

Le Régiment assista à cette bataille dans la division Leclerc. Pendant la poursuite sur Sahalieh et Koraïm il fut attaché à la division du général Reynier qui était à l'avant-garde, et c'est à Koraïm avec le 14ᵉ Dragons qu'il soutint si vigoureusement le général Kléber. (1)

Le 24 Mars il revint au siège du Caire révolté. Le 14 Juin 1800, Kléber est assassiné, et l'armée passe sous les ordres du général *Menou*, sous lequel il n'y a malheureusement plus de combats victorieux à enregistrer.

La flotte anglaise était signalée le 1ᵉʳ Mars 1801 en vue d'Aboukir. Le général Friant qui commandait à Alexandrie, avait immédiatement abandonné cette place avec la majeure partie de ses forces, dont un détachement du 3ᵉ *Dragons*, pour s'opposer au débarquement des Anglais. Il ne put y réussir, malgré le combat opiniâtre du 8. Ce jour-là l'escadron du Régiment était en réserve. Il n'en fut pas de même les jours suivants. Le 10, notre chef de brigade *Fiteau* (Edme-Nicolas) ramène au combat un peloton de tirailleurs, et fait à leur tête plusieurs charges vigoureuses. Le capitaine *Duvivier* (Vincent-Marie-Constantin) blessé d'un coup de feu à la main droite et d'un coup de sabre à l'épaule gauche est proposé pour une arme d'honneur par le général Menou ; à sa rentrée en France il reçoit une lettre de félicitations du Premier Consul pour sa brillante conduite à l'armée d'Orient (2). *Danel* (Barthélemy-Bernard-Joseph), adjudant sous-officier, suivi de deux hommes de son escadron, contraint 15 tirailleurs anglais à battre en retraite et leur fait un prisonnier. *Sainglant* (Paul) chef d'escadron, est cité le 10 et le 12 pour sa brillante conduite.

A la nouvelle du débarquement des Anglais et de la défaite du général Friant, Menou s'émut au Caire et envoya des renforts successifs. Ce qui restait du Régiment arriva avec le général *Bron*, son ancien chef de

---

(1) Voir le rapport du général Damas, chef d'Etat-Major du général Kléber (Notes et Remarques.

(2) Voir aux Notes et Remarques la lettre élogieuse du Général en chef.

brigade, le 9 et le 11 mars. Le 3ᵉ Dragons, réuni tout entier prit part aux deux combats sous Alexandrie les 13 et 21.

Dans la journée du 13, la brigade de cavalerie était placée en deuxième ligne. Elle chargea au début de l'action pour soutenir la 4ᵉ demi-brigade légère ; la charge fut successive, le 22ᵉ chasseurs d'abord, suivi bientôt après par le *3ᵉ Dragons*. Ils culbutèrent la première ligne anglaise et firent 300 prisonniers, mais ils échouèrent devant la deuxième ligne qui ramena l'aile gauche. Le Général Friant se retira dans ses positions de la veille et dut attendre le reste de l'armée du Caire. Elle était partie le 11 et n'arriva sous Alexandrie que le 18.

Le 21 mars, la Cavalerie, moins 350 chevaux des 7ᵉ hussards et 22ᵉ chasseurs, était encore placée en seconde ligne derrière le centre de l'armée française, et devait selon le plan de Menou décider la victoire par ses charges. Le général *Roize* la commandait. Quand il reçut l'ordre de charger, il eut beau représenter à Menou que le moment n'était pas encore venu d'engager cette réserve, l'ordre absurde dut être exécuté : « Mes amis, dit-il à ses officiers, on nous envoie à la gloire et à la mort, marchons! » Il fut tué.

Le 3ᵉ et le 14ᵉ Dragons (Brigade Boussart) chargèrent en 1ʳᵉ ligne sur l'infanterie ennemie qui était en arrière de la grande-redoute. Cette infanterie fut culbutée. Mais la brigade Boussart victorieuse attira tous les feux des redoutes et de la deuxième ligne anglaise ; beaucoup d'officiers et de dragons furent mis hors de combat ; le général Boussart blessé ordonna la retraite. Le Général Roize, ayant vu l'insuccès de cette attaque, partit en désespéré avec la seconde ligne. Il rallia les débris de la première et toute la cavalerie pénétra jusqu'au Camp des Anglais. Abercombry, leur Général en chef, est tué par un officier de dragons. Malheureusement ces charges dans un camp, au milieu des tentes et de chausse-trapes, avaient rompu nos escadrons qui furent obligés de se retirer en désordre pour se reformer derrière l'infanterie.

La destruction de cette réserve follement engagée faisait perdre la bataille et abandonner l'Egypte.

Dans ces deux derniers combats, il faut citer *Sainglant,* chef d'escadron, le 13 et particulièrement le 21 mars ; il prit le commandement du régiment quand *Fiteau* notre chef de brigade fut blessé. Il s'empara avec le petit nombre de dragons qui lui restaient de deux pièces de canon, et fit un grand nombre de prisonniers que le feu de la mousqueterie le força d'abandonner dans la mêlée. *Hacquin* (Louis-Pierre-François), maréchal des logis, tue de sa main un officier ennemi, fait sept prisonniers, reçoit un coup de baïonnette et est nommé sous-lieutenant sur le champ de bataille. *Guyon* (Dominique-Clément) est nommé lieutenant ainsi que *Danel* (Barthélemy-Fernand-Joseph), qui avait combattu le 21, malgré 4 blessures reçues le 13 et l'épaule traversée. Le sous-lieutenant *Galland* allait être prisonnier des Anglais, quand *Malines*, sous-lieutenant au 14ᵉ Dragons, vola à son secours, le dégagea et tous deux firent retraite sains et saufs. Le Lieutenant *Montcharmont* est tué. *Naze* Maréchal des Logis a son cheval tué sous lui le 10 mars, et le 21 est laissé pour mort sur le champ de bataille. *Laplace* brigadier pénètre dans les rangs ennemis et se trouvant entouré, seul se fait un passage par sa valeur et revient blessé, son cheval tué. *Butiau* dragon arrache son Maréchal des Logis Chef des mains de trois Anglais qui l'avaient blessé et fait prisonnier. *Dauvert* entre le premier dans Aboukir, a son cheval blessé, met pied à terre, sauve un de ses camarades désarmé par les Turcs, et combat le reste de la journée, à pied, avec les grenadiers.

Après la défaite de Canope, l'évacuation de l'Egypte s'imposait; le Caire se rendait le 27 juin, Alexandrie au mois d'octobre.

La majeure partie du Régiment capitulait au Caire avec le général Belliard, et était embarquée à Aboukir le 1ᵉʳ août 1801.

Le 6 décembre le Régiment était réuni à Marseille et comptait 32 officiers et 215 sous-officiers et soldats. Il était resté plus de 3 ans en Egypte.

CHAPITRE VI

AUSTERLITZ

Le 3ᵉ *Dragons* est réorganisé le 11 Novembre 1803.— Camp de Boulogne.— De Saint-
Omer à Kehl. — Remontes chez les paysans. — Attaque des hulans et des hussards
de **Merfeld** et de **Lichtenstein**. — Mouvement sur Landsberg et prise de
Memmingen. Les cuirassiers du prince Ferdinand. — Reconnaissance du Sous-
Lieutenant **Lascourt**. — Passage du Lech et de l'Iser. — Poursuite après le com-
bat de **Mattegkoffen**. — Passage de la Traun. - **Pont d'Ebersberg**. —
Combat du pont **d'Enns** et sur les hauteurs d'Oed. — San-Poelten. — Vienne.
Combat **d'Hollabrünn, de Pohrlitz** et de **Rausnitz**. - **Bataille d'Aus-
terlitz**. — Le bataillon du 3ᵉ Dragons.

Le 3ᵉ Dragons réor-
ganisé le 11 No-
vembre 1803.
Camp de Boulogne.

A son retour d'Egypte, le 3ᵉ Dragons reste quelque temps à Marseille.
Dans la suite il occupe les garnisons d'Avignon (1802), de Versailles
(1803), de Chantilly et Versailles en 1803 et 1804 (1).

En 1803, il fut complètement réorganisé à quatre escadrons et huit
compagnies, chaque compagnie comprenant des dragons à pied et des
dragons à cheval. Le procès-verbal de cette organisation est du 11 novembre 1803 (2).

Le Régiment est ensuite appelé au camp de Boulogne et cantonné à
Saint-Omer (3).

---

(1) 1ᵉʳ et 2ᵉ escadrons à Chantilly ; 3ᵉ et 4ᵉ à Versailles.

(2) Cette nouvelle organisation subsiste jusqu'au jour où le Régiment devient 2ᵉ
Chevau légers (1811). Elle est trop importante pour être simplement indiquée. Voir le
détail aux Notes et Remarques.

(3) Le Régiment avait encore par exception quelques vieux sous-officiers. Citons entre
autres, le Maréchal des Logis *Nélaton* qui à cette époque est proposé pour la retraite avec
46 ans de service et 11 campagnes, toutes au 3ᵉ Dragons, de 1757 à 1803.

L'ordre de quitter Saint-Omer pour la campagne contre l'Autriche arriva le 24 Août ; le 26, le 3ᵉ *Dragons* (1) partait avec 360 hommes et 373 chevaux. Afin de dissimuler sa concentration, l'ordre n'avait été donné que pour les trois ou quatre premières étapes.

On connaît dans son ensemble la marche stratégique qui amena la Grande Armée de Boulogne sur le Rhin et sur le Danube, qui tourna l'armée autrichienne et fit tomber Ulm. On connaît le rôle spécial de la cavalerie aux débouchés de la Forêt-Noire.

Le 3ᵉ *Dragons* mit 23 jours pour se rendre de Saint-Omer à Strasbourg (2), et fit seulement séjour à Laon, à Ligny et à Saint-Dié.

Il franchit le Rhin à Kehl le 25 Septembre et s'établit à Willstadt.

Jusqu'au 8 Octobre il se conforma au mouvement de la Division et n'eut aucune mission particulière (3).

En approchant de l'ennemi, les précautions augmentent. Chaque régiment doit requérir et avoir toujours avec lui du pain pour quatre jours (1ᵉʳ Octobre); la cavalerie ne doit plus cantonner mais toujours bivouaquer (5 Octobre) ; à la suite des marches forcées, il fallait déjà songer à remplacer les mauvais chevaux par d'autres réquisitionnés chez les paysans. Toutefois *Murat* trouve sa cavalerie dans un état satisfaisant, et il espère, qu'au moyen de ce droit de réquisition que vient de lui accorder l'Empereur, il pourra se mettre en état de se mesurer avec avantage avec celle de l'ennemi (4).

Le 8 Octobre, à midi, le Général Walther reçut de Murat l'ordre de se porter sur la route de *Friedberg*, en passant par Rain. C'était le début du mouvement qui devait compléter l'investissement d'Ulm. Walther ne put se mettre immédiatement en marche, le passage étant encombré par deux divisions d'infanterie. Il fit seulement prendre la tête de cette colonne à

(1) Le 3ᵉ *Dragons* fait partie de la 2ᵉ division de dragons (général Walther) et de la 1ʳᵉ Brigade (général Sébastiani).

(2) De Saint-Omer à Fruges (26 août), Saint-Pol, Arras, Bapaume, Péronne, Saint-Quentin, La Fère (1ᵉʳ Septembre), Laon (2 et 3), Craonne, Reims, Petites-Loges, Châlons, Vitry, St-Dizier, Ligny (10 et 11), Void, Toul, Nancy, Lunéville, Baccarat, Saint-Dié (17 et 18), Schelestadt, Strasbourg (21 Septembre).

(3) 27 Septembre à Oberkirch ; 29 Renchen ; 30 en avant de Rastadt ; 1ᵉʳ Octobre en avant d'Estingen sur la route d'Ensberg, 2 octobre à deux lieues en arrière de Stuttgard ; 3 octobre route d'Ulm à deux lieues en arrière de Gœppingen, gardant les ponts sur la Seltz ; 4 octobre en arrière de Geislingen ; 5 octobre à une lieue et demie en avant d'Heidenheim ; le 7 octobre la division passse le Danube à Munster ; sur un pont à deux lieues et demie au-dessus de Daunauwerth, elle eut un léger engagement avec l'ennemi en face de cette ville, passa le Lech à Gundelfingen et vint bivouaquer dans les plaines en avant de Rain.

(4) Lettre de Murat à l'Empereur du 5 Octobre 1805.

80 chevaux du 3ᵉ *Dragons*, conduits par le Général *Sébastiani*, qui resta ce jour-là avec le Maréchal Soult. En débouchant du village de *Lambach*, cet Escadron rencontra à peu près 2000 chevaux des régiments de *Merfeld-Hulans* et *Lichstentein-Hussards;* mille autres chevaux des mêmes régiments étaient en arrière des bois de Walhœhofen. Le général Kienmayer commandait : « Nous avons eu une charge de cavalerie vigoureuse, dit le » Maréchal Soult dans sa lettre du même jour à Walther, qui a tué et » blessé pas mal de Hulans et Hussards. Le Général *Sébastiani* à la » tête d'un *escadron du* 3ᵉ *Dragons*, y a pris une part très honorable. »

Pendant ce temps, Walther continuait sa marche sur Friedberg ; bientôt il fut informé par des paysans que l'ennemi était à *Alfing*. Il y détache le reste du Régiment qui, avec l'avant-garde composée d'hommes de plusieurs corps, débusque l'ennemi encore à cheval et prend cinq hommes et trois chevaux. « La défense de ne pas aller le même jour en avant d'Aicha, et » surtout la nuit entièrement close à huit heures du soir, empêchèrent » l'ennemi d'être poursuivi. » Le Régiment bivouaqua en avant d'Alfing.

Mouvement sur Landsberg et prise de Memmingen. Reconnaissance du Sous-Lieutenant Lascourt.

Le lendemain le Maréchal Soult devait attaquer l'ennemi à Aicha, et après l'avoir forcé de se retirer sur Wachau, se diriger de suite sur Friedberg. Pour cette opération la cavalerie de son corps d'armée était insuffisante, et la division *Walther* lui avait été envoyée pour l'aider. Il avait le 8 au soir invité Walther à porter le lendemain, à cinq heures du matin, une brigade de sa division en avant du village de Lembach où le Général *Sébastiani* devait l'attendre, et lui donner des ordres sur les mouvements. qu'elle serait dans le cas de faire. Ce fut la brigade de *Sébastiani* qui fut désignée.

Le soir elle reçut les félicitations de Soult pour avoir pris 40 cuirassiers du Prince Ferdinand et, en même temps que les félicitations, l'ordre d'enlever le lendemain un convoi de 30 à 36 pièces de canon et un équipage de pont, presque sans escorte « qui est parti à midi de Landsberg » pour Wilheim; il est attelé de chevaux de réquisition qui n'auront pu » aller qu'à quatre ou cinq lieues. Aussitôt que le convoi sera pris, la bri- » gade devra s'établir à Vurgen... (1). »

Le 11, la 2ᵉ Division, à laquelle sont revenus Sébastiani et le 3ᵉ *Dragons*, passe le Lech à Augsbourg, et remonte cette rivière. Elle arrive par une marche forcée vis-à-vis de *Landsberg*, où elle soutient le 26ᵉ Chasseurs engagé dans une charge contre un régiment de Cuirassiers autrichiens.

____

(1) On n'a pu trouver de renseignements sur les détails de ce coup de main.

Le même jour, elle repasse le Lech à Landsberg, et bivouaque à deux lieues en avant sur la route de Munich. Le lendemain, marche forcée pendant toute la nuit pour arriver sous *Memmingen*, avec un repos de deux heures à Mindelheim. Le Régiment s'arrête au commencement de la nuit du 12 au 13 sur les hauteurs qui commandent la ville et y bivouaque. Le lendemain, il envoie des vedettes et des reconnaissances pour observer Memmingen, pendant que la division se porte entre les routes de Munich et de Kempten. Une des reconnaissances les plus remarquées a été celle du sous-lieutenant *Lascourt* « jeune officier d'un rare mérite qui ayant » reçu l'ordre de s'approcher de très près des murs de Memmingen, arriva » jusqu'aux portes avec le plus grand sang-froid, malgré le feu vif de » l'infanterie et de deux pièces de canon (1)... »

Nos vedettes firent feu assez longtemps avec celles de l'ennemi, et le soir la place se rendit ; le Régiment y entra pour veiller à l'exécution du traité. Dans une lettre à l'Empereur du 14 octobre, le Maréchal Soult rend compte que « les généraux Walther et *Sébastiani* ont parfaitement » manœuvré pour compléter l'investissement de la place ; le Général » Sébastiani était avec le Général Saligny lors de la capitulation, et a » contribué avec le 3ᵉ *Dragons* qu'il a reçu ordre de faire entrer pour » quelques heures dans Memmingen à en accélérer l'évacuation... » Il en part à la nuit pour se porter à *Hobzheim* où il séjourne ; le 18 octobre il est à une lieue d'Ulm à *Pfuhl*.

Enfin le 20 octobre 1805, « en parade et en grande tenue, les armes » chargées (2) » il assiste avec les divisions de Ney, de Marmont et la Garde au défilé des troupes autrichiennes qui viennent de capituler.

Après le défilé, le Régiment quitte la ville et arrive très tard à *Leipheim*, sur la route d'Augsbourg ; le lendemain, marche forcée pour s'établir à *Bibourg* (3).

Le 29 octobre, à la nuit, la division arrive devant *Mattegkoffen* où l'ennemi tient ferme derrière des défilés avec de l'artillerie, et nous contraint à bivouaquer dans la position. Le lendemain à la pointe du jour il avait décampé ; le 3ᵉ *Dragons* fut envoyé à sa poursuite sur la route de

Passage du Lech et de l'Yser.
Poursuite après le combat de Mattegkoffen.
Passage de la Traun.
Pont d'Ebersberg.
Combat au pont d'Enns et sur les hauteurs d'Oed.
San-Poelten.
Vienne.

---

(1) Archives du Ministère. Le Sous-Lieutenant Lascourt était arrivé récemment au Régiment.

(2) Ordre pour la reddition d'Ulm.

(3) Marche du 3ᵉ Dragons d'Ulm à Sading : 20 novembre, 21 et 22 Bibourg ; 23 Adelshausen, passage du Lech à Augsbourg ; 24 et 25 près de Munich ; 26 Pensdorf, passage de l'Yser ; 27 Kamering ; 28 Degming ; 29 devant Mattegkoffen ; 30 novembre Sading.

Friedberg, resta deux jours absent, et rejoignit la division le 31 novembre à Sading, avec quelques prisonniers.

A partir du 1er novembre, la division prend la tête de la colonne. Elle passe à *Lambach*, s'y arrête un instant « pour faire montre à l'ennemi » qui tirait à boulets et à mitraille de la rive opposée de la Traun, puis continue sa marche sur Vels où elle fait quelques prisonniers. Elle combat le 2 au pont d'*Ebersberg*, détruit en partie et défendu par un fort détachement russe, l'enlève et le répare. Elle se porte ensuite sur *Enns* dont le pont est en flammes ; il est emporté par le Général de Brack, mais on ne peut se rendre maître de l'incendie, et toute la journée du 14 est employée à le rétablir.

Après ce passage du pont d'Enns, la division fut réunie pour la revue de Murat, à neuf heures du matin. A dix heures, elle attaquait une forte colonne russe, et faisait d'abord prisonniers 200 hommes d'infanterie, puis 500. Elle poursuivait si vivement la queue de la colonne que celle-ci « n'osa plus se retourner » et ne s'arrêta que sur les hauteurs d'Oed, d'où elle fut délogée par l'arrivée des grenadiers d'Oudinot. Brillante façon en vérité de terminer une revue.

Après ces différentes affaires, *Sébastiani* avec sa brigade est porté sur la droite, et le 9 novembre il arrive sur les hauteurs de *San-Poelten*; les Russes se retiraient sur le Danube à Mautern et la cavalerie autrichienne sous les ordres du Général Kienmayer prenait le chemin de Vienne. Sébastiani se met à la suite des Autrichiens, les atteint au village de *Perschling*. « Après plusieurs charges toutes à notre avantage, est arrivé du canon, l'ennemi fut entamé (1) ».

Le 11 novembre Sebastiani arrive devant Vienne. Le soir il est envoyé à Klosternenbourg et Nussdorf avec ordre d'intercepter toute communication. De cette position, des reconnaissances sont portées le long du Danube et font le coup de fusil avec des Russes qui suivaient la rive gauche.

Le 13, en tête de l'Armée, le *3e Dragons* et la brigade Sébastiani traversent Vienne et passent les ponts du Danube ; ils restent à Jedsée et poussent des reconnaissances sur Jedlersdorf. Momentanément le Général Sébastiani quitte la 1re Brigade de Dragons pour prendre le commandement d'une brigade légère. Il revient à notre tête le 18 pour le combat de Porhlitz.

---

(1) Le récit de la campagne d'Austerlitz est tiré du *Bulletin* de la 2e Division de Dragons. (Archives du Ministère de la Guerre).

Pendant son absence nous marchons sur Kirchberg et *Hollabrünn*, où nous combattons de nuit ; nous couchons sur le champ de bataille. Les Russes sont poursuivis sur la route de Znaïm et une marche forcée nous amène à *Lechwitz* qui est en feu.

Malgré cette activité l'Empereur n'est pas satisfait ; il lui faut plus de rapidité. Il écrit au Maréchal Lannes : « Si j'en voulais hier à quelqu'un, » c'était au Général Walther, parce qu'il faut qu'un Général de Cavalerie » suive toujours l'ennemi, l'épée dans les reins, surtout dans les retraites ; » que je ne veux pas qu'on ménage des chevaux quand ils peuvent » prendre des hommes et parce que j'ai la conscience qu'on pouvait faire » hier, ce qu'on a fait aujourd'hui (1) ». *Aujourd'hui* c'était le combat de *Porhlitz* que nous allons voir.

Suivant son habitude, l'ennemi avait fait sa retraite pendant la nuit. La 1re *Brigade* le suivait et l'attaquait une demi-lieue avant d'arriver à Pohrlitz. Elle le charge vigoureusement, lui fait un grand nombre de prisonniers, le force à nous abandonner dans le bois à droite de la route beaucoup d'hommes que la divison d'Hautpoul a ramassés, le poursuit au galop dans le long défilé de Porhlitz et arrive presque en même temps que lui sur les hauteurs en avant de ce village. La nuit fit cesser la poursuite ; la 1re brigade bivouaque autour de Porhlitz, s'éclairant sur la route de Nichols-bourg (2). Le lendemain la division dépasse Brünn, marche sur Olmütz et le Régiment fournit les avant-postes.

Le 20 Novembre, nouveau combat à *Rausnitz ;* la division Walther donne la première. Le 3e *Dragons* était en réserve de cette division et ne franchit les défilés qu'à quatre du soir ; il fit « une jolie charge de flanc » (3). Dans cette charge le lieutenant *Audeval* se précipite au milieu des Russes, et, après en avoir tué et blessé plusieurs, se dégage pour venir secourir son colonel qui était entouré, et le sauve. Le chef d'escadron *Déjean* fait prisonnier le colonel des Dragons russes de *Stwer*.

Le lendemain, le Régiment se porte près de Wischau et bivouaque dans les environs jusqu'au 28. Alors commence le mouvement de retraite, ordonné par Napoléon, qui devait amener la bataille d'*Austerlitz*. Le 28,

(1) Correspondance de Napoléon 1er.

(2) Voir aux Notes et Remarques les lettres de Walther, Belliard, Lannes, Sébastiani et le 27e *Bulletin de la grande Armée* du 19 Novembre 1805.

(3) Voir aux Notes et Remarques, le récit du combat de Rausnitz, tiré du *Bulletin de la 2e Division de Dragons depuis son passage du Rhin jusqu'au 1er Janvier 1806,* par le général Walther, commandant la division.

le Régiment va des environs de Wischau à Rausnitz ; le 29, de Rausnitz à Bellawitz. Les trois jours suivants (29, 30 Novembre et 1ᵉʳ Décembre), il quitte Bellawitz, se porte à hauteur du *Santon* et revient le soir à ses mêmes bivouacs. Aussi connaissait-il bien son terrain quand il reçut l'Ordre pour la bataille d'Austerlitz. Il devait occuper cette même position à six heures et demie du matin le 2 Décembre.

Bataille d'Austerlitz. La Brigade de Hussards du général Treilhard et la brigade de Chasseurs du général Milhaud se forment en colonne serrée, à gauche de la route qui passe en avant du défilé à hauteur du Santon.

La Brigade du général *Sébastiani*, le 3ᵉ *Dragons* en tête, et la brigade de Dragons du général Roget se forment également en colonne serrée derrière la ligne d'infanterie des généraux Suchet et Caffarelli ; l'artillerie est placée dans la colonne entre la 1ʳᵉ et la 2ᵉ Brigade de Dragons (Sébastiani et Roget).

A 8 heures, Murat donne l'ordre de faire observer le plateau à gauche de la route et de faire face aux Cosaques et à l'infanterie russe, postés dans le village de Posoritz et dans les ravins voisins ; les deux brigades de Chasseurs et de Hussards se déployèrent et repoussèrent les avant-postes ennemis ; la très grande quantité d'artillerie sur ce point leur fit beaucoup de mal. Les brigades *Sébastiani* et Roget se portent dans les intervalles de l'Infanterie et viennent se déployer en avant d'elle, derrière les différents corps de cavalerie légère du général Kellermann. L'artillerie de la division suit le mouvement de ses brigades.

L'ennemi s'étant montré très en force au commencement de l'attaque, et la cavalerie légère du général Kellermann ayant été obligée à un petit mouvement de retraite, le général *Sébastiani* charge à la tête du 3ᵉ *Régiment de Dragons*, tandis qu'avec les 10ᵉ et 11ᵉ le général Walther fait un changement de front pour le charger sur son flanc gauche. Le 17ᵉ Régiment d'Infanterie de ligne posté à gauche de la route arrête l'ennemi par un feu vif. Celui-ci tente de se rejeter sur la droite, mais les Cuirassiers de la division d'Hautpoul le chargent ; la brigade Roget se porte sur sa gauche au moment où il veut prendre notre artillerie et l'empêche d'accomplir son dessein.

Ces mouvements exécutés avec une grande célérité nous rendent maîtres de Posoritz. Les généraux Treilhard et Milhau chargent tour à tour, poussent vigoureusement l'ennemi et couvrent tout-à-fait le plateau. L'artillerie de la division fit beaucoup de mal à l'ennemi, malgré la très grande supériorité qu'il opposait dans cette arme. La charge que fit dans le même instant la division Nansouty nous a fourni la possibilité de charger de nouveau et de forcer des corps de Hussards et de Dragons russes à repasser le défilé sur la grande route. Dans cette nouvelle attaque, nous prenons un corps d'infanterie russe, beaucoup de canons et de caissons. Un *peloton d'élite* du Régiment, commandé par *Rousse*, était en tête de ce mouvement et c'est grâce à son audace que le défilé fut franchi. La *compagnie d'élite* était sous les ordres du capitaine *Picard* (1).

A mesure que nous gagnions du terrain, la rapidité de nos mouvements forçait l'ennemi à nous laisser presque toute son artillerie ; 6 pièces et leurs caissons furent prises dans cette charge.

Vers 2 heures après midi, le général *Walther* est atteint d'un biscaïen à la cuisse droite et donne le commandement au général Roget. Vers 3 heures, le général *Sébastiani* est blessé grièvement dans une charge au bras et à l'épaule.

Le soir à 5 heures, à la fin de la journée, le 3ᵉ *Dragons* s'établit au bivouac de Blazowitz.

Dans cette bataille, il faut citer avec le Lieutenant *Rousse*, le sous-lieutenant *Bazire*, le Lieutenant *Audeval*, le Capitaine *Picard*, le sous-lieutenant *Lascourt* qui reçut une balle à la poitrine et malgré cette blessure continua de commander son peloton, auquel il donna le plus bel exemple dans toutes les charges; il faut citer l'aide-major *Teyland* qui a montré « un empressement extrêmement courageux pendant toute la » campagne ; on l'a vu plusieurs fois panser aux tirailleurs les hommes qui » y avaient été blessés (2) » ; il faut citer le Régiment tout entier qui porte brodé sur son étendard : « AUSTERLITZ »

Après la nuit passée à Blazowitz (3), le 3ᵉ *Dragons* se porta sur

(1) La Compagnie d'élite était la 1ʳᵉ du Régiment, elle comptait au 1ᵉʳ Escadron. De nombre égal aux autres compagnies, en hommes montés et non montés, elle était recrutée sur tout le Régiment, parmi les plus habiles, soit pour le service à cheval, soit pour le service à pied. En principe la Compagnie d'élite marchait toujours en tête du Régiment.

(2) Extraits des Notes données aux officiers du 3ᵉ Dragons.

(3) Mouvements du 3ᵉ Dragons depuis la bataille d'Austerlitz. — 2 Décembre, à Blazowitz ; 3 Décembre, à Prosnitz; 4 Décembre, de Prosnitz à Wischau ; à l'arrivée à Wischau contre ordre et retour à Prosnitz ; 6 Décembre, ordre de marcher sur Vienne par Nicholsbourg ; 7 Décembre, contre ordre ; le Régiment est arrêté et passe la nuit à Rausnitz ; 8, 9, 10 à Wischau ; du 11 Décembre jusqu'au 1ᵉʳ Janvier 1806, à Austerlitz

Prosnitz et s'y établit jusqu'au 6, où il reçut l'ordre de rétrograder sur Vienne par Nicholsbourg (1). Etant en marche, un contre-ordre le ramène le 8 Décembre à Wischau ; toute la division passe au 3ᵉ corps d'armée (Maréchal Lannes). Le 11 le Régiment est établi à Austerlitz, avec ordre de garder la route de Goeding ; il est couvert par la division de cavalerie légère commandée par le Général Fauconnet et reste dans cette position jusqu'à la fin de l'année (2).

Le Bataillon du
3ᵉ Dragons.

Pour ne pas couper le récit de cette campagne si brillante pour nos trois Escadrons à cheval, nous n'avons pas parlé de nos *dragons à pied*. C'est le moment d'expliquer leur rôle.

Au début de cette campagne et dès le camp de Boulogne, Napoléon avait formé une division avec tous les hommes à pied des cinq divisions de dragons. *Baraguay d'Hilliers* la commandait avec le titre de Colonel Général.

Chacune des huit compagnies du Régiment devait former sur le pied de guerre une troupe à pied commandée par un sous-lieutenant et forte d'un maréchal des logis, deux brigadiers, quarante-six dragons et deux tambours.

Ces dragons à pied avaient été réunis en un bataillon sous les ordres du chef d'escadron *Dubois ;* le capitaine *Delesalle* que nous avons vu en Egypte, était adjudant-major. Les autres officiers étaient *Barbut* et *Duret* capitaines, *Hacquin* et *Delahode* lieutenants, *Mary, Sainglant, Périlleux* et *Réveillé* sous-lieutenants. Ce bataillon faisait partie du 2ᵉ Régiment (colonel Watier) de la 1ʳᵉ Brigade.

La division à pied du Général Baraguay d'Hilliers était destinée à remplacer les hommes des escadrons à cheval, mais en raison de son organisation même, elle devait aussi à un moment donné être un fort appoint pour les divisions d'infanterie et de cavalerie. Ce rôle d'infanterie était préparé de longue date. Les troupes à pied des Régiments de dragons devaient être chaque année à l'automne en mesure d'exécuter l'école de bataillon ; les dragons à pied ne devaient pas moins recevoir l'instruction à cheval que ceux montés l'instruction pour le service à pied (3).

Cette division, ainsi constituée par des bataillons pris dans tous les

(1) Le récit de la bataille d'Austerlitz est tiré du Journal de marche de la 2ᵉ division de dragons (Archives du Ministère).

(2) Voir aux Notes et Remarques les principales situations d'effectif du Régiment pendant la campagne de 1805.

(3) Voir aux Notes et Remarques l'organisation du 11 Novembre 1803.

régiments de Dragons, était au camp de Saint-Pierre, près Calais, le 19 Août 1805, le 10 Septembre à Châlons, le 25 à Kehl, le 18 Octobre à Ulm, le 2 Décembre à Vienne. Elle fut disloquée le 11 et chaque bataillon rejoignit son régiment.

Pendant la campagne, notre bataillon n'a pas combattu, bien que la division ait été quelquefois engagée. Au contraire les officiers qui le conduisaient et qui étaient tous montés eurent l'occasion de charger. Le 12 Novembre, la division en marche de Klattau sur Cham était fortement retardée par les Hulans qui inquiétaient ses flancs. Le Général Baraguay d'Hilliers invita les officiers à se former en peloton pour les disperser. Le capitaine *Barbut* fut le premier qui réunit un peloton d'officiers, ceux du 3ᵉ *Dragons* au premier rang; il se porta de suite en avant, chargea et mit les Hulans en déroute (1)

(1) Note des officiers du Bataillon du 3ᵉ Dragons (Archives du Ministère).
Voir aux Notes et Remarques l'itinéraire de la division à pied depuis le passage du Rhin à Kehl jusqu'à sa dislocation à Vienne.

CHAPITRE VII

FRIEDLAND

Retour du 3ᵉ Dragons d'Austerlitz sur le Rhin. — Mutations dans le Régiment et la
2ᵉ division de Dragons. — Poursuite de l'armée prussienne après Iéna. — Combats
de **Zehdnick**, **Wittmansdorff** et **Prentzlow**. — Campagne de Pologne. —
Combat de **Karnichen**, où le fourrier **Jeuffroy** prend un étendard. — Combats
de **Scheffelsdorf**, **Allenstein**, **Schlitten**, **Hoff**. — Bataille **d'Eylau**.
-- Bataille de **Friedland**.

Retour du 3ᵉ Dragons
d'Austerlitz
sur le Rhin.
Mutations dans le
Régiment et la
2ᵉ division de Dragons

Après la bataille d'Austerlitz l'armée rétrograda lentement sur le Rhin.
Le 3ᵉ *Dragons* repassa le Danube à Linz le 18 Janvier, la Traun le 27,
l'Inn le 16 Février, le Lech le 2 Mars et resta dans le Brisgau, près de
Fribourg, du 4 Juillet au 27 Septembre. (1)

Quelques changements étaient survenus au Régiment et dans la Division.
Le Colonel *Fiteau* qui nous avait commandés depuis six ans, en Egypte,
en France, à Ulm et à Austerlitz, était nommé Major aux Dragons de la
Garde impériale et remplacé par le Colonel *Grézard*, Major (2) au

---

(1) Retour du 3ᵉ Dragons d'*Austerlitz* dans le *Brisgau*. 5 Janvier Grosbiteck ; 6 Gros-
moscritz, 7 Iglaw, 8 Potschabsky, 9 Wethingau, 10 Budweil, Kaplitz, 12 Freystadt, 13
et 14 Léonfelden, 15, 16, 17, Obernenkirchen, 18 Wels, 19 Schwendstadt, 20 Woggla-
kück, 21 Frankwarch, 22, 23, 24 Vagelmark, 25 Neumarch, 26 Salzbourg, 27 Traunes-
tein ; 16 Février Seebrück ; du 17 au 26 Aibling, 26 Fragner, 27 Holzkirchen, 28 Vac-
kersberg ; 1ᵉʳ Mars Willempack, 2 Landsberg, 3 Schwammucken ; 24 Avril Mindelheim,
25 Memmingen, 26 Wurzach, 27 Altdorf, 28 Atthaüsen, 29 Pffullender ; du 29 Avril au
23 Juillet 1806 à Donaueschingen, du 4 Juillet au 27 Septembre à Fribourg en Brisgau.

(2) D'après l'organisation de 1803, le Major était spécialement chargé des détails de la
tenue, de l'instruction, de la police, de la discipline et de la comptabilité du Régiment et
des Compagnies ; il était dépositaire des contrôles, il remplissait au conseil d'administration les fonctions de rapporteur, même quand il présidait ; il commandait le corps en
l'absence du colonel ; son traitement était de 4,700 fr.

6e Dragons. Le 6 juin le Général *Walther* avait été appelé au commandement des Grenadiers à cheval de la Garde impériale ; *Sébastiani* avait été nommé Général de Division le 1er Janvier 1806 et le Général *Roget* était passé à la 1re Brigade. Le Général *Becker* avait temporairement pris le commandement de la 2e division de Dragons au commencement de Septembre et *Grouchy* définitivement en Octobre.

Il la réjoignit à Mœrgentheim et la trouva composée toujours des mêmes Régiments, c'est-à-dire :

> 1re Brigade : ROGET, 3e et 6e Dragons.
> 2e Brigade : MILET, 16e et 11e Dragons.
> 3e Brigade : BOUSSARD, 13e et 12e Dragons.
> Une Compagnie d'artillerie à cheval.

La *1re Brigade* était partie d'Ulm le 3 Octobre et faisait séjour les 6 et 7 à Mœrgentheim après être passée par Elwangen, Hall et Langenbourg (1).

Depuis le milieu d'avril, le *4e Escadron* avait rejoint momentanément le Régiment (2) au milieu de Septembre ; les cadres de cet escadron furent renvoyés démontés en France pour recevoir de nouveaux chevaux. L'intention de l'Empereur était que chaque régiment de cavalerie au-delà du Rhin fut fort de 600 chevaux et de 3 escadrons (3). Les hommes et les chevaux du 4e Escadron en état de servir étaient employés à compléter les trois escadrons de guerre (4) ; des détachements d'hommes venaient de Versailles. On achetait sur le pays 20 à 25 chevaux pour les 10,000 francs qui avaient été alloués (5). On en faisait en même temps acheter 200 par le dépôt de Versailles. Nous avions deux caissons (6) pour les subsistances et un caisson d'ambulance. Nous

---

(1) Marche du 3e Dragons du 1er Octobre au 16 du même mois, 1er et 2 Octobre Ulm, 3 Elvangen, 4 Hall, 5 Langenbourg, 6 et 7 Mœrgentheim, 8 Ocksenfurth près de Wurtzbourg, 9 Wisentheid, 10 Burgenhach, 11 Bamberg, 12 Ober et Unterleiterbach, 13 Oberlaugeldet près de Küps, 14 Suigrain près de Tilchensderf, 15 Burgersdorf, 16 près de Géra.

(2) Effectif du Régiment en avril : 32 officiers, 540 hommes, 410 chevaux.
Effectif du Régiment au 6 octobre à Mœrgentheim : 24 officiers, 385 hommes, 408 chevaux dont 15 blessés.

(3) Lettre du 10 Septembre 1805 du Ministre de la guerre au Général Watier, Inspecteur des dépôts de dragons.

(4) Lettre du 10 Septembre du Prince de Neufchâtel à l'Empereur.

(5) Lettre du 10 Septembre du Prince de Neufchâtel à l'Empereur. Lettre au Général Becker du 23 Septembre.

(6) Ordre du 24 Septembre au Général Becker.

devions trouver pour dix jours de vivres au lieu de rassemblement (Mœrgentheim) et acheter en route ce qui nous était nécessaire en harnachement, petit équipement, linge et chaussures. Enfin comme en 1805, il
était formé des bataillons de Dragons à pied. Le 3ᵉ *Dragons* fournissait
une Compagnie seulement, commandée par un capitaine, un lieutenant
et un sous-lieutenant. Elle était forte de un maréchal des logis chef, quatre
maréchaux des logis, huit brigadiers, deux tambours, cent trente dragons.
Ils étaient complètement armés et équipés, munis de leurs capotes et d'une
double paire de souliers : « Vous ferez connaître à ces bataillons de
» Dragons qu'ils sont destinés à servir avec la Garde Impériale et que Sa
» Majesté veut leur donner en cela une preuve de l'estime qu'elle leur
» porte (1) ». Ils ne furent employés qu'à compléter les régiments.

Les hostilités n'étaient pas encore commencées, mais elles étaient immi-
nentes et la majeure partie de l'armée stationnait à Bamberg. Le 10 Octobre avait lieu le combat de Saalfed, et le 14 les batailles d'Iéna et d'Auers-
tedt.

La 2ᵉ Division de Dragons avait reçu de Berthier l'ordre de partir le
12 de Bamberg, pour se trouver le 15 à Géra et y attendre de nouvelles
instructions. Elle ne put donc pas être à Iéna, le jour de la bataille. Le
général de Grouchy en témoigne ses regrets à Belliard, chef d'Etat-major
de la Réserve de Cavalerie ; sa lettre est datée de Géra, le 17 Octobre :
« Veuillez nous réunir enfin au corps de Son Altesse Impériale et lui
» témoigner combien la 2ᵉ Division est malheureuse de n'avoir pu
» coopérer aux glorieux travaux et aux combats qui ont eu lieu...
» Tâchez du moins que maintenant nous passions à votre avant-garde
» (2) ».

La Division fut en effet dédommagée et passa à l'avant-garde, en tête
de la Cavalerie de Murat, depuis Iéna jusqu'à Kœnigsberg ; elle combat à
Eylau et à *Friedland*.

Poursuite de l'armée
Prussienne
après Iéna.
Combats de Zehdnick.
Wittmansdorff
et de Prentzlow.

Le 3ᵉ *Dragons* se met en marche le 18 et part de Géra. Il passe l'Elbe
à Wittemberg le 22 et la Sprée à Berlin le 25 ; il traverse la ville pour
bivouaquer à Oranienbourg (3). Dès le lendemain ses combats commencent.

(1) Lettre du Major Frederics de la Garde Impériale du 15 Septembre 1806.
(2) Voir cette lettre aux Notes et Remarques.
(3) Marche du 3ᵉ Dragons du 18 au 31 Octobre. — 18 Octobre Naumbourg. —
19 et 20 Brachstett. — 21 Hersdorf, 22 Seyda. — 23 Ruhlsdorf, 24 Zehlandsdorf,
25 Oranienbourg. — 26 Zehdnick. - 27 Wittmansdorf, 28 Baumgartem. — 29 Bismarkt, 30 Bellingen. — Friedland.

D'abord *Zehdnick* (26 octobre). La cavalerie prussienne est culbutée dans le bois et poursuivie dans les marais au-delà de Storkow, on fait 500 prisonniers des Dragons de la Reine et des Hussards Schimmelpfenning, surnommés les bouchers de l'Armée prussienne. Cent hommes de ces régiments se noient dans les marais. Le 3ᵉ *Dragons* marchait en tête de la division. Il a fourni, d'après les rapports, les charges les plus brillantes et les plus heureuses tant dans les éclaircies du bois, qu'à sa sortie où les Prussiens s'étaient encore reformés ; il les a poursuivis pendant près de trois lieues, appuyé vivement par la 2ᵉ Brigade (Milet) (1). Cette poursuite laissait très en l'air les deux premières brigades; sans les autres brigades de la division, sans infanterie, sans canons, nous passâmes la nuit avec 1,500 cavaliers seulement, en face du prince de Hohenlohe qui était à Templin. Le combat de *Zehdnick* (2) est un combat tout de cavalerie, important par ses résultats. Il a préparé la prise du corps du prince de Hohenlohe par la vigueur et la hardiesse avec laquelle il a été mené. Le Colonel *Grézard* et le chef d'escadron *Dejean* sont particulièrement cités. *Grouchy* est félicité par Murat pour « sa belle charge. »

Au combat de *Wittmansdorff* (27 octobre), les Prussiens sont attaqués sans relâche ; quatre guidons, nombre de prisonniers, quantité de bagages, le régiment entier des Gendarmes du roi tombent en notre pouvoir. Les honneurs de la journée reviennent au 10ᵉ Dragons. La 1ʳᵉ brigade (3ᵉ *et* 6ᵉ *Dragons*) était en soutien de l'artillerie. « Sur d'autres points l'ennemi « a été chargé par le 3ᵉ *Dragons*, et non moins vivement poursuivi (3) ». L'attaque commencée vers quatre heures du soir ne s'est terminée que dans la nuit et « toute cette belle affaire s'est passée au clair de lune (4) ».

Enfin, le prince de Hohenlohe capitula le 28 Octobre à *Prentzlow*. En arrivant sur les hauteurs qui dominent la ville, la 2ᵉ division précédée des Hussards de Lassalle et suivie de la division Beaumont aperçut le corps du prince sur son flanc gauche qui se hâtait d'atteindre la ville pour la traverser. Il était couvert par un marais. La division part au grand trot et se déploie en échelons par brigade à portée du canon de la place. L'artillerie prend position sur la droite et entame une canonnade qui met le désordre dans la cavalerie prussienne et lui fait faire un mouvement rétrograde. Les

---

(1) Maréchal de Grouchy (Mémoires).
(2) Voir aux Notes et Remarques, le rapport de Murat sur le combat de *Zehdnick*.
(3) Rapport du Général de Grouchy sur le combat de *Wittmansdorf* (27 Octobre 1806).
(4) Rapport de Murat à l'Empereur (27 Octobre).

Hussards tiraillaient sur la colonne dont l'artillerie ne cessait d'envoyer des boulets et des obus sur nos trois lignes. La brigade Boussard (3ᵉ ligne) trouvant un passage dans le marais, attaque vivement le flanc droit des Prussiens et malgré leur feu et la difficulté du terrain parvient à les couper (1). La division Grouchy est, paraît-il, la seule qui ait chargé dans ce combat, le général Beaumont ayant été envoyé à la poursuite du Prince Auguste et les Hussards étant restés derrière la division Grouchy (2).

Quelques heures après, le Prince de Hohenlohe, coupé des secours restés à Licken et du corps du Général Blücher, se rendait prisonnier. (3)

A la suite de cette brillante affaire, la 3ᵉ Brigade nous quitte pour aller à la 5ᵉ Division de Dragons ; le Régiment bivouaqua à Baumgarten et dès le lendemain il continua sa marche sur Lübeck. (4)

Aussitôt que le Corps d'Armée du Prince de Ponte-Corvo se fut emparé de cette place, les 1ʳᵉ (3ᵉ *et* 6ᵉ *Dragons*) et 2ᵉ Brigades de la Division la traversèrent et se portèrent sur la route de Schaumbourg où elles rencontrèrent l'ennemi. Elles étaient dép'oyées, prêtes à charger, quand il mit bas les armes. Elles prirent 4 escadrons, 1 bataillon et 4 pièces de canon. Elles gagnèrent ensuite la route de Travemunde où se retiraient les débris de l'armée prussienne et les poursuivirent jusqu'à Forweks.

Blücher capitula le 8 Novembre.

La campagne contre la Prusse était finie.

Campagne de Pologne. Le Régiment fut envoyé en Pologne ; mais en traversant Berlin, il assista à cette grande revue passée le 22 Novembre par l'Empereur. Les emplois vacants furent comblés et les récompenses distribuées (5).

(1) Archives du Ministère. — Rapports sur le combat de Prentzlow par Grouchy et par Murat.

(2) Note faisant suite au rapport de Grouchy sur le combat de *Prentzlow*. — Les autres rapports, tout en faisant l'éloge de la brigade Boussard, ne donnent pas à la division Grouchy une part aussi complète à l'action.

(3) Voir aux Notes et Remarques l'extrait d'une lettre du Prince de Hohenlohe au Roi de Prusse qui montre à quelle extrémité était alors réduit son corps d'armée.

(4) Marche du Régiment de *Prentzlow à Lubeck*. — 28 Octobre Baumgarten, 29 Bismarkt, 30 Bellingen, 31 Friedland ; 1ᵉʳ Novembre Demmin, 2 Mahling, 3 Gustrow (bivouac), 4 Kladow (bivouac), 5 Melzen, 6 Forweks, après avoir traversé Lubeck.

(5) Marche du 3ᵉ Dragons pour se rendre de *Forweks* en *Pologne* (6 Novembre 1ᵉʳ Janvier) 6 Novembre Forweks, 7 et 8 Herrenbourg, 9 Dorben, 10 Dambeck, Tar-

Jusqu'au 20 Décembre, la 2ᵉ Division ne fait que marcher pour gagner sa destination. A partir du 16 Décembre, elle était placée dans un deuxième corps de réserve de Cavalerie créé par l'Empereur, commandé par Bessières et composé des divisions Tilly (légère), *Grouchy* (2ᵉ *division de Dragons*), de la 4ᵉ division de Dragons et de la division d'Hautpoul (2ᵉ division de grosse cavalerie).

Ces longues marches dans un pays aussi pauvre que la Pologne avaient épuisé le 3ᵉ *Dragons*. Les lettres particulières, les rapports s'acccordent tous pour faire ressortir la difficulté de cette guerre dans ce terrain marécageux ; l'artillerie et les équipages ne peuvent s'en tirer ; les convois de subsistance n'arrivent pas ; chaque jour les régiments de la division perdent des chevaux qui tombent morts de fatigue (1). Plus tard on va jusqu'à rationner le chaume des maisons qui servait à la subsistance des chevaux.

Malgré toutes ces misères, le moral était excellent ; des renforts en hommes et en chevaux étaient arrivés et au 25 Décembre, le Régiment comptait 28 officiers, 463 hommes de troupe, 69 chevaux d'officiers et 446 chevaux de troupe. En outre 3 officiers et 31 hommes étaient détachés.

Du 20 au 26 Décembre, les combats recommencent. Le Régiment était au bivouac près de *Biézun ;* l'ennemi avait coupé devant lui un des deux ponts sur l'Ukra.

Tous les jours on active de plus en plus les reconnaissances, tous les jours on tiraille ; le 20, un dragon de la Compagnie d'élite est légèrement blessé et trois chevaux sont tués. Le chef d'escadron *Dejean*, en relevant ses postes, signale de l'infanterie sac au dos. Un officier russe s'était avancé sur lui et lui avait dit en français : « A demain, Messieurs les Français, » nous nous verrons. » Tout faisait prévoir le commencement des hostilités. Le 23 Décembre, le pont de *Karnichen,* détruit par les Russes, est rétabli et la division reçoit l'ordre de passer l'Ukra.

Au moment où cet ordre arriva à la pointe du jour, la division était en position en arrière de Biezun. Le 1ᵉʳ Escadron du Régiment avait déjà traversé la rivière pour soutenir les avant-postes ; il fut rejoint par toute la 1ʳᵉ bri-

Combat de Karnichen où le fourrier Jeuffroy prend un étendard.

now, 11, 12, 13, 14 Gustrow, 15 Goldberg, 16 Freyestein, 17 Drossow, 18 Gartrow, 19 Tarno, 20 Tetzow, 21 Regel, 22, 23 Friedriesfeld, 24 Munchberg, 25 Francfort sur l'Oder, 26 Drossen, 28 Zielenzieck, 28 Mescritz, 29 Schillen, 30 Konin, 1ᵉʳ Décembre Jankowice, du 2 au 5 Moszyn, du 6 au 12 Kyrlice, 13 Yakowo, Willatow, 15 Podludowa 16 Thorn (Corps Bessières), 17 Triolwo, 18 Kikol, 19 et 20 Sierps, du 21 au 25 Biezun, 26 Drobbin, 27 Punkowo, 28 Zowadky, 29 Szamsk, 30 Polnitz, 31 Chorzellen.

(1) Lettres et rapports de la fin de Décembre.

gade. Le 6ᵉ Dragons fut chargé d'enlever le village de Karnichen de front
et en le tournant à droite, pendant que le Régiment enfonçait la ligne
ennemie. Le mouvement réussit pleinement (1). Le résultat de la journée
fut la prise d'un drapeau, d'un étendard, de cinq bouches à feu, de plus de
500 fantassins, hussards ou uhlans. L'étendard avait été pris par le fourrier
Jeuffroy (2).

Au commencement de Janvier, l'Empereur arrête définitivement ses
quartiers d'hiver ; mais ils sont incessamment troublés (3). La 2ᵉ division
était dans l'arrondissement affecté au 6ᵉ Corps (Maréchal Ney), près de
Villensbourg et de Preuss-Eylau ; le Régiment à *Chorzellen*. Le 16 Janvier,
il en partit pour aller s'établir à *Ortelsbourg*. Il était recommandé à la
cavalerie de ne pas s'éloigner de l'infanterie, afin d'éviter de petits échecs
partiels qui pouvaient affecter beaucoup le moral des troupes (4).

Ces mouvements ordonnés par le Maréchal Ney étaient la conséquence
de la pointe qu'il avait voulu faire sur Kœnigsberg, de sa propre autorité.
Il dut rétrograder sur l'ordre positif de l'Empereur.

Dans son mouvement de retraite la Division fut attaquée de toutes
parts et « perdit plus de monde en huit jours que pendant toute la Cam-
» pagne » (5). Il faisait un froid excessif et la marche fut des plus
pénibles ; plus de 50 hommes dans la Division eurent les pieds gelés. Le
Régiment évacua Ortelsbourg, le 22 au matin, et l'ennemi y entra deux
heures après. Le 31, la Division passe de nouveau sous les ordres de
Murat (6).

Combats de Scheffelsdorf, Allenstein, Schlittein et Hoff
1, 2, 4 et 6 février 1807

Elle partit le 1ᵉʳ février au matin de Malga et rencontra, en avant du
village de *Scheffelsdorf*, l'ennemi dont les forces pouvaient s'élever à
environ 3000 chevaux, plusieurs bataillons d'infanterie et quelques pièces
de canon. Pour le chasser de la position qu'il avait prise, il fallait le débusquer
d'une hauteur. Le Régiment reçut l'ordre de l'enlever, le reste de la
Division le soutenant formée sur trois lignes. Il charge l'ennemi et le

---

(1) Lire aux Notes et Remarques le rapport de Grouchy sur le combat de *Karnichen*.

(2) Bulletin de la Grande-Armée. Golymin, 26 décembre 1806.

(3) Ainsi dès le 4 janvier un Escadron du Régiment part de Chorzellen à 4 heures
du matin pour occuper Willemberg pendant l'absence du 4ᵉ Hussards. Toute la Division
a ses chevaux sellés toute la journée. Le 11 août le Régiment est détaché pour remplacer la brigade du Général Tilly, etc.

(4) Lettre de Berthier (8 Janvier) et de Ney (23 Janvier).

(5) Lettre du Général de Grouchy à son père du 25 Janvier 1807.

(6) Cantonnements du 3ᵉ Dragons pendant le mois de janvier 1807, — du 1ᵉʳ au
14 Chorzellen, du 16 au 22 Ortelsbourg, 23 Passenheim, 24 au 30 Neidembourg,
31 Malga.

pousse au-delà du ruisseau qui traverse Scheffelsdorf, mais chargé à son tour par des forces supérieures, il est obligé de se retirer « ce qu'il a fait dans le meilleur ordre et sans être entamé » (1).

Le 10ᵉ Régiment de Dragons qui traversait alors le défilé pour aller soutenir le 3ᵉ s'est promptement formé et a fourni successivement trois charges qui ont été couronnées du plus heureux succès. La cavalerie russe a été culbutée jusqu'à la lisière des bois et n'a pu se rallier que sous le feu de son infanterie qui y était embusquée. Les résultats de ces charges ont été la prise d'une vingtaine de cavaliers et de deux officiers, une perte notable de la part de l'ennemi et sa retraite dans le plus grand désordre sur Kosno et de là sur Allenstein (2).

Nouveau combat le lendemain, glorieux encore pour le Régiment. La Division rejoignit l'ennemi à un quart de lieue avant d'arriver à *Allenstein*. Il tenait les hauteurs qui dominent cette ville et commandait le défilé long et difficile que la Division avait à traverser avant d'y arriver. A peine le 3ᵉ *Dragons* était-il formé, que l'ennemi s'est avancé avec des forces quadruples. « L'attitude calme et fière du 3ᵉ *Dragons* » (3) arrête le mouvement offensif des Russes; ils se sont bornés à pousser leurs tirailleurs et à faire jouer leur artillerie. Celle de la Division étant arrivée a riposté avec succès ; les autres régiments, franchissant successivement le défilé, se sont formés et la Division en bataille sur deux lignes, ayant à sa droite la Cavalerie légère du général Lasalle, a repris l'offensive ; l'ennemi a été repoussé de toutes parts et rejeté dans Allenstein, qu'il a évacué peu à près (4).

Au combat de *Bergfried* (3 Février), le Régiment ne donne pas. C'est le 6ᵉ Dragons qui enlève le village à *la baïonnette*.

Le 4 février, la Division a passé l'Alle et poursuivi l'ennemi dans sa retraite qu'il a effectuée en combattant, quand le terrain lui permettait de le faire avec avantage. Au débouché des bois, la Division s'est déployée sur deux lignes pour soutenir les divers mouvements du corps d'armée du Maréchal Soult ; arrivée un peu en arrière de *Schlitten* « la première » ligne (3ᵉ et 6ᵉ *Dragons*) a entamé une charge qu'un ravin, qu'on n'avait

(1) Voir aux Notes et Remarques la lettre de Murat sur la charge du 3ᵉ Dragons.

(2) Archives du Ministère de la Guerre. — Extrait de l'Etat des cantonnements occupés par la deuxième Division de Dragons, depuis le 27 Septembre 1806 jusqu'au 15 Juillet 1807.

(3) Archives du Ministère de la Guerre. — Extrait de l'Etat des cantonnements occupés par la deuxième Division de Dragons, depuis le 27 Septembre 1806 jusqu'au 15 Juillet 1807.

(4) Archives du Ministère de la Guerre.

» pu voir, a empêché de fournir. La Division s'est alors rompue et a
» passé sous le feu de l'artillerie ennemie le défilé à droite du moulin à
» vent de Schlitten. Elle s'est reformée dans la plaine (1) ».

La poursuite continua le 5 sans combat.

Le 6, la Division ainsi qu'une partie de l'Armée s'est dirigée sur Lansberg.
A hauteur du village de Sienken, on vit l'ennemi en bataille en avant
de *Hoff*. La Division a soutenu la Cavalerie légère et les Dragons de la première Division qui étaient ramenés. Un Escadron du *3e Dragons* mit pied à
terre pour défendre le pont que les Russes menaçaient de reprendre. La
droite de la Division se trouvant débordée par les Cosaques et tournée
par l'Infanterie russe qui repoussait le bataillon des tirailleurs du Pô, une
partie du 6e Régiment a été envoyée sur ce point et a mis en fuite les
Cosaques, sabré l'Infanterie russe, sauvé notre bataillon et l'offensive a été
reprise.

Le reste de la Division s'est porté à gauche du village de *Hoff* dont
nous avions chassé l'ennemi, mais qui réattaquait alors ce poste important.
Les cuirassiers qui venaient de charger ont été soutenus et mis à même
de se rallier derrière les dragons. Nous n'avions encore que très peu
d'infanterie arrivée ; la Division a été envoyée à son secours et pendant
trois quarts d'heure elle a été exposée au feu des bataillons russes. Cette
infanterie, accablée par le nombre, s'est un moment reployée jusqu'à la
première ligne de la Division (3e et 6e *Dragons*), mais « la trouvant inébranlable au milieu de la grêle de balles qui pleuvait sur elle, elle n'a pu
passer outre, s'est reportée en avant et a conservé sa première et importante position. » Une colonne de Cosaques tournant alors la gauche de la
Division, le 3e *Dragons* a été dirigé de ce côté et a arrêté le mouvement de
l'ennemi (2).

Le chef d'Escadron *Dejean* et le Capitaine *Bouquerot des Essards* sont
mentionnés avec honneur dans le rapport du Général Grouchy, qui
demande pour eux de l'avancement. Le dragon *Belmant*, le Maréchal des
Logis *Sadou*, le Fourrier *Desrocques* furent blessés ; l'Adjudant sous-officier *Carrié* et le Brigadier *Chapelle* eurent leurs chevaux tués sous eux (3).

---

(1) Archives du Ministère de la Guerre.

(2) Archives du Ministère de la Guerre. Etats des Cantonnements occupés par la
2e Division de dragons, depuis le 27 Septembre 1806 jusqu'au 15 Juillet 1807.

(3) Ils arrivèrent tous officiers : *Carrié* et *Sadou* capitaines, *Belmant*, *Desrocques* et
Chapelle sous-lieutenants.

Le 7, la Division ne combattit pas, mais perdit quelques chevaux et quelques hommes par une canonnade à hauteur de Grauchoschen.

Cette série non interrompue de combats glorieux est terminée par la bataille d'*Eylau*.

Du village de Storchnest où elle bivouaquait la veille, la Division fut envoyée un peu en arrière de *Preuss-Eylau*. A 8 heures du matin, elle déboucha à gauche de la position du Cimetière ; elle y arrivait au moment où la Division Saint-Hilaire et les troupes du 7ᵉ Corps pliaient. A peine la première Brigade (3ᵉ *et* 6ᵉ *Dragons*) a-t-elle été formée, qu'elle a chargé la Cavalerie russe qui serrait de près notre Infanterie. La deuxième Brigade a également chargé aussitôt qu'elle a été sortie du défilé et arrivée sur le plateau ; cette double charge a contenu l'ennemi et dégagé notre Infanterie. La Garde Impériale et les Cuirassiers sont arrivés ; une attaque générale a eu lieu sur l'Infanterie et l'Artillerie russes ; la Division a formé deux lignes et est arrivée jusqu'aux pièces dont les traits ont été coupés. Diverses autres charges se sont encore faites et ont été non moins heureuses.

La 2ᵉ Division prit alors position en avant du village, ayant derrière elle la Garde Impériale à pied et quelques bataillons du 7ᵉ Corps. Là, pendant près de cinq heures, elle a été exposée « aux boulets et à la mitraille sans abandonner un pouce de terrain ». L'Infanterie ennemie s'étant reportée en avant vers le soir, la Division a chargé de nouveau et sabré les tirailleurs russes qui ont été chassés jusqu'aux masses d'infanterie. Le mouvement rétrograde de l'ennemi était bien prononcé et la nuit close depuis longtemps, quand elle est venue occuper l'un des faubourgs d'Eylau.

Les pertes du Régiment s'élèvent à 9 hommes de troupe tués, 3 officiers blessés, un grand nombre d'hommes de troupe blessés (1).

Après la bataille d'Eylau, l'armée reprit ses cantonnements d'hiver. La Cavalerie fut bien poussée en avant, mais elle poursuit doucement les Russes. Le dégel qui rendait les transports difficiles, la disette de vivres, la nécessité de se rapprocher de la Vistule empêchaient la victoire d'être décisive. Napoléon disait cependant dans une proclamation du 16 Février : « Ayant déjoué tous les projets de l'ennemi, nous allons nous rappro-
» cher de la Vistule et rentrer dans nos cantonnements. Qui osera troubler
» notre repos s'en repentira. »

(1) Voir aux Notes et Remarques les noms des tués et blessés.

Le repos du 3ᵉ *Dragons* ne commença pas de suite (1). Jusqu'à la fin de Mars, il n'eut que deux séjours un peu prolongés : le premier à *Seroniédès*, du 10 au 15 Février, le deuxième à *Komalmen*, du 9 au 24 Mars. Mais il passa tous les mois d'Avril, de Mai et de Juin, jusqu'au 6, en cantonnement dans les environs de Strasburg, à *Rutzinowo* dans la région du corps d'armée de Ney. Il trouvait encore assez facilement des vivres pour les hommes ; quant aux fourrages on ne s'en procurait qu'avec beaucoup de peine ; il fallait aller les chercher très loin. Au 15 Mai, il n'existe plus rien dans les cantonnements, ni pour les hommes, ni pour les chevaux.

Bataille de Friedland
14 juin 1807. Les pourparlers de paix ayant échoué, les cantonnements furent levés par le 3ᵉ *Dragons* le 6 Juin (2). Pendant trois jours, il traverse des forêts marécageuses n'ayant d'autres ressources que celles emportées de ses cantonnements de Rutzinowo. Le 9 il franchit la Passarge et soutient, à *Guttstadt*, l'attaque conduite par Murat ; il bivouaque à Knopert, en arrière, et y reste le 10. Le lendemain il assiste au combat de *Heilsberg*, sans y prendre part. Le 12, il bivouaque en arrière de Preuss-Eylau et se porte ensuite sur le même terrain qu'il occupait le jour de la bataille ; il en repart à huit heures du soir pour se rendre à Comnau. Pendant toute la nuit qui précéda la bataille de Friedland, il marche ne s'arrêtant que deux heures à Georgesau.

A onze heures du soir, le 13 Juin, le Général de Grouchy recevait le commandement de toute la Cavalerie de l'armée, pour la journée du 14, Murat ayant été détaché du côté de Kœnigsberg avec le Maréchal Soult. Grouchy avait pour instructions de se réunir le plus tôt possible au corps du Maréchal Lannes et de commencer l'attaque. La brigade *Milet* (3ᵉ *et* 6ᵉ *Dragons*) rejoignit le Général à trois heures du matin à Georgesau et

---

(1) Mouvements et cantonnements du 3ᵉ Dragons depuis la bataille d'Eylau (8 Février) jusqu'au 6 Juin. — 8 Février Eylau, 9 Althoff, du 9 au 15 Seroniédès, 15 Eikahorn, 16 et 17 Heilsberg, 17 et 18 Guttstadt, 19 et 20 Allenstein, 21 et 22 Hehnstein, 23 et 24 Guilgemberg, 25 Moskaken, 26 Balden, 27 Patriken, 28 Voritten ; 1ᵉʳ et 2 Mars Gallinden, 3 et 4 Altkirchen, 5 Schmolenheim, 6, 7, 8 Altkirchen, du 9 au 24 Komalmen, 25 Rampten, 26 Lucipa, 27 Pastolowo, du 28 Mars au 6 Juin dans les environs de Strasburg à Rutzinowo.

Les mouvements que le 3ᵉ Dragons exécute du 15 Février au 9 Mars sont expliqués par l'ordre que la Division avait reçu le 14 Février, et qui lui enjoignait de protéger et de maintenir libres les routes par Lipstadt, Osterode et par Heilsberg, Guttstadt et Osterode, de manière qu'elle soit à l'abri de toute incursion des Cosaques.

(2) Mouvements du 3ᵉ Dragons depuis la levée des cantonnements sur la Passarge jusqu'à la bataille de Friedland : 5 Juin Rutzinowo, 6 Swiebie, 7 Loeban, 8 Schmigwalde, 9 et 10 Knopert, 11 au bivouac près d'Heilsberg, 12 près de Preuss-Eylau et Domnau, 13 près de Georgesau, 14 bivouac près de Friedland.

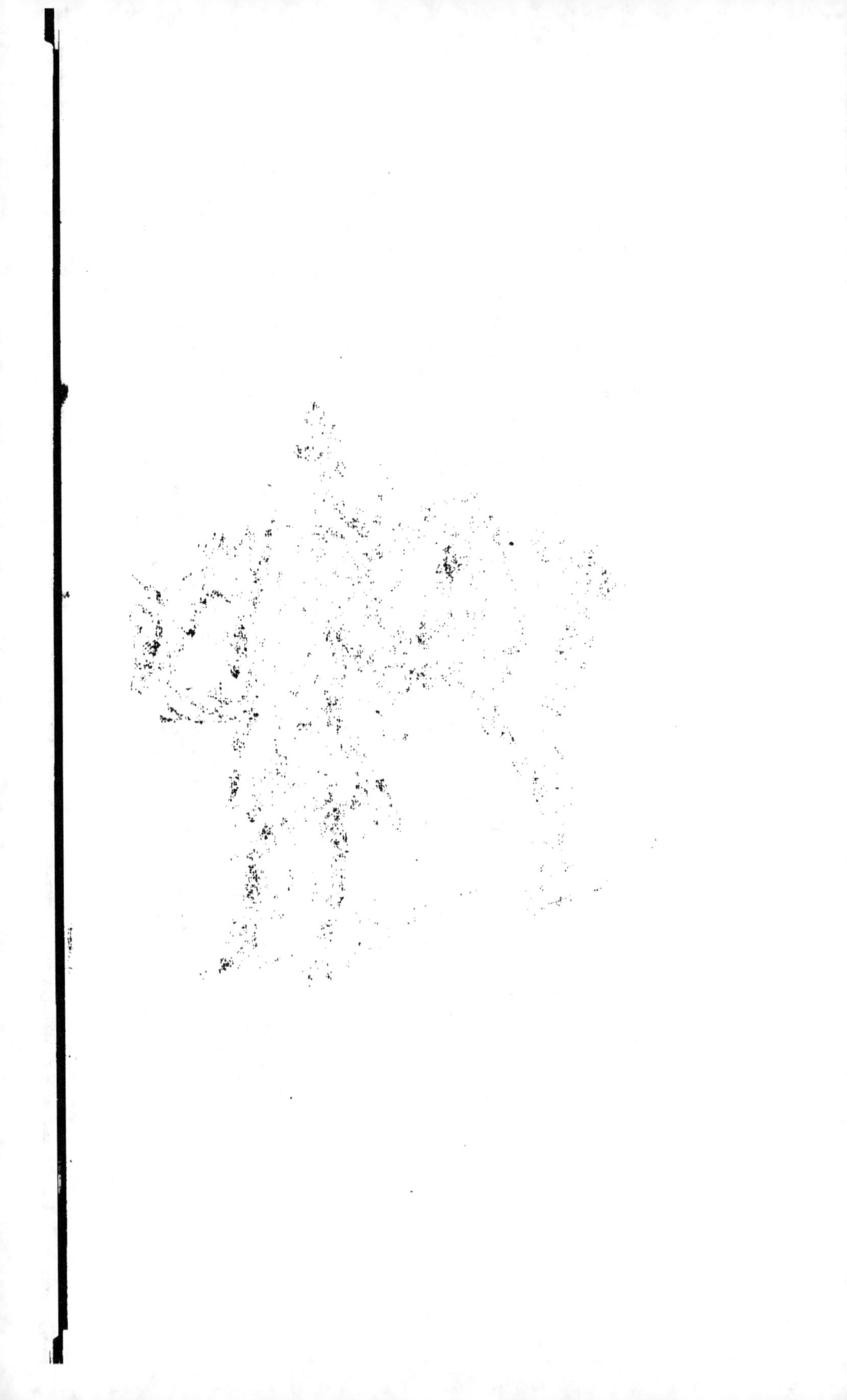

1776-1791

(BOURBON-DRAGONS)

apercevait l'ennemi à la pointe du jour près de *Posthenen*, à une demi-lieue en avant de Friedland. L'attaque eut lieu de suite. La Cavalerie était placée à la droite des grenadiers d'Oudinot, la première ligne formée d'une brigade légère et des régiments Saxons, la 2ᵉ *Division de Dragons* en réserve et ployée en colonne. La première ligne suffit à enfoncer la Cavalerie russe qui, après son mouvement de retraite bien prononcé, resta immobile.

Cette immobilité avait pour but de masquer le mouvement tournant destiné à nous couper de Georgesau. Quand ce mouvement fut bien prononcé, la 2ᵉ *Division de Dragons* repassa le défilé de Posthenen et se porta à la gauche, sur le village d'*Heinrichsdorff* que l'ennemi commençait déjà à occuper.

Le 3ᵉ *Dragons* en tête de la Brigade Milet se précipite sur les pièces (1) qui défendaient l'approche d'Heinrichsdorff, les prend et pénètre dans le village en sabrant l'infanterie qu'y s'y trouvait. L'Escadron du Commandant *Barbut* eut l'honneur de ce brillant fait d'armes ; le Capitaine Adjudant-Major *Hacquin* et le Sous-Lieutenant *David* arrivèrent les premiers sur cette artillerie. La 2ᵉ Brigade (Carrié) tournait en même temps le village et occupait les issues. Sept bouches à feu, six caissons, des drapeaux et plus de 1500 prisonniers restèrent en notre pouvoir. Nous prenons position en avant d'*Heinrichsdorff*.

La possession de ce point qui permettait de nous tourner était très importante pour les Russes. Ils avaient aussitôt réuni en face de nous soixante et quelques escadrons, appuyés par de fortes colonnes d'infanterie ; des nuées de leurs Cosaques commençaient à voltiger sur nos derrières.

Pour attirer la Cavalerie russe et la détacher de son infanterie, le Général de Grouchy simula un mouvement de retraite et fit repasser, par échelons au trot, la 2ᵉ *Division de Dragons* derrière le village. Les Russes arrivèrent au galop, croyant à un succès facile ; mais quand ils eurent débouché du village, ils furent attaqués de front par la Division Nansouty et de flanc par la 2ᵉ *Division de Dragons*. Après une sanglante mêlée, ils prirent la fuite et se reformèrent dans la plaine. A peine reformés, ils revinrent sur nous et ce ne furent plus que des luttes continuelles et acharnées ; tout le monde sentait l'importance d'Heinrichsdorf. Les autres Colonels témoignent eux-mêmes de la valeur avec laquelle le 3ᵉ *Dragons*

(1) Deux canons et un obusier.

a combattu dans ces différentes charges (1). Les Russes se retirent enfin sur Friedland.

A ce moment, l'Empereur avec toute l'armée arrivait sur le champ de bataille et rejoignait l'avant-garde, qui seule avec la Cavalerie avait été engagée jusque-là.

Pendant la bataille, la Division eut pour mission de harceler incessamment les Russes afin de les empêcher de distraire des troupes de leur aile droite pour renforcer leur centre, et de faire taire les nombreuses batteries qui y étaient postées et qui prenaient notre principale attaque en écharpe.

Enfin à la nuit et au moment du dernier effort, elle soutint à la droite le 8e Corps d'armée (Mortier). Elle bouscula la Cavalerie russe et lui fit repasser en désordre le gué de Posthenen (2).

Il est difficile d'évaluer exactement le total de nos pertes (3). Elles furent plus sérieuses qu'à Austerlitz et à Eylau, où nous avions cependant beaucoup donné. Elles nous ont mérité d'inscrire sur notre étendard : « FRIEDLAND 1807 ».

(1) Voir aux Notes et Remarques l'extrait du rapport du Colonel Blancard, du 2e carabiniers.

(2) Voir aux Notes et Remarques le rapport du Général de Grouchy sur la bataille de Friedland.

(3) Voir aux Notes et Remarques les noms des officiers et dragons qui ont été tués ou blessés à la bataille.

CHAPITRE VIII

1808-1809

Les **Régiments provisoires** et les **Régiments de marche**. — Mouvements
des **1er et 2e Escadrons**. — Campagne du **4e Escadron** en **Portugal**. —
Le **3e Escadron** et une **partie du 4e** à l'armée d'Allemagne.

En Octobre 1807, les troupes de la Grande Armée qui avaient pris part
à la Campagne commençaient à revenir. Les cadres de quelques escadrons
avaient déjà été renvoyés à leurs dépôts, laissant aux escadrons de guerre
leurs chevaux et leurs hommes en état de servir.

En France, ces cadres étaient employés à instruire les recrues ; au bout
de quelque temps, ces recrues, selon leur nombre, formaient soit des
escadrons complets, réunis en *Régiments provisoires*, soit des détachements
de moindre importance, réunis en *Régiments ou Escadrons de marche*.

Les Régiments provisoires pouvaient rester longtemps constitués et terminer
toute une campagne sans changements. Tels sont les 3ᵉ, 4ᵉ et 5ᵉ Régiments
provisoires de Dragons qui firent partie de l'expédition de Portugal en
1807 et 1808 (1ᵉʳ Corps d'observation de la Gironde), et ne furent dissous
qu'après la bataille de *Vimeiro*, à leur rentrée en France.

Les Régiments ou Escadrons de marche, au contraire, n'avaient pour but
que d'amener des détachements à leurs corps et de traverser en groupe
compact des pays hostiles. Ils cessaient d'exister naturellement quand toutes
les troupes avaient rejoint leurs corps.

Le *4ᵉ Escadron du 3ᵉ Dragons* était revenu au dépôt à Versailles au commencement de la Campagne de 1806. Il concourt à la formation du *3ᵉ Régiment provisoire de Dragons* au Camp volant de Pontivy et suit Junot en Portugal (1).

Les cadres et une grande partie du *3ᵉ Escadron* sont de retour à Versailles en Janvier 1808. Jusqu'à son départ pour l'Espagne, cet Escadron fournit de nombreux détachements pour renforcer le quatrième ou les premier et deuxième ; il enverra même une compagnie de 80 cavaliers au 7ᵉ Régiment provisoire de Dragons.

Les 1ᵉʳ et 2ᵉ Escadrons venant d'Allemagne seront à Bayonne à la fin de 1808 (27 Décembre) ; et les quatre escadrons du Régiment ne seront complètement réunis en Espagne qu'en Février 1810.

Nous allons les suivre tous pendant cette longue séparation : d'abord le Colonel *Grézard* et ses *deux premiers Escadrons* depuis la bataille de Friedland jusqu'à leur arrivée en Espagne ; puis le *4ᵉ Escadron*, pendant la première campagne de Portugal, enfin le *3ᵉ Escadron*, jusqu'à la réunion complète du Régiment (2).

D'après les traités signés à Tilsitt, cette ville devait être abandonnée le 20 Juillet par les troupes françaises, Kœnigsberg le 25 et avant le 1ᵉʳ Août tout le pays jusqu'à la Passarge. La Prusse devait être évacuée jusqu'à la Vistule le 20 Août, jusqu'à l'Oder le 6 Septembre, jusqu'à l'Elbe le 1ᵉʳ Octobre ; Magdebourg seulement au 1ᵉʳ Novembre.

Pendant cette évacuation, le Régiment avec la 2ᵉ Division de Dragons fut lié au mouvement du 4ᵉ Corps d'armée (Soult). Il marcha d'abord sur Thorn (29 Juillet), puis sur Posen (16 Août) après avoir passé la Wartha. Il cantonna entre la Vistule et l'Oder jusqu'au 9 Octobre 1808.

Les dépôts du Régiment étaient *Versailles, Potsdam* et *Culm*.

Le 27 Août 1808, *les 1ᵉʳ et 2ᵉ Escadrons* reçurent l'ordre de se rendre en Espagne. Ils partirent pour Mayence avec toute la Division et y arrivèrent le 7 Novembre (3). Le voyage s'effectuait par brigades constituées.

---

(1) Voir plus loin cette Campagne faite par le 4ᵉ Escadron.

(2) Mouvements du 3ᵃ Dragons depuis la bataille de Friedland jusqu'au traité de Tilsitt. — 15 Juin Peterswald près Wehlau. — Aucken 16 ; 17 près de Lankislaken (passage de la Préjel). — Jonction avec la 3ᵃ Division de Cuirassiers et la Brigade légère Wathier. — Jonction avec le corps du Maréchal Davoust (quelques prisonniers), 18 Klein, Obzernigen, du 19 au 25 Pétratchen sur les hauteurs de Tilsitt. L'armistice est mis à l'ordre de l'armée le 24 Juin. — 26 Juin Szhillen, 27 juin Szelachen, du 28 juin au 15 Juillet Tszuperm. La paix avec la Russie est signée le 8 et ratifiée le 9 Juillet, avec la Prusse le 12.

(3) 9 Octobre, Stettin ; 15, Berlin ; 24, Erfurth ; 30, Fulda ; 7 Novembre, Mayence.

Elles traversèrent la France pour se rendre à Bayonne, se suivant à un jour d'intervalle ; elles passèrent par Châtellerault, Poitiers, Angoulême ; la 1re Brigade (3e *et* 6e *Dragons*) arrivait à Bayonne le 27 Décembre.

Le Colonel *Grézard* était toujours à la tête du Régiment ; le chef d'Escadron *Delesalle* (1) commandait le 1er Escadron et le chef d'Escadron *de la Barbée* (2), le 2e. L'effectif à Bayonne était de 22 officiers, 512 Dragons, 547 chevaux.

Campagne
du 4e Escadron
en Portugal.

On sait les principales causes de l'occupation du Portugal ; Napoléon voulait en fermer les ports à l'Angleterre, mettre sous séquestre les biens anglais et renvoyer les sujets de la Grande-Bretagne. Pour appuyer ses prétentions, il forma une armée expéditionnaire qu'il confia à *Junot*, son premier aide de camp et alors gouverneur de Paris. Cette armée fut nommée 1er *Corps d'observation de la Gironde*.

Le décret du 2 Août 1807 indiquait sa composition. Le 4e *Escadron* du 3e *Dragons* devait en faire partie et se compléter à 240 hommes. Le 19 Août suivant, Napoléon écrivait à Berthier de donner à cet Escadron au moins 300 hommes « le Régiment ayant 97 hommes au camp et 260 à Versailles. » La même lettre prescrivait de former 4 régiments provisoires. Le 4e *Escadron* fit partie du 3e *Régiment* commandé par le Major du 3e *Dragons*, M. *Contant*. Malgré la lettre du 19, l'Escadron ne comprend à son départ que 7 officiers, 242 chevaux et 252 hommes de troupe, les meilleures des recrues de 1807 (3). Le 4e Escadron du 1er Dragons, qui avec le nôtre formait le 3e Régiment provisoire, était un peu plus riche et partait avec 8 officiers, 269 hommes et 250 chevaux.

Le 3e *provisoire* ainsi constitué arriva à Bayonne dans les derniers jours de Septembre. Les fourrages manquaient et la nourriture des chevaux était insuffisante. Junot réclama un supplément à la masse des fourrages ;

(1) C'est le même que nous avons admiré Sous-Lieutenant en Egypte.

(2) De la Barbée (de la Bérardière, Marin) né le 2 Juin 1759 à Bazonges (Sarthe). Sous-Lieutenant au Royal-Champagne Cavalerie le 17 Février 1773, chef d'Escadron le 4 Mars 1807, retraité le 22 Novembre 1811, rappelé à l'activité comme chef d'Escadron aux Gardes d'honneur le 3 Juillet 1813 ; blessé à Iéna.

(3) Au moment de son entrée en Espagne il a reçu quelques renforts, et son effectif est de 305 chevaux.

il ne l'obtint pas ; pour obvier à cette pénurie, il fut seulement autorisé à envoyer 'sa cavalerie dans les Hautes-Pyrénées. Elle partit le 10 Octobre ; le 15 arrivait l'ordre d'entrer en Espagne et de se rendre à Salamanque. Le Régiment déjà en route fut rappelé et rétrograda sans séjour, faisant ainsi commencer la campagne de Portugal par une marche inutile de cent lieues. Dans la marche de l'armée en seize colonnes de Bayonne à Salamanque, le 3ᵉ *provisoire* fait partie de la 14ᵉ colonne.

Pendant la route, il faut encore précipiter le mouvement ; les colonnes qui ont un numéro pair reçoivent l'ordre de doubler une journée et l'armée se trouve formée par Brigade ; puis les Brigades paires doublent une seconde journée et se trouvent à un jour de distance des Brigades impaires de leur Division ; enfin la Division de Cavalerie serre *sans séjour* et à *marches forcées* sur la 1ʳᵉ Division d'Infanterie ; si bien que l'armée se trouve prête à partir de Salamanque le 12 au lieu d'y arriver le 24 Novembre (1).

Un dépôt fut constitué à *Salamanque* pour les hommes éclopés et les chevaux qui ne pouvaient pas suivre. Ils devaient attendre les détachements venant de Bayonne et ne partir de Salamanque, après complète guérison, que s'ils pouvaient former des groupes d'au moins 100 hommes.

Le 3ᵉ *provisoire* se porte sur *Alcantara* avec toute l'armée. Il avait déjà bien souffert de Bayonne à Salamanque par le manque de ferrage, le changement ou le défaut de nourriture, le doublement des étapes (2). Dans les deux premiers jours de la marche sur Alcantara, il laissa en

---

(1) La Cavalerie du Corps expéditionnaire était ainsi composée :
Général de Division : Kellerman, Comte de Valmy ; Commandant.

1ʳᵉ Brigade.	4ᵉ Escadron du 26ᵉ Chasseurs	4ᵉ Régim. prov. de Ch. Major Weiss.	
	4ᵉ — 1ᵉʳ Dragons	3ᵉ Régim. prov. de Drag. Major Contant.	
	4ᵉ — 3ᵉ Dragons		
2ᵉ Brigade.	4ᵉ Escadron du 4ᵉ Dragons	4ᵉ Régim. prov. de Drag. Major Théron.	
	4ᵉ — 5ᵉ —		
	4ᵉ — 9ᵉ —	5ᵉ Régim. prov. de Drag. Major Leclerc.	
	4ᵉ — 15ᵉ —		

Marche de la 14ᵉ Colonne de Bayonne à Salamanque telle qu'elle était arrêtée au départ de Bayonne : Départ de Bayonne le 29 Octobre ; 30, Saint-Jean-de-Luz ; 31, Irun ; 1ᵉʳ Novembre, Stigarangua ; 2, Tolosa (hôpital) ; 3, Zimaragua ; 4. Mont-Dragon ; 5 et 6, Vittoria (séjour, hôpital) ; 7, Miranda ; 8, Pancorbo ; 9, Briviesca ; 10, Monasteiro, 11 et 12, Burgos (séjour, hôpital) ; 19, Tordesillas ; 20, La Nava del Ré ; 21, Toresillas ; 22, Bavilla Fuente ; 23, Toro ; 24, Salamanque, destination et lieu d'hôpital.

(2) 1ᵉʳ jour de Salamanque à San-Mugnos (10 lieues) ; 2ᵉ jour Rodrigo (9 lieues) ; 3ᵉ jour Fuente Guimaldo (6 lieues) ; 4ᵉ jour La Moralija (10 lieues) ; 5ᵉ jour Alcantara (10 lieues).

arrière près de 300 chevaux (1), et n'arriva pas aux frontières de Portugal avec les deux tiers de son monde. Il était à *Abrantès* le 30 Novembre, ayant couché à Zibreira, Castel-Branco, Sobreira et Villa-do-Rè.

Les fatigues que la Cavalerie avait eu à supporter étaient surhumaines. Beaucoup s'évanouirent en arrivant sur la place d'Abrantès; faisant la route à pied à cause de la neige, la plupart n'avaient plus aux jambes que la tige de leurs bottes; le lendemain, des chevaux n'étaient pas débridés, leurs cavaliers n'en avaient pas eu la force ; ils avaient vécu de glands et de miel (2).

L'entrée à Lisbonne avait eu lieu sans combat. Junot organisa le pays et l'armée put se remettre de ses fatigues. Les hommes démontés du Régiment avaient rejoint peu à peu à Lisbonne et avaient trouvé de grandes ressources en chevaux quand la Cavalerie portugaise avait été licenciée.

L'insurrection du Portugal ne commença qu'après la capitulation de Baylen.

Le 3ᵉ Régiment provisoire fut envoyé sur la ville d'*Alcobaça* révoltée ; il faisait partie de la colonne du général Brenier, qui partit de Lisbonne le 10 Juillet au soir ; elle revint sans s'être signalée, et le Régiment ne quitta plus la capitale que pour la bataille de *Vimeiro* (21 Août 1808).

Il part le 15 Août avec la Réserve commandée par le général Thiébault. Toute la nuit du 20 au 21 Août fut employée à traverser le long défilé de Torrès-Védras. La Cavalerie marchait en tête sous les ordres du général *Margaron* et à 9 heures, elle couronnait les hauteurs qui faisaient face à la position des Anglais.

Au commencement de l'action, le 3ᵉ *Provisoire* avait éclairé l'aile droite chargée d'un mouvement tournant, mais la difficulté et la longueur du chemin le força à n'attaquer que bien après le centre et la gauche et elle trouva devant elle des forces très supérieures. Elle dut abandonner le terrain ; le 3ᵉ soutint son mouvement et deux fois avec le Major *Contant* chargea vigoureusement l'ennemi.

Il put encore rendre service quand toute l'armée française fit sa retraite sur Lisbonne. Réuni au reste de la Cavalerie sous le général Margaron, il contient l'ennemi et reste maître du champ de bataille plus de trois heures après la fin de l'action.

Le traité d'évacuation fut signé le 30 Août ; l'armée se retirait avec

<hr>

(1) Thiébault. Expédition de Portugal.
(2)   —   —   —

armes et bagages ; la Cavalerie s'embarqua la dernière vers la fin de Septembre.

Un mois après, l'armée du Portugal formait le 8ᵉ Corps de l'armée d'Espagne, à l'exception des détachements de Dragons qui rejoignaient leur corps. Le 4ᵉ Escadron débarque à *Quiberon* du 16 au 26 Octobre avec environ 200 cavaliers. Il va à Niort et, au mois d'Avril 1809, il rejoint le dépôt à Versailles.

Par décret impérial du 17 Mars il était destiné avec les 1ᵉʳ, 2ᵉ et 4ᵉ Dragons à concourir, à *Strasbourg*, à la formation d'un *1ᵉʳ Régiment provisoire de Dragons;* il devait être fort de deux compagnies de 125 hommes chacune ; mais à cette époque il était encore en route. Les cadres du 3ᵉ *Escadron* le remplacèrent provisoirement d'abord, puis définitivement. Ils y sont le 1ᵉʳ Avril et furent rejoints le 1ᵉʳ Octobre seulement par une Compagnie du 4ᵉ *Escadron* (1).

Le 3ᵉ Escadron et une partie du 4ᵉ à l'armée d'Allemagne. — Ce détachement du Régiment ne prit pas une part directe à la campagne contre [l'Autriche ; il faisait partie du rassemblement de troupes formé à Augsbourg et destiné à contenir la Souabe et le Vorarlberg (2). Au mois de Juin il était mêlé aux régiments commandés par Bourcier, qui se réunirent à *Bayreuth* et se portèrent à la rencontre d'un petit corps autrichien qui sortait de Bohème. Il combattit le 29 Juin à *Beisenstein* près de Bayreuth et le 7 Juillet à *Bayreuth*. Dans ces deux affaires, trois officiers du Régiment, deux maréchaux des logis et deux dragons furent blessés (3).

A la fin de 1809, le *1ᵉʳ Régiment provisoire* fut dissous et le détachement du Régiment revint à son dépôt à Versailles pour se reconstituer.

En Décembre les 3ᵉ et 4ᵉ *Escadrons* se mettent en route pour l'Espagne où ils doivent rejoindre les 1ᵉʳ et 2ᵉ *Escadrons*. Ils font partie d'une division de marche constituée d'une façon très méthodique, sous les ordres du

---

(1) Les ordres et contre-ordres donnés aux 3ᵉ et 4ᵉ Escadrons du Régiment pendant la première quinzaine de Mars sont nécessités par la déclaration de guerre à l'Autriche.

(2) Ce rassemblement comprenait les Régiments de Dragons provisoires du Général Beaumont, le 65ᵉ de ligne, des régiments de conscrits de la garde, enfin de nombreuses troupes de passage.

(3) Le 29 Juin à Beisenstein : *Roux* Capitaine, *Mouret* Sous-Lieutenant, *Carrière* Maréchal des Logis ; *J.-B. Bournon* et Marie-Charles *Rousseau* Dragons. Le 7 Juillet *Surry* Sous-Lieutenant et *Millgen* Maréchal des Logis.

général de Caulaincourt. Chaque brigade comprend les *3e* et *4e Escadrons* des régiments d'une même division d'Espagne. Ainsi, la *1re* Brigade (Général Gardanne) doit fournir la *2e Division de Dragons.* Elle est formée de deux régiments (*4e* et *5e* Provisoires). Chacun de ces régiments a quatre Escadrons de la même Brigade. Le *4e Provisoire* est formé des *3e* et *4e Escadrons* des *3e* et *6e Dragons* qui sont à la *1re* Brigade ; le *5e Provisoire* des mêmes escadrons des *10e* et *11e Dragons* (*2e* Brigade).

Notre détachement est à *Blois* le 31 Décembre, le 1er Janvier 1810 à *Amboise,* le 28 à *Bayonne.* A Hernani le 1er Février (1), la Brigade Gardanne quitte la Division Caulaincourt et continue seule sa route pour rejoindre la *2e* Division de Dragons. Tout le *3e Dragons* est ainsi réuni en Espagne vers la fin de février 1810.

La situation suivante du 28 Février indique exactement la composition du Régiment et ses emplacements au moment de sa réunion :

	Officiers	Hommes	Chevaux d'Officiers	Chevaux de troupes
Etat-Major — Colonel Grézard — Pénaranda......	4	6	11	18
1er Escadron.................... do	7	204	16	199
2e Escadron.................... do	5	222	12	208
3e Escadron.................... do	6	128	13	120
4e Escadron.................... do	6	135	13	135
	28	695	65	680
Détachés à Palencia..................	»	74	»	57
Détachés avec le Général Reynier	»	11	»	11
	»	85	»	68
EFFECTIF TOTAL.	28	780	65	748

(1) Route des 3e et 4e Escadrons se rendant en Espagne : 31 Décembre 1809, Blois ; 1er Janvier 1810 Amboise, 2 Tours, 3 Sainte-Maure, 4 et 5 Châtellerault, 6 Poitiers, 7 Lusigné, 8 et 9 Melle, 10 Armay, 11 Saint Jean-d'Angely, 12 et 13 Saintes, 14 Pons, 15 Mirambeau, 16 Blaye, 17 Saint-André, 18 et 19 Bordeaux, 20 Barsac, 21 Bazas, 22 Roquefort, 23 et 24 Mont-de-Marsan, 25 Cartas, 26 Dax, 27 Saint-Vincent, 28 Bayonne, 31 Janvier Irun, 1er Février Hernani, 2 et 3 Tolosa, 4 Villaréal, 5 Montdragon, 6 et 7 Vittoria, 8 Miranda, 9 Pancorbo, 10 Briviesca, 11 Burgos.

CHAPITRE IX

ESPAGNE

1809-1810-1811

Les 1er et 2e Escadrons en Espagne ; leur service dans les postes de correspondance. —
Le Commandant **Delesalle** à **San-Carpio** le 23 Novembre. — Combat d'**Alba
de Tormès** (28 Novembre). Prise de drapeaux. - Arrivée des 3e et 4e Escadrons.
— **Expédition de Portugal.** —Détresse de la Cavalerie dans cette campagne. —
Bataille de **Fuentés d'Onoro.** — Commandement de Marmont, duc de Raguse.
— Le 3e Dragons devient **2e Chevau-légers.** — Règlement pour les Chevau-
légers de nouvelle formation.

Les 1er et 2e Escadrons
en Espagne.
Leur service dans
les postes
de correspondance.

Pendant toute l'année 1809, le 3e *Dragons* (1) est toujours à la 2e Division de Dragons. La Brigade encore composée des mêmes régiments (3e et 6e Dragons) est sous les ordres du Général *Milet*. Kellermann commande la 2e Division et la province de Burgos.

Jusqu'au mois de Novembre, le 3e *Dragons* fait surtout le service de la garde des postes et des relais, à Valladolid, Burgos, Nova del Ré, Torquemada, etc. Ce service était rude dans ce pays de nombreux passages de troupes et qui se prêtait si merveilleusement au succès des Guérillas. Kellerman en était désespéré et écrivait au Ministre : « Ce n'est pas une affaire
» ordinaire que la guerre d'Espagne ; on n'y a point sans doute de revers,
» d'échecs désastreux à craindre, mais cette nation opiniâtre mine l'armée
» avec sa résistance de détail (2). »

---

(1) Jusqu'à la fin de février 1810, nous dirons « le Régiment ou le 3e *Dragons* »,
mais il est bien entendu que jusqu'à cette époque les 1er et 2e Escadrons sont *seuls* en
Espagne.

(2) Archives du Ministère de la Guerre.

Les isolés étaient certains de ne pas arriver à destination ; aussi dans chaque relai les officiers porteurs de dépêches ou les convois trouvaient une escorte destinée à les protéger jusqu'au relai suivant. Ces postes de communication étaient distants de cinq à six lieues (1), généralement établis à une extrémité du village, dans une maison crénelée et retranchée, autour de laquelle régnait un fossé hérissé de palissades ; ils n'avaient de relations avec les habitants que lorsqu'il fallait en exiger des vivres. Souvent des guerillas, vêtus comme le reste des paysans, après avoir déposé leurs armes, venaient rôder autour de l'enceinte et reconnaître la position ; ils attaquaient le soir. Une sentinelle placée sur le toit avertissait de la présence de l'ennemi, et bien des fois nos troupes eurent des sièges en règle à soutenir (2).

Ce service prit fin au Régiment quand il quitta Valladolid pour prendre part à la bataille d'*Alba de Tormès*, précédée par le combat de *San-Carpio*.

Le duc del Parque battu à Ciudad-Rodrigo par le général Marchand (6e Corps) s'était peu à peu renforcé. Avec toutes ses troupes, il s'avança à l'improviste sur Salamanque, occupé par une faible garnison. Informé de cette marche, Kellermann se mit en mouvement des environs de Valladolid, en rassemblant les corps qu'il avait sous la main. Il rencontra l'avant-garde du général del Parque à *Carpio* (23 Novembre).

Le Commandant
Delesalle à San-Carpio
le 23 novembre.

La Brigade *Milet* (3e et 6e Dragons) était d'avant-garde précédée par *150 Dragons du Régiment* et des Chasseurs hanovriens sous les ordres du commandant *Delesalle*. Elle trouva le village occupé par les régiments de Bourbon et de la Reine Cavalerie avec deux régiments d'infanterie ; trop faible pour forcer le village, elle resta en observation. Vers midi et demi les forces de l'ennemi s'étaient accrues ; il se déploya sur deux lignes à la sortie de San Carpio au nombre de 8 ou 10,000 hommes. La Brigade se retira en échiquier au pas et dans le plus grand ordre ; l'ennemi suivit, tenu en respect par plusieurs charges. Le Colonel *Grézard* y fut blessé et le chef d'Escadron *Delesalle* eut le genou fracassé ; il ne put reprendre

---

(1) Voir aux Notes et Remarques l'ordre général relatif à ces postes de communication.

(2) « Nous trouvâmes à Majiadas un poste de 150 dragons chargés de la correspondance. » Ils étaient retranchés dans l'Église dont la porte était murée, et les autres issues barri- » cadées ; ces braves avaient soutenu un siège quelques jours auparavant contre un parti de » 1000 Espagnols, menacés d'être passés au couteau (expression qu'emploient les Espa- » gnols) s'ils ne se rendaient pas... » Mémoires sur la guerre d'Espagne pendant les années 1808, 1809, 1810, 1811 par M. de Naylies, officier de dragons.

6

aucun service actif. « Ce combat retarda la marche de l'armée Espagnole, qui y fit une perte considérable (1) ».

Le lendemain le 3ᵉ *Dragons* se porta sur Valdesillas.

Le 28 Novembre, le Général Lorcet (3ᵉ Hussards et 15ᵉ Chasseurs), quittant la Division à midi, fit une telle diligence qu'il atteignit l'ennemi près d'*Alba de Tormès*, malgré son avance de douze à quinze lieues. Il rejeta ses postes sur la ville. A trois heures, la 2ᵉ *Division de Dragons* déboucha et l'ennemi ne pouvant plus fuir fut obligé d'accepter le combat.

Au moment où la Cavalerie arrivait sur l'Almar, on vit ses colonnes et son artillerie se former sur les hauteurs qui couronnent la ville d'Alba, tandis que les deux divisions de son armée restaient en observation sur la rive gauche. Le Général Lorcet trop faible céda quelque peu de terrain ; l'ennemi en prit de la confiance et s'avançait déjà avec ses tirailleurs d'infanterie et de cavalerie sur les revers de l'Almar ; la 2ᵉ *Division de Dragons*, augmentée des 15ᵉ et 25ᵉ, formant un total de 1800 chevaux et quatre pièces d'artillerie légère, se trouva en mesure vers quatre heures. Elle reçut l'ordre de se diriger à la faveur d'un côteau qui couvrait sa marche sur les plateaux par lesquels l'ennemi s'avançait.

La Brigade *Milet* (3ᵉ et 6ᵉ *Dragons*) étant formée parut inopinément sur les hauteurs avec deux pièces. Après quelques coups de canon, soixante Chasseurs hanovriens s'élancèrent en fourrageurs sur les tirailleurs ennemis, tandis que le général *Milet* (3ᵉ et 6ᵉ *Dragons*) s'avançait en bataille. Dès que la Brigade Lorcet fut à hauteur de la gauche de l'ennemi, Kellermann ordonna une charge générale. Elle fut exécutée avec une telle vigueur et une telle promptitude qu'en un instant les lignes ennemies furent enfoncées, malgré une grêle de mitraille et de coups de fusil. La Cavalerie espagnole prit la fuite sans échanger un coup de sabre et repassa la rivière en partie. L'Infanterie fut sabrée et 5 canons enlevés.

Il restait une seconde ligne d'Infanterie. Cette charge à fond nous avait quelque peu désunis et il n'était pas prudent d'aborder en désordre cette seconde ligne intacte : « Nous fîmes retraite au pas, tuant chemin faisant « tout ce que nous avions dépassé » (2). Les Brigades Carrié et Ornano s'avancèrent et chargèrent pendant que nous nous reformions derrière elles.

(1) Lettre du Général Kellermann qui accompagne le rapport du Général Milet ; Archives du Ministère de la Guerre. — Voir aux Notes et Remarques le rapport du Général Milet.

(2) Rapport du Général Kellermann.

Combat d'Alba de Tormès (28 novembre).
Prise de drapeaux.

La charge sur cette deuxième ligne eut le même succès que la première. On ne revit plus la Cavalerie des Espagnols.

Leur Infanterie était également battue ; elle eut cependant le temps de se retirer sur une hauteur d'un accès difficile et d'y former un carré de 3 à 4,000 hommes. Officier sur officier partait pour appeler l'Artillerie légère qui se trouvait assez éloignée, et en attendant on essaya de sommer le carré de se rendre, mais on ne put en approcher ni lui faire de propositions « attendu que cette espèce de troupe respecte peu les usages des « nations et le caractère de parlementaire » (1). Cependant la nuit tombait ; point d'Artillerie ni d'Infanterie ; l'ennemi allait nous échapper à travers les ravins qui bordaient sa gauche. On simula une charge pour l'intimider ; cette démonstration n'ayant rien produit, la ligne revint sur les derrières du carré, tandis que la *première brigade de Dragons* (3º *et* 6º) la serrait de front.

L'Infanterie arrivait à la course, mais elle avait une montagne pierreuse à franchir ; elle avait fait 8 lieues de pays, elle était en marche depuis 4 heures du matin et il était 5 heures du soir. Enfin « la 1re Brigade « (Général Maucune) déboucha en même temps que l'Artillerie. Il était « nuit ; à peine ceux qui connaissaient la position apercevaient-ils l'ennemi « de bas en haut. » Le Général Maucune fut placé « *sur la direction* » et malgré l'obscurité reçut l'ordre d'enlever le carré et d'entrer dans la ville. Cette brave Infanterie ne balança pas un instant. Pendant qu'elle marchait, quinze à vingt coups de canon furent dirigés sur le carré ; au premier coup les vedettes de Dragons le virent se rompre et se précipiter dans les ravins, les soldats jetant leurs armes et leurs effets pour s'échapper plus promptement.

Il était impossible à la cavalerie d'atteindre les fuyards. Le Général Maucune trouvant le plateau abandonné « suivit la colonne au bruit confus des voix » et arriva presqu'en même temps qu'elle à la ville où il entra à sa suite. La nuit était si obscure qu'il fut impossible de faire aucun mouvement ultérieur. Chaque corps coucha sur le point où il se trouvait. A l'exception de la brigade Maucune, la cavalerie et l'artillerie légère avaient seules pris part à l'action. L'ennemi avait perdu 12 pièces de canon, 3 drapeaux, 3,000 hommes tués, plus de 100 officiers ; 600 prisonniers seulement.

---

(1) Il y avait beaucoup de guérillas et de troupes irrégulières dans cette armée espagnole.

Le 3e *Dragons* n'a eu que 12 blessés et un officier tué M. *Decoquerel*, sous-lieutenant ; cette perte si faible s'explique par la rapidité des charges pendant lesquelles la plupart des pièces n'ont pu tirer que deux coups ; aucun fantassin n'a pu recharger son arme.

Notre général de brigade, *Milet*, ayant eu un cheval tué sous lui et abattu par cette chute, fut sauvé par un de nos maréchaux des logis, *Chapel*, qui lui a offert son cheval et a combattu à pied.

Les officiers cités avec le plus d'éloges étaient le capitaine *Barbut* qui commandait la Compagnie d'élite et qui fut proposé pour chef d'escadron ; le capitaine *Millière* « officier distingué sous tous les rapports, » l'adjudant *Delaprade*, les maréchaux des logis *Sardou*, *Duchaume*, *Chapel*, les grenadiers *Crampon* et *Simon* qui ont enlevé des drapeaux au milieu des rangs ennemis et *La Ville*, sapeur (1).

L'armée ennemie s'échappa d'Alba de Tormès la nuit dans le plus grand désordre et dans toutes les directions ; aussi le lendemain on ne put la poursuivre ; elle n'avait pas un seul bataillon réuni.

Kellermann jeta des petites colonnes dans les bois ; la majeure partie des fuyards avait pris la direction de Ciudad Rodrigo, on ne pouvait se procurer aucun renseignement dans le village ; le terrain sec et ferme ne permettait même pas de distinguer les vestiges ; on perdit complètement la trace de l'ennemi et l'on fut obligé de laisser au mauvais temps le soin de le détruire.

La 1re *Brigade* (*3e* et *6e* Dragons) resta à *Pénaranda* en réserve d'une brigade d'infanterie, qui gardait Alba de Tormès. Jusqu'au commencement de 1810, le Régiment occupa successivement les cantonnements de Pénaranda, Cantalapiedra et Alba de Tormès. Il n'y fut guère troublé.

Arrivée des 3e et 4e Escadrons. Expédition de Portugal. Détresse de la Cavalerie dans cette campagne. Bataille de Fuentès d'Onoro. C'est dans ces cantonnements que les 3e et 4e Escadrons vinrent rejoindre les 1er et 2e à la fin de février 1810 (2).

Après la victoire d'*Alba de Tormès*, toute la 2e Division passa sous les ordres du général Treilhard. Elle avait l'ordre de se joindre à Salamanque aux troupes du 6e Corps d'armée (Ney) dès qu'elle serait complétée par

---

(1) Tout ces détails sur la bataille d'Alba de Tormès sont tirés du rapport du général Kellermann (Archives du Ministère de la Guerre).

Le Général Marchand Commandant le 6e Corps, parlant de la bataille d'Alba de Tormès écrit le 3 Décembre 1809 : « Je n'entrerai dans aucun détail sur cette affaire qui tient du miraculeux... Une charge de cavalerie conduite par le Général Kellermann a tout décidé.... »

(2) Voir aux Notes et Remarques l'Etat des officiers du 3e Dragons, le 25 Juillet 1810 (Archives du Ministère).

l'arrivée de sa brigade provisoire (Général Gardanne) (1) ; elle était destinée à la conquête du Portugal. Pendant cette campagne, elle reste à la Réserve de cavalerie commandée par le Général Montbrun. Le siège de Ciudad-Rodrigo eut lieu dans la première quinzaine de Juillet et déjà on était obligé de fourrager très loin pour faire vivre les chevaux.

En Août, la Réserve de cavalerie garda la frontière de Portugal d'Almeïda jusqu'à Alfayetès, en se reliant au 2e Corps et en couvrant le siège d'Almeïda.

Au milieu de Septembre, le 8e Corps se rapproche de la Coa en se dirigeant sur Pinhel. Le 3e *Dragons* quitte alors Alba de Tormès et forme l'avant-garde, sauf un petit détachement qui reste à Ciudad-Rodrigo et Almeïda avec le 10e Dragons, sous le commandement du Général Gardanne (2). A la même époque, le Général *Lorcet* remplace à la Brigade le Général *Milet*.

Le Régiment passe *la Coa* le 16 Septembre ; il est à *Viseu* le 20 ; il assiste à la bataille de *Busaco* (27 et 28 Septembre). Le 30 il est à *Fornos* à trois lieues de Coïmbre; le 1er Octobre après avoir traversé Coïmbre, il se porte sur *Lisbonne*. A partir du 4 Octobre, la Brigade (3e et 6e Dragons) quitte la réserve de Cavalerie pour être attachée au 6e Corps jusqu'au 15 Octobre, puis elle revient à la Réserve. Le 3e *Dragons* est à *Santarem*.

Pendant le séjour de l'armée devant les lignes de Torrès-Védras, il n'y a rien à signaler pour le Régiment, seulement quelques reconnaissances sans pertes et sans résultat. De même dans le mouvement rétrograde jusqu'à la bataille de *Fuentès-d'Onoro*.

Cette inactivité du 3e *Dragons* s'explique malheureusement par ses pertes nombreuses. Il était entré en Portugal avec 563 chevaux le 15 Septembre 1810 ; après la retraite et les combats de *Pombal*, de *Rédinha*, de *Castelnovo*, de *Poz de Arunce*, de *Sabugal*, il n'en a plus que 183 (3),

---

(1) Voir plus haut l'organisation de cette Brigade provisoire.

(2) Emplacements du 3e Dragons depuis le mois de Janvier 1810 : 5 Janvier, Etat-Major et 1er Escadron à Médina-del-Campo. 2e Escadron à Arevello, Détachement à Palencia ; 15 Février Etat-Major, 1er et 2e Escadrons à Salamanque. 28 Février, Etat-Major et les 4 Escadrons à Penaranda, Détachement à Palencia ; 1er Mars Medina-Catalapiedra, Penaranda. Alba de Tormès. 15 Mars Etat-Major 1er et 2e Escadrons à Salamanque, 3e et 4e Escadrons à Alba de Tormès. Les sept dernières compagnies ont été refondues et égalisées. Ce sont à peu près les mêmes cantonnements en Avril, Mai et Juin. Le Régiment est à Tamamès et environs dans les premiers jours de Juillet.

La situation du 5 Septembre 1810 porte 26 officiers, 535 hommes, 563 chevaux et 4 Escadrons.

(3) Situation du 1er Août 1811, époque du séjour du Régiment sur La Coa.

malgré l'arrivée d'un renfort de 80 chevaux le 5 Février 1811. Les privations en avait fait périr plus que le feu de l'ennemi. « La paille hachée
» qu'ils mangeaient était en si petite quantité que ces malheureux
» animaux vécurent pendant plus de deux mois avec du chiendent et de
» la camomille ; chaque soldat allait avec une faucille et son fusil jusqu'à
» une demi-lieue du camp couper la ration de son cheval. Cette détestable nourriture les empêchait de mourir de faim, mais occasionna des
» maladies et en tua un grand nombre (1) ».

Les hommes vivaient de maïs ; une grande partie des habits était en lambeaux et la chaussure dans un état déplorable. Il était dû de huit à neuf mois de solde. Les cartouches étaient détériorées, sans remplacement possible.

Malgré cette grande misère, le 3ᵉ *Dragons* put combattre à *Fuentès d'Onoro.*

Au début de la bataille, le 3 Mai, la Réserve de Cavalerie était en face de Fuentès. Le 6ᵉ Corps, dont les mouvements étaient subordonnés à ceux de la Réserve de Cavalerie, attendit que Montbrun eût débouché dans la plaine pour s'avancer sur le village. En avant l'ennemi avait déployé 15 à 16 escadrons et 6000 hommes d'infanterie qui furent repoussés jusque dans Fuentès. Bien qu'il y eut des barricades, le *3ᵉ Dragons* attaqua de nouveau et les délogea en partie (2).

Le lendemain il pousse une reconnaissance sur Nava-de-Avel, en évitant de s'engager, et bivouaque en arrière de Pozo-Vehlo, observant Nava-de-Avel.

Dans la journée du 5, la Réserve de Cavalerie, soutenue par le 6ᵉ Corps, doit déborder la droite de l'ennemi en débouchant sur Pozo-Vehlo. Elle se mit en marche le matin à 4 heures. Une première attaque victorieuse eut lieu sur Nava-de-Avel par la Cavalerie légère, appuyée par les Dragons. Peu après, Montbrun réunit en tête de sa division les compagnies d'élite des 3ᵉ, 6ᵉ, 10ᵉ, 15ᵉ et 25ᵉ Dragons qui enfoncent deux escadrons anglais ; précipitant son mouvement au grand trot, il culbute la tête des Colonnes anglaises sur le gros de leurs troupes, mais le terrain se rétrécis-

---

(1) De Naylies, Officier de Dragons.

(2) Rapport du Général Loison commandant le 6ᵉ Corps depuis que Ney avait été renvoyé en France par Masséna.

Il n'est pas rare de voir en Espagne et en Portugal nos dragons, qui avaient la baïonnette, combattre comme l'Infanterie. Lire aux Notes et Remarques l'expédition du Major Montigny, sur le village de Canavas, à laquelle prit part un de nos pelotons commandé par le Sous-Lieutenant Surgis.

sant, il tombe sur deux bataillons massés qui l'arrêtent par leurs feux de file. Il prit alors position à portée de la ligne ennemie et y resta jusqu'à la nuit, malgré le feu meurtrier de l'artillerie anglaise (1).

Le Général *Lorcet*, en chargeant à la tête de la Compagnie d'élite du Régiment, fut grièvement blessé. Deux jours après la bataille de Fuentès d'Onoro, Masséna remettait le commandement de l'Armée de Portugal à Marmont, duc de Raguse.

Celui-ci s'efforça de suite de la réorganiser. Le 20 Mai la composition de la Cavalerie était changée. Les dragons étaient divisés en deux brigades, la première comprenant les 3ᵉ, 8ᵉ, 10ᵉ et 15ᵉ, la seconde les 6ᵉ, 11ᵉ et 25ᵉ. Marmont pensait que chaque régiment de Dragons pourrait « par à peu près » fournir un escadron de 100 chevaux en état de servir et un escadron de pareilles forces de chevaux à refaire. Il envoyait ces derniers sous le commandement d'un Colonel sur les bords du Douro et à Ségovie. Les nôtres furent placés à *Arevalo*. Les hommes à pied retournaient en France, conduits par les cadres complets de deux escadrons. Voici les noms des officiers renvoyés et la composition des hommes à pied :

MM. Berruyer...................... Colonel.
    Labarbée...................... Chef d'Escadron.
    Sainglant...................... Capitaine Adjudant-Major.
    Duret...................... Capitaine.
    Cavalery...................... —
    Miller .... —
    David .... Lieutenant.
    Bazire .... —
    Vandemale...................... —
    Mourret...................... —
    Carrié .... —
    Sury .... Sous-Lieutenant.
    Vailly .... —
    Miltgen...................... —
    Delaprade...................... —

       Adjudant 1
       Maréchaux des Logis chefs................... 4
       Maréchaux des Logis et Fourriers............ 17
       Brigadiers.. 12
       Dragons 197
       Chevaux d'officiers 60
       Chevaux de troupe............................ 15

(1) Rapport du Général Loison commandant le 6ᵉ Corps. — *Journal historique de la Campagne de Portugal*, par le baron Fririon. — Rapport du Général Wathier. — Ephémérides de Pillet. — Rapport du Chef d'Etat-Major général.

Ils partent au commencement de Juin pour *Soissons* devenu notre dépôt depuis le 29 Août 1810 (1).

Ils allaient en France pour se remonter, mais ils ne revinrent plus en Espagne. Le 25 Juin en effet les deux autres Escadrons qui étaient alors à *Badajoz* recevaient l'ordre de rentrer au dépôt de Soissons.

En vertu d'un décret impérial du 18 Juin 1811, le *3° Dragons* devient 2ᵉ Régiment de Chevau-légers ; il n'y eut plus de *3ᵉ Dragons* dans les armées impériales (2).

Le Régiment n'emmenait en France que les officiers, les sous-officiers, les trompettes et 10 hommes par compagnie ; l'excédant était versé aux 6ᵉ et 11ᵉ Dragons qui restaient en Espagne. Ces cadres partirent de Bayonne le 23 Novembre et arrivèrent à Soissons le 31 Décembre 1811.

Le décret du 18 Juin prescrivait que tous les Régiments de Chevaulégers seraient armés de la lance ; aussi plus tard on les appela : *Chevau-légers-lanciers*. Les 6 Chevau-légers qui avaient été Dragons conservèrent l'uniforme vert « afin que l'approvisionnement du drap du dépôt put « servir ». Ils portèrent les couleurs qu'ils avaient comme Dragons ; on leur laissa même le casque. La selle, l'armement et la coupe de l'habit étaient seuls changés.

En prévision de la guerre contre la Russie qui allait s'ouvrir, et pour déterminer l'emploi de ces nouveaux Régiments qu'il donnait comme secours aux Régiments de Cuirassiers, l'Empereur faisait faire de nouveaux règlements. Un Régiment de Chevau-légers-lanciers était attaché à chaque Division de Cuirassiers ; il devait avoir 800 chevaux au 1ᵉʳ Mars 1812. Les Chevau-légers-lanciers portaient la carabine à gauche pour faire contre-poids à la lance. Ils pouvaient combattre à pied ; la lance était alors placée du côté montoir, le sabot dans une botte et la hampe assujettie à la palette par une courroie.

Dans les marches, les lanciers faisaient le service d'éclaireurs, flanqueurs et tirailleurs ; dans les bivouacs ou les cantonnements, ils fournissaient seuls les grand'gardes et les reconnaissances. Les cuirassiers ne marchaient que par fractions constituées pour soutenir les lanciers en cas

---

(1) Voir aux Notes et Remarques l'état nominatif des officiers du Régiment à l'époque du 1ᵉʳ Juin 1811.

(2) Jusqu'en 1814, le numéro 3 des Dragons resta vacant. L'ordonnance royale du 12 Mai 1814 ne conserve que 15 Régiments de Dragons et les numéros vacants furent remplis ; c'est ainsi que le 5ᵉ Dragons devint 3ᵉ. Il fit sous ce numéro la campagne de 1815 ; nous la faisons comme 2ᵉ Lanciers et ne reprenons le numéro 3 qu'en 1816.

d'attaque ; ils ne faisaient jamais le service de correspondance, ni d'ordonnances près des généraux ; ces services étaient réservés aux lanciers :

« Les lanciers ne manœuvreront pas sur la même ligne que les cuirassiers... Lorsque
» la division sera formée en bataille pour marcher à l'ennemi, les escadrons de lanciers
» iront se placer prestement en colonne par quatre de la manière suivante : le 1er Esca-
» dron à la droite et à hauteur des serre-files du Régiment de droite ; le 2e Escadron en
» face de l'intervalle du 1er au 2e Régiment ; le 3e Escadron en face de l'intervalle
» du 3e au 4e Régiment ; le 4e Escadron à la gauche du 4e Régiment à hauteur des
» serre-files.
» Ils suivent la ligne dans tous ses mouvements en prenant ses allures. Du moment
» où la ligne de Cavalerie ou d'Infanterie sera enfoncée ou mise en fuite, les comman-
» dants des têtes de colonnes de lanciers, sans en attendre l'ordre, s'élanceront sur
» le champ par les intervalles avec toute la célérité possible et en fourrageurs sur
» les fuyards. C'est au coup d'œil et à l'intelligence des officiers à saisir le moment et à
» en profiter.
» Les lanciers suivront dans toutes les manœuvres les cuirassiers en prenant toujours
» les chemins les plus courts, sans gêner leurs mouvements. Ils iront se placer sur les
» points les plus convenables pour couvrir la masse. Enfin MM. les officiers seront bien
» pénétrés qu'ils doivent dans tous les cas et partout préserver les cuirassiers de l'incon-
» vénient des tirailleurs qui pourraient les inquiéter et être toujours en position de
» profiter des succès quand les cuirassiers auront enfoncer la ligne » (1).

C'était un service bien différent de celui que nous avions fait jusqu'alors, et il nous fallait de plus apprendre à manier une arme que nous ne connaissions pas. Besogne facile, disaient les contemporains qui ont vu ces nouveaux lanciers à l'œuvre. « De l'adresse comme cavalier, ajoute de » Brack, de la force, de la taille et de la souplesse pour l'homme et le » cheval, un cœur français, deux heures de cette nouvelle théorie et le » dragon devient le plus redoutable lancier Européen » (2).

(1) Instruction ministérielle (Janvier 1812).
(2) Réponse d'un militaire à M. de Saint-Aulaire. (F. de Brack, Officier de lanciers rouges de l'ex-garde, 1819). — Voir les extraits aux Notes et Remarques.

CHAPITRE X

LE 2ᵉ CHEVAU-LÉGERS

1812-1815

1812. — Le 2ᵉ Corps de Cavalerie. — Difficulté d'avoir des renseignements sur le 2ᵉ Chevau-légers. — Son égrenement, son petit effectif devant l'ennemi. — « Ordre numérique » de Napoléon Iᵉʳ. — Lettres du Chevau-léger Gohard. — Corps d'observation de l'Elbe. — Le 2ᵉ Corps à l'avant-garde de l'armée. — **Passage de l'Osma.** — Bataille de **La Moskowa.** — Combats autour de **Moscou.** — Retraite. — **Krasnoé.** — **La Bérésina.** — **Vilna.** — **Kownow.** — L'escadron sacré. — Réorganisation du Régiment devant l'ennemi.

1813. — Service sur la ligne de l'Elbe. — Expédition de Wittemberg avec le duc de Bellune. — Bataille de **Bautzen.** — Séjour dans le cercle de Freystadt. — Pénurie de vivres. — Combats des 21 Août, 23 Septembre et 22 Octobre. — Batailles de **Dresde** et de **Leipzick.** — Retraite sur Coblentz et sur Cologne. — Revue du Général Nansouty du 21 Novembre 1813. — Le 2ᵉ Chevau-légers forme le 5ᵉ Escadron du 1ᵉʳ Régiment provisoire. — Organisation définitive de la Cavalerie de la grande armée.

1814. — Le 2ᵉ Lanciers au 2ᵉ Corps de Cavalerie. — Du Rhin par Gueldre et Vanloo à Epernay. — Brienne. - Pointe en Lorraine. — La Division Maurin est réduite à 171 cavaliers. — Cantonnements dans la Nièvre.

1815. - Vie du Colonel **Sourd.** — Organisation temporaire des Régiments sous la première Restauration. - Retour de l'Ile d'Elbe. — Le 2ᵉ Lanciers à la réserve de Cavalerie. — Ordre secret du 13 Juin. — Passage de la Sambre. — Bataille de **Ligny.** — Combat de **Génappes.** — Bataille de **Waterloo.** — Retraite après la capitulation de Paris. — Le 2ᵉ Lanciers à Auch.

1812. Le 2ᵉ Corps de Cavalerie.
Difficultés d'avoir des renseignements sur le 2ᵉ Chevau-Légers.
Son égrenement.

En prévision de la campagne contre la Russie, Napoléon créa quatre Corps de Cavalerie de réserve sous le roi de Naples. Le *2ᵉ Chevau-légers* était au 2ᵉ Corps (Général Montbrun) et attaché à la 2ᵉ Division de Cuirassiers.

Au milieu de ces immenses déploiements de troupes le Régiment disparaît. Les rapports indiquent les mouvements et les combats des Corps de Cavalerie, quelquefois ceux des Divisions, rarement ceux des unités moindres et encore tous les rapports ne sont pas là ; la plupart ont été perdus ou ramassés par les Cosaques. Il reste seulement, pour suivre le 2ᵉ Chevau-légers de *Soissons* à *Moscou*, l'itinéraire du 2ᵉ Corps de Cavalerie, les situations d'effectif et les noms des officiers tués ou blessés. En Juillet et en Août, le 2ᵉ Chevau-légers n'avait à l'armée que son 1ᵉʳ Escadron avec le Colonel *de Berruyer*. Le reste est au dépôt ou égrené dans les Régiments ou Escadrons de marche, depuis Soissons jusqu'à Smolensk ; sur 1,323 hommes et 1,059 chevaux il n'a devant l'ennemi que 6 officiers, 121 hommes et 136 chevaux du 1ᵉʳ Escadron.

Le tableau suivant fait du reste ressortir cette situation au milieu de 1812 ; il est tiré de l' « Ordre numérique du 15 Août » (1).

Son petit effectif devant l'ennemi.
Ordre numérique de Napoléon Iᵉʳ.

Situation du 1ᵉʳ Juillet au 15 Août 1812

	PRÉSENTS sous LES ARMES				DÉTACHÉS			
1ᵉʳ Juillet	Officiers.	Troupe.	Chevaux d'officiers.	Chevaux de troupe.	Officiers.	Troupe.	Chevaux d'officiers.	Chevaux de troupe.
2ᵉ Division au 2ᵉ Corps de Réserve	5	113	13	114	1	8	»	9
3ᵉ Régiment de marche	5	125	10	126	»	»	»	»
4ᵉ Régiment de marche	2	63	4	67	»	»	»	»
5ᵉ Escadron de marche	2	14	9	14	»	»	»	»
10ᵉ Escadron de marche	4	76	9	72	»	»	»	»
Au dépôt de Hanovre, le 28 septembre (*)	1	44	»	»	»	27	4	27
Au dépôt général de Hanovre	2	118	4	12	11	218	24	191
16ᵉ Escadron de marche	2	98	4	98	9	201	18	201
15 Août.								
Dépôt Soissons	5	118	8	20	1	33	1	»

Effectif total, officiers compris : 1,353 hommes et 1,059 chevaux.
Conscrits reçus : 376 hommes ; à recevoir, 1.

(*) A Mayence, le 13 septembre : Parti de Berlin. — Parti du Hanovre.

(1) L' « Ordre numérique » est une situation que l'Empereur avait toujours avec lui. Il pouvait ainsi se rendre compte, chaque mois, des effectifs détaillés qu'il pouvait employer. Il avait pour chaque Régiment les renseignements que nous extrayons pour le 2ᵉ Chevau-légers.

Lettres du Chevau-
Léger Gohard.

Ce nombreux effectif était presque en entier composé de recrues ou d'engagés. Ils arrivaient au dépôt, restaient quelques jours et partaient. Leurs classes se faisaient pendant les routes, quand ils rejoignaient à cheval, mais quand ils arrivaient aux escadrons de guerre ils avaient à peine manœuvré.

Les quelques lettres suivantes, d'un chevau-léger du Régiment « recrue volontaire », fournissent des détails sur la vie au dépôt de Soissons et le caractère du jeune soldat à cette époque.

Soissons, 29 Avril 1812.

« Mon Cher Papa,

» J''ai tardé jusqu'aujourd'hui à t'écrire pour t'instruire plus en détail de la manière
» dont on vit au Régiment des Chevau-légers. Le Colonel m'a parfaitement bien reçu,
» il a ordonné sur le champ que je fusse mis dans la 4e Compagnie avec laquelle il doit
» partir. Il m'a de suite placé au bureau ce qui fait que je suis exempt de monter la
» garde et de faire l'exercice. Cela me procure encore l'avantage de ne pas me trouver
» aux différents appels que l'on fait dans la journée. Les premiers jours, j'ai mangé à la
» caserne, mais il vous est impossible de vous figurer combien cela est dégoûtant. Je
» me suis arrangé avec un Maréchal des logis qui fait au bureau les fonctions de quartier-
» maître en l'absence de celui du corps qui est en congé. Je lui donne mon pain de
» munition et 20 sols par jour ; j'y fais deux repas, non splendides, mais du moins
» propres et appétissants ; ils sont apprêtés par sa femme, qui est jeune et gentille. Il
» n'y a plus qu'une seule chose qui me contrarie, c'est de coucher à la chambrée et de
» coucher deux ; mais j'espère remédier à cela voici comment : Vendredi prochain il
» doit partir un escadron qui va rejoindre une partie du Régiment qui est à Hanovre,
» il y aura alors des chambres de sous-officiers vacantes. Le maréchal des logis chez
» lequel je mange m'a dit que conjointement avec lui nous demanderions au Colonel
» une de ces chambres, vu que travaillant le soir jusqu'à dix heures, je suis obligé de
» me faire ouvrir la caserne et en me couchant deux heures après les autres cela les
» dérange.

» A propos il est bon de vous apprendre que sous un mois nous partons pour Hanovre.
» Tous les escadrons partis sont allés à pied, nous aurons l'avantage de partir à cheval
» avec le Colonel..... J'attends toujours avec la plus grande impatience que la guerre
» commence... D'ailleurs étant au bureau, je saurai bien huit jours d'avance l'époque fixée
» pour notre départ... »

Autre lettre datée du 13 Mai :

« ..... Passons aux renseignements. A 4 heures du matin on sonne le réveil ; il
» faut s'habiller, faire son lit et passer l'inspection des officiers ; à 5 heures 1/2 on monte
» à poil, sur l'échine d'un cheval jusqu'à 7 heures... A 7 heures je vais travailler chez
» le Colonel avec son secrétaire... j'ai fort peu de temps à moi et encore le peu que
» j'ai se trouve sur le soir en sorte qu'il est impossible de te faire mon portrait ; si
» messieurs les boulets veulent respecter l'original, dans deux ou trois ans je satisferai
» ton envie... Engage mon papa à venir plus tôt que plus tard, car il pourrait bien
» trouver les oiseaux dénichés. On a encore fait partir ce matin un détachement

» d'hommes, on attend présentement des chevaux d'anciens pour nous faire partir.
» J'attends ce moment avec une grande impatience et une plus grande impatience encore
» le moment où je dois me faire casser le col ou bien me tirer de la situation obscure
» où je suis présentement. »

Nicolas-Joseph Gohard, l'auteur de ces lettres, était né à Versailles le 26 Avril 1790. De bonne famille, ses études lui permirent d'être reçu à l'Ecole Polytechnique. Peu de temps après son arrivée, une querelle avec un de ses camarades fut suivie d'un duel, où il fut blessé. Cette blessure qu'on ne pouvait cacher découvrit toute l'affaire et le fit renvoyer de l'Ecole. Sa famille voulut en faire un notaire ; il refusa, aimant mieux être soldat et le 22 Avril il arrivait à Soissons, comme recrue « volontaire » au 2ᵉ Chevau-Légers. Le 14 Juin il annonçait son départ :

« Nous avons reçu 70 chevaux que l'on va nous distribuer demain. Il est probable que nous partirons avant 8 jours... Quant au lieu de notre destination il n'est pas très proche. Nous allons rejoindre les escadrons de guerre qui sont à Posen sur les confins de l'Allemagne, près la Pologne. Nous n'avons seulement que pour deux mois et demi de route ; ainsi nous arriverons précisément au commencement de l'hiver... Me voilà éloigné de vous pour trois ou quatre ans et peut-être davantage. Notre Régiment se trouve précisément à l'avant-garde ; ainsi nous aurons le plaisir de voir l'ennemi de près.... »

C'est avec ce courageux espoir que partait une recrue de deux mois pour la campagne de Russie. Gohard ne rejoignit le 2ᵉ chevau-légers qu'à Smolensk, fut laissé malade en Lithuanie et fait prisonnier. Ni sa famille, ni le Régiment n'en eurent plus de nouvelles. Bien de nos recrues eurent le même sort ; les matricules du Corps en portent plus de huit cents disparus sur treize cents.

Le 1ᵉʳ Escadron suivit la marche de la 2ᵉ Division de Cuirassiers, qui faisait d'abord partie du Corps d'observation de l'Elbe et forma plus tard l'avant-garde de l'armée sous Murat.

Chaque matin l'arrière-garde russe semblait lui avoir échappé ; chaque soir, il l'avait ressaisie et l'attaquait, mais dans une forte position, après une longue étape, trop tard et sans que les siens eussent encore pris de nourriture ; c'était donc tous les jours de nouveaux combats sans résultats importants (1).

Corps d'observation de l'Elbe.
Le 2ᵉ Corps à l'avant-garde de l'armée.
Passage de l'Osma.
Bataille de la Moskowa
Combats autour de Moscou.

(1) Tous nos généraux n'avaient pas même encore de cartes. Belliard écrit le 24 Octobre aux quatre commandants des corps de cavalerie : « Vous pouvez faire prendre » demain matin de très bonne heure au quartier général du Roi trois exemplaires de la » carte de Russie que vous ferez remettre aux généraux de votre corps qui n'en n'ont » pas encore. »

Le Régiment rencontra sérieusement l'ennemi pour la première fois au passage de l'*Osma,* rivière étroite, mais encaissée et profonde, comme la plupart des rivières de ce pays (27 Août). On trouva un gué et ce fut par ce défilé incertain que Murat osa attaquer l'arrière-garde russe, s'aventurer entre la rivière et leur position, s'ôtant ainsi toute retraite. Il avait appris à tout entreprendre et il réussit. Nous y perdions le lieutenant *Vandemal* qui fut tué ; le Sous-Lieutenant *Saint-Sauveur* fut blessé.

Pendant la bataille de la *Moskowa,* à l'attaque de la Grande-Redoute où tombèrent nos deux généraux de corps, Montbrun puis Coulaincourt, le 1er Escadron perd encore quatre officiers blessés, dont le Commandant *Barbut* qui a le bras droit emporté par un boulet (1).

Après la Moskowa nous marchons sur Moscou, nous traversons la ville et chaque jour nous nous mesurons avec les Cosaques. Le 4 Octobre, à *Kitscherin,* le lieutenant *Sardou* reçoit un coup de lance et le maréchal des logis *Chapèle* quatre ; le 18 à *Rozetwo,* le lieutenant *Carrié* est tué et le sous-lieutenant *Saint-Costard* est blessé de neuf coups de lance et de deux coups de sabre.

Retraite.
Krasnoé. La Bérézina.
Vilna. Kownow.
L'Escadron Sacré.
Réorganisation
du Régiment devant
l'ennemi.

Puis la retraite commence. Bien peu de nos officiers reviennent et leur disparition successive marque nos combats et nos étapes. A *Krasnoé* le 16 Novembre, le Sous-Lieutenant *Voisin* a son cheval tué sous lui et est pris ; *à la Bérézina,* le 28 novembre, le sous-lieutenant *Vankretschmar* est est enlevé par les Cosaques après avoir longtemps combattu ; à *Vilna* (8 Décembre) le sous-lieutenant *Lefebvre* est blessé d'un coup de lance à l'épaule droite, il rejoignit à grand'peine ; à *Kownow* le 10, le maréchal des logis chef *Antoine* reçoit deux coups de lance, qui le font plus tard passer officier ; le lieutenant *Revillé* est blessé cinq fois et pris (2).

D'autres, épuisés, ne peuvent suivre et tombent entre les mains des Russes. Citons seulement le Capitaine *Rullié,* le Chirurgien sous-aide *Baume,* le Lieutenant *Robillard,* le Sous-Lieutenant *Duhomme,* le Sous-Lieutenant *Bacheler* et le Chirurgien sous-aide major *Génaux* (3).

C'est l'époque où toute la Cavalerie se réduisit à l'Escadron Sacré ; les officiers y faisaient le service de simples cavaliers ; des bandes affamées, déguenillées, démoralisées, remplissaient Vilna. « La fatigue et la misère « avaient tout abîmé, il n'y avait plus d'armée » (4).

(1) Le capitaine *Duret* blessé meurt le 14 ; le lieutenant *Surry,* le sous-lieutenant *Saint-Costard,* le maréchal des Logis chef *Robert* depuis sous-lieutenant sont blessés.
(2) Matricule du Corps.
(3) Matricule du Corps.
(4) Notice de Canitz sur son voyage à Vilna.

Peu après Napoléon revint à Paris pour hâter l'organisation de nouvelles levées et préparer la campagne de 1813 (1). Murat qui le remplaçait avait indiqué *Elbing* comme premier point de réunion de la Cavalerie. Les débris du 2e *Chevau-légers* y arrivèrent au commencement de Janvier. Il fallut le reformer. Les derniers détachements qui n'avaient pu rejoindre à temps pour la campagne de Russie servirent de fond à cette réorganisation, mais c'est seulement en Avril que le Régiment commence à prendre figure.

Jusqu'au milieu de Juin, le 1er Escadron resta seul devant l'ennemi, complété, suivant la coutume, par les autres Escadrons dont les cadres retournaient en France. Il était sous les ordres du Chef d'Escadron *Barbut* « ancien officier et bon militaire qui mérite d'être nommé Major », disait dans un de ses rapports le Général Sébastiani (2).

Cet Escadron avait eu beaucoup à souffrir et tout y était en très mauvais état. On travaillait avec activité aux réparations, mais les remplacements dont on avait besoin étaient si considérables qu'il n'y avait espoir de se rétablir qu'à l'arrivée des effets du dépôt, qui était toujours à Soissons (3).

Tous nos chevaux étaient morts ; presque tous ceux qui les remplacèrent étaient tirés du Hanovre ; ils étaient très bons (4).

Quand le 2e Escadron vint de France il ne laissait rien à désirer, il était commandé par le Chef d'Escadron *Hacquin* (5).

Quelque temps après, le 3e Escadron rejoignit les deux premiers, mais nos marches et nos combats nous avaient déjà diminués et les situations ne font jamais ressortir un effectif supérieur à 500 chevaux.

Le 2e Lanciers avait quitté la 2e Division de Cuirassiers au commencement de 1813. La répartition des lanciers dans les divisions, imaginée pour la Campagne de Russie, était abandonnée. Notre nouvelle Division, *la deuxième de cavalerie légère* (6), faisait partie du 2e Corps de Cavalerie sous le Général Sébastiani.

Le Régiment passe à Elbing en Janvier, à Posen et à Dessau en

1813. Service sur la ligne de l'Elbe. Expédition sur Wittemberg avec le duc de Bellune. Bataille de Bautzen. Séjour dans le cercle de Freystadt. Pénurie des vivres.

(1) Voir aux Notes et Remarques l'ordre de réorganisation.
(2) C'est le même qui avait eu le bras emporté à la Moskowa.
(3) Extrait de la Revue du Général Sébastiani.
(4) Rapport du Général Sébastiani.
(5) L'effectif total de ces deux Escadrons était alors de 8 officiers, 486 hommes de troupe, 473 chevaux.
(6) Cette 2e Division de Cavalerie légère, commandée par le Général *Roussel d'Urbal*, était composée des 11e et 12e Chasseurs et 5e Hussards (1re Brigade Général Montbrun), des 9e Hussards, 2e et 4e Lanciers (2e Brigade Général Gérard). Situation du 25 Mars au 25 Avril 1813, Archives du ministère.

Combats des 21 août, 23 septembre et 22 octobre. Batailles de Dresde et de Leipzick.

Février. Depuis le 1er mars, il fait le service de la ligne de l'Elbe depuis Magdebourg jusqu'à Hitzacker. Les 23 et 25, sous les ordres du Prince Eugène, il contribue aux deux fortes reconnaissances poussées sur la rive droite de l'Elbe, puis il passe sur la rive gauche et au 1er Avril suit les mouvements du corps commandé par le Prince d'Eckmül. Il se porte sur Stendal et se joint à la Division Pacthod (1) avec mission de marcher sur le corps ennemi qui a traversé l'Elbe.

Il reste avec le duc de Bellune en Mai pendant son expédition sur Wittemberg (2) et est en Juin à Rauden et à Freystadt. Il venait d'assister à la bataille de *Bautzen* où le Sous-Lieutenant *Lefebvre* avait été blessé.

En Juillet, arrivée de nouveaux renforts, jeunes cavaliers et jeunes chevaux. Les régiments sous les ordres de Sébastiani en deviennent même trop resserrés. Ils s'étaient augmentés de 3,500 à 7,500 chevaux, depuis leur arrivée dans le cercle de Freystadt. Mais on ne délivrait plus d'avoine et l'herbe commençait à manquer (3). Dans toutes les lettres de cette époque il est recommandé de pousser beaucoup l'instruction des hommes pendant l'armistice. C'était une tâche difficile car les bons instructeurs faisaient défaut (4).

Le 2 Août, la guerre recommença et le 2e Chevau-légers assiste aux combats des 21 Août, 23 Septembre, 22 Octobre, à la bataille de *Dresde* et à celle de *Leipzick* (27 Août et 18 Octobre).

Le 26 Août, la Division partit à 7 heures du matin de Brockendorf pour marcher sur Jaüer par la route de Kroitsh en avant-garde du 2e Corps de Cavalerie. Elle rencontrait l'ennemi à 9 heures en avant de *Gieresdorf* et se formait de suite en colonne par escadron, à la droite de la route, pendant que la Division Exelmans, dans le même ordre, s'établissait à la gauche et la Division de Cuirassiers en arrière, au centre des deux divisions légères.

L'ennemi recula jusqu'au village de Kroitsch et la Division passa la Katzbach à sa suite.

Sébastiani qui s'était ainsi réuni aux troupes du Vice-Roi reçut l'ordre de pousser en avant de Kroitsch et de franchir le défilé de Wemberg, aussitôt que le Général Charpentier l'aurait forcé et aurait couronné le plateau avec son artillerie et son infanterie.

---

(1) 17e Division du 5e Corps.

(2) Jusqu'au 22 mai sur Wittemberg, le 23 à Niedseizendorf, le 24 Rotembourg et Buntzlau, 25 Wehrau, 26 sur Sprottau, 27 Sprottau, 28 sur Princkenau.

(3) Belliard au Prince Major-Général (7 Juillet 1813).

(4) Campagne de Saxe par le Général d'Odleben.

La 2ᵉ Division légère commença le mouvement.

Ce défilé boisé, escarpé et très étroit obligea à marcher par deux et par un et fut très long à passer. A mesure qu'un escadron avait débouché et était formé, il venait se placer à la gauche et sur l'alignement du Général Charpentier qui faisait face au plateau de Brechselhof, canonnant la cavalerie ennemie. La Division Roussel se forma sur trois lignes : la première composée des 11ᵉ, 12ᵉ Chasseurs et 2ᵉ *Lanciers*, la seconde des 4ᵉ Lanciers et 5ᵉ Hussards, la troisième du 9ᵉ Hussards.

L'ennemi étant venu à menacer son flanc gauche et ses derrières, il fit mettre en potence sa deuxième ligne pour faire face au village d'Eikholz et de Gross-Janowitz. Les 24 pièces étaient placées entre la Division et le Général Charpentier.

A 5 heures, le 2ᵉ Corps de Cavalerie avait à peine passé le défilé, quand la Division Exelmans et la Division Roussel sont attaquées par des escadrons venant de trois directions différentes. Ces escadrons furent culbutés deux fois; mais à 6 heures 1/4, plus de 12,000 hommes de cavalerie de ligne et 2 à 3000 Cosaques arrivèrent sur nous avec 3000 hommes d'Infanterie et une artillerie formidable. Nous nous retirâmes alors à la gauche de la Division d'infanterie du 3ᵉ Corps qui commençait à être formée en avant du défilé. Cette Division voulut soutenir le choc de toute cette masse, mais une pluie horrible qui durait depuis 18 heures rendit ses efforts inutiles; les armes étaient dans un tel état qu'il ne partait pas 20 coups de fusils par carré. Il fallut descendre dans le ravin.

La position que nous occupions rendait toute retraite impossible et nous avions tenu six heures sous une cannonade horrible et devant des forces sans aucune proportion avec les nôtres.

Nos Généraux de Division et de Brigade (1) étaient tous deux blessés et le 2ᵉ *Lanciers* perdit par le canon, « sans faire un pas rétrograde », 80 cavaliers et 100 chevaux (2). Le chef d'Escadron *Hacquin*, laissé pour mort après avoir reçu dix-sept coups de lance, ne rentra en France que le 20 Juillet 1814; MM. *Baronnie* et *Mignet*, sous-lieutenants, furent tués (3).

Cette rude bataille ne décida malheureusement pas la campagne ; quel-

(1) Nous étions alors dans la Brigade Dommanget avec le 11ᵉ et 12ᵉ Chasseurs.

(2) Rapport du 28 Août du Général Sébastiani, commandant le 2ᵉ Corps de Cavalerie sur la journée du 26 Août.

(3) Voir aux Notes et Remarques l'état des pertes en officiers et cavaliers.

que temps après nous combattions en arrière de Bischofswerda, où furent blessés le Major *Pillay* et le lieutenant *Lefebvre* (23 Septembre).

La Division Roussel fait ensuite une pointe sur Zerbst et ramène 60 prisonniers. Le 2ᵉ Corps se porte sur Düben (13 Octobre) malgré son épuisement. « Il est impossible, écrit le Général Sébastiani, d'être plus » fatigué que ne l'est la cavalerie sous mes ordres ; mais dans les circons- » tances actuelles, il faut savoir sacrifier quelques chevaux pour em- » ployer utilement les autres ; cette course nous coûtera deux cents che- » vaux morts de fatigue. »

Le 17 Octobre, le 2ᵉ Corps était revenu sur *Leipzick*. Notre brigade, toujours commandée par le baron Dommanget, à cheval malgré ses blessures, était assez aventurée. Elle occupait le 16 au matin le pont de *Borsdorf*, sur la route de Würtschen, avec mission de le défendre. Le 17, elle était déjà entourée ; l'ennemi était à Taucha, à Panitsch, à Hirchsfeld, à Giritsheim. Elle était débordée par sa droite et par sa gauche, et un bataillon qui la soutenait n'avait pas de cartouches. Sur les 3 régiments de la Brigade, seul le 2ᵉ *Lanciers* était complet. Dans sa détresse, le Général Dommanget écrivait au Général Sébastiani : « Au nom Dieu, mon Géné- » ral, faites-moi venir le 5ᵉ Hussards et tout ce qui appartient à la Division ; » elle est réduite à rien dans le moment le plus épineux. Sur une recon- » naissance de 20 hommes, que j'ai envoyée ce matin sur Taucha, j'ai » perdu l'officier et 15 hommes que les Cosaques ont pris... »

« P.-S. — Des cartouches pour le bataillon, je vous en prie. »

Dans sa réponse, le Général Sébastiani disait simplement : « Le 5ᵉ Hus- » sards n'a que 5 pelotons et n'a pas de cartouches. »

Forcés d'abandonner le pont de Borsdorf, nous allons en deuxième ligne à Stotteritz, pour nous joindre au Général Lauriston. Nous chargeons plusieurs fois sur ce champ de bataille du 18, en laissant, blessés et prisonniers, le Capitaine *Banzil* et le Sous-Lieutenant *Rouillet*.

A l'arrière-garde pendant la retraite, nous arrivons à Weimar le 22 octobre en combattant ; le chef d'Escadron *Barbut* y reçoit plusieurs coups de lance.

Retraite sur Coblentz et sur Cologne. Revue du Général Nansouty du 21 novembre 1813. Le 2ᵉ Chevau-Légers forme le 5ᵉ Escadron du 1ᵉʳ Régiment provisoire

Le lendemain, le 2ᵉ *Chevau-légers* est à Tuttleben, et le 24 à Gotha. Par Eisenach (25 Octobre), Fulda (27 Octobre) et Salmunster (28 Octo- bre), après une route de 11 lieues, il arrive sur *Hanau* où les Bavarois sont culbutés. Le 2 Novembre, il entre à Coblentz et le 4 à Cologne, sous les ordres du duc de Raguse, chargé de la défense de la frontière depuis Landenau jusqu'à Coblentz.

C'était un honneur pour le Régiment de rester ainsi en première ligne, car les revers avaient démoralisé l'Armée. Le Général Kellermann, duc de Valmy, qui commandait à Mayence, se plaignait du découragement général et même de la désertion : « Ce n'est qu'en seconde ligne qu'on » pourra les arrêter (1). »

Organisation définitive de la Cavalerie de la Grande-Armée.

Un rapport du Général Nansouty, à la suite d'une revue passée le 21 Novembre 1813, fait voir l'état exact du Régiment à cette époque. Il comptait en présence de l'ennemi 22 officiers, 129 sous-officiers et chevau-légers et 118 chevaux. Les trois quarts étaient de vieux soldats, « belle espèce d'hommes, propres et assez bien tenus, les chevaux en » assez bon état. » Le Colonel était en France au dépôt, et le chef d'Escadron *Barbut* commandait le Régiment (2).

Quelques jours avant (17 Novembre), le Général Sébastiani avait proposé la formation de quatre Régiments provisoires dans les trois Divisions de son Corps de Cavalerie. Le Régiment provisoire, à huit compagnies, devait être commandé par le Colonel Montagnier du 9e Hussards. Notre Régiment devait former la 6e Compagnie, comme il suit :

Cavalery......................	Capitaine.
Gallais.......................	Lieutenant.
Filon.........................	Sous-Lieutenant.
Bécard........................	—
Pommier	Chirurgien Major.

5 Maréchaux des Logis chefs et Maréchaux des Logis.
9 Brigadiers-Fourriers et Brigadiers.
85 Trompettes, Cavaliers et Maréchaux ferrants.

Les cadres à renvoyer au dépôt, pour servir à la réorganisation du Régiment, étaient de 2 Chefs d'Escadron, 6 Capitaines, 2 Lieutenants, 5 Sous-Lieutenants, 1 Officier de santé, 2 Adjudants, 1 Maréchal des Logis chef, 11 Maréchaux des Logis, 2 Fourriers, 12 Brigadiers, 2 Trompettes, 2 Maréchaux ferrants (3). Cette proposition du Général Sébastiani ne fut pas adoptée.

L'organisation du 2e *Corps de réserve de Cavalerie* ne fut arrêtée qu'au commencement de Décembre 1813. Il formait une Division à trois Régi-

---

(1) Lettre du 30 Octobre 1813 de Kellermann au duc de Feltre, Ministre de la Guerre.

(2) Voir ce rapport aux Notes et Remarques. - La date à laquelle il est signé le rend assez intéressant pour être lu en entier.

(3) Archives de la Guerre.

ments provisoires, composés chacun de six Escadrons, chaque Escadron formé par un des anciens Régiments du 2e Corps. Cette Division est sous les ordres du Général *Exelmans*, dans le Corps du Général Bordesoulle. Les Généraux Dommanget et Thyry commandent les deux Brigades. Le 1er Régiment provisoire (Colonel Deschamps) comprend :

5e et 9e Hussards (1er et 2e Escadrons).
11e et 12e Chasseurs (3e et 6e   —   ).
2e et 4e Lanciers (5e et 6e   —   ).

L'effectif du 5e Escadron, fourni par le *2e Lanciers*, est ainsi arrêté :

5e Escadron (2e Lanciers) Barbut, chef d'Escadron.

	Officiers.	Troupe.	Chevaux d'Officiers.	Chevaux de Troupe.
Présents sous les armes au 15 Décembre.	9	92	22	101
Petit dépôt susceptible de servir d'ici à 2 mois.	1	17	2	9
Total de ce qui reste à l'Armée	10	109	24	110
Détail de ce qui n'est pas compris dans la formation du Régiment provisoire et qui se rend en conséquence au dépôt.	11	23	36	»
	21	132	60	110

L'organisation de la Cavalerie de la Grande Armée ne fut définitive qu'au commencement de Février 1814, après l'arrivée des renforts tirés de l'armée d'Espagne et la dissolution des Corps provisoires des Généraux Pajol et Bordesoulle. L'organisation du reste laissait à désirer, comme le prouve la Revue suivante, passée par le Général Bourdesoulle le 13 Janvier 1814 :

« L'espèce d'hommes est assez bonne, mais la plus grande partie des hommes ne
» savent absolument rien. Il faut pour ainsi dire que leurs officiers et leurs sous-officiers
» leur sellent leurs chevaux. Les chevaux sont aussi bons qu'on peut l'attendre de
» remontes faites précipitamment, mais ils sont comme les hommes, ils ne sont nulle-
» ment dressés.

» Habillement............ Bon et en fort bon état.
» Armement .... Complet et en bon état.
» Equipement .... Neuf.
» Linge et Chaussures ...... Complet et en bon état. »

1814. Le 2e Lanciers   À partir du 9 Février 1814, le 2e *Chevau-Légers* est au second corps de cavalerie, commandé par le Général Comte de Saint-Germain (1). Il ne faut pas se laisser tromper par ce titre ambitieux de 2e Corps. Sa force effective n'était que de 2,919 chevaux, répartis entre dix-huit régiments. Le 2e *Lanciers* n'avait que 131 chevaux.

Mais peu importait d'avoir de petits effectifs et seulement des conscrits : « La patrie est menacée et en danger, elle ne peut être sauvée que par » l'audace et la bonne volonté, et non par de vaines temporisations..... » Il n'est plus question d'agir comme dans les derniers temps, mais il faut » reprendre ses bottes et sa résolution de 1793... » (2)

Après avoir séjourné quelque temps sur le Rhin, le 2e *Chevau-Légers* avait été envoyé à Gueldre et à Venloo, puis à Maëstricht. En Janvier 1814, passant par Liège, Dinant, Givet, Rocroy, Mézières, Châlons (3), il arrivait à Epernay peu de temps avant la bataille de *Vauchamps* (14 Février), qui terminait la belle série de combats contre l'armée de Silésie. Il n'y prit qu'une faible part, mais cependant contribua à la poursuite en devançant Blücher en retraite près d'*Etoges* (4).

Le lendemain 15 février, la division Leval et le 2e *Corps de Cavalerie* (Saint-Germain) font une forte étape jusqu'à la Ferté-sous-Jouarre.

Le 25 Février, le Régiment est en avant garde de la Division Leval, bivouaquée en avant et sur la gauche de Vandœuvre, couvrant les chemins qui viennent de Brienne. Seul il eut à soutenir un engagement contre une forte arrière-garde de cavalerie alliée, à hauteur du village de Magny-le-Fouchard, à l'embranchement des deux routes qui conduisent à Bar (5). Le Sous-Lieutenant *Faivre* fut blessé. Après un petit mouvement

---

(1) *Composition du 2e Corps au 9 Février 1814.* — *Archives de la guerre.*

2e Division de Cavalerie légère (Général Maurin)	3e Brigade Gal Dommanget	5e et 9e Chasseurs. 11e et 12e Chasseurs. 2e *Chevau-Légers.* — 131 cavaliers, force effective. 4e Chevau-Légers.
	4e Brigade Général Jamin	6e Chevau-Légers. 7e, 20e, 23e et 24e Chasseurs.
2e Division de Grosse Cavalerie (Général Saint-Germain)	3e Brigade Général Blancard	1er et 2e Carabiniers. 1er Cuirassiers.
	4e Brigade Général Sopranzy	5e, 8e, 10e et 13e Cuirassiers.

(2) Nogent-sur-Seine, 21 février 1814 ; Napoléon à Augereau.

(3) Dinant 21 Janvier, Givet 22, Rocroy 23, Mézières 24, Châlons 2 Février, sur Epernay 8 Février.

(4) Un de nos Sous-Lieutenants, Nicolas-Pierre *Miltgen*, reçut un coup de lance dans le flanc gauche.

(5) Extraits pour la Cavalerie Saint-Germain et la Division légère Maurin du rapport

en avant dans la direction de Bar, il bat en retraite sur Troyes, où il arrive le 5 Mars, après un combat (1) ; puis il passe la Seine et reste dans ses mêmes positions jusqu'au 12, près de Nogent.

Il n'assiste pas aux derniers combats. Après la bataille d'*Arcis-sur-Aube*, le hardi projet de Napoléon était de se jeter en Lorraine, de couper les communications de l'ennemi, et, revenant sur ses derrières, de l'acculer à Paris. Le 23, notre Général de Division, *Maurin*, recevait l'ordre de se lancer sur Bar-le-Duc avec toute sa cavalerie légère et de s'emparer des ponts de Saint-Mihiel et de Pont-à-Mousson. Cet ordre ne reçut qu'un commencement d'exécution parce que les alliés avaient continué leur marche sur la Capitale.

Maurin, le 24, revint à Saint-Dizier, pour de là rejoindre l'Empereur à Vassy. Pendant les journées suivantes, il va de Montiérender à Brienne et Troyes ; il gagne enfin la ligne de l'Essonne par Sens, Moret et Melun.

L'Empereur abdiqua le 11 Avril 1814. Notre Division de Cavalerie légère arriva le 17 Avril dans ses nouveaux cantonnements du département de la Nièvre. Elle n'était plus que l'ombre d'elle-même ; elle était réduite à 171 cavaliers ! (2)

1815. Vie du Colonel Sourd. Organisation temporaire du Régiment sous la 1re Restauration. Retour de l'île d'Elbe. Le 2e Lanciers à la Réserve de Cavalerie. Ordre secret du 13 Juin. Passage de la Sambre.

Avant le récit de la campagne de 1815, si courte mais si glorieuse pour le Régiment, il convient de s'arrêter sur la vie de notre nouveau Colonel, *Sourd*, nommé le 9 Octobre 1814.

Né en 1779, il entre au service à l'âge de 13 ans dans le bataillon des Volontaires du Var. Au siège de Gênes, il était Maréchal des Logis dans les Guides de Masséna et fut blessé en le sauvant dans une charge. Sous-Lieutenant au 7e Chasseurs en 1803, il se signale à Austerlitz et à Iéna, où Napoléon le nomme Lieutenant sur le champ de bataille. Percé de coups de lance, il est prisonnier à Eylau. Il assiste aux batailles d'Eckmulh, de Ratisbonne, de Raab, d'Essling, de Wagram. Il était Capitaine, Chevalier

---

intitulé : *Mouvements de la Division Leval, pendant la campagne de 1814. du 24 Février au 8 Avril.* (Archives du Ministère de la Guerre).

(1) Le Sous-Lieutenant *Miltgen*, Pierre-Nicolas, est encore blessé.

(2) Effectif de la Division Maurin en Avril 1814 (Archives de la Guerre). Elle se retira dans la Nièvre par Melun (9 et 10 Avril), Nemours le 11, Montargis le 12, Nogent le 13, Gien le 14, Bourg le 15, Cosne le 16.

de la Légion d'honneur, quand il fut proposé pour le grade de Commandeur des Trois-Toisons, par les officiers de son Régiment, qui le reconnurent ainsi pour le plus brave d'entre eux ; c'était une condition exigée par le décret impérial rendu à Schœnbrünn en 1809 sur l'établissement de cet ordre.

Pendant la Campagne de Russie, il fait partie de la Brigade Corbineau comme chef d'Escadron. A Ismoloa, près Valensbourg, chargé de la garde du pont, il tient toute la journée devant des forces très supérieures. Le 18 Août, il reprend aux Russes des canons français. Le 19 Octobre, avec 200 chevaux, à deux lieues de Polotsk, il coupe et fait capituler un corps de deux mille hommes. Cinq jours après, quoique blessé, il charge cinq cents cavaliers et ramène trois cents prisonniers et deux canons.

En 1813, Napoléon le nomma Colonel du 20ᵉ Chasseurs en disant que « nul n'en était plus digne pour ses talents et son courage. » A Leipzick, il s'empare avec ses cavaliers de la redoute Gustave-Adolphe et s'y maintient par des charges répétées. A la fin de la journée, il sauva les ponts de Guenhausen, qui donnaient passage à l'Empereur et à toute son armée. Il fut nommé Officier de la Légion d'honneur à la bataille de Hanau. Sur le Rhin, il commande la Brigade dont faisait partie son Régiment et surprend la Cavalerie ennemie entre Clèves et Cunebourg.

En 1814, il se distingue à la Chaussée près de Châlons-sur-Marne, à Bergère, à la Ferté-sous-Jouarre ; à Saint-Fiacre, près de Meaux, il culbute deux régiments de cavalerie russe. Il est cité à Vauxchamps, à Montmirail et à Champaubert. A Ligny, près de Troyes, il passe avec sa Brigade le pont de la Guillotière, sous le feu de 10,000 Autrichiens qu'il charge. Enfin, après la bataille d'Arcis-sur-Aube, il entre en partisan à Bar-le-Duc, avec quatre cents chevaux, bouscule un corps russe et prend des dépêches qui annonçaient la persistance de la marche des alliés sur Paris ; elles contribuèrent, paraît-il, à arrêter le mouvement de Napoléon vers la Lorraine.

Cette esquisse rapide de la vie militaire d'un soldat de la République et de l'Empire nous a paru nécessaire. Elle résume l'existence des Officiers d'alors, existence pleine de dévouement, d'esprit de sacrifice, de courage simple et pour ainsi dire naturel.

Presque tous ont d'aussi beaux états de service que le Colonel Sourd, les uns furent plus heureux, les autres moins. Le Colonel *Sourd* est parmi les heureux. Engagé à 13 ans, Général de Brigade et baron de l'Empire en 1815, il assiste sans interruption à toutes les campagnes et aux principaux combats. Il a pour unique préoccupation l'accomplissement de ses devoirs militaires ; s'il est nommé à 36 ans Général de Brigade sur le champ de bataille, il ne le doit ni aux intrigues, ni aux protections, mais à son courage et à ses blessures. Il paraissait à la Cour pour la première fois pendant les Cent Jours, et sur l'ordre de l'Empereur ; nous verrons plus loin comment il refuse le grade de Général de Brigade pour continuer à nous commander. Des soldats d'une telle vaillance et d'une telle abnégation devraient être connus par tous et cependant leurs familles même n'en ont plus qu'un souvenir très vague (1).

Il reste au Colonel *Sourd* sa famille militaire, et notre Régiment qui a eu l'honneur de l'avoir pour chef n'a garde de l'oublier.

Il avait été nommé Colonel au 2e *Lanciers* le 9 Octobre 1814 (2).

L'ordonnance royale du 12 Mai 1814 avait réglé la composition de la Cavalerie de ligne. Les six premiers régiments de Chevau-légers étaient conservés sous le nom de *Lanciers*. Chaque escadron était composé de 2 compagnies ; la Compagnie d'élite était toujours la première du Régiment (3). C'est la même ordonnance qui réduisit le nombre des Régiments à quinze et donna de nouveaux numéros. Le 5e Régiment de Dragons prit le n° 3, notre ancien numéro, qui n'avait plus été porté depuis que nous étions devenus 2e *Chevau-légers ;* il reprit le n° 5 au 20 Mai 1815. Nous n'avons donc rien de commun avec lui et tout ce qui concerne ce nouveau 3e *Dragons* doit être attribué au 5e.

A l'époque du retour de l'Ile d'Elbe, le 2e *Lanciers* était à Sedan et son Dépôt à Amiens. Le 25 Mai 1814, il avait été augmenté du 7e Lanciers, qui quelque temps auparavant avait reçu le 8e de même arme. Lors de la dernière organisation, le 20e Régiment de Chasseurs à cheval en entier (4) et le 6e Escadron des Lanciers de la Jeune garde y avaient été incorporés le 18 Août 1814.

Pendant la campagne de 1815, notre Division (Subervie) est à la réserve de cavalerie commandée par Grouchy, mais détachée peu de temps après,

(1) Nous avons été en correspondance avec la famille du Colonel Sourd ; elle n'a pu nous donner aucun renseignement sur lui.

(2) L'ordonnance du 12 Mai 1814 fit substituer le nom de *2e Lanciers* avec le titre de *Lanciers de la Reine* à celui de *2e Chevau-Légers-Lanciers* que nous portions depuis 1811.

(3) Voir cette composition aux Notes et Remarques.

(4) L'effectif du 20e Chasseurs incorporé était de 47 officiers, 175 hommes et 161 chevaux.

elle ne concourt pas aux mouvements de ce général et peut ainsi terminer
brillamment sa carrière à Ligny, à Génappes et à Waterloo (1).

Un ordre secret du 13 Juin prescrivait à Grouchy de porter ses quatre
corps de cavalerie en avant de *Beaumont*, et de les établir au bivouac
entre cette ville et Walcourt, faisant ainsi respecter la frontière, empêchant
que personne ne la dépasse et qu'on se laisse voir. Il devait se tenir prêt
à se porter le 15 sur Charleroi, dès trois heures du matin, s'il en recevait
l'ordre, et à faire l'avant-garde de l'armée. L'intention de l'Empereur était
que la marche de la cavalerie soit combinée de telle sorte qu'elle arrivât toute
en même temps sur Charleroi. En tête doivent marcher des officiers parlant
le flamand, pour interroger les habitants et en prendre des renseignements ;
mais les officiers doivent s'annoncer comme Commandants de partis, sans
dire que l'armée est en arrière (2).

Par ordre direct du ministère, nous nous étions rendus de Philippeville
à Marle, puis à la Capelle où se concentrait le 1er Corps ; le 13 au matin,
nous partons et nous couchons à Consolre ; le 14 à Walcourt ; le lendemain 15 nous faisions l'avant-garde et nous allions trouver, à moins de
2 lieues de nos bivouacs, les avant-postes prussiens de la Division Pirch II.

Le boute selle fut sonné à 2 h. 1/2 du matin pour marcher sur Charleroy par Pry, Thy-le-Château, le moulin de Nalinnes, Claquedens,
Jamignon et Sart-Saint-Nicolas. Pajol rendait compte le 15 qu'il avait passé
la Sambre : « Mes troupes se sont parfaitement conduites aujourd'hui, je
« me suis emparé de Charleroi, j'ai le premier passé la Sambre et soutenu
« seul pendant quatre heures tous les efforts de l'ennemi, ce qui doit
« mériter à ceux qui se sont distingués les bontés de Sa Majesté, que je
« vous prie de réclamer pour eux (3). »

(1) Réserve de Cavalerie de l'Armée du Nord :
    1er *Corps de Cavalerie au 9 Juin 1815 ; Lieutenant-Général : Comte Pajol.*

4e Division de Cavalerie Baron *Soult* Lieutenant-Général	1re Brigade Saint-Laurent	1er Hussards. 4e Hussards. 5e Hussards.
	2e Brigade Baron Ameil	
3e Division de Cavalerie Baron *Subervie* Lieutenant-Général	1re Brigade Comte Colbert	1er Lanciers. 2e Lanciers. (1er, 2e et 3e Escadrons, 427 hommes, 499 chevaux).
	2e Brigade Merlin	11e Chasseurs.

(2) Le Maréchal Soult, duc de Dalmati, Major-Général, au Général de Grouchy.
(3) Pajol à Grouchy 15 Juin 1815, 10 heures du soir (Archives de la Guerre).

Le soir du 15 nous étions établis à droite et à gauche de la route de
Fleurus un peu en arrière de Martinroux, nos avant-postes à peine à une
demi-lieue de *Fleurus*.

Bataille de Ligny   Le 16, nous sommes encore à cheval à 3 heures du matin pour marcher
sur Fleurus. Le mouvement commence par le 2ᵉ *Lanciers* vers 9 heures 1/2
et nous avançons directement de la ferme de Martinroux sur Fleurus,
suivi par l'infanterie de Vandamme. A la sortie du village nous poussons
la cavalerie de Ziethen qui se retire vers Ligny. Pendant l'attaque de ce
village, placés à l'extrême droite à une heure après midi, nous avions seulement comme mission de contenir l'aile gauche prussienne en avant du
chemin de Fleurus à Onoz.

La bataille ne commença qu'à deux heures et demie et la division
Subervie se borna à escarmoucher. Elle remplit du moins son but, puisque, faisant croire à plus de forces qu'elle n'en avait, elle immobilisa l'aile
gauche ennemie. A 5 heures elle passa de notre droite à notre gauche
pour être donnée en appui à la Division Domon qui allait être tournée et
perdait sa communication avec Frasnes où était le Maréchal Ney. L'appoint
de la Division *Subervie* fut suffisant; les Prussiens ne purent tourner notre
aile gauche, et vers 9 heures 1/2 du soir, la bataille était gagnée; il était
malheureusement trop tard pour la poursuite. La Division Subervie ne
rejoignit plus le corps Pajol qu'après Waterloo.

Combat de Génappes.   Nous couchons sur nos positions le 16 au soir, à la gauche de l'ordre
de bataille, et le 17 nous suivons Napoléon quand il va rejoindre Ney
à Frasnes (1), à huit heures.

A *Génappes* (2), nous rencontrons l'arrière-garde anglaise, formée de
toute la cavalerie de lord Uxbridge, qui était appuyée par quelques bataillons.
Le Colonel *Sourd* avait reçu l'ordre du comte Lobeau de charger sur cette
infanterie anglaise, placée en deça du village dans une position avantageuse et garnie de pièces d'artillerie. Il la tourne aussitôt par sa droite,
culbute les hussards hanovriens qui accouraient pour la défendre, et les
fait poursuivre par un de ses escadrons, tandis qu'avec le reste du
2ᵉ *Lanciers* il pousse vivement ceux des ennemis qui étaient sur la route

(1) Napoléon emmène avec lui le 6ᵉ Corps, la Garde, les Cuirassiers de Milhaud et les
Divisions Domon et *Subervie*.

(2) Le récit du combat de *Génappes* est, en grande partie, tiré de l'ouvrage intitulé :
Histoire des derniers jours de la Grande Armée, par le Capitaine Hippolyte de Mauduit,
1854 (Tome 2. Page 318. Note A), et de la biographie du Général Baron Sourd, publiée
en 1847. Ces faits sont confirmés par plusieurs auteurs. Voir les extraits aux Notes et
Remarques.

de Bruxelles. Au milieu du succès un contre ordre le rappelle sur la route de Génappes pour appuyer le 1er Régiment de Lanciers. Sourd traverse le village au grand trot, les pelotons rompus par quatre pour faciliter sur la gauche de la route la retraite du 1er Lanciers. A la sortie, il se forme en bataille et pousse les Anglais jusqu'à la Belle-Alliance. Mais ce mouvement n'ayant pas été appuyé, il fut obligé de revenir sur *Génappes* qu'il trouva occupé. Sommé de se rendre, il refusa et combattit. Horace Vernet le représente entouré d'ennemis qu'il vient de renverser; c'est l'exacte vérité. On raconte même qu'ayant reçu six coups de sabre, affaibli par la perte de son sang et ne pouvant plus combattre, il se fit placer sur une borne élevée près du chemin et par sa présence et ses cris ne cessa d'exciter ses lanciers. Quand le Régiment fut rallié, M. Larrey, Chirurgien en chef de l'armée, fit l'amputation du bras droit et le bras fut enterré avec les honneurs militaires sur le champ de bataille. Une heure après, le Colonel Sourd était à cheval et ne nous quittait plus (1).

L'Empereur, dès qu'il avait appris cette suite de belles actions, l'avait nommé Général de Brigade en récompense de sa bravoure. A l'annonce de cette faveur, *Sourd* dicta la lettre suivante dont la simplicité sublime défie tout commentaire :

« Sire,

» Dans la charge que mon Régiment vient de faire sur les Anglais, j'ai reçu six coups
» de sabre dont trois sur le bras droit qui ont nécessité l'amputation de ce membre, que
» M. Larrey, Chirurgien en chef de l'armée, m'a faite. Sire, je vous dois beaucoup, mais
» la plus grande faveur que vous puissiez me faire est celle de me laisser Colonel de
» mon Régiment de Lanciers, que j'espère reconduire à la victoire. Le Général Domon
» vient de me dire que je suis nommé Général ; je refuse ce grade ; que le grand
» Napoléon me pardonne ; le grade de Colonel est tout pour moi.

» Je suis, de Votre Majesté, le plus dévoué et le plus reconnaissant de ses fidèles
» serviteurs.

» Le Colonel commandant le 2e Régiment de Lanciers.
» *Signé :* Baron SOURD. »

Au début de la bataille, le Régiment est en deuxième ligne dans la troisième colonne formée par les deux Divisions de Cavalerie légère, *Subervie* et Domon. Il est établi en colonne serrée par Escadrons, la gauche appuyée à la Chaussée de Charleroi qui le sépare du 6e Corps.

Bataille de Waterloo. Retraite après la capitulation de Paris. Le 2e Lanciers à Auch.

(1) Voir aux Notes et Remarques : Relations du baron Larrey et Extrait du tome 3 de *Traditions et Souvenirs du marquis de Colbert-Chabannais.*

Tout le monde connaît la superbe charge faite vers 3 heures par les 1,200 Dragons d'élite du Général Sir Guillaume Ponsomby (1). Elle avait bousculé le 25ᵉ et 45ᵉ de Ligne, quand l'Empereur envoya la Brigade Milhau (7ᵉ et 12ᵉ Cuirassiers) à leur rencontre ; mais déjà nos Lanciers, avec les Divisions *Subervie* et Jacquinot, par un mouvement habile et audacieux, s'étaient placés sur leur ligne de retraite et les chargeaient avec impétuosité ; quelques-uns seulement purent échapper après la mort glorieuse de leur Général. Le soir de la bataille, la Brigade Ponsomby comptait environ un Escadron seulement (2).

C'est l'action la plus remarquable du Régiment pendant la bataille. Plus tard, il fut attaché au Corps de Lobau avec mission de contenir Bulow. Il s'épuise dans cette dernière lutte mais, malgré sa défaite et ses pertes, il put se retirer dans le plus bel ordre.

Le 24 Juin nous le trouvons à Coucy, où la Division *Subervie* devait attendre le reste du Corps Pajol, qui avait suivi Grouchy ; attaquée par des forces supérieures, elle se retira sur Crécy-au-Mont où le Corps Pajol se concentra le 27. Il en partit le soir à 9 heures pour traverser l'Aisne à Soissons et arriver à 1 heure du matin à Dommiers, Saint-Pierre-Aigle, Chaudun et Longpont.

Depuis que nous avons rejoint notre Corps, nous sommes à l'arrière-garde et nous nous battons toujours. Le 28, le dévouement de la Division Soult nous empêche d'abord d'être coupés dans la forêt de Villers-Cotterets ; mais bientôt l'apparition des Prussiens à Levignen nous rejette avec Vandamme sur la Ferté-Milon et dans la direction de Meaux à Clayes.

Nous en partons le 29 au matin et par Villevande, Montfermeil, Villemomble, Noizy-le-Sec et Pantin, le 2ᵉ *Lanciers* vient s'établir à Bagnolet.

La Cavalerie Pajol comptait encore 1,991 hommes ; le 2ᵉ *Lanciers*, 33 officiers et 260 chevaux ; il avait perdu un bon tiers de son effectif.

Après la capitulation de Paris, le Régiment se retira à Gien et de là à Auch.

Peu après, le licenciement de l'armée fut prononcé. Les chevaux furent envoyés chez les paysans, les cavaliers libérés, les officiers en demi-solde (3).

(1) Siborne-History of the war in France and Belgium in 1815. London 1840. 1ᵉʳ vol.

(2) Ponsomby avait avec lui les Régiments « Royals Scotch-Greys et Juniskillings. »

(3) Le fond du 2ᵉ Lanciers, c'est-à-dire quelques comptables chargés de débrouiller l'administration du Régiment pendant la dernière campagne, fut dirigé à la réorganisation sur le nouveau 12ᵉ Chasseurs.

CHAPITRE XI

LE 3ᵉ DRAGONS DE 1816 à 1848

Formation des **Dragons de la Garonne** (3ᵉ de l'Arme). — **Expédition d'Espagne** en 1823. — Faits principaux de **1823** à **1848**.

Après Waterloo l'armée fut licenciée et la tradition des régiments fut rompue. Aucun des éléments composant les anciens Corps n'entre dans l'organisation des nouveaux ; aucun régiment nouveau ne peut donc se recommander d'ancêtres directs. Il est d'usage de rattacher la nouvelle histoire à l'ancienne par le numéro, c'est pourquoi les *Dragons de la Garonne* (3ᵉ de l'arme), formés en 1816 et devenus depuis le *3ᵉ Régiment de Dragons* actuel, ont pour prédécesseurs : *Anguien* et *Bourbon-Cavalerie*, *Bourbon-Dragons*, le *3ᵉ Dragons* des guerres de la République et de l'Empire, et le *2ᵉ Chevau-Légers* devenu *2ᵉ Lanciers*.

Les *Dragons de la Garonne* furent formés à Toulouse le 1ᵉʳ Janvier 1816 (1) ; le Colonel est M. de Ligniville (2).

« Le *Colonel* et un chef d'Escadron, *M. de Villeneuve*, étaient les seuls officiers supérieurs
» nommés au Régiment au moment de sa formation Le 1ᵉʳ trimestre vit arriver succes-
» sivement une partie des officiers qui devaient composer le nouveau Corps ; les cadres
» de 2 escadrons étaient complets au 1ᵉʳ Avril ; ceux des deux autres furent formés dans

(1) Ordonnance du mois d'Août 1815. — Le procès-verbal de formation est dressé par M. de Lignac, Sous-Inspecteur aux Revues, chargé du Service à Toulouse.

(2) Voir État de Services des Colonels. — On écrit Lignéville ou Ligniville, mais plutôt *Ligniville*.

» le courant du second trimestre, et les cadres des 4 escadrons étaient complets, en
» officiers, vers la fin de Juillet ; le Régiment, quoique formé à 4 escadrons, ne comptait
» cependant alors dans ses rangs qu'environ 200 hommes et 138 chevaux… »

· « La latitude que Sa Majesté avait laissée aux Colonels de ses nouveaux régiments de
» lui présenter des officiers de leur choix, avait permis à *M. de Ligniville*, qui avait
» longtemps fait la guerre, de rappeler auprès de lui plusieurs officiers de l'ancienne
» armée, de ceux qu'il connaissait sous les rapports les plus favorables. La maison du
» Roi, composée de l'élite de la jeunesse française, avait fourni la presque totalité du
» reste ; expérience et bravoure d'un côté, zèle et désir de bien servir de l'autre ;
» honneur et fidélité étaient la devise de tous et tous furent bientôt à même d'en donner
» des preuves, ainsi qu'on le verra plus loin.

» Si la composition des officiers ne laissait rien à désirer, celle de la troupe était loin
» d'arriver au même but ; la loi actuelle de recrutement n'existait point alors, les enrô-
» lements volontaires par prime de 50 francs et le rappel d'une partie des soldats de
» l'ancienne armée étaient les seuls éléments appelés à former les rangs de la nouvelle ;
» la qualité de français n'était même pas nécessaire pour être admis à servir la cause du
» Roi de France ; quel résultat pouvait-on attendre d'un tel assemblage ? »

« Combien il fut difficile de composer alors cette partie précieuse de la troupe, qui
» seule fait marcher le service intérieur, que les officiers surveillent ; je veux parler des
» sous-officiers. Elevés à l'école du désordre, pouvait-on attendre d'eux l'exemple des
» bons principes, de la subordination et du zèle qu'ils devaient donner aux soldats confiés
» à leur commandement immédiat ? Non, c'eût été demander l'impossible ; aussi ce
» manque de bons sous-officiers, à la formation, influa-t-il longtemps sur la régularité
» du service au Régiment, malgré tous les soins que purent apporter les officiers pour y
« suppléer. »

« La Cavalerie, licenciée en 1815, avait remis ses chevaux entre les mains des magis-
» trats, qui les avaient confiés aux soins des habitants des campagnes ; ce fut avec ces
» chevaux que dut se remonter la nouvelle Cavalerie. Le chef d'Escadron *Crappard*, avec
» un détachement de 50 hommes, fut chargé d'aller à Pau recevoir des autorités locales
» ceux qui se trouvaient disponibles dans le département des Basses-Pyrénées dont le
» nombre était considérablement diminué par le peu de soins qu'on en avait eu ; il en
» ramena environ 150, qui, malgré le mauvais état où ils se trouvaient à leur arrivée,
» refaits à force de soins, furent pendant trois ans les seules remontes du 3ᵉ *Régiment de
» Dragons*.

» Un matériel immense avait été versé par l'ancienne armée dans les magasins de
» l'Etat ; ce matériel servit à harnacher, armer et équiper les nouveaux corps ; mais en
» partie détériorés par le peu de prévoyance qu'on avait apportée dans le choix des
» magasins, et le peu de zèle qu'on avait employé à leur conservation, les effets, ceux
» de harnachement surtout, ne purent être remis en service qu'au moyen de dépenses
» onéreuses pour l'Etat aussi bien que pour les masses régimentaires, sans que pour cela
» on soit parvenu toujours à les utiliser d'une manière aussi avantageuse qu'on s'y était
» attendu d'abord.

» Tel était le Régiment, ou pour parler plus exactement, les éléments du Régiment
» des *Dragons de la Garonne*, vers la fin de Juillet 1816 ; lorsque *M. de Ligniville* fut
» rappelé à Paris, en qualité de Sous-Lieutenant dans une compagnie des Gardes du
» Corps, et remplacé par M. le Colonel *Bureaux de Pusy*. »

« L'occasion se présenta bientôt d'éprouver jusqu'à quel point on devait compter sur le
» Régiment, et combien avaient dû être grands les efforts du Colonel et des officiers
» pour inspirer à des troupes, organisées d'une manière aussi vicieuse qu'il a été dit

» plus haut, les sentiments d'honneur, de bravoure, de fidélité qui doivent caractériser
» les défenseurs du Trône. »

« Des troubles suscités par des ennemis de l'ordre et du repos publics éclatèrent à
» Toulouse en Novembre 1816 ; une populace effrénée remplissait les places de ses
» attroupements et faisait pressentir, par ses hurlements plutôt que par ses cris, le renou-
» vellement des scènes d'horreur de l'assassinat du Général *Ramel*.

» Tous les efforts du Lieutenant-Général *Partouneaux*, commandant la division, et des
» autorités locales avaient été nuls depuis deux jours pour ramener la tranquillité ; la
» Gendarmerie ne suffisait plus pour contenir les mutins ; quelques détachements
» d'infanterie sans énergie avaient été infructueusement employés contre le peuple
» révolté. Le Général commandant crut qu'il était temps de sévir avec force, et les
» Dragons ayant reçu l'ordre de charger dispersèrent cette multitude groupée sur la
» Place de la Pierre, d'où elle lançait sur la troupe une grêle de cailloux, chassèrent les
» attroupements des Halles, de la Boucherie, où ils s'étaient retranchés, et poussèrent
» les rebelles jusqu'au delà du Pont-Neuf, dans le faubourg S.-Cyprien, où ils se barri-
» cadèrent jusqu'au lendemain ; mais, intimidés par la présence des Dragons, qui dès
» le matin se trouvèrent échelonnés sur le pont et sur la place de la Cézat, et soutenus
» de plusieurs compagnies d'infanterie, les révoltés ne tardèrent pas à capituler et à se
» soumettre. »

« Ainsi, par sa fermeté, le *3e Régiment* contribua éminemment à faire respecter l'auto-
» rité du Monarque, un instant méconnue par des factieux, et à préserver une ville de
» 60.000 âmes des désordres qui suivent toujours les discordes civiles. »

« Si la belle conduite qu'avait tenue le Régiment à Toulouse lui avait mérité l'estime
» de tout ce que cette cité renfermait d'honnête et de gens de bien, Sa Majesté ne
» dédaigna pas de lui en témoigner aussi son contentement. Par suite d'une disposition
» du Ministère, plusieurs régiments devaient quitter les garnisons où ils avaient été
» formés ; le *3e Régiment* était de ce nombre ; Sa Majesté, sûre désormais que rien ne
» pouvait balancer chez les Dragons de la Garonne l'amour de leur devoir et leur fidélité
» au Souverain légitime, voulant prouver combien lui avait été agréable la manière dont
» ils s'étaient conduits, ordonna qu'ils resteraient à Toulouse, qui de tout temps a été
» une des garnisons les plus estimées de France et dont les ennemis du repos public
» demandaient, dans leur délire, que le Régiment s'éloignât, comme si la volonté du
» Souverain avait pu être influencée en aucune manière par celle de quelques sujets
» rebelles.

» Le Chef d'Etat major de la 10e Division militaire, à l'occasion de cette décision du
» Monarque, adressa au Colonel la lettre la plus flatteuse et que nous rapportons ici. »

Lettre du Chef-d'Etat Major de la 10e Division, au Colonel.

Toulouse, le 3 Décembre 1816.

« Monsieur le Colonel,

» Monsieur le Général Commandant la Division me charge de vous annoncer que
» l'intention de Sa Majesté était de retirer votre Régiment de cette garnison, mais que
» la conduite louable et ferme qu'il a tenue dans les derniers événements qui ont troublé
» la tranquillité de cette ville, a déterminé Sa Majesté à ne point ordonner, quant à
» présent, son déplacement.

« Agréez, Monsieur le Colonel, l'assurance des sentiments distingués avec lesquels
» j'ai l'honneur d'être votre serviteur.

» *Le Chef d'Etat-Major,*

» Signé : DE LA VOIRIE.

» *A Monsieur le Colonel des Dragons de la Garonne.* »

Ce qui précède est tiré du « *Registre contenant l'Historique du Régiment*
» et toutes les actions qui peuvent honorer les militaires qui en font
» partie. »

Expédition d'Espagne en 1823. Ce registre, ouvert le 18 février 1822, est déposé aux Archives du
Régiment, et tenu à jour. Il est trop étendu et trop détaillé pour être cité
en entier; nous en extrairons les deux seules campagnes du Régiment
depuis sa formation, *1823* et *1870*, et aussi les faits principaux du temps
de paix, date par date, entre ces deux campagnes.

1823

RAPPORT HISTORIQUE

*sur les mouvements opérés pendant la campagne d'Espagne (année
1823) et sur les affaires auxquelles la troupe a pris part.*

Tout faisant présager la guerre contre l'Espagne révolutionnaire, le
Régiment des *Dragons de la Garonne* reçut l'ordre de se rendre à Bayonne
pour faire partie de l'armée des Pyrénées.

L'effectif de ce Régiment au moment de son départ était de 345 chevaux.

Il sortit de *Besançon* le 25 Février 1823, traversa toute la France
par un temps affreux, et arriva à *Oloron* le 6 Avril, où il fit un très
court séjour. Le 11, à son départ d'Oloron, le Régiment se trouve réduit
à 307 chevaux, à cause d'un petit dépôt laissé à Tarbes, et du renvoi au
grand dépôt des cadres des 5ᵉ et 6ᵉ Escadrons.

Le 14, le Régiment entra dans Bayonne, passa la Bidassoa le 17 et vint
s'établir à Irun le même soir.

Sa marche jusqu'à Tudela, où il passe l'Ebre le 25, fut la suite du
mouvement du 2ᵉ Corps d'armée, auquel il appartenait. Il ne manœuvra
isolément que quelques jours après, quand la Division de Dragons du

Général Domon, dont il faisait partie, fut chargée d'observer un Corps ennemi de 5,000 hommes qui occupait Calatayud. Le Régiment arriva le 2 Mai à Calatrao et y séjourna jusqu'au 6. Pendant ce temps-là, le Lieutenant-Colonel *L'Etang* fut détaché avec 200 chevaux de la Brigade du Baron Vincent à Almunia pour observer la route de Calatayud et couvrir les cantonnements de la Division.

Le 5, le Lieutenant-Colonel ayant reçu l'ordre de reconnaître l'ennemi, partit avec 100 chevaux la nuit ; il arriva à la pointe du jour à Elfrasno et en chassa les avant-postes ennemis qui occupaient ce village.

Le 8, l'attaque de Calatayud ayant été résolue, les *Dragons de la Garonne*, qui marchaient en tête de la Division, poursuivirent vivement l'arrière-garde ennemie qui abandonna la ville à leur arrivée.

Le 12, le Régiment partit de Calatayud pour se diriger sur la Catalogne. Il arriva le 18 à Caspé où il devait passer l'Ebre le lendemain, quand il reçut l'ordre de suspendre son mouvement, à cause des succès du 4ᵉ Corps.

Après 10 jours de repos dans cette ville, la Division Domon, ayant été destinée à faire la réserve du 2ᵉ Corps, en suivit les mouvements sur le royaume de Valence. Le Régiment entra le 7 Juin à *Muniesa* et le 10 à *Teruel*. Dans la nuit du 14, à *Ségorbe*, il y eut une alerte qui fit connaître la promptitude avec laquelle le Régiment se réunissait ; le 18, il entra dans le royaume de Valence et fut cantonné à Paterna où il resta jusqu'au 3 Juillet.

Le 2ᵉ Corps ayant reçu l'ordre de S. A. R. Monseigneur le duc d'Angoulême, Généralissime, de marcher sur Grenade, le Régiment suivit le mouvement du Corps d'armée jusqu'à Murcie, où il entra le 13 Juillet. Dans cette marche, un détachement du Régiment partit le 7 de Fuente de la Higuera pour aller au-devant de l'ennemi à *Almanza*.

Le 11 du même mois, le Régiment entier se mit en marche d'Orihuela pour aller secourir un Général royaliste espagnol inquiété par la garnison d'Alicante.

A Murcie, le Régiment fit partie du Corps d'observation commandé par le Maréchal de camp Baron Vincent, et se trouva à toutes les expéditions entreprises par ce Général. Dans la première, qui avait pour but de couper une partie de la garnison de Carthagène, qui allait renforcer celle d'Alicante, on arriva trop tard et le Régiment rentra après plusieurs marches forcées le 22. Dans la deuxième, on fit une attaque sur la place de *Carthagène* le 7 Août, où le Régiment resta six heures consécutives exposé au feu le plus vif de l'Artillerie ennemie.

Deux Escadrons, commandés par MM. les Capitaines *Caruel* et *de Folard*, aidèrent à s'emparer du village de *San-Antonio* et s'y maintinrent jusqu'au moment où le Général ordonna la retraite.

Le 12, le Colonel *de Bergeret* ayant reçu l'ordre de se rendre à Kéllin, avec deux escadrons du Régiment et un bataillon d'infanterie, força le Général Eguagéré à se rendre aux Français avec sa Division.

Le 14 Septembre, le Régiment partit pour *Almaẓaron*, à la rencontre d'une division de Riego, qui cherchait à se jeter dans Carthagène. Il atteignit le 16 l'Infanterie de ce Corps, qui mit bas les armes au moment où le Lieutenant-Colonel *L'Etang* la chargeait à la tête des 1er et 2e Escadrons.

Le Régiment rentrait à Murcie quand il reçut l'ordre le 18 de se porter sur Balza-Pintada, où il resta deux jours pour s'opposer aux sorties de la garnison de Carthagène.

Le 13 Octobre, le Régiment occupa Laborillo et le 14 Albujon, pour commencer le blocus de *Carthagène*. Il resta bivouaqué dans cette position jusqu'à la capitulation de la place.

Le 17 Octobre, le Lieutenant-Colonel *L'Etang*, ayant reçu l'ordre de pousser une reconnaissance avec le Régiment jusqu'au village de *San-Antonio*, surprit un poste espagnol qu'il fit enlever entièrement par M. le Sous-Lieutenant *Maimbourg* ; le brigadier *Guédon*, qui eut son cheval tué sous lui dans cette affaire, s'y distingua particulièrement.

Le 27, le Régiment fit partie d'une autre expédition commandée par le Général Vincent devant Carthagène et qui n'eut aucun résultat.

Le 5 Novembre, le Régiment est entré dans l'importante place de *Carthagène*, à la prise de laquelle il avait si puissamment contribué, et en est reparti le lendemain pour la France, en suivant la route qu'il avait prise en venant ; il fut dirigé par Valence, Sarragosse, Pampelune et Bayonne, où il arriva le 29 Décembre 1823.

Il arriva à *Besançon*, son ancienne garnison, le 8 Février 1824. Le Maréchal de Camp Baron *Dellard* harangua le Colonel à la tête de son Régiment en entrant en ville. Le Lieutenant-Général baron *Lanusse* offrit un banquet aux officiers, et la ville donna un bal superbe.

Le 6 Novembre, le Régiment quitte *Besançon* pour aller tenir garnison à *Lille*.

1825

Le 27 Février, les *Dragons de la Garonne* (3e de l'arme) deviennent *3e Régiment de Dragons*.

Le Lieutenant-Colonel baron *de l'Etang*, qui commandait le Régiment en l'absence du Colonel de Bergeret, s'occupait beaucoup de l'instruction, et à cette époque où les commissions travaillaient à une nouvelle ordonnance, il s'ingéniait à les aider en s'efforçant de faire du 3ᵉ *Dragons* un régiment modèle. Il était en correspondance continuelle avec le Général de Préval, alors membre du Conseil supérieur de la Guerre. La lettre suivante est curieuse à bien des points de vue :

Lettre adressée par M. le Vicomte DE PRÉVAL, Lieutenant-Général de Cavalerie, Membre du Conseil Supérieur de la Guerre, à M. le Baron DE L'ÉTANG, Lieutenant-Colonel au 3ᵉ de Dragons.

« A mon retour des eaux, Colonel, je trouve la lettre et les tableaux que vous m'avez fait l'honneur de m'adresser. Il me sera très agréable que cette marque de confiance ne soit pas la dernière que je reçoive de vous.

» Je n'entrerai pas dans le détail de vos dispositions qui me paraissent avoir bien réglé l'emploi du temps et assuré la progression de l'instruction. Notre ordonnance de manœuvres doit subir bientôt des changements, notamment dans le nombre et l'ordre des leçons; vous serez donc conduit à de nouvelles combinaisons pour le travail.

» Je voudrais, entre autres choses, mais je n'ose l'espérer, que dans cette dernière rédaction de l'ordonnanee, on assurât à l'organisation actuelle de la Cavalerie les avantages qu'elle présente en ce qui concerne les manœuvres. En effet, elle a pour objet en faisant un tout de l'escadron, qu'il agisse toujours sur lui-même. Il faudrait en conséquence que ce ..... (1) carré, si instantané qu'il n'est que fictif, qui oblige à de si fréquentes formations, qui mélange et confond tout un régiment, qui détruit les liens d'obéissance et de confiance et perd l'esprit d'unité et d'action, fut enfin abandonné comme ordre unique et permanent. Il faudrait au contraire que chaque escadron fut habitué à manœuvrer quel que soit son nombre de files, ainsi que la meilleure Cavalerie de l'Europe n'a pas cessé d'en donner l'exemple. Toutefois, la force de nos Escadrons n'en doit pas moins être tenue en temps de paix, telle qu'elle fournisse un complet sur le terrain, et que les augmentations de guerre ne soient plus que des moyens de remplacements proportionnés aux besoins et à la destination de chaque régiment. Espérons que les finances permettront un jour au Roi de donner à sa Cavalerie cet effectif si nécessaire à l'instruction, au maintien et au succès de cette arme.

» Notre Cavalerie légère armée de carabines étant devenue nombreuse et nos Compagnies d'infanterie légère marchant avec rapidité ont changé depuis longtemps la destination primitive des Dragons. Ils forment une Cavalerie intermédiaire entre la grosse Cavalerie et la Cavalerie légère, ils ne sont plus armés de fusils mais seulement de mousquetons, on peut donc abréger pour eux les détails de l'infanterie auxquels ils étaient précédemment soumis.

» J'ai vu avec plaisir, Colonel, que vous accordiez le repos aux Cavaliers après le pan-

(1) Mot illisible dans l'original.

» sage du soir. Ne trouveriez-vous pas convenable encore qu'ils ne fussent pas astreints,
» les recrues exceptées, à travailler à pied et à cheval dans la même journée ?

» Si l'on remarque que les Officiers riches, les Sous-Officiers et les Soldats aspirent à
» quitter le service, il faut en rechercher les causes. On peut bien en voir une dans le
» peu d'espoir d'avancement comparé à sa prodigieuse facilité dans les temps antérieurs.
» Mais, selon moi, ce dégoût du métier des armes, métier si attrayant pour la jeunesse
» française, provient aussi d'un travail dont l'excès est dans sa fréquence, de la privation
» de tout délassement, de la difficulté d'obtenir des permissions que réclament diverses
» affections ou de graves motifs, difficulté telle que le Colonel se réserve de les accorder
» seul, et que tous les autres grades n'ont que le pouvoir de punir, comme si le droit de
» punir n'était pas inhérent à la faculté de permettre. Cette concentration de faveur ar-
» bitraire que s'arrogent beaucoup de Colonels et que je n'ai pas été libre de limiter
» dans l'ordonnance définitive autant que je l'avais fait dans les règlements provisoires,
» réduit tout supérieur immédiat au rôle unique et désolant d'un instrument de peine,
» et, en l'humiliant, le prive de ses droits à la reconnaissance et au dévouement de ses
» subordonnés.

» Ce dégoût tient encore à l'exigence fastidieuse de la fiscalité de notre administration,
» à cette discipline aussi minutieuse que rigoureuse dans son application, à cette succes-
» sion multiple d'autorités qui pèsent sans cesse et sans fin sur les subalternes, de ma-
» nière que souvent on voit le châtiment succéder à l'approbation ; en dernière analyse,
» il tient à ce que les institutions civiles et les positions sociales s'étant améliorées, tan-
» dis que les institutions militaires sont restées les mêmes, il y a trop loin de la liberté,
» de l'aisance et des avantages de la vie privée, de celle même de l'obscur artisan, à
» l'existence dans la caserne sous le poids de pratiques sans cesse renouvelées et d'une
» domination qui l'exaspère au plus léger murmure d'un homme de cœur.

» Les réflexions dans lesquelles je me suis laissé entraîner avec vous, Colonel, sont
» les meilleurs témoignages du cas que je fais d'un officier qui unit le zèle à la capacité;
» elles vous prouveront, j'espère, mon désir de vous connaître personnellement et les
» sentiments très distingués avec lesquels j'ai l'honneur d'être

Monsieur,   Votre très humble serviteur,

Signé : Vte DE PRÉVAL.

Beauregard, près Blois, le 3 Novembre 1825. »

1826

Le Régiment, toujours à Lille, dut à l'initiative du Lieutenant-Colonel
de L'Etang l'*Ecole des reconnaissances* qui n'était alors précisée par aucun
règlement.

Extrait du Journal du département du Nord, en date du 23 Avril 1826

Lille, le 22 Avril 1826.

«....... Chaque jour, depuis le 1er Avril, un peloton en tenue de route, armes et
» bagages, portant le fourrage nécessaire pour quatre jours de marche, sort de la place
» sous le commandement d'un Officier, chargé d'aller à la découverte vers tel ou tel
» point qui lui est désigné, en prenant toutes les précautions utilisées à la guerre.

» Jaloux de savoir d'une manière plus particulière comment se faisait ce genre de ser-
» vice, qui nous avait déjà frappé l'été dernier, nous avons appris que chaque Officier
» partant reçoit par écrit de son Capitaine une instruction indiquant le lieu où il doit se
» rendre et l'objet de sa découverte ; qu'à son retour, il adresse à celui dont il a pris les
» ordres, un rapport détaillé, dans lequel il décrit le terrain qu'il a parcouru, ainsi que le
» lieu sur lequel il a été dirigé, et les chances que l'un et l'autre présenteraient aux diffé-
» rentes armes en cas d'attaque ou de défense ; que ce rapport est envoyé le lendemain
» à l'Officier supérieur du Régiment chargé de cette Ecole de reconnaissances, qui, après
» avoir jugé la manière dont ont été données les instructions et comment elles ont été
» suivies, en rend compte lui-même au Lieutenant-Colonel, qui juge en dernier
» ressort.

« On sent tout ce que ce mode d'enseignement militaire a d'avantageux pour les
» jeunes Officiers, qu'il accoutume à lire habilement le terrain qui s'offre à leurs yeux,
» à rendre compte de ce qu'ils ont vu et à exprimer leurs idées d'une manière claire et
» précise ; on sent de même toute l'utilité dont il peut être pour les Sous-Officiers et
» les jeunes Soldats qu'il familiarise avec les marches, les fatigues et cette tactique de
» petite guerre, auxquelles on ne peut trop exercer la Cavalerie.

» C'est donc avec une extrême satisfaction que nous entendons approuver par d'anciens
» militaires ce genre d'instruction du 3ᵉ *Régiments de Dragons*, qui ne peut tendre qu'à
» perfectionner celle des officiers de cavalerie, dont elle est pour ainsi dire le complé-
» ment, en les mettant à même de rendre à S. M. dans toutes les circonstances possibles,
» tous les services qu'elle est en droit d'attendre et d'exiger d'eux. »

Le 23 Mai, le Régiment va à *Loos*, pour réprimer la mutinerie qui
s'était élevée dans la maison centrale de détention et est félicité dans
l'ordre du jour du Maréchal de Camp, baron Gourgeon.

1827

Le Régiment quitte *Lille* pour aller tenir garnison à *Sarreguemines*. Une
violente épidémie qui lui avait fait perdre beaucoup de chevaux avait
nécessité ce déplacement.

1829

Trois Escadrons du Régiment se rendent au camp de manœuvres de
Lunéville ; ils rentrent à *Metz*, où ils retrouvent les trois autres Escadrons
du Régiment, qui avaient quitté Sarreguemines.

1830

Le Colonel *de Bergeret* fut nommé par Ordonnance royale du 6 Juin
1830 au Commandement de la 14ᵉ Légion de Gendarmerie et remplacé

le 6 Juin par M. Alphonse *de Bougainville*. Quelques jours après éclatait la Révolution de Juillet.

M. *Desaix* est nommé Colonel du Régiment par Ordonnance royale du 20 Août ; il était neveu du Général *Desaix*, tué à Marengo.

Le 20 Décembre, le Régiment quitte *Metz* pour aller tenir garnison à *Châlons-sur-Marne*, où il arrive le 24 du même mois.

1831

Le Régiment se rend de Châlons-sur-Marne à *Paris* pour la fête du Roi ; il y arrive le 29 Avril.

Le 1er Mai, il est passé en revue par S. M. et de Paris est envoyé à *Provins*, « en témoignage de satisfaction », Provins étant garnison ordinaire de la Garde Royale.

Le 1er Août, M. le Colonel *de Brémond d'Ars* remplace dans le commandement du Régiment M. le Colonel Desaix, mis sur sa demande en disponibilité.

Les quatre premiers Escadrons organisés sur le pied de guerre partent de *Provins* le 15 Septembre ; le Régiment faisait partie de l'armée du Nord et formait, avec le 9e Dragons, la 1re Brigade (Maréchal de Camp Baron Dornier) de la 1re Division de Cavalerie (Lieutenant-Général Comte Dejean).

Dirigés d'abord sur Givet, où ils s'attendaient à franchir la frontière, les Escadrons reçurent contre-ordre à Charleville et prirent successivement leurs cantonnements dans les environs de Donchery, Hirson et Vervins. Ils reçurent la gratification d'entrée en campagne et, traités sur le pied de rassemblement, restèrent dans leurs cantonnements jusqu'au 30 Novembre, époque de leur départ pour *Valenciennes*, où ils arrivèrent le 2 Décembre ; les Escadrons n'ayant pas franchi la frontière, la campagne n'a pas été comptée dans les états de service ; les 5e et 6e Escadrons et le dépôt rejoignent les escadrons de guerre à *Valenciennes* le 21 Décembre.

1832

Après avoir occupé successivement, trois mois chacune, les garnisons de *Valenciennes* et d'*Amiens*, le Régiment dut envoyer quatre Escadrons à Péronne pour le passage du roi des Belges, Léopold 1er, qui venait à Compiègne pour épouser la princesse Louise, fille du roi Louis-Philippe.

1809
1812
2ᵉ RÉGᵗ DE CHEVAU-LÉGERS
LANCIERS

A peine ces Escadrons étaient-ils rentrés à la garnison, qu'ils repartirent sur le champ sous les ordres du Colonel pour se diriger sur la frontière de Normandie où l'on craignait la contagion des troubles de la Vendée. Pour cette fois encore, ce ne fut qu'une démonstration ; la Vendée cessa de donner des inquiétudes sérieuses et les Escadrons, ayant reçu contre-ordre en route, se dirigèrent sur *Tours* où ils arrivèrent le 9 Juin.

1833

Après 6 mois de séjour à *Tours*, le Régiment fut appelé à *Paris*, où il tint garnison 15 mois. M. le Maréchal Soult, alors Ministre de la Guerre, répéta plusieurs fois au Colonel et aux Officiers supérieurs : « J'en suis » encore à recevoir la plus petite plainte contre le *3e Dragons*. » Le Régiment quittait Paris en Avril 1834.

1834

De *Paris*, le Régiment va tenir garnison à *Beauvais* où il arrive le 8 Avril. Au mois d'Août, les quatre premiers Escadrons firent partie du *Camp de Compiègne* que commandait Mgr le duc d'Orléans ; partis le 10 Août de Beauvais, ils y rentrèrent le 7 Octobre.

1835

En Avril le Régiment est envoyé à *Lunéville*, il n'y reste que six semaines et va ensuite, dans le courant de Juin, tenir garnison à *Pont-à-Mousson*.

1836

Le Régiment est envoyé à *Huningues* ; dans le courant de Novembre, un Escadron est détaché à *Belfort*.

1838

Trois Escadrons sont envoyés au camp de *Lunéville* en Juillet. En Octobre, le Régiment vient à *Vesoul*.

1840

Le *3e Dragons* est envoyé à *Nancy*, en Mai.

1841

A la fin de l'année, le Régiment va de Nancy à *Nevers* et *Moulins*. Le 23 Décembre 1841, *M. Hanus de Maisonneuve* était nommé Colonel du Régiment, en remplacement de M. de Brémond d'Ars, nommé Maréchal de camp ; il arrive à Moulins le 16 Janvier 1842.

1843

En Août, le Régiment va au camp de *Lyon ;* il revient à *Moulins* et *Nevers* en Octobre.

1844

En Octobre, le Régiment quitte Moulins, pour *Montauban ;* il détache un Escadron à *Toulouse.*

1846

Au printemps, le Régiment est envoyé à *Saint-Germain-en-Laye* ; il est à plusieurs reprises passé en revue à Paris, par les Princes de la Famille royale ; il fournit des détachements pour l'escorte du Roi, de Versailles à Dreux.

1848

Pendant cette année, le Régiment eut beaucoup de mouvements à exécuter, la plupart pour s'opposer à des révoltes partielles. Le 23 Février, le Régiment entier va à *Paris* au moment où la Révolution éclate ; il revient le lendemain à Saint-Germain. Il va occuper la garnison de *Joigny*, où il arrive le 25 Mars; il est ensuite envoyé à *Provins* (10 Avril). Le 13 Avril, trois Escadrons appelés à *Troyes*, pour des troubles, sont arrêtés dans leur marche et rentrent à Provins le 16.

Le 16 Avril, le 1er Escadron est chargé d'aller recevoir le nouvel étendard des membres du Gouvernement provisoire et d'assister le 20 Avril à la revue de fraternisation.

Le 26 Juin, le 3e Escadron va à *Corbeil* pour faire un service de sûreté après les affaires de Juin ; il revient le 5 Août. Le 11 Octobre, le Régiment va faire un service de sûreté à *Montargis.*

CHAPITRE XII

LE 3ᵉ DRAGONS DE 1849 A 1892

Faits principaux de 1849 à 1870. — Le 3ᵉ Dragons pendant la Campagne de 1870 : **Borny. — Rezonville. — Saint-Privat. — Le 3ᵉ Régiment de Marche de Dragons** en 1870-1871 : **Campagne de la Loire. — Campagne de l'Est. — Le 3ᵉ Dragons** de 1870 à nos jours.

1849

Le 3 Mai, M. le Colonel *Hanus de Maisonneuve* a été admis à la pension de retraite, pour ancienneté de service ; il a été remplacé dans le commandement du Régiment par M. le Colonel *Gastu*.

Le 12 Juin au soir, les quatre escadrons de guerre du Régiment sont partis de *Melun* pour *Paris* où ils sont arrivés le 13 au matin, pour coopérer à étouffer l'insurrection de cette journée du 13 ; les escadrons sont rentrés à Melun après avoir pris une part très active au rétablissement de l'ordre. Par décret du 19 Juillet, M. le Colonel *Gastu* a été nommé au commandement de la Garde Républicaine ; il a été remplacé à la tête du Régiment par M. le Colonel *Baville*.

1850

Le 29 Avril, M. le Colonel *Baville* meurt des suites de maladies contractées en Afrique ; les officiers ont fait élever un monument à la mémoire de leur digne chef.

Le 15 Mai, M. le Colonel *Marion* prend le commandement du Régiment, qui va tenir garnison à *Thionville*.

Le 24 Août, quatre Escadrons mobilisés, sous les ordres du Colonel Marion, ont été appelés à Metz pour être passés en revue par M. le Président de la République.

1851

En Septembre et Octobre, les 2ᵉ, 3ᵉ, 4ᵉ et 5ᵉ Escadrons vont à *Lunéville*, au camp, qui prend plus tard le nom de Division active du Camp de Lunéville ; le dépôt est à *Toul* avec le 1ᵉʳ Escadron.

1852

Le 10 Mai, une députation du Régiment composée du Colonel, d'un officier et de 5 hommes est allée à Paris recevoir du Prince *Louis-Napoléon* l'aigle destinée au Régiment.

Le Colonel *d'Estampes* prend le 25 Mai le Commandement du Régiment, en remplacement du Colonel *Marion*, placé à la tête du 1ᵉʳ Carabiniers.

1853

Le Régiment arrive à *Vienne* et *Saint-Etienne* le 30 Avril et le 1ᵉʳ Mai. Les 4 Escadrons de manœuvre ont été constitués à *Vienne* en Escadrons de guerre et ont été de là à *Saint-Etienne*, où ils font partie de la Cavalerie de l'armée de Lyon ; le dépôt est resté à *Vienne*.

1854

Le Régiment va tenir garnison à *Lyon ;* il détache un Escadron à *St-Etienne*.

1856

Le 15 Février, le Régiment est envoyé de Lyon à *Sedan* et *Givet* ; il détache un Escadron à *Rocroy* et un à *Donchery*.

1858

En Septembre, le Régiment a quitté les Ardennes et *Châlons-sur-Marne* où un Escadron était détaché, pour aller tenir garnison à *Provins*. Il y est arrivé les 10 et 11 Octobre et 3 Novembre.

1859

Le 31 Mars, les 1er, 2e, 3e et 4e Escadrons sont dirigés sur Paris pour être passés en revue par l'Empereur. Le 7 Mai le Régiment reçoit l'ordre de former sur le champ 4 Escadrons de guerre qui devront se rendre à Lyon ; le 27 Mai, les 4 Escadrons de guerre se trouvent réunis à Lyon et font partie de l'*Armée de réserve d'Italie.*

En Juillet, le dépôt est envoyé de Provins à *Vienne.*

1860

En Juin, le Régiment est envoyé à *Verdun.*

1861

Le Colonel *de Braüer* remplace le Colonel d'Estampes, nommé Général.

1862

Le Régiment est envoyé au *Camp de Châlons.*

1863

En Avril, le Régiment va tenir garnison à *Paris ;* le dépôt est à *Joigny.*

1864

Le Régiment est envoyé à *Vesoul,* détachant un Escadron à *Gray.*

1866

Suivant Décret Impérial du 15 Novembre 1865, *le 6e Escadron* a été licencié le 1er Janvier 1866.

1867

Le Régiment est envoyé à *Lunéville,* dépôt à *Epinal.*

1868

Le Régiment va tenir garnison à *Pont-à-Mousson ;* il détache un peleton à Metz auprès du Général Commandant la Division. Le 18 Décembre M. le Colonel *de Braüer* est nommé Général de brigade ; il est remplacé par M. le Colonel *Bilhau.*

1869

Les 1er, 2e, 3e et 5e Escadrons font partie du 2e *Camp de Châlons.*

1870

JOURNAL DE MARCHE

DU 3ᵉ RÉGIMENT DE DRAGONS PENDANT LA CAMPAGNE DE 1870

I. — Dépôt.

7 Août 1870. — Le Dépôt du corps, composé du Peloton hors rang et du 3ᵉ Escadron, part de *Pont-à-Mousson* pour se rendre à *Toul*, où il arrive le même jour. Reparti de cette place le 12, il arrive au *Camp de Châlons* le 14.

17 Août. — Parti du Camp de Châlons le 17 Août pour se rendre à *Tours*, le Dépôt arrive dans cette place le 19.

5 Septembre. — Un escadron de marche est dirigé sur Paris pour former le 1ᵉʳ *Dragons de Marche*.

14 Octobre. — Formation d'un Escadron de marche dirigé sur le 4ᵉ *Régiment de marche de Dragons*.

21 Novembre. — Une Division part pour concourir à la formation du 6ᵉ *Régiment de marche de Dragons*.

12 Décembre. — Un Escadron part pour concourir à la formation du 7ᵉ *Régiment de marche de Dragons*.

12 Décembre. — Le Dépôt part de *Tours* pour aller à *Nantes* où il arrive le 19 Décembre.

23 Décembre. — Le Dépôt va de *Nantes* à *Savenay*.

6 Février 1871. — Deux Escadrons concourent à la formation du 10ᵉ *Régiment de marche de Dragons*.

5 Avril. — Le Dépôt quitte *Savenay* pour aller tenir garnison à *Tours,* où il arrive le 14 du même mois.

II. — Escadrons de Guerre

Le 3e Dragons, embrigadé avec le 11e de même arme, est placé sous les ordres du Général *de Gondrecourt* et fait partie de la Division de cavalerie commandée par le Général *Legrand* (4e Corps d'Armée, Général *de Ladmirault*).

16 Juillet 1870. — Par dépêche télégraphique du 16 Juillet, parvenue à 2 heures 25, le Corps a reçu l'ordre de quitter *Pont-à-Mousson* pour se rendre à *Metz*, afin de se mettre à la disposition de M. le Général Commandant la 5e Division militaire. A 7 heures, les trois Escadrons en station à Pont-à-Mousson se mettent en route pour Metz et arrivent dans cette place à 11 heures du soir ; les Escadrons sont campés sur les glacis.

17 et 18 Juillet. — Le Régiment est campé sur les glacis de Metz. Le 1er Escadron, en détachement à *Sarreguemines*, rejoint à Metz le 18, et les 4 Escadrons de guerre se tiennent constitués à *120* hommes et *105* chevaux.

19 Juillet. — Départ de Metz à 5 heures du matin, arrivée à *Thionville* à 9 heures.

20 Juillet. — Les Escadrons sont campés sur le terrain de manœuvres de *Thionville*.

21 Juillet. — En station à *Thionville*.

22 Juillet. — Départ de Thionville à 4 heures du matin, arrivée à *Kédange* à 10 heures.

23 Juillet. — A *Kédange*.

24 Juillet. — Départ de Kédange à 5 heures du matin, arrivée à *Chémery* à 8 heures. Le 1er Escadron est dirigé sur *Bouzonville* pour y accompagner le Général *Pajol*. Dans la nuit du 24 au 25, cet Escadron fait partie d'une reconnaissance commandée par le Colonel du 33e de ligne.

25 Juillet. — Les 3 Escadrons campés à *Chémery* quittent le village à midi pour se rendre à *Freitsdorff*, où ils arrivent à 2 heures 1/2.

26 et 27 Juillet. — En station à *Freitsdorff*.

28 Juillet. — Départ de Freitsdorff à 6 heures du matin ; arrivée à *Kédange* à 9 heures.

29 Juillet. — Départ de Kédange à 5 heures ; arrivée à *Thionville* à 9 heures.

30 Juillet. — En station à *Thionville*.

31 Juillet. — Départ de Thionville à 6 heures; arrivée à *Hambourg* à 10 heures.

1ᵉʳ Août. — Départ de Hambourg à 6 heures; arrivée à *Boulay* à 11 heures 1/2.

2 Août. — Le Régiment fait partie d'une reconnaissance offensive faite par la 3ᵉ Division d'Infanterie, sous le commandement de M. le Général de Division *de Lorencez*. Départ de Boulay à 3 heures du matin; rentrée au bivouac à 9 heures du soir.

3 Août. — En station à *Boulay*.

4 Août. — Départ de Boulay à 10 heures; arrivée à *Bouzonville* à 1 heure.

5 Août. — Départ de Bouzonville à 11 heures 1/2; arrivée à *Boulay* à 3 heures.

6 Août, à *Boulay*. — Le 4ᵉ Corps se porte sur Coulmes à 3 heures du soir et rentre à Boulay à 8 heures.

7 Août. — Départ de Boulay à minuit; arrivée à 7 heures du matin le 8 à la ferme de *Bréville*.

8 Août. — A la ferme de *Bréville*.

9 Août. — Départ de la ferme de Bréville à 3 heures du matin; arrivée sur *les hauteurs de Sainte-Barbe* à 8 heures 1/2. Le 4ᵉ Corps prend ses dispositions de combat; le 3ᵉ *Dragons* est placé en soutien derrière une batterie de réserve.

Par ordre du Général *de Ladmirault*, le Régiment est chargé de reconnaître les bois qui bordent la position. Cette opération terminée, le Régiment reprend sa première position et ne la quitte qu'à 5 heures du soir pour aller camper un peu en arrière.

10 Août. — Le Régiment est à *Sainte-Barbe*.

11 Août. — Départ de Sainte-Barbe à 6 heures du matin; arrivée à *Metz* à midi. Le Régiment est campé près de la *ferme de Grimont*, sous le fort de Saint-Julien.

12 Août. — Sous le fort de *Saint-Julien* (ferme de Grimont).

13 Août. — Le bivouac est placé dans les prés à droite de la *route de Bouzonville*.

14 août, Borny

14 Août. — Le Régiment est désigné pour couvrir le passage de la Moselle par le 4ᵉ Corps, et surtout pour protéger la retraite de la 2ᵉ Division (Général *Grenier*). A cet effet, le Colonel fit reconnaître par le 5ᵉ *Escadron* (Capitaine *Peyron*) la route de Bouzonville et par le 1ᵉʳ *Escadron* (Capitaine *Jullien*) la route de Boulay; les 2ᵉ et 4ᵉ Escadrons (Capi-

taines *Duhoux d'Hennecourt* et *Bigaré*) occupaient le centre et se reliaient avec les deux premiers Escadrons. Les éclaireurs du Capitaine *Peyron* aperçurent un groupe de Uhlans et lui tirèrent quelques coups de fusil.

Le Régiment commençait sa retraite vers 2 heures 1/2, lorsque les éclaireurs du 1er Escadron (Capitaine *Jullien*) découvrirent des masses profondes d'Infanterie qui sortaient des bois et se dirigeaient sur la droite de la route de Boulay. Au reçu de ces renseignements, le Colonel fit immédiatement prévenir le Général *Grenier* et se mit à sa disposition.

Le Régiment arrivait sur le champ de bataille à 3 heures 3/4 et le quittait à 8 heures 1/2.

Dans cette journée, le Brigadier *Aüer* Jacques, du 1er *Escadron*, fut blessé d'un coup de feu et 6 chevaux atteints, mais légèrement.

Le Régiment campa le 14 *sous le fort Saint-Julien*.

15 Août. — Départ du fort Saint-Julien à 6 heures du matin ; le Régiment traverse la Moselle sur un pont provisoire et arrive au bivouac de *Woippy* à 10 heures du matin.

16 Août. — Départ du bivouac de Woippy à 6 heures du matin et arrivée à *Doncourt* à 9 heures. En arrivant, ordre de décharger les chevaux et de ne laisser que les manteaux sur les fontes. Le Régiment est d'abord placé en deuxième ligne, derrière le 2e *Régiment de Hussards ;* puis il part en avant pour servir de soutien aux batteries à cheval de la Division. Il est ensuite dirigé avec la Brigade légère (2e *et* 7e *Hussards*), vers l'aile droite, près du village de *Mars-la-Tour*, où il reste plusieurs heures.

Vers quatre heures, un gros de cavalerie prussienne exécuta un mouvement tournant, appuyé par une batterie à cheval qui tirait à bonne portée et commençait des dégâts. Le 2e *Chasseurs d'Afrique* la chargea en fourrageurs et le 3e *Dragons* reçut l'ordre d'appuyer cette charge. Mais l'artillerie ennemie ayant cessé le feu en laissant voir une cavalerie imposante, le 2e *Chasseurs d'Afrique* dut se retirer.

La Division prit alors ses dispositions d'attaque ; les 2e et 7e *Hussards* en première ligne, le 3e *Dragons* en deuxième.

L'ordre de se porter en avant était à peine donné qu'un régiment de Dragons ennemi fit un changement de front et menaça de prendre la Division par son aile droite. Le 3e *Dragons* lui fut immédiatement opposé. Le Régiment vigoureusement entraîné par le général de division *Legrand*, par son *Colonel* et par ses *Officiers* aborda franchement et aux cris de « VIVE LA FRANCE ! » le régiment ennemi, qui fut complètement culbuté dans cette glorieuse charge.

16 août, Rezonville.

Le Régiment fit des pertes douloureuses :

M. le Général de Division *Legrand* a été tué en chargeant avec le Régiment.

OFFICIERS DISPARUS

MM.	Bilhau	Colonel.
	Collignon	Lieutenant-Colonel.
	Peyron	Capitaine-Commandant.
	d'Abel de Libran	Capitaine en 2e.
	Déclève	Lieutenant en 1er.
	Molinier	Sous-Lieutenant.
	Lacroix	Sous-Lieutenant.

Il a été reconnu que M. *Bilhau*, Colonel, avait été fortement contusionné ; M. *Collignon*, Lieutenant-Colonel, a été blessé de deux coups de sabre ; M. *de Libran* a été blessé de deux coups de sabre ; M. *Molinier* a été tué.

OFFICIERS BLESSÉS

MM.	de Verneville	Chef d'Escadron.	
	Guiraudon	Capitaine-Adjudant-Major.	Entrés à l'Ambulance
	Bigaré	Capitaine Commandant.	
	Richard	Lieutenant en 1er.	
	Mossier	Lieutenant en 2e.	
	Sangouard	Sous-Lieutenant.	Purent rester au Régiment
	de Ménonville	Sous-Lieutenant.	

SOUS-OFFICIERS ET BRIGADIER DISPARUS

Faivre	Maréchal des Logis Chef.	Bottelin	Maréchal des Logis.
Aubineau	Maréchal des Logis.	Toussaint	Maréchal des Logis.
Deprémont	Maréchal des Logis.	Tisseron	Brigadier.

CAVALIERS DISPARUS

Mongault.	Le Bris.	Joliret.
Pereyron.	Rignaut.	Cordier.
Tiselé.	Lacour.	Nicolet.
Muchembled.	Vautrin.	

SOUS-OFFICIERS, BRIGADIERS ET DRAGONS BLESSÉS

Lux	Adjudant.	Camus	Dragon.
Chailloux	M^{al} des Logis Trompette.	Faivre	—
Guégen	Maréchal des Logis.	Eyreau	—
André	Brigadier.	Grosfiler	—
Démazure	—	Hesse	Trompette.
Curriot	—	Villaumé	Dragon.
Robert	—	Dacquin	—
Deilly	—	Vignel	—
Brioter	—	Voirin	—
Charnier	—	Touroude	—
Ducousseau	Dragon.	Dieg	—
Laurent	—	Cuer	—
Portrait	—	Perrin	—
Huard	—	Austest	—
Beaumont	—	Roux	—
Vial	—	Trinquet	—
Cordier	—	Dedieu	—
Bars	—	Hervouet	—
Hetzel	—	Hamon	—
Porchet	—	Boismoreau	—
Grandemange	—		

Le Régiment est rentré à 10 heures 1/2 du soir, à son bivouac du matin, en avant de *Doncourt*.

17 Août. — Départ de Doncourt à 11 heures 1/2 ; le Régiment marche sur le flanc droit de la 2e Division du 2e Corps, et arrive à *Amanvilliers* à 4 heures.

18 Août. — A 11 heures du matin, le Régiment monte à cheval à la légère ; à peine sorti du bivouac, les obus y éclatent. Toute la journée le Régiment reste sous le feu. 18 août, Saint-Privat.

Vers 3 heures, un aide de camp du *Maréchal Canrobert* conduit le Régiment et le place en soutien, derrière une batterie très exposée au feu de l'ennemi. Une demi-heure après, le Régiment fut sur le point de charger la cavalerie ennemie qui se disposait à charger notre artillerie ; cette cavalerie s'étant retirée, le Régiment resta en arrière de la batterie. Il fut ensuite porté, par ordre du Général *de Gondrecourt*, à sa place de bataille dans la Division en arrière du 2e *Hussards*.

Vers les 8 heures du soir, après l'arrivée de l'artillerie de la Garde, le Régiment fut porté en avant de Doncourt pour charger de l'infanterie qui menaçait notre artillerie. Le Régiment resta à la queue de la colonne pour assurer la retraite et il vint camper sous *Woippy*, où il arriva à minuit.

Le Régiment, à l'occasion de son attitude pendant la journée du 18 Août, reçut les félicitations du *Maréchal Canrobert*. Elles lui furent transmises par l'ordre du jour du 24 Août 1870, signé par le Général *De Gondrecourt*, qui commandait provisoirement la Division après la mort du Général *Legrand*.

« Pendant la bataille du 18 de ce mois, la 2e Brigade de la Division de Cavalerie du
» 4e Corps a été prêtée avec l'assentiment du Général Commandant en chef du 6e Corps
» d'armée qui opérait sur l'extrême droite de notre ligne. Le Général commandant
» provisoirement la Division est très heureux de porter à la connaissance de cette Brigade
» les éloges qu'elle a mérités de S. E. Monsieur le Maréchal *Canrobert* pour le calme,
» l'aplomb et la discipline dont elle a fait preuve dans des mouvements très périlleux,
» sons les yeux de cet excellent juge. Monsieur le Colonel *de Verneville*, commandant
» provisoirement la Brigade, recevra ici le témoignage de satisfaction de son Général
» pour la fermeté qu'il a su inspirer à sa troupe, qu'il est invité à féliciter.
» Pendant cette journée les cavaliers :

Tisserand	Dragon de 1re classe.
Schiltz . . . . , ...	Id.
Polui	Id.
David	Dragon de 2e classe.
Masson	Id.

» furent blessés.

» *Au bivouac sous Metz, le 24 Août 1870.*

» Le Général Commandant provisoirement la Division,

» Signé : De GONDRECOURT. »

19 Août 1870. — Le Régiment quitte Woippy à 10 heures du matin et vient camper sur les glacis de Metz à la *porte de Thionville*.

20 Août. — Sur les glacis de *Metz*. (Porte de Thionville).

21 Août. — Le Régiment quitte les glacis et s'établit en avant de la *Gare de Devant-les-Ponts*.

22 au 25 Août. — Au bivouac de *Devant-les-Ponts*.

26 Août. — Le Régiment prend part à la démonstration faite contre le camp retranché de *Sainte-Barbe*, et rentre à son bivouac à 7 heures du soir.

31 Août. — Le Régiment assiste à la bataille de *Servigny*, et campe sur le champ de bataille ; le Régiment n'a ni blessés, ni tués. *M. Ney d'Elchingen*, Lieutenant-Colonel au 7e Régiment de Dragons, nommé Colonel au Corps, prend le commandement à partir du 30.

1er Septembre. — Le Régiment est placé en réserve pendant la journée du premier et ne souffre aucunement. Il quitte le champ de bataille à 3 heures et rentre à son bivouac de *Devant-les-Ponts* à 6 heures 1/2.

2 Septembre au 1er Octobre. — Le Régiment reste au bivouac de *Devant-les-Ponts*.

2 Octobre. — Le Régiment quitte le bivouac de *Devant-les-Ponts* et vient bivouaquer à la droite de Plappeville, sous le *fort des Carrières*.

3 au 6 Octobre. — Sous le *fort des Carrières*.

7 Octobre. — Un détachement composé de 50 hommes, commandés par M. le Sous-Lieutenant *Lenormand* assiste avec les voitures régimentaires au fourrage fait par le 6e Corps aux Grandes et Petites-Tapes.

7 au 28 Octobre. — Sous le *fort des Carrières*.

29 Octobre. — Capitulation.

III. — 3e Régiment de marche de Dragons, 1870-1871.

Il est nécessaire de donner ici les itinéraires et faits d'armes du *3e Régiment de marche de Dragons*. Le 3e Dragons n'a pas concouru à sa formation, mais après la guerre, ces deux régiments ont été réunis pour constituer le *3e Dragons* actuel.

L'historique suivant a été rédigé le 12 Juillet 1871 par une Commission composée de MM. *Poulard*, Capitaine, *Dumas*, Lieutenant, *Boulay* Sous-Lieutenant, et se trouve aux Archives du Corps.

19 Septembre 1870. — Le 3e *Régiment de marche de Dragons* a été formé de 4 Escadrons des *6e*, *7e*, *10e* et *12e* Dragons, dirigés de leurs dépôts sur *Limoges* pour compléter leur formation qui a eu lieu le 19 Septembre. Armée de la Loire.

Le *3e Régiment de marche de Dragons*, commandé par le Lieutenant-Colonel *Durdilly*, ayant pour Commandant en 2e le chef d'Escadron *Ala-*

vêne et pour chefs d'Escadrons MM. *d'Audiffret* et *Dursus*, est parti de Limoges le 24 Septembre pour Gien avec un effectif de :

30 Officiers
505 Hommes
551 Chevaux.

Il est resté les 25 et 26, et a été dirigé le 27 sur *Orléans*, où il est arrivé le 28 à la suite d'une marche de nuit. Il devait former la Brigade du Général *Michel* avec les 2e et 5e Lanciers (Division du Général Reyau).

A son arrivée à *Orléans*, le Régiment placé dans le 15e Corps de l'Armée de la Loire, a eu dans les journées des 29, 30 Septembre et 1er Octobre à exécuter chacun de ces jours des reconnaissances dans la direction de *Patay*, où se trouvait un Corps de Cavalerie prussienne. Dans une de ces reconnaissances, M. *Arnous-Rivière*, Lieutenant, a fait prisonnier et ramené à Orléans trois Dragons hanovriens.

Pour hâter l'éloignement de l'ennemi, le Régiment a été dirigé dans la journée du 2 sur *Meung*.

3 Octobre. — Sur *Auzoüer-le-Marché*.

4 Octobre. — Sur *Ste-Péravy-la-Colombe*, tournant ainsi la position de Patay, où il arrive le 5. La retraite des Prussiens sur Pithiviers, Toury et Janville, où ils avaient de grands centres d'approvisionnements, amena la marche en avant de colonnes d'infanterie et de cavalerie pour essayer de s'en emparer.

L'attaque de *Toury* et de *Janville* eut lieu le 5 Octobre.

La Brigade de Cavalerie du *général Michel*, dont faisait partie le *3e Dragons de marche*, occupait l'aile gauche dans le combat et après avoir éteint, avec la demi-batterie qui lui était adjointe, le feu des pièces prussiennes, la Cavalerie a traversé les deux villages pour se rejoindre à l'aile droite qui avait également enlevé les positions. Elle est rentrée le soir dans son bivouac du matin. Les résultats de la journée furent trente prisonniers, faits par la Brigade, 200 têtes de bétail enlevées, 2 chevaux blessés.

7 Octobre. — La Brigade se porte par une marche de nuit sur *Pithiviers*, pour tenter au petit jour un coup de main. Elle ne réussit pas par suite du départ précipité de l'ennemi.

8 et 9 Octobre. — Elle y stationne le 8 et le 9 ; elle est obligée avec toute la colonne d'attaque de se retirer le 9 à 7 heures du soir devant des forces considérables arrivant d'Etampes.

10 Octobre. — A 11 heures, à peine bivouaqué à *Sorgy*, à la suite

d'une marche de nuit, le Régiment se reporte immédiatement en avant ; le canon se fait entendre dans la direction d'*Arthenay*. L'ennemi nous attaquait dans notre retraite avec une nombreuse artillerie et une infanterie quatre fois supérieure à la nôtre. Pendant toute la journée, exposée au feu des batteries prussiennes, la Cavalerie sous les ordres du Général Reyau n'a pu exécuter de mouvement offensif.

Le 3e *Régiment de marche de Dragons*, après avoir déployé un Escadron en tirailleurs, s'est ébranlé pour la charge ; mais a dû s'arrêter dans son mouvement, la batterie qu'il attaquait étant soutenue par 500 Bavarois (Infanterie et Cavalerie).

La Brigade, par sa position à l'extrême gauche, a arrêté le mouvement tournant que l'ennemi tentait sur sa droite pour couper notre ligne de retraite sur Orléans.

Les pertes de la journée furent, pour le Régiment, un homme tué, un blessé, trois chevaux blessés et un tué.

Rentré à Orléans, le soir à 7 heures, le Régiment détacha de suite une grand'garde commandée par le chef d'Escadrons *Dursus*. Elle était composée de deux Escadrons (1er, Capitaine *Prud'homme*; 2e, Capitaine *Bertrand*) et devait être placé sous les ordres du Colonel *de Bourgoing*, commandant les Mobiles de la Nièvre, et occuper la ferme de Fleury-aux-Choux. Les reconnaissances envoyées par la grand'garde dans la direction de Cercottes, de Chevilly, des Ormes, signalent dès le matin l'approche de l'ennemi. Dans le mouvement de retraite général, les deux Escadrons se replient sur Orléans. Le Capitaine *de Saint-Félix* et deux dragons ont leurs chevaux tués sous eux.

11 Octobre. — La Brigade quitte Orléans le 11, à midi, pour se replier sur la Ferté-Saint-Aubin, où elle arrive à 5 heures du soir. Le Régiment y est laissé en grand'garde pendant les journées du 12 et du 13, arrêtant par ses postes avancés les éclaireurs ennemis qui venaient inquiéter la retraite. Relevé le 14 à 5 heures du soir, il va établir son bivouac à *Saint-Aubin*, où il rejoint les 2e et 5e *Lanciers*. Il se dirige, le lendemain 15 sur *La Mothe-Beuvron*, où il campe à 10 heures du matin et y stationne la journée du 16.

17 Octobre. — La Brigade entière se dirige sur *Saint-Montaine ;* y arrive à midi, en repart le lendemain 18, pour exécuter de concert avec une batterie d'artillerie une reconnaissance offensive sur *La Mothe-Beuvron*. Arrivée dans cette localité à la pointe du jour, sans rencontrer l'ennemi, la colonne reçoit l'ordre de retour, qui la conduit le soir même à *Pierrefitte*.

Après un jour de station à Pierrefitte, la Brigade, suivant le mouvement général de concentration de l'armée, arrive le 21 à *Saint-Montaine,* passe les journées des 22, 23, 24, 25 à *Souesmes,* le 26 à *Romorantin,* le 27 à *Cour Cheverny.*

Le 28, traversant *Blois* pour passer sur la rive droite de la Loire, le Régiment va bivouaquer près de *Marottes,* à la ferme de Pesay, et va prendre à *Marchenoir* une position d'où il envoie chaque jour des reconnaissances dans la direction de Saint-Laurent. Elles ont pour résultat d'arrêter les réquisitions nombreuses de l'ennemi.

28 Octobre. — Le 1ᵉʳ *Escadron* est alors détaché pour servir d'éclaireurs à la 3ᵉ Division d'Infanterie du Général *Pétavin.*

Le 31 Octobre, le Général *Michel* est nommé Général de Division, et le Colonel *de Boërio,* nommé Général de Brigade, le remplace dans son commandement.

Après avoir passé à *Marchenoir* les 29, 30 et 31 Octobre, les 1ᵉʳ et 2 Novembre, *les trois Escadrons* se replient sur Mer où ils séjournent les 4, 5, 6 et 7. Dans la journée du 6, le Régiment fait partie d'une grande reconnaissance offensive, exécutée sur *Beaugency* que l'ennemi évacue.

5 Novembre. — Dans la nuit du 5 au 6 Novembre, le 2ᵉ Escadron (Capitaine *Bertrand*) pousse une reconnaissance sur *Meung* sans rien rencontrer.

M. le Lieutenant *Logerois,* de grand'garde à Lorg, fait prisonniers et ramène au camp trois Uhlans.

M. le Lieutenant *de Saint-Didier* prend à Morée trois Cuirassiers blancs, et le Brigadier-Fourrier *Bomard,* dans cette même journée, désarme et arrête un cavalier prussien.

8 Novembre. — Par suite du mouvement en avant imprimé à toute l'armée, le Régiment et la Brigade se portent sur *Montsoury,* en repartent le lendemain 9, à 8 heures, pour prendre leur place de bataille en deuxième ligne et appuyer la 3ᵉ Division d'Infanterie dans son attaque sur *Bacon* et servir en même temps de réserve au Général en chef.

La diversion faite par un mouvement en avant de toute la Brigade de Cavalerie au moment de l'attaque du *château de la Renardière,* eut pour résultat l'évacuation rapide des positions occupées par les Prussiens, menacés d'être enveloppés.

Le Régiment après la journée de *Coulmiers,* bivouaque à Bacon, sur le champ de bataille qu'il quitte le lendemain 10 dans l'après-midi pour se reporter sur les Ormes, où il reste le 11 et 12 ; il arrive le 13 à Orléans et va camper du 14 au 20 près de la Chapelle Saint-Mesmin.

Après Coulmiers la Brigade du Général *de Boërio* fait partie de la Division du Général *de Longuerue*.

21 Novembre. — Le 3e *de marche de Dragons* va coucher à *Orléans ;* se dirige le 22 sur Saint-Lyé, où il arrive à 11 heures du matin et y séjourne le 23 et le 24. Dans la journée du 24, le 3e *Escadron* (Capitaine *Cordereaux*) exécutant une reconnaissance sur Neville, appuie l'attaque du 2e *Escadron du 6e Hussards,* repousse la Cavalerie ennemie et perd un cheval et un cavalier blessé.

25 Novembre.— Parti pour Rebréchien où il reste les 26 et 27 avec les 2e et 5e *Lanciers,* le Régiment est détaché avec le *6e Hussards* à une Division d'infanterie commandée par le Colonel Chopin.

29 Novembre. — Il arrive à *Chilleurs* le même jour, à midi à *Tourcy,* et à une heure à *Chambon* où il établit de suite son bivouac. Dans cette journée du 29, le Maréchal des Logis chef *Lebeau* avec dix hommes à pied, dégage 3 zouaves et 5 mobiles que des uhlans étaient venus surprendre auprès du Camp.

Le soir de ce même jour une reconnaissance, sous les ordres du commandant *Dombart,* a l'ordre de pénétrer dans Courcelles ; la Cavalerie prussienne se retire devant la nôtre ; mais il est impossible d'entrer dans le village occupé par de l'infanterie et de l'artillerie. Deux chevaux sont tués, un cavalier est blessé.

Dans la nuit, à la suite d'une attaque contre notre Camp, attaque renouvelée au matin et qui occasionne la perte de deux chevaux, le bivouac est transporté de l'autre côté du village.

30 Novembre. — Une reconnaissance faite à 6 heures du matin par le 4e *Escadron* (Capitaine *Mangin*) est obligée de se replier devant les colonnes d'infanterie, qui venaient nous attaquer. Elles sont signalées à temps au Général en chef.

Le même jour à 3 heures, une nouvelle reconnaissance de tout le Régiment sur le village de *Nancrais* est arrêtée par un feu nourri qui part d'un bois voisin et des maisons. Soixante hommes mettent pied à terre et délogent l'ennemi du bois et du village. Un Cavalier est blessé, un cheval tué et deux blessés.

1er Décembre. — Le 20e Corps vient occuper Chambon, le Régiment se replie le même jour sur *Courcy,* pour arriver le 2 à *Chilleurs-aux-Bois.*

3 Décembre. — L'ennemi qui s'est dérobé au 20e Corps, qui occupe Chambon, vient attaquer Chilleurs. Le Régiment est envoyé sur la droite avec une batterie d'artillerie pour relier le 15e Corps avec le 18e et le 20e.

A 10 heures du matin, il prend position en avant de Courcy. A 3 heures de l'après-midi, Chilleurs est occupé par les Prussiens et le Régiment est coupé de ses communications. Il se retire par la forêt, à la faveur de la nuit, le long des lignes ennemies, pour rentrer à Orléans à 10 heures du soir. Il repart de suite pour aller reprendre position à *Cercottes*, où il arrive le lendemain 4 Décembre à 2 heures du matin. Trois chevaux ont disparu dans cette marche de nuit.

A Cercottes, il rentre sous les ordres du Général *de Boërio*, en rejoignant les 2e et 5e *Lanciers*.

4 Décembre. — Dans la journée de Cercottes, le *4e Escadron* (Capitaine *Mangin*) est envoyé à l'aile gauche en reconnaissance pour rendre compte du mouvement tournant fait par l'ennemi ; pendant ce temps les trois autres Escadrons se retirent sur Orléans, y entrent à midi, y sont rejoints par le 4e Escadron et s'établissent sur la rive gauche de la Loire. Dans cette journée, le 1er peloton du 1er Escadron, commandé par M. le Lieutenant *de Saint-Didier*, charge avec deux Escadrons de Chasseurs d'Afrique un Régiment de Cavalerie prussienne, facilite la retraite d'une batterie compromise, mais est repoussé par le nombre. L'officier est blessé, deux Dragons sont tués, *Housset* et *Jean*, trois blessés grièvement *Blanco*, *Tauzin* et *Genoet*.

A 3 heures de l'après-midi, tout le Régiment repasse sur la rive droite, traverse la ville, exécute une reconnaissance en avant d'Orléans et est de retour à 8 heures du soir. A 10 heures, il gagne *Cléry* par la rive gauche ; quelques obus tirés de la rive opposée inquiètent la colonne et tuent ou blessent plusieurs chevaux.

5 et 6 Décembre. — Le mouvement précipité de retraite de la Brigade se continue le 5 sur *Jouy*, le 6 sur la *Ferté-Beauharnais*.

7 Décembre. — Sur la Ferté-Imbault, à 5 heures du soir, l'ennemi nous déborde en enlevant *Salbris*. Le *3e Régiment de marche de Dragons* fait une marche de nuit en arrière pour rejoindre le 24e Corps à *Aubigny*, où il arrive le 8, à une heure de l'après-midi. Il en repart le même jour à 3 heures pour aller coucher au village d'*Ennordre*.

Le lendemain 9, il se dirige sur *Bourges*, en repart le 10 pour aller occuper *Trony* où il reste la journée du 11. Envoyé le 12 à *Quincy*, il y rejoint les 2e et 5e *Lanciers*, et y reste les journées des 13, 14 et 15.

Le 15 une Division commandée par le *Capitaine Thomasson*, de grand'garde à Lury, repousse avec succès une reconnaissance de l'ennemi, très supérieure en nombre ; la moitié de la Division combat à pied.

16 Décembre. — Le *3ᵉ de marche de Dragons* appuie le mouvement sur Vierzon, qui est repris. Il va occuper *Lury*, où il stationne les 17 et 18.

19 Décembre. — Il quitte sa position en avant de Lury pour rejoindre la Brigade dont il fait partie et commencer la diversion dans l'Est.

La Brigade, sous le commandement du Général *de Boërio*, devient brigade indépendante. Elle est chargée de couvrir la marche de l'armée et vient coucher à *Saint-Germain-du-Puy*. Elle est le 20 à *Gien* et le 21 à *la Charité*.

A partir de ce jour, la température excessivement froide (18 à 19 degrés) rend impossible l'établissement des bivouacs et l'on essaye autant que possible de placer les troupes sous les hangars et dans les granges que l'on rencontre.

La Brigade se dirige le 23 sur *Saint-Saulge*, le 24 sur *Château-Chinon*, le 25 sur *Autun*, le 26 sur *Conches*, le 27 sur *Fontaine*. Elle y attend les 28, 29, 30, 31 Décembre le gros de l'armée arrêté dans sa marche par les neiges.

1871

1ᵉʳ Janvier 1871. — La Brigade est à *Verdun* le 1ᵉʳ, le 2 à *Annoir*, le 3 à *Dôle*, le 4 à *Saint-Vitte* et le 5 à *Besançon*. Toutes ces journées de marche commencent généralement à 7 heures du matin pour se terminer à 4 heures du soir, par suite de la longueur de l'étape, de la neige et du froid excessif.

Les conditions sont rendues d'autant plus difficiles que les hommes sont mal vêtus, que faute de bottes, ils se procurent des sabots et font presque toutes les étapes à pied. C'est du reste dans ces conditions pénibles qu'ils terminent la campagne.

6 Janvier. — Le Régiment quitte *Besançon* à 10 heures du matin et arrive à Rioz à 3 heures de l'après-midi.

7 Janvier. — Le Régiment part à 8 heures pour arriver à *Mussans* à 11 heures.

8 Janvier. — Il arrive à *Gondenans-les-Moulins* à 3 heures de l'après-midi ; le 9, il arrive à *Fallon* à 4 heures, au moment du combat de Villersexel.

Le 10 à 11 heures du matin, il gagne la vallée du Doubs et passe par *Gency* où il rejoint le 15ᵉ Corps à 5 heures du soir.

11 et 12 Janvier. — Tout le Régiment fait une reconnaissance sur *Montenoy* où se trouvaient les avant-postes de l'ennemi. A l'approche de notre tête de colonne, ils se retirèrent sur Arcey. Le retour est inquiété par quelques obus lancés dans la direction que suivait la Colonne.

13 Janvier. — Les Dragons entrent dans Montenoy, avec l'infanterie, sans coup férir. Ils en repartent le matin pour aller occuper la vallée du Doubs, avec les *2ᵉ* et *5ᵉ Lanciers*, deux Escadrons du 6ᵉ Hussards et une Batterie d'artillerie.

16, 17 et 18 Janvier. — Le Général *de Boërio* fait prendre position à la Cavalerie, en l'adossant au *Mont-Bar*, envoie des reconnaissances à Bar et à Sainte-Suzanne qu'il occupe. La reconnaissance envoyée par le Régiment traverse le Doubs, sur la glace, rencontre à *Odincourt* une réserve d'infanterie ennemie, forte de 6,000 hommes et appuyée par 30 pièces de canon.

La Brigade, échelonnée de Bavans à Sainte-Suzanne, n'est pas appelée à donner dans les journées de *Sainte-Marie*, *Courcelles* et *Héricourt*.

Le Régiment a deux chevaux tués dans des reconnaissances de nuit.

18 Janvier. — A minuit, la Brigade monte à cheval par alerte et se retire sur *La Prétière* où elle arrive le 19, à 8 heures du matin.

Le même jour à 11 heures, un ordre du Général *Bourbaki*, Commandant en chef, détache le *3ᵉ Régiment de marche de Dragons*, à la réserve d'infanterie et d'artillerie de l'armée, commandée par le Général Pallu qui n'avait pas encore de cavalerie. Quant à la réserve de cavalerie, composée des 2ᵉ et 5ᵉ Lanciers et de deux Escadrons de Hussards, elle resta sous les ordres du *Général de Boërio*.

Le Régiment quitte ses cantonnements de la *Prétière* à 11 heures 1/2 du matin, pour se diriger sur *Melecey*, où il arrive à 4 heures de l'après-midi.

Il en repart le lendemain à 6 heures et s'arrête à 1 heure à Devecey, d'où il envoie plusieurs reconnaissances qui traversent l'Oignon et qui signalent un mouvement des Prussiens, sur notre gauche, tendant à nous couper de Besançon.

Le même jour à 10 heures il se rend à *Miserey*, le 3ᵉ Escadron restant en position à Devecey. Il envoie une reconnaissance sur Pouilly-les-Vignes et soutient en avant de *Miserey* un combat de tirailleurs sans éprouver de pertes.

22 Janvier. — Le 3ᵉ Escadron rejoint les trois autres et les quatre escadrons sont réunis et vont bivouaquer à *Saint-Fargeux.*

23 Janvier. — Au moment de la perte de Quingey, qui enleva nos lignes de retraite par Salins, Lons-le-Saulnier et Verdun sur le Doubs, toute la réserve (Général Pallu) exécuta un mouvement en avant pour reprendre cette position importante ; mais ce mouvement fut arrêté le soir même à la suite du Conseil de guerre tenu à Besançon, qui décida la retraite sur Pontarlier.

24 Janvier. — Le Régiment traverse le Doubs sur un pont de bateaux, passe à *Ornans* où il stationne 2 heures, et arrive à *Chanterans* à minuit.

25, 26 et 27 Janvier. — L'occupation de Chanterans avait pour but d'éclairer par des reconnaissances les différents Corps qui se ralliaient dans cette direction.

28 Janvier. — Les quatre Escadrons, réunis à l'infanterie et à l'artillerie de la réserve, quittent Chanterans le 28 à 7 heures du matin et arrivent à *Gouse* à midi.

29 Janvier. — Trois reconnaissances du Régiment, envoyées vers Chanterans et Leviers, échangent quelques coups de feu avec les éclaireurs ennemis, font relâcher quarante prisonniers et annoncent à deux reprises la marche de l'ennemi sur deux colonnes. Elles ne peuvent empêcher leur mouvement sur Sombacourt enlevé à 5 heures du soir.

Par suite de la prise de cette position, pendant laquelle le 1ᵉʳ Escadron perd ses bagages, le Régiment monte à cheval à 6 heures du soir et accompagne l'artillerie de réserve qui se dirige sur Pontarlier.

A minuit, l'annonce de l'armistice le force à reprendre ses anciens cantonnements à Gouse.

30 Janvier. – Il y arrive le 30 à 4 heures du matin et le quitte le même jour à 8 heures du soir, en apprenant que l'armistice ne concerne pas l'armée de l'Est.

Le *3ᵉ Régiment de marche de Dragons* arrive à Pontarlier le 30 à minuit ; il en repart à 1 heure du matin et se dirige sur *Mouthes* et la Chapelle-des-Bois, par la montagne ; une partie de ses bagages est prise ; l'autre partie passe en Suisse sans être inquiétée. Le Régiment arrive à Mouthes après 20 heures d'une marche pénible, par des chemins impraticables et couverts de neige, ayant perdu dix-huit chevaux. Il gagne *Morez* où il passe la nuit du 31 Janvier au 1ᵉʳ Février.

1ᵉʳ Février. — Repartant de Morez, il passe la Faucille, évite l'entrée en Suisse et les troupes prussiennes, et arrive à *Gex* à 5 heures du soir.

Le Lieutenant-Colonel commandant le Régiment peut se mettre alors en communication avec le Général de Longuerue, commandant la Cavalerie du 15e Corps, qui lui assigne successivement comme cantonnements : *Pont-d'Ain, Montrevel, Pont-de-Vaux, les Chéres et Villefranche.*

Le 27 Mars, il arrive à *Lyon* et en repart le 31 par les voies ferrées à destination de *Nantes*, où il séjourne les 2 et 3 Avril.

De Nantes, le 3e *Régiment de marche de Dragons* est dirigé sur *Tours* par étapes, et le 15 Avril, par décision ministérielle du 13 Mars 1871, il est versé au *3e Régiment de Dragons.* Parti de Limoges avec un effectif de 505 hommes et de 551 chevaux, il termine la campagne avec 190 hommes et 200 chevaux.

Les pertes qui établissent cette différence sont plutôt dûes aux longues routes, aux fatigues et au froid qu'au feu de l'ennemi ; trop tardivement placés sous les hangars et dans les granges, les chevaux sont épuisés et blessés. Il n'est pas inutile non plus de mentionner que le Régiment n'a jamais pu avoir recours à aucun dépôt pour s'alimenter soit en chevaux, soit en effets ; de là son état de délabrement général.

Malgré cela, composé d'officiers d'un moral excellent, il est choisi pour ètte placé à la dernière heure dans la Réserve Générale qui couvrait la retraite si lugubre de l'Armée de l'Est. Ce choix est en même temps la récompense et la preuve de sa valeur.

1871

A partir du 16 Avril, le Régiment se reconstitue à *Tours* avec le *Dépôt* venant de Savenay, le *3e Dragons de marche* venant de Nantes et les Escadrons de guerre du *3e Dragons* rentrant de captivité (1).

1873

Par décret du 28 Janvier, M. le Colonel *Billau* est admis à la pension de retraite ; par décret du 13 Février, il est remplacé dans le commandement du Régiment par M. le Colonel *Barbut*, venant de la non activité.

(1) Voir aux Notes et Remarques la Liste nominative des officiers à la reconstitution du 16 Avril 1871.

Le 2 Novembre, le *3e Escadron* a quitté le Régiment pour aller à Rocquencourt concourir à la formation du 25e Dragons, suivant décision ministérielle du 6 Octobre 1873.

1874

Le 29 Décembre, le Régiment verse 50 hommes au 17e Dragons à Carcassonne.

1876

M. le Colonel *Barbut* est admis à la retraite le 20 Mai, et est remplacé par M. le Colonel *Barbault de la Motte* qui est lui-même admis à la retraite le 30 Juin.

Le 5 Août, M. *de Louvencourt* est nommé Colonel du Régiment.

1880

Une députation du Régiment ayant à sa tête M. le Colonel *de Louvencourt* se rend à Paris pour y recevoir, le 14 Juillet, des mains de M. le Président de la République, l'*Etendard* destiné au Régiment.

1882

Par décret du 6 Juillet, M. le Colonel *de Louvencourt* est promu Général de Brigade.

M. *Duguen*, Lieutenant-Colonel du 12e Hussards, est promu Colonel du Régiment par décret du 11 Juillet.

Le 22 Décembre, M. le Colonel *Duguen* est mis en non activité pour infirmités temporaires.

M. *Duvivier*, Lieutenant-Colonel au Régiment, y est promu Colonel par décret du 22 Décembre.

1886

Le 24 Février, le Régiment quitte *Tours* pour se rendre à *Nantes* où il arrive le 5 Mars.

1887

Le 1er Octobre, le *4e Escadron du Régiment* (Capitaine Baroux) passe au 27e Dragons, à la formation duquel il est appelé à concourir au Camp de Châlons.

1889

Par décret du 14 Février, M. le Colonel *Duvivier* est admis à la pension de retraite ; M. le Colonel *Delarüe de Beaumarchais* est appelé au commandement du *3e Régiment de Dragons* (1).

(1) Voir aux Notes et Remarques la composition du 3e Régiment de Dragons en 1892.

DEUXIÈME PARTIE

HISTORIQUE

DU

3ᴱ RÉGIMENT DE DRAGONS

DEUXIÈME PARTIE

NOTES ET REMARQUES

CHAPITRE I

Nº 1

RAPPORT A LEURS MAJESTÉS DU SUCCÈS REMPORTÉ PAR LE Mⁱˢ DE BOUGY
SUR L'ARMÉE DE M. LE PRINCE.

(Archives du Ministère de la Guerre, vol. CXXXIV, page 423.)

«... Le bruit et les descharges ayant donné l'alarme à tous les quartiers voisins et ledit sieur de Bougy entendant sonner à cheval de tous costez, il fist avancer à la haste le régiment de Créquy, commandé par le chevalier de Vivens, et l'envoya pour attaquer le régiment *d'Anguyen* qui estoit logé à Roufliac à une demie lieu de là, et d'autres hameaux où il y avait partie des régiments d'Albret et de Lorges, qui venaient au secours de leurs compagnons, et pour les empèscher de se servir des deffilez que

10

ledit sieur de Bougy faisait garder par les régiments d'Aubeterre et de Barradas, ayant pris cette précaution pour se mettre à couvert de l'orage de toute l'armée ennemie qui se préparait à luy tomber sur les bras. Mais sa conduite et ses ordres furent si bons qu'il se retira avec toute sa cavalerie qui avait fait cette généreuse exécution et le butin qu'elle avait gagné sans perdre un seul homme. Le régiment d'Harcourt ayant fait l'arrière-garde avec pareil bonheur, et le régiment d'Espieds aussy.

Tous les officiers des régiments de Duras et *d'Anguien* et quelques-uns de ceux de Lorges et d'Albret y ont esté tuez ou faits prisonniers, à la réserve du commandant de celui de Duras qui se sauva ayant eu le premier l'alarme...

On a trouvé vingt-cinq ou trente officiers des ennemis, et près de quatre cents chevaux légers prisonniers ; le reste estant demeuré sur la place, et nous espérons de vous donner bientost quelque suitte plus glorieuse du bonheur qui a accompagné les armées du Roy, soubs la conduite de nostre brave et fidèlle général... »

N° 2

RETRAITE DE CONDÉ DANS PARIS

(*Souvenir du règne de Louis XIV par le Comte de Cosnac. — T. 2. pag. 248.*)

«... Le prince de Condé s'empresse de profiter de la porte de salut ouverte à son armée en la faisant entrer dans Paris. Cette retraite s'opéra sans désordre ; des troupes d'arrière-garde couvrent celles qui se replient. Cette mission périlleuse est remplie par trois escadrons des régiments de Condé, *d'Anguien* et de Conti, et par deux régiments d'infanterie, l'un français, l'autre allemand, avec deux pièces de canon... »

N° 3

TABLEAU HISTORIQUE ET CHRONOLOGIQUE DU MILITAIRE DEPUIS LA CRÉATION
DES RÉGIMENTS JUSQU'A PRÉSENT, PAR M. DE ROUSSEL, 1773

(Manuscrit du Ministère de la Guerre.)

N° 27 — BOURBON, créé en 1649.

	Incorporations	Réformes	Rétablissements
16.. Comte DE LANMARY		1651. Licencié.	
			1659. Rétabli.
		21 décembre 1678, La Cie réduite de 50 Maîtres à 40, Officiers compris.	
		28 février 1679. Cies triplées et fixées à 104 Maîtres.	
			24 février 1682, Les Cies remises à 30 Maîtres, officiers non compris.
			30 septembre 1683, à 40 Maîtres.
1686 Comte DE SENTRAILLES			
Ce régiment auparavant Enghien a pris le nom de Bourbon en 1686.			
1690 Comte DE LA CHAPELLE			21 octobre 1691, Cies à 50 Maîtres.
1692 Marquis DE CHOISEUL		18 octobre 1693, Cies réduites à 40 Maîtres.	
		5 janvier 1695, à 35 Maîtres.	
		8 décemb. 1697, Le Régiment réduit de 16 Cies à 12 de 30 Maîtres.	
		15 décembre 1699, Cies réduites à 20 Maîtres.	
1701 SAINT-MICAULT			25 janvier 1701, Cies remises à 30 Maîtres.
			8 novembre suivant à 35.
1710 M. le Cte DE CHAROLAIS, Colonel titulaire		28 avril 1716, Le Régiment réduit de 12 Cies à 8, chacune de 25 Maîtres.	

Incorporations	Réformes	Rétablissements
1717 Marquis DE MONTAUSIER	28 avril 1721, Cies réduites à 25 Maîtres.	1er septembre 1719, Cies remises à 35 Maîtres. 2 janvier 1720, à 41. 25 septembre 1725, à 35. 1er février 1727, à 3 escadrons chacun de 3 Cies de 45 Maîtres.
1730 Mis DE CRUSSOL DES SALES frère du précédent		1733, 1 escadron à 160 Maîtres en 4 Compagnies.
	25 avril 1736, Cies réduites à 35 Maîtres. 8 janvier 1737, à 25.	
		1er octobre 1743, Le Régiment à 4 escadrons, les Cies à 35 Maîtres.
1744 Marquis DE CAMBIS		
	30 octobre 1748, Réforme du 4e Escadron. 15 mars 1749, Réforme du 3e Escadron. Les Cies réduites à 30 Maîtres.	
		1er avril 1755, L'escadron remis à 160 Maîtres en 4 Cies, savoir : 2 brigadiers, 4 carabiniers, 33 cavaliers et 1 trompette.
1760 M. le Duc DE BOURBON Colonel titulaire		
1761 Comte DE COIGNY	1er déc. 1761, incorporation du Régiment de Noé.	1er décembre 1761, Le Régiment porté de 2 escadrons à 4, chacun de 160 Maîtres en 4 Compagnies.

Incorporations	Réformes	Rétablissements

1762 Vicomte de Noé

21 décembre 1762,
Cies doublées, l'escadron réduit à 2 Cies,
chacune de 54 Maî-
tres, savoir :
4 maréch.-des-Logis,
1 fourrier,
8 brigadiers,
8 Carabiniers,
32 cavaliers,
1 trompette,
  commandés par :
1 capitaine,
1 lieutenant,
1 sous-lieutenant.

1770 Marquis de Laguiche

17 avril 1772,
Le Régiment fixé à
3 escadrons, chacun
de 4 Cies de 36 Maîtres, savoir :
1 fourrier,
2 maréch.-des-Logis,
4 brigadiers,
4 carabiniers,
24 cavaliers,
1 trompette,
1 lieutenant,
1 sous-lieutenant.

N° 4

EMPLACEMENTS DE BOURBON-CAVALERIE PENDANT LA GUERRE DE LA
LIGUE D'AUGSBOURG

(Sources diverses)

1690 3 Avril. — Bourbon (2 Escadrons) est dans l'armée de Monseigneur.

3 Juin. — Au camp de Winzingen sous Neustadt, Brigade du
Bourg (Souvré 3 Escadrons, *Bourbon 2*, Berry 2, Royal 3) en
1re ligne.

10 Juin. — Au camp de Wachenheim.

9 Juillet. — Détaché vers Mayence.

13 Août. — Au camp de Scheid.

1692 21 Mai. — Brigade Dalou (Dauphin 4 Escadrons, Berry 2, Orléans 2, *Bourbon 2*, Villeroy 2) à l'aile droite en 1re ligne. (Revue passée par le Roi dans la plaine entre Géyries et les Estinnes.)

1er Juin. — Armée de Flandre (Duc de Luxembourg), au camp devant Namur, dans la Brigade Dalou, aile droite de la 1re ligne.

18 Juin. — Armée de Flandre (duc de Luxembourg), Brigade Montmorency (La Vallière 4 Escadrons, Vaillac 4, Pracontal 4, *Bourbon 2*) en 2e ligne, à la gauche de la Cavalerie de l'aile droite.

1693 21 Mai. — Armée de Flandre (duc de Luxembourg), Brigade Dalou (du Roi 4 Escadrons, Bourgogne 4, *Bourbon 2*, Ville-roy 2, Châlons 2) à l'aile droite de la 1re ligne.

14 Juin. — Armée de Flandre (duc de Luxembourg), au camp de Tourinnes-les-Ordons, Brigade Phélipeaux (*Bourbon 2* Esca-drons, Praslin 2, Dauphin-étranger 4, Mestre de camp général 4) à l'aile gauche de la 1re ligne.

1693 29 Juillet. — Après la bataille de Neervinden, Brigade Phélypeaux, même ordre. L'aile gauche n'a donné qu'à la fin de la bataille ; le duc de *Bourbon*, mestre de Camp propriétaire du Régiment, eut une grande part à cette victoire.

20 Septembre. — A Mons.

1694 21 Mai. — Armée de Monseigneur, Brigade Mongon (Cuiras-siers 3 Escadrons, *Bourbon 2*, La Feuillade 2, Villequier 2) à l'aile droite de la 1re ligne.

La Brigade est cantonnée à Pont et Aymeries et prend son pain à Maubeuge.

10 Juin. — *Bourbon* à Erghegnies..

11 Juin. — *Bourbon* à Strées.

12 Juin. — *Bourbon* à Férioul.

1695 Armée de Flandre (Mal de Villeroy), Brigade Blanchefort (Royal Allemand, Anjou, *Bourbon*, Cossé) à l'aile droite de la 2e ligne.

1696 Armée de la Meuse (Mal de Boufflers) ; le Cte de Toulouse com-mandant la Cavalerie ; Brigade Dauriac (Mornay 3 Escadrons, Dauriac 3, *Bourbon 2*) à l'aile droite de la 2e ligne.

1697 Armée de la Meuse (Mal de Boufflers), Brigade Chéladet (Noailles 3 Escadrons, *Bourbon 2*, Toulouse 2, du Maine 2, Royal-Etranger 3).

Nº 5

CERTIFICATS DÉLIVRÉS EN 1736, 1709, 1715

(Pièces originales, Bibliothèque du 3ᵉ Dragons)

Nous soussignés certifions à tous qu'il appartiendra que le sieur *Bontout*, Maréchal des Logis de la Compagnie de la Tour au régiment de cavalerie de *Bourbon* sert le Roy depuis trente-deux ans sans discontinuer dans ledit régiment, tant en qualité de cavalier, Brigadier et dix ans comme Maréchal des Logis, qu'il a esté blessé à la teste à la bataille de Malplaquet, d'un coup de sabre, et qu'il a reçu deux autres coups de sabre à la teste dans un fourrage, pendant la campagne de Philisbourg en 1734, et que d'ailleurs il a donné toutes sortes de preuves de valeur en toutes les occasions qui se sont présentées, ayant vécu en honneste homme suivant ce qui nous en a esté raporté, et ce que nous en avons vu nous-même pendant tout le temps qu'il a esté dans le régiment sans qu'on puisse luy imputer rien que de bien, professant la religion catolique, apostolique et Romaine.

Régiment de Cavalerie de Bourbon.

Ce qui fait que nous luy avons accordé la présente pour luy servir ce que de raison.

Fait à Ebersheim, le 13 Juin 1736.

> DEGRUY, NEUILLY, LATOURDUPIN, LARENDY,
> DUBOURG, MONTAUBAN, DE MALLOMONT,
> DESHAYES.
>> Pour certificat :
>> LAVALLADE, Capitaine-Adjudant-Major dudit
>> Régiment.

Nous capitaine au Régiment de cavallerie de *Bourbon* certifions à tous qu'il appartiendra avoir donné congé absolu au nommé *Saint-Germain* cavallié dans nostre compagnie après avoir servi en ladite compagnie l'espasse de trente-cinq ans s'y estant comporté en honneste homme y ayant bien servi lequel ne peut plus continuer à cause de ses infirmités et prions tous ceulx qui sont à prier de le laisser librement passer et repasser sans luy faire aucun trouble ny enpeschement.

Faict à Gouster, ce dix-nf^me de juin Mil sept cent-neuf.

LASALLE.

J'approuve le présent congé,
SAINT-MICAULT.

Le cavalier porteur du présent congé
sera rescu dans une des deux com-
pagnie des Invalides qui sont dans
les réduits de Strasbourg.

Faict ce 27 Juin 1709.

DU BOURG.

Nous Lieutenant-Colonel du régiment de cavalerie de *Bourbon*.

Certifions que le nommé *Larivière* brigadier de ma compagnie a servy tant en ladite..... que en celle..... pendant trante ans sans discontinuer avecque disctinctions et l'aprobation de tous les officiers du régiment, en foy de quoy nous luy avons donné le présent certificat pour estre rescu à lhostel royal des invalides.

Fait à Alançon ce quatriesme Juin 1715.

DE CHARTONGNE.

Certifions le présent véritable,
SAINT-MICAULT.

Vu bon pour se présenter à lhostel
royal des Invalides le 6 Juin 1715.
DEMAUROY.

N° 6

EMPLACEMENTS DE BOURBON-CAVALERIE PENDANT LA GUERRE DE LA
SUCCESSION D'ESPAGNE

(*Sources diverses*)

1701   3 Mai. — Armée du Rhin (M^al de Villeroy).

1702   30 Mars. — Armée d'Italie, *Bourbon* à Ponte-Nura.

      6 Avril. — *Bourbon* à San-Nazaro.

      11 Avril. — *Bourbon* à Monticelli.

      1er Mai. — *Bourbon* est à l'aile droite de la 1re ligne dans la Brigade de Montpeyroux.

Novembre. — *Bourbon* à Carpi. Pendant cette campagne a lieu la bataille de *Luzzara*.

1703   Armée d'Italie (Duc de Vendôme).

Détachement dans le Tyrol (P^ce de Vaudemont).

19 Mai. — Brigade d'Anglure.

Novembre. — *Bourbon* est à San-Salvador.

1704   Armée d'Italie (Duc de Vendôme).

26 Janvier. — *Bourbon* (3e escad.) à Ocimiano.

Mars. —   —   —   à Sartirana.

Avril. —   —   —   à San-Salvador.

Juin. —   —   —   Siège de Verceil.

Août. —   —   —   dans le Montferrat.

1705   Armée d'Italie.

18 Mars. — *Bourbon* (3 escad.) à Brême.

15 Avril. —   —   —   —

3 Juin. — *Bourbon* est à la gauche de la 2e ligne.

29 Septembre. — Positions devant Turin : *Bourbon* est en deuxième ligne.

Novembre. — *Bourbon* va en Savoie sous les ordres de M. de Vallière.

1706   Armée de Piémont (Duc de Vendôme).

Armée de Piémont (M^al de Marsin).

7 Septembre. — *Bourbon* est sous Turin à la gauche de la Cavalerie à Lucento.

1707   Armée de Piémont.

1708   13 Mai. — *Bourbon* est dans la Basse-Alsace à Neuwiller.

23 Mai. — *Bourbon* est détaché avec M. de Saint-Frémont.

8 Juillet. —   —   —   avec M. d'Imécourt.

10 Septembre. — A Rittershoffen et Bükl.

2 Octobre. — *Bourbon* va dans la Haute-Alsace.

1709   Armée de Flandre (M^al de Villars).

Bataille de Malplaquet.

24 Juillet. — *Bourbon* est à Saint-Sauve, près Valenciennes, dans le camp du Chevalier de Luxembourg.

1710   Armée de Flandre (M^al de Villars).

9 Avril. — *Bourbon-Cavalerie* part de Dunkerque ; il est le 19 à Bourbourg, le 20 à Saint-Omer.

15 Mai. — *Bourbon* est au camp sous Cambrai.

15 Octobre. — *Bourbon* est à l'aile droite de l'armée (2e ligne).

17 Novembre. — Marche vers l'Escaut et la Meuse.

1711 Armée de Flandre (Mal de Villars).

1er Mai. — En réserve.

4 Septembre. — *Bourbon* (3 escadrons) va camper à Marcoing.

1712 Armée de Flandre (Mal de Villars).

26 Mai. — A l'aile gauche de la 1re ligne.

11 Août. — A l'armée d'observation du siège de Douai.

1713 Armée du Mal de Villars.

Mai-Juin. — Siège de Landau et siège de Manheim.

Septembre. — Siège de Fribourg (Mis d'Alègre).

CHAPITRE III

Nº 7

DRAGONS

—

RÉGIMENT Nº 3

CI-DEVANT BOURBON

ÉTAT (1) *par grade du rang que les Officiers tiennent entre eux au jour de la nouvelle composition, conformément aux articles de l'Instruction sur l'Infanterie.*

MM.	ENTRÉE AU SERVICE	DATES	
		Du premier Brevet ou Lettres d'Officiers.	du Grade qu'ils occupent.
DE RONCHEROLLES, Colonel.......	31 Janvier 1774	31 Janvier 1774	4 Avril 1789
DE HANGEST, 1er Lieutent-Colonel..	15 Mai 1759	15 Mai 1759	6 Avril 1788
DE NOLIVOS, 2º Lieutenant-Colonel.	15 Juillet 1769	25 octobre 1769	1er Janvier 1791
Mousquetaire de la 1re Compagnie, le 15 Juillet 1769.			
DE RECOING, Capitaine..........	2 Avril 1758	28 Octobre 1760	17 Janvier 1770
Volontaire au Régiment de Seissel-Cavalerie, le 2 Février 1753.			
DE SARRET, Capitaine...........	1er Juin 1766	17 Avril 1768	16 Avril 1772
Volontaire au Régiment de Boulonnais-Infanterie, le 1er Juin 1766.			
DE MAZANCOURT, Capitaine.......	27 Janvier 1764	 1768	2 Mars 1773
Page de Monsieur le duc d'Orléans le 27 Janvier 1764.			
DE FRANCLIEU, Capitaine........	2 Mars 1773	2 Mars 1773	29 Mai 1775
DE PÉREX, id.	5 Mai 1772	5 Mai 1772	28 Avril 1778
DAUNANT. id.	6 Novembre 1771	6 Novembre 1772	3 Juin 1779
HOUCHARD, Lieut^t rang de Capit^{ne}.	1er Mars 1755	1er Janvier 1760	20 Avril 1770
Volontaire au Régiment royal allemand-cavalerie, le 1er Mars 1755.			
DUFRENOY, Q. M. T.............	11 Mai 1752	1er Avril 1769	10 Mars 1778
Cavalier au Régiment de Bourbon le 11 Mai 1752.			
D'HÉROUVILLE, Lieutenant.... ...	1er Mai 1757	17 Juin 1770	29 Décembre 1772
Volontaire au Régiment de Belle-Isle, le 1er Mai 1757.			
DE LISLE, Lieutenant...........	6 Avril 1750	17 Juin 1770	1er Septembre 1786
Cavalier au Régiment de Selmes, le 6 Avril 1750.			
Ces deux Officiers étant brevetés du même jour auront une décision à demander lorsqu'ils seront tous deux présents au Corps.			
DE LA CRAYE, Lieutenant........	12 Mai 1762	9 Février 1773	2 Novembre 1787
Aspirant au Corps royal d'Artillerie, le 12 Mai 1762.			
DE LA TOUR DU BREUIL, Lieutenant.	1er Mai 1771	11 Février 1773	24 Avril 1784
À commencé à servir volontaire au Régiment de Bourbon, le 1er Mai 1771.			

(1) Archives du Ministère de la Guerre.

MM.	ENTRÉE AU SERVICE	DATES	
		Du premier Brevet ou Lettres d'Officiers.	du Grade qu'ils occupent.
LEGRAND, Lieutenant.............	21 Mars 1755	1er Septembre 1773	8 Février 1781
Cavalier au Régiment de Bourbon, le 21 Mars 1755.			
DE BEFFROY, Sous-Lieutenant.....	11 Décembre 1772	21 Février 1774	21 Février 1787
Volontaire au Régiment de Bourbon, le 11 Décembre 1772.			
DE CHAVAGNEUX, Sous-Lieutenant.	15 Mars 1774	12 Mai 1775	12 Mai 1775
Volontaire au Régiment de Bourbon, le 15 Mars 1774.			
DE LA TOURAILLE, Sous-Lieutenant.	1er Juin 1776	8 Février 1782	8 Février 1782
Cadet gentilhomme de l'Ecole Militaire, le 1er Juin 1776.			
Ces trois Officiers qui précèdent étaient Lieutenants avant la nouvelle composition.			
GIROUD, Sous-Lieutenant........	1er Avril 1757	21 Février 1774	21 Février 1774
A commencé à servir Cavalier au Régiment de Bourbon, le 1er Avril 1757.			
DE NOÜAL, Sous-Lieutenant... ...	22 Avril 1774	8 Avril 1779	1er Mai 1788
Aspirant au corps du Génie, le 2 Mai 1774.			
DE SAINT-GEORGE, Sous-Lieutenant.	22 Mai 1774	11 Juillet 1778	1er Mai 1788
Page de M. le Prince de Condé, le 22 août 1774.			
DE CHAMBORAN, Sous-Lieutenant ..	1er Mai 1776	5 Avril 1780	1er Février 1789
Page de M. le Prince de Condé, le 1er Mai 1776.			
PARIEUX, Sous-Lieutenant........	1er Mars 1767	6 Septembre 1784	6 Septembre 1784
Cavalier au Régiment de Bourbon, le 1er Mars 1767.			
LARCADE, Sous-Lieutenant.......	1er Mars 1767	6 Septembre 1784	6 Septembre 1784
Cavalier au Régiment de Bourbon, le 1er Mars 1767.			
DE COMEIRAS, Sous-Lieutenant	12 Septembre 1782	15 Mai 1785	15 Mai 1785
Cadet gentilhomme de l'Ecole Militaire, le 12 septembre 1782.			
DE VÉZY, Sous-Lieutenant.......	1er Juin 1785	31 Décembre 1787	31 Décembre 1787
Volontaire au Régiment de Bourbon, le 1er Juin 1785.			
DE LAGARDE, Sous-Lieutenant.....	18 Décembre 1789	18 Décembre 1789	18 Décembre 1789

Certifié par nous, Membres composant le Conseil d'Administration dudit Régiment.

A Ardres, le 21 Mars 1791.

DAUNANT   D'HÉROUVILLE

CHAMBORANT   SAINT-GEORGE

RECOING.

Vu et vérifié par nous, Commissaire des guerres, chargé de la police dudit Régiment, les jour, mois et an que dessus,

LABBÉ DE BRIAUMONT.

Arrêté par nous, Capitaine Commandant le Régiment, chargé de l'exécution de la nouvelle composition dudit Régiment, les jour, mois et an que dessus.

RECOING.

N° 8

PRÉTENDUE DÉFECTION DE BOURBON-DRAGONS

(Moniteur Universel du 21 Avril 1793).

« ..... Voici les noms des Bataillons et Régiments qui ont suivi Dumouriez chez les Autrichiens : Berchiny Hussards ; Colonel Général Hussards ; *Bourbon-Dragons* ; les Chasseurs des Cévennes ; un Bataillon de volontaires ; le 25° Régiment d'Infanterie ; les Chasseurs Braconniers ; la Compagnie des tirailleurs d'Egron, de Givet et un Escadron volontaire de Samtême.

On dit que ces nouveaux émigrés sont traités avec peu d'estime par les Autrichiens et que les premiers émigrés, les émigrés de la bonne roche, ne veulent même pas communiquer avec eux..... »

N° 9

LETTRE DU GÉNÉRAL DAMPIERRE

(Moniteur du 24 Avril 1793, T. XVI, page 201).

« Valenciennes, le 22 Avril 1793.

Citoyen président, ce n'est pas sans étonnement que j'ai vu dans les papiers publics une lettre signée Ransonnet où il annonce que plusieurs corps ont passé avec Dumouriez. Le citoyen Ransonnet d'un civisme et d'un courage connu a été absolument trompé, et j'affirme sur ma responsabilité qu'aucun des corps nommés dans cette lettre n'a passé du côté des ennemis. La moitié du Régiment de Berchiny, séduit par Northman, son chef, et par l'or de Dumouriez a passé seule ; quelques officiers, quelques soldats et volontaires de l'armée ont suivi ce pernicieux exemple ; mais en tout l'émigration est bien moindre que celle qui a suivi Lafayette et ne s'élève pas en tout à 6 ou 700 hommes effectifs. Je vous prie, citoyen président, de donner la plus grande publicité à ma lettre, afin de rendre une justice éclatante à tous les corps faussement inculpés et qui dans ce moment font le service le plus actif aux avant-postes, et aussi à un grand nombre de Berchiny qui sont restés fidèles.

Signé : DAMPIERRE ».

N° 10

ETATS DES SERVICES DES OFFICIERS DU 3ᵉ DRAGONS PUBLIÉS PAR ORDRE DE
LA CONVENTION

(8 Juin 1793)

MARIE-JOSEPH CAPITAIN, Chef de Brigade ; né le 29 Mars 1747 à
Soissons, district et département de l'Aisne, demeurant à Soissons chez son
père, homme de loi; a commencé à servir en qualité de soldat dans la
légion de l'Isle de France, du 24 Octobre 1766 au 30 Décembre 1772 ;
porte-drapeau au Régiment d'Isle de France le 30 Décembre 1772, réformé
en Janvier 1775. Lieutenant de la maréchaussée du Soissonnais avec rang
de Capitaine de cavalerie le 20 Février 1781. Lieutenant-Colonel de la gendarmerie nationale au dépôt de l'Aisne, le 12 Juin 1791, réformé le 29
Juin 1792.

Adjoint à l'Etat-Major de l'Armée du Centre le 24 Août 1792. Colonel
de la Légion de l'armée du Centre le 15 Octobre 1792. Passé Colonel au
5ᵉ Régiment de cavalerie le 26 Janvier 1793. Colonel du 3ᵉ Régiment de
Dragons le 8 Mars 1793.

Nota. — A fait la campagne de l'Inde depuis 1766 jusqu'en 1775. — A
fait la Campagne de guerre de 1792.

PAUL-GUILLAUME DAUNANT, Chef d'Escadron, né le 13 Août 1753
à Nîmes, district du dit, département du Gard, demeurant à Nîmes chez
ses père et mère citoyens.

Sous-Lieutenant à la suite du 3ᵉ Régiment de Dragons le 6 Novembre 1771. Sous-Lieutenant en pied au dit Régiment le 1ᵉʳ Juin 1772.

Capitaine avec réforme le 3 Juin 1779.

Capitaine en second le 3 Mars 1786.

Capitaine en pied à la formation de 1788.

Chef d'Escadron le 23 Mars 1792.

Nota. — A fait la campagne de guerre de 1792.

François-Michel-Joseph LEGRAND, Chef d'Escadron, né le 14 Juillet 1736 à Saint-Omer, district du dit, département du Pas-de-Calais demeurant à Saint-Omer, exerçait le métier de tapissier chez ses parents.

Cavalier au Régiment Clermont-Tonnerre, incorporé dans le 3e Régiment de Dragons le 21 Mars 1755.

Brigadier le 8 Avril 1759.

Maréchal des Logis le 23 Mars 1763.

Fourrier le 14 Février 1768.

Porte-Étendard le 1er Septembre 1773.

Lieutenant en 2e le 8 Février 1781.

Lieutenant en pied à la formation du 1er Janvier 1791.

Capitaine le 23 Janvier 1792.

Nommé Chef d'Escadron (conformément à la loi du 25 Février) le 15 Mars 1793.

Nota. — A fait les campagnes de 1757, 58, 59, 60, 61, 62 en Allemagne. Attend sa retraite, en a reçu l'avis du Ministre.

Antoine DUFRENOY, Quartier-Maître-Trésorier, né le 21 Janvier 1734 à Origny, district de Boisson, département de l'Aisne, demeurant à Origny, chez son père, marchand au même lieu.

Cavalier au Régiment de Bourbon (devenu dragons No 3) le 11 Mai 1752.

Brigadier le 24 Mai 1762.

Maréchal des Logis le 23 Mars 1763.

Quartier-Maître le 1er Avril 1769.

Lieutenant le 1er Juin 1772.

Sous-Aide-Major le 20 Septembre 1773.

Quartier-Maître-Trésorier le 10 Mars 1775.

Capitaine le 30 Septembre 1791.

Lieutenant-Colonel le 8 Avril 1792.

Colonel le 28 Août 1792.

Nota. — A fait les campagnes de guerre de 1757, 1758, 59, 60, 61 et 62 en Allemagne. A fait la Campagne de 1792 en Brabant.

Antoine LEGROS. Né le 13 janvier 1763 à Givet, district ....., département des Ardennes, demeurant à Givet chez son père, aubergiste au même lieu.

A commencé à servir au 3ᵉ Régiment de Chevau-Légers du 3 Septembre 1779 au 16 Septembre 1785.

Rengagé au 3ᵉ Régiment de Dragons le 1ᵉʳ Mars 1786.

Brigadier le 11 Août 1786.

Maréchal des Logis le 15 Décembre 1791.

Maréchal des Logis en Chef le 21 Mai 1792.

Adjudant le 11 Juin 1792.

Antoine GAUDRIOT, Adjudant. Né le 4 Octobre 1763 à Dijon, district du dit, département de la Côte-d'Or, à l'époque de son engagement demeurant chez ses parents, aubergistes à Dijon.

A commencé à servir au Régiment de Picardie-Infanterie du 1ᵉʳ Avril 1780 au 10 Juin 1789.

Engagé au 3ᵉ Régiment de Dragons le 16 Juin 1789.

Brigadier-fourrier le 22 Mars 1791.

Maréchal des Logis le 24 Décembre 1791.

Adjudant le 10 Avril 1793.

Nota. — A fait la campagne de guerre de 1792 en Champagne et en Brabant.

Augustin-Joseph HUNION, Capitaine. Né le 9 Novembre 1737 à Montberlançon, district ...., département du Pas-de-Calais, demeurant à Montberlançon, fils de laboureur, demeurait avec ses parents au même lieu.

Cavalier au Régiment de Bourbon (devenu Dragon n° 3) le 21 Février 1757.

Brigadier le 1ᵉʳ Août 1763.

Maréchal des Logis le 8 Septembre 1768.

Maréchal des Logis en chef le 7 Septembre 1784.

Sous-Lieutenant le 6 Septembre 1791.

Lieutenant le 9 Juin 1792.

Capitaine le 4 Mai 1793.

Nota. — A fait la campagne de 1792 en Champagne et en Brabant.

Ignace-François BOUSSON, Capitaine. Né le 20 Octobre 1760 à Arbois, district d'Arbois, département du Jura, demeurant à Arbois, chez ses parents, cultivateurs au dit lieu.

Engagé au 3ᵉ Régiment de Dragons le 26 Avril 1776.

Brigadier le 11 Mars 1785.
Maréchal des Logis le 25 Avril 1788.
Adjudant le 6 Septembre 1791.
Sous-Lieutenant le 10 Mars 1792.
Lieutenant le 18 Juin 1792.
Capitaine le 4 Mai 1793.
Nota. — A fait la campagne de 1792 en Brabant.

Jacques BLESSIMARE, Capitaine. Né le 30 Mars 1770 à Saint-Germain-en-Laye, département de Seine-et-Oise, chez ses parents, bourgeois et roturiers, résidant au dit lieu.
Garde de la porte du ci-devant Roi le 31 Décembre 1785 jusqu'au 1er Octobre 1787.
Sous-Lieutenant au 3e Régiment de Dragons le 15 Septembre 1791.
Lieutenant le 12 Octobre 1792.
Capitaine le 4 Mai 1793.
Nota. — A fait la campagne de 1792 en Champagne et en Brabant.

Claude-Louis-Constant-Esprit-Gabriel CORBINEAU, Capitaine. Né le 7 Mars 1772.
Gendarme le 1er Février 1788.
Réformé le ....
Sous-Lieutenant au 3e Régiment de Dragons le 15 Septembre 1791.
Lieutenant le 10 Février 1793.
Capitaine le 4 Mai 1793.
Nota. — A fait la campagne de 1792.
Aide de camp du Général Harville, détaché au corps des adjudants généraux à l'armée des Ardennes ; est à Paris.

Jacques RAVIER, Capitaine. Né le ..... 1759, à Houcheau, district de Nîmes, département du Gard, fils de vignerons, demeuroit chez ses parents à Hucheau.
Engagé au 3e Régiment de Dragons le 6 Décembre 1777.
Brigadier le 1er Mars 1783.
Maréchal des Logis le 7 Septembre 1784.

Maréchal des Logis en chef le 6 Septembre 1791.

Sous-Lieutenant le 15 Septembre 1791.

Lieutenant le 29 Août 1792.

Capitaine le 4 Mai 1793.

Nota. — A fait la campagne de 1792 en Champagne et en Brabant; a eu un cheval blessé sous lui à la retraite de Grandpré.

JEAN-CHARLES-MARIE LE COUVELAIR DE ROUGEVILLE, capitaine. Né le 24 Janvier 1769, à Eceuillés, département du Pas-de-Calais, demeurant à Eceuillés, était laboureur propriétaire roturier, à commencé à servir dans la gendarmerie du 17 Octobre 1787 au 1er Avril 1788.

Sous-Lieutenant au 3e Régiment de Dragons le 25 Janvier 1792.

Lieutenant le 3 Septembre 1792.

Capitaine le 4 Mars 1793.

Nota. — A fait la campagne de guerre de 1792 en Champagne et en Brabant.

JEAN-BAPTISTE HOMMEAU, Lieutenant. Né le 21 Avril 1744 à Saint-Mégrin, district de Barbézieux, département de la Haute-Charente-Inférieure, demeurant à Saint-Mégrin, chez son père notaire audit lieu.

A commencé à servir au Régiment d'Eu-Infanterie du 1er Janvier 1760 au 12 Juin 1769.

Engagé au 3e Régiment de Dragons le 27 Novembre 1769.

Brigadier le 7 Septembre 1774.

Maréchal des Logis le 5 Janvier 1778.

Fourrier le 1er Mai 1784.

Maréchal des Logis chef le 25 Août 1786.

Sous-Lieutenant au choix le 10 Mars 1792.

Lieutenant le 4 Mai 1793.

Nota. — A fait la campagne de guerre de 1792 en Champagne et en Brabant.

CLAUDE-RAYMOND GUYON, Lieutenant. Né le 1er Juin 1773 à Saint-Montant, district de   , département de l'Ardèche, demeurant à

Saint-Montant, chez ses parents, bourgeois au même lieu, avant son entrée au service.

Sous-Lieutenant au 3ᵉ Régiment de Dragons le 10 Mars 1792.

Lieutenant le 4 Mai 1793.

Capitaine à la nouvelle composition du 9 Juin 1793.

Nota. — A fait la campagne de guerre de 1792 en Champagne et en Brabant.

NICOLAS BRUNELET, Lieutenant. Né le 19 Juillet 1746 à Orang, district de   , département de l'Aisne, demeurant à Orang avec son père et sa mère, laboureurs au dit lieu.

Engagé au 3ᵉ Régiment de Dragons le 16 Février 1774.

Brigadier le 11 Mars 1782.

Maréchal des Logis le 7 Septembre 1784.

Sous-Lieutenant à l'ancienneté le 10 Mai 1792.

Lieutenant le 4 Mai 1793.

Nota. — A fait la campagne de guerre de 1792 en Champagne et en Brabant.

HENRI MORIN, Lieutenant. Né le 31 Juin 1765 à Charleville, district dudit, département des Ardennes.

Engagé au 3ᵉ Régiment de Dragons le 19 Avril 1788.

Brigadier-fourrier le 1ᵉʳ Avril 1891.

Maréchal des Logis le 15 Décembre 1791.

Maréchal des Logis en chef le 5 Février 1792.

Sous-Lieutenant le 17 Juin 1792.

Lieutenant le 4 Mai 1793.

Nota. — A fait la campagne de guerre de 1792 en Champagne et en Brabant.

Adjoint aux adjudants généraux, détaché au corps des adjudants généraux à l'armée des Ardennes.

JEAN ROY, Lieutenant. Né à Lyon le 4 Avril 1764, département du Rhône-et-Loire, demeurant à Auxonne. Etait avant son entrée au service marchand orfèvre à Auxonne.

A servi dans l'artillerie du 4 Décembre 1779 au 15 Octobre 1785.

Sous-Lieutenant au 3ᵉ Régiment de Dragons, le 17 Juin 1792.

Arrivé au Corps le 8 Août 1792.

Lieutenant le 4 Mai 1793.

Nota. — A fait la Campagne de guerre de 1792 en Champagne et en Brabant.

MONTCHARMONT, Lieutenant. Né le   à   département

Sous-Lieutenant au 3ᵉ Régiment de Dragons le 24 Juillet 1792.

Arrivé au Corps le 24 Août suivant.

Lieutenant le 4 Mai 1793.

Nota. — A fait la Campagne de guerre de 1792 en Champagne et en Brabant.

Adjoint aux Adjudants généraux, détaché au corps des Adjudants généraux à l'Armée du Nord.

PIERRE-CLAUDE BOUSSON, Sous-Lieutenant. Né le   1752 à Arbois, district du dit, département du Jura ; demeurant à Arbois, était chez son père vigneron au même lieu.

A commencé à servir au Régiment d'Enghien-Infanterie du 5 Décembre 1770 au 5 Décembre 1778.

Rengagé au 3ᵉ Régiment de Dragons le 27 Mars 1779.

Brigadier le 11 Juin 1784.

Maréchal des Logis le 7 Septembre 1784.

Maréchal des Logis en Chef le 16 Décembre 1791.

Sous-Lieutenant par ancienneté le 19 Juillet 1792.

Nota. — A fait la Campagne de guerre de 1792 en Champagne et en Brabant.

CLAUDE ROLAND, Sous-Lieutenant. Né le 2 Février 1760 à Château-Porcien, district de Rethel, département des Ardennes, demeurant à Château-Porcien ; était commis au bureau du contrôle des actes et domaines de la Direction de Sedan.

Engagé au 3ᵉ Régiment de Dragons le 1ᵉʳ Octobre 1781.

Brigadier Fourrier le 25 Mars 1791.

Maréchal des Logis le 15 Décembre 1791.

Maréchal des Logis en chef le 10 Juin 1792.

Sous-Lieutenant au choix le 3 Septembre 1792.

Nota. — A fait la Campagne de guerre en Champagne et en Brabant.

BAPTISTE-JOSEPH DULAC, Sous-Lieutenant. Né le 26 Janvier 1756 à Sussan, district   département de la Haute-Garonne, demeurant à Sussan, chez son père et sa mère, laboureurs au dit lieu.

Engagé au 3ᵉ Régiment de Dragons le 26 Décembre 1777.

Brigadier le 24 Juin 1782.

Maréchal des Logis le 7 Septembre 1784.

Fourrier le 25 Août 1786.

Maréchal des Logis en chef le 1ᵉʳ Janvier 1789.

Parti pour la garde du ci-devant Roi, le 16 Décembre 1791.

Rentré au Régiment et fait officier, conformément au procès-verbal de l'Assemblée Nationale du 8 Juin 1792, relativement aux citoyens composant la dite garde, le 3 Septembre 1792.

Lieutenant à la nouvelle formation du 9 Juin 1793.

CHAUVEROYCHE, Sous-Lieutenant. Né à Peimes, département de la Haute-Saône, demeurant à Peimes, chez ses parents ; était étudiant en droit.

Sous-Lieutenant au 3ᵉ Régiment de Dragons le 1ᵉʳ Décembre 1792.

Nota. — A fait la Campagne de 1792 en Brabant.

FRANÇOIS MONTCHARMONT, Sous-Lieutenant. Né à Autun, département de Saône-et-Loire, le 7 Septembre 1770, demeurant à Autun ; était chez ses parents, domiciliés et bourgeois audit lieu, revenant de faire la guerre en Amérique.

A commencé à servir volontaire dans la Division de Saint-Domingue, au Cap François, du 4 Août 1791 au 4 Juillet 1792.

Nommé Sous-Lieutenant au 3ᵉ Régiment de Dragons par le Général Dampierre, le 26 Avril 1793.

Arrivé au Corps le 1ᵉʳ Mai suivant.

Suspendu par un décret de la Convention Nationale le 15 du même mois.

Rentré au Corps comme fils de citoyen le 4 Juin suivant.

Louis FOURNIER, Sous-Lieutenant. Né à Limoges, département de la Haute-Vienne, le 5 Juin 1773.

A servi dans la Garde Nationale depuis le 14 Juillet 1789.

A servi dans le 22ᵉ Régiment de Cavalerie depuis le 1ᵉʳ Juin 1790.

Nommé Sous-Lieutenant ici le 25 Avril 1793.

Certifié par Nous, Membres composant le Conseil d'Administration.

Les signatures ci-dessus véritables et les services y détaillés conformes au registre tenu au Régiment.

A Lille, le 8 Juin 1793.

Signé : M.-J. CAPITAIN, ROUGEVILLE, DAUNANT, BOUSSON, RAVIER.

Certifié conforme aux pièces originales déposées dans les bureaux de la Guerre.

Signé : DAUNIS, Sous-Chef du bureau des nominations pour les troupes à cheval.

L'Adjoint du Ministre de la Guerre,

Signé : Xavier AUDOUIN.

SOLDAT   M[al]-DES-LOGIS   SOUS-LIEUTÉNANT
1816   1821   1823
(Régiment de la Garonne)

CHAPITRE IV

N° 11

RAPPORT MILITAIRE sur la prise de possession de la Ville-Haute et château
de Bergame par les troupes de la République française aux ordres du
Général Baraguay d'Hilliers, dans la nuit du 4 au 5 Nivose, an V (24-
25 Décembre 1796).

(Archives du Ministère de la Guerre).

« ... J'entrai dans la Ville-Haute à la tête de la Cavalerie. La garde
vénitienne fait une molle résistance.

Les troupes qui ont concouru (1) à cette expédition y ont manifesté
beaucoup de patience, de docilité, de discipline, et les officiers autant de
zèle et d'intelligence que de fermeté... »

(1) Troupes employées : 2ᵉ et 3ᵉ bataillons de la 57ᵉ demi-Brigade.. 1110 hommes.
3ᵉ Dragons ...... 200 hommes.
4 pièces.

N° 12

JOURNÉE DU 24 MARS 1797

(Extrait des Mémoires de Masséna. Tome 2, p. 348).

« ... A la nouvelle de l'occupation de Turin, Masséna rétrograda avec
3 demi-brigades et le 3ᵉ Dragons ; le 24 mars au point du jour le Général
Brune, formant son avant-garde avec la 75ᵉ, chassa les éclaireurs de Pontreuil et les poursuivit sur le front de sa ligne. Mais l'Artillerie ennemie

ayant couvert de feux le débouché du petit pont dont nous avons parlé, et la glace s'opposant à l'action de la Cavalerie qui le suivait, il fut obligé de rétrograder sur la 18e, conduite par le Général Motte, lequel prit alors la tête de la colonne. En un clin d'œil les tirailleurs sont ramenés sur les hauteurs de droite et de gauche.

Le Général Brune après avoir refoulé la 75e pousse le 3e Bataillon pour nettoyer ses derrières pendant que 4 Compagnies du 2e abordent et chassent les 5 Compagnies qui couvraient le flanc droit de Pontreuil sur les montagnes. Au même instant, l'Archiduc arrive sur le champ de bataille et lance un Escadron de Dragons de son escorte, espérant rétablir le combat par cette charge inopinée, mais le 3e des nôtres s'avance à leur rencontre et les culbute à 2 kilomètres plus loin... »

CHAPITRE V

N° 13

NOMS DES OFFICIERS PRÉSENTS AU COMMENCEMENT DE LA
CAMPAGNE D'ÉGYPTE

MM.		MM.	
Bron......	Chef de Brigade.	Milquin.....	Lieutenant.
Sainglant..	Capitaine.	Chartier.....	—
Guyon	—	Delesalle	Adjudant Sous-Lieutenant.
Ravier.....	—	Duhamel....	Sous-Lieutenant.
Bousson ...	—	Terraud.....	—
Gibert.....	—	Renaud.....	—
Teinturier .	—	Duvivier....	—
Dezencourt.	—	Vanvelsen...	—
Montmarie.	Capitaine d'habillement.	Prince......	—
Bavay.....	Officier de Santé.	Cottignies...	—
Clémendot.	Quartier-Maître-Trésorier.	Vandevelde .	—
Mazelle ...	Lieutenant.	Gercet......	—
Noyer.....	—	Maffre......	—
Curto.....	—	Chevalier...	—
Jeantot.. .	—		

N° 14

DÉTAILS SUR L'EXPÉDITION AUTOUR D'ALEXANDRIE DU CHEF D'ESCADRON
RABASSE AVEC 50 DRAGONS DU 3ᵉ

(Victoires et Conquêtes. T. 9. p. 113)

« ... Bonaparte avait donné au général Kléber, blessé au siège d'Alexandrie, le commandement de cette place pendant que le reste de l'armée se portait sur le Caire. Il devait en plus envoyer une colonne mobile sur les derrières de l'armée jusqu'à Damanhour. Elle était partie le 17 Juillet, à dix heures du soir, sous le commandement du Général Félix Dumuy, et après être arrivée à Damanhour le 18, elle avait été obligée de se replier sur Alexandrie.

La retraite de cette colonne et l'insolence croissante des Arabes porta Kléber à se faire garder par des patrouilles de cavalerie lancées au loin. Pour les soutenir, il établit des postes d'Infanterie sur les hauteurs.

Cinquante dragons du 3e *Régiment* commandés par le chef d'Escadron *Rabasse* furent désignés.

Cette mesure ne produisit d'abord aucun effet que de tenir les Arabes un peu plus éloignés et de les rendre moins entreprenants. Mais le jeune et vaillant *Rabasse* ayant remarqué dans une des excursions, que les Bédouins se reposaient et rafraîchissaient leurs chevaux dans un petit bois de palmiers à quelque distance de la porte de Rosette, et qu'alors ils se bornaient à se garder par quelques hommes à pied, *Rabassé*, disons-nous, conçut le dessein de les surprendre. Il partit le soir du 26 Juillet (7 thermidor), divisa sa troupe en deux pelotons, et pendant que le premier, tournant un monticule de sable sur la gauche, s'éparpillait en tirailleurs pour amuser les Arabes et fixer leur attention, le commandant les attaqua par la droite à la tête du second peloton. Les Arabes abandonnèrent les tirailleurs, se réunirent eux-mêmes en peloton et marchèrent sur celui que commandait *Rabasse*. Ils s'arrêtèrent à quinze pas pour faire une décharge générale des fusils et tromblons dont ils étaient armés. Les dragons essuyèrent ce feu sans quitter leurs rangs, mais chargeant alors avec impétuosité les Arabes, ils en taillèrent quarante-trois qui restèrent sur le terrain ; le reste prit la fuite vers le bois de palmiers. Ceux des Bédouins qui s'y trouvaient encore étaient plus occupés à détacher leurs chevaux pour s'enfuir qu'à venir au secours de leurs camarades. Les Dragons, après les avoir poursuivis quelque temps dans le désert, revinrent sur leurs pas et prirent aux morts et aux mourants les armes et les effets dont ils étaient chargés et parmi lesquels il s'en trouva qui avaient été enlevés aux Français tués à Damanhour. Le lendemain, avant le jour, les Arabes vinrent enterrer leurs morts ; parmi ces derniers se trouva le Scheick de la tribu auquel ils élevèrent un petit monument de pierres brutes ; mais le vigilant *Rabasse* vint encore les troubler dans ces soins religieux. Il les chargea et les repoussa dans le désert : ils ne reparurent pas depuis.

Cette expédition contre les Bédouins valut au chef d'Escadron *Rabasse* les éloges du général Kléber et la recommandation la plus honorable auprès du général en chef. Le Maréchal des Logis *Moyen* se distingua d'une manière particulière, les Dragons eurent trois hommes de tués et huit chevaux de blessés... »

N° 15

MANIÈRE DE COMBATTRE DES MAMELUCKS

(Général Bertrand. — Campagne d'Egypte et de Syrie 1798-1799. T. I. page 276).

«... Les Arabes n'avaient jamais attendu la Cavalerie française à moins qu'ils ne fussent quatre contre un. Les Mamelucks au contraire faisaient parade de la mépriser. Mais lorsqu'elle fut montée sur des chevaux du pays elle leur tint tête. Un Mameluck était plus fort qu'un Français ; il était plus exercé et mieux armé. Cent Mamelucks se battaient avec probabilité de succès contre cent Cavaliers français ; mais dans une rencontre de deux corps d'un nombre supérieur à deux cents chevaux, la probabilité était pour les Français. Les Mamelucks se battent sans ordre ; ils forment un tourbillon sur les ailes pour tourner les flancs et se jeter sur les derrières de la ligne. Un régiment de trois cents Français se plaçait sur trois lignes, se portait par division à droite et à gauche sur la droite et sur la gauche de la première ligne, et la cavalerie ennemie déjà en mouvement pour tourner les flancs de la première ligne, s'arrêtait pour tourner les flancs de cette nouvelle ligne ; la troisième faisait le même mouvement et au même moment toute la ligne chargeait ; les Mamelucks étaient mis en déroute et cédaient le champ de bataille. Les Cavaliers français comme les Mamelucks avaient leurs pistolets attachés au pommeau de la selle par une courroie, leur sabre pendait au poignet par une dragonne. Les feux à cheval des Dragons furent quelquefois utiles ; mais cela a bien des inconvénients si l'Escadron n'est pas séparé de l'ennemi par un obstacle qui l'empêche d'être chargé. L'infanterie et l'artillerie françaises avaient également une grande supériorité. La Cavalerie française ne marchait jamais en nombre sans avoir du canon servi par l'artillerie à cheval. Les Mamelucks, avant de charger, faisaient feu de six armes : d'un fusil, d'un tromblon, de deux paires de pistolets, qu'ils portent, une à l'arçon, une sur la poitrine. La lance était portée par un de leurs saïs qui les suivait à pied. C'était une brave et belle milice... »

N° 16

COMBAT DE SALAHIEH

(Marquis de Colbert-Chabanais. — Traditions et souvenirs. T. I. page 270).

«... Quelques instants de plus, le rude combat pouvait devenir fatal aux Français; heureusement le Général Leclerc arriva avec deux Escadrons de dragons, le 3ᵉ et le 15ᵉ. Avant d'entamer la charge, il fit ouvrir le feu sur les Mamelucks; ceux-ci, craignant d'être enveloppés, satisfaits d'ailleurs d'avoir sauvé leur convoi qui était déjà loin et en sûreté, s'éloignèrent au galop du champ de bataille, sans laisser un seul des leurs aux mains des Français. Notre infanterie n'arriva que lorsque tout était fini...»

N° 17

LETTRE DE BONAPARTE AU GÉNÉRAL LECLERC.

(Cette lettre fut mise à l'ordre de l'Armée).

« Je vous prie de vouloir bien témoigner aux 7ᵉ hussards, 22ᵉ chas-
« seurs, 3ᵉ et 15ᵉ *Dragons*, ma satisfaction de la conduite qu'ils ont tenue
» dans la charge glorieuse qu'ils ont faite sur l'arrière-garde des Mame-
» lucks, auxquels ils ont tué et blessé beaucoup de monde, entre autres
» leur chef Ali-Bey. »

N° 18

LETTRE DU SOUS-LIEUTENANT DELESALLE A SON CHEF DE BRIGADE

(Correspondance de Napoléon Iᵉʳ)

A bord du Tigre, le ..... Germinal an 7.

Au Chef de Brigade du 3ᵉ Régiment de Dragons,
Je vous préviens, citoyen Commandant, que je suis à bord du vaisseau anglais le *Tigre*. Dans la reconnaissance faite le 24 ventôse, j'ai été fai

prisonnier par les Arabes du désert qui étaient au nombre de 250 hommes. Après une défense assez vaine, nous fûmes obligés de battre en retraite, et l'ennemi en forces supérieures nous a entourés de toutes parts et nous a écharpés ; je me suis donc battu pendant plus de 10 minutes tant de pied ferme qu'en battant en retraite à la queue du peloton. J'ai reçu cinq coups de lance et un coup de sabre, savoir : un au cou, un au bras, un au côté, un au bas des reins et l'autre à la main. J'ai été dépouillé entièrement et il ne m'a été laissé que ma chemise et mon caleçon ; nous fîmes à peu près trois lieues dans les montagnes le même soir, et après m'avoir fait mille horreurs, ils sont venus me présenter toutes les têtes de mes pauvres Dragons qui étaient au nombre de huit à dix.

Je n'ai point reconnu celle de *Terraud* que je crois mort. Je restai jusqu'à 11 heures du soir avec ces scélérats qui me menacèrent cent fois de me couper la gorge ; quoique j'eusse une fièvre affreuse et que je fusse baigné dans mon sang, je choisis le moment où un de mes Arabes dormait près de moi et que les autres faisaient du feu, pour gagner les montagnes, et jetai ma chemise pour n'être pas vu de loin par les Arabes des villages où j'étais obligé de passer. Vers la pointe du jour, je croyais être auprès du camp, mais je m'aperçus que j'en étais très loin. Ignorant où j'étais et n'ayant plus la force d'avancer, je fus repris par des Arabes cultivateurs qui me conduisirent vers leur Bacha. Ce dernier, vers minuit, me fit conduire par trois hommes à cheval à Saint-Jean-d'Acre où nous n'arrivâmes qu'après trois jours de marche. A mon arrivée le peuple se porta en foule pour m'arracher des mains des Arabes qui me conduisaient. Je fus mené chez le Bacha qui me fit mettre en prison et m'envoya un chirurgien qui pansa mes blessures pour la première fois. Sur ces entrefaites, Monsieur le chevalier *Sydney Smith*, commandant les forces navales d'Angleterre dans le Levant, désirant me voir, on me conduisit près de lui ; il s'intéressa à moi et demanda sur-le-champ au Bacha de me faire passer à son bord. On ne le satisfit pas dans le moment, mais M. le Chevalier voyant l'approche des armées françaises a insisté pour m'avoir à son bord en promettant de me rendre au Bacha.

Ce fut la seconde nuit que j'avais les fers aux pieds que, vers 11 heures, le drogman du Bacha vint me délivrer et me conduire chez le Consul Anglais à bord du *Tigre,* où je suis depuis quatre jours. Vous pourrez juger de toute ma reconnaissance envers mon libérateur qui m'a fait donner un habillement complet. Mes blessures vont assez bien, mais j'ai toutes les parties du corps meurtries. Veuillez, je vous prie, faire votre possible pour obtenir mon échange du Général en chef si cela se peut.

Les Arabes qui m'ont fait prisonnier m'ont devancé d'un jour et ont porté treize têtes au Bacha, ainsi que des habits, armes, etc., etc., et ma seule crainte était de les joindre en route.

J'ai l'honneur d'être....

Signé : DELESALLE, Sous-Lieutenant au 3ᵉ Dragons.

NOTE DE M. SYDNEY-SMITH JOINTE A CETTE LETTRE.

L'officier infortuné qui écrit cette lettre fut menacé des plus grands malheurs par sa position envers les Turcs. Lors de la première apparition de l'armée ennemie, je l'en ai retiré et ferai en sorte que le Bacha ne le réclame plus. Il serait beaucoup mieux de ne pas faire près de Djezzar. Bacha des réclamations qui pourraient lui faire renaître l'idée de le ravoir entre ses mains ou l'irritation de son esprit et celle des Turcs contre les Français. M. Delesalle est maintenant mon commensal et le sera jusqu'à une occasion favorable pour l'envoyer en France.

N° 19

ORDRE DU JOUR DU 9 THERMIDOR AN VII (25 JUILLET 1799)

Quartier Général devant Aboukir, 9 Thermidor, an 7.

Le Général en chef voulant donner une marque de sa satisfaction à la Brigade de Cavalerie du général Murat, qui s'est couverte de gloire à la bataille d'Aboukir, ordonne au commandant d'artillerie de remettre à cette brigade les 2 pièces de campagne anglaises qui avaient été envoyées par la Cour de Londres en présent à Constantinople et qui ont été prises à la bataille.

Sur chaque canon, il sera gravé le nom des trois Régiments qui composaient cette Brigade, le 7ᵉ Hussards, les 3ᵉ et 14ᵉ Dragons, ainsi que le nom du Général *Murat* et aussi de l'Adjudant Général *Roize*; il sera écrit sur la volée : BATAILLE D'ABOUKIR.

N° 20

COMBAT DU 3ᵉ DRAGONS A KORAÏM

RAPPORT au Gouvernement Français sur les événements qui se sont
passés en Egypte depuis le traité d'El-Arich jusqu'à la mort du Général
Kléber (24 Janvier 1800 — 15 Juin 1800).

> (*Extrait du Général Kléber continué par le Général
> Damas avec des annotations de sa main. — Archives
> du Ministère de la Guerre.*)

« ...Cependant le général Reynier conduisait à Salahieh sa division et avait
avec lui le 22ᵉ Régiment de Chasseurs à cheval et les 3ᵉ et 14ᵉ Dragons.
Je partis 2 heures après avec la Brigade du Général Belliard, les guides
et le 7ᵉ Régiment de Hussards.

Me trouvant près de Koraïm, j'entendis une vive canonnade en avant de
ce village. Je présumai que le général Reynier était fortement engagé......
Arrivé sur les hauteurs de sable voisines de ce village, je vis la division
Reynier occupée à repoussser avec son artillerie 3 ou 4000 cavaliers qui
l'entouraient. A peine fus-je apparu que le corps ennemi fit un mouvement
subit et se jeta précipitamment sur nous. Il fallait franchir l'intervalle qui
nous séparait du carré du général Reynier et recevoir la charge ; elle fut tellement impétueuse que l'artillerie des guides n'eut pas le temps de se
mettre en batterie ; les conducteurs sont aussitôt taillés en pièces, et la
mêlée devenant complète, chacun s'occupe de sa défense. Les habitants
de Koraïm nous voyant écharpés de toutes parts, nous croient perdus, et
toute cette multitude armée de lances et de fourches nous assaillit sur notre
gauche. Le danger était extrème, lorsque les 3ᵉ et 14ᵉ Dragons arrivèrent
pour nous soutenir ; nous reprenons aussitôt l'offensive et repoussons
vivement l'ennemi qui laissait environ 300 morts ou blessés sur le champ
de bataille. Nous regagnons le carré du Général Reynier auquel se réunit
bientôt celui du Général Belliard. »

N° 21

LETTRE DU GÉNÉRAL MENOU EN FAVEUR DU CAPITAINE DUVIVIER

(*Archives du Ministère de la Guerre*).

Je réclame l'intérêt et la bienveillance du Général Premier Consul en faveur du citoyen *Duvivier*, capitaine au 3ᵉ Régiment de Dragons. La conduite de cet officier a été des plus distinguées. Il est impossible d'être plus brave, plus intelligent et plus dévoué. Aux différentes affaires qui ont eu lieu en Egypte depuis la descente des Anglais, le Capitaine *Duvivier* a été l'exemple de l'Armée par son intrépidité et son activité. Il fut dangereusement blessé au combat du 22 Ventôse (Aboukir). Les généraux, les chefs de son corps lui ont rendu la justice qu'il méritait. Ici, je m'empresse de demander pour lui au Général Premier Consul un sabre d'honneur.

Signé : MENOU.

CHAPITRE VI

N° 22

1re Division Militaire
an XII

PROCÈS-VERBAL D'ORGANISATION DU 3ᵉ RÉGIMENT DE DRAGONS

(11 *Novembre* 1803).

Cejourd'hui 19 Brumaire an XII, nous Général de Brigade Duteil, Sous-Inspecteur aux revues employé à Versailles et chargé de suppléer le citoyen Aubernon, Inspecteur aux revues dans la 1re Division Militaire, en suite de l'invitation que nous a faite le citoyen Thiébaut, Général de Brigade commandant les subdivisions de Seine-et-Oise et d'Eure-et-Loir, d'après les ordres du Général Ministre de la Guerre du 20 Vendémiaire dernier à lui transmis par le Général Divisionnaire Jennot, commandant en chef la 1re Division, portant que conformément à la nouvelle organisation de l'armée arrêtée par le Général le 1er Vendémiaire de cette année, chaque régiment de Dragons serait composé d'un État-Major et de 8 Compagnies faisant 4 Escadrons ainsi qu'il suit :

ÉTAT-MAJOR	PIED			
	de paix		de guerre	
	H.	C.	H.	C.
Colonel	1	3	1	4
Major	1	3	1	4
Chefs d'Escadron	2	4	2	6
Quartier-Maître-Trésr	1	1	1	1
Adjudant-Major	2	4	2	6
Chirurgien-Major	1	1	1	2
Adjudants sous-officiers	2	2	2	2
Brigadier-Trompette	1	1	1	1
Brigadier-Tambour	1	»	1	»
Maître Tailleur	1	»	1	»
Maître Sellier	1	»	»	»
Armurier-Eperonnier	»	»	»	»
Culottier	»	»	»	»
Bottier	»	»	»	»
	17	29	17	26

COMPAGNIE	PIED			
	de paix		de guerre	
	H.	C.	H.	C.
Capitaine	1	2	1	3
Lieutenant	1	1	1	2
Sous-Lieutenant	1	1	1	2
	3	4	3	7
Mar. des Logis Chef	1	1	1	1
Maréchaux des Logis	3	3	3	3
Fourrier	1	1	1	1
Brigadiers	6	6	6	6
Dragons	54	54	72	72
Maréchal-ferrant	1	1	1	1
Trompette	1	1	1	1
	70	71	88	92
Sous-Lieutenant	1	1	1	2
Maréchal des Logis	1	»	1	»
Brigadiers	2	»	2	»
Dragons	36	»	46	»
Tambours	1	»	2	»
	111	72	140	94

Nous sommes transportés avec ledit Général Thiébaut sur la place du Grand-Maître où étaient réunis les 3ᵉ et 4ᵉ Escadrons du 3ᵉ Régiment de Dragons et quelques hommes des 1ᵉʳ et 2ᵉ Escadrons détachés à Chantilly, à l'effet de constater l'état actuel du Régiment tant en présents qu'absents ; le Général, après avoir passé devant le front de la troupe, a ordonné de faire border la haye par compagnie et a fait appeler le Capitaine Vanvelsen chargé des contrôles pour constater l'effectif du Régiment.

Le 3ᵉ Régiment de Dragons s'est trouvé composé ainsi qu'il suit, savoir :

ANCIENNE FORMATION

Etat-Major

Les Citoyens :

Fiteau...... Chef de Brigade.
Sainglant... Chef d'Escadron.
Dubois..... —
Duvivier.... —
Périlleux.... Quartier-Maître-Trésorier.
Vandevelde. Adjudant-Major.
Delesalle ... —
Bavay...... Chirurgien-Major.
Milquin.... Adjudant Sous-officier.

Les Citoyens :

Merlin..... Adjudant Sous-officier.
Cavalerie... Brigadier-Trompette.
Laurent.... Artiste Vétérinaire.
Osvald..... Maître Tailleur.
Georges.... — Sellier.
Clarti...... — Armurier.
Olivier .... — Culottier.
Melzem.... — Bottier.

1ᵉʳ *Escadron*

COMPAGNIE D'ÉLITE

Picard........ Capitaine.
N............ Lieutenant.
Mathieu...... Sous-Lieutenant.
Hacquin...... —

5ᵉ COMPAGNIE

Barbut........ Capitaine.
Rousse........ Lieutenant.
Daniel........ Sous-Lieutenant.
Lancestre ..... —

2ᵉ *Escadron*

2ᵉ COMPAGNIE

N............ Capitaine.
Miller .... Lieutenant.
Marrin ...... Sous-Lieutenant.
Paul .... —

6ᵉ COMPAGNIE

Fontenelle..... Capitaine.
Guyon........ Lieutenant.
Gallant .... Sous-Lieutenant.
David........ —

3ᵉ *Escadron*

3ᵉ COMPAGNIE

Vanvelsen.... Capitaine.
Duret........ Lieutenant.
Canuet ...... Sous-Lieutenant.
N........... —
Maréchal des Logis Chef   1
Maréchaux des Logis. ..   4
Fourrier..............   1
Brigadiers   8
Dragons   80
Trompettes............   2

7ᵉ COMPAGNIE

Cottignies..... Capitaine.
Thivol........ Lieutenant.
Bailleul .... Sous-Lieutenant.
Favory........ —
Maréchal des Logis Chef.   1
Maréchaux des Logis....   4
Fourrier...............   1
Brigadiers   6
Dragons...............   82
Trompettes............   2

4e Escadron

<table>
<tr><td colspan="2">8e COMPAGNIE</td><td colspan="2">4e COMPAGNIE</td></tr>
</table>

8e COMPAGNIE		4e COMPAGNIE	
Milquin.......	Capitaine.	Bouquerot.....	Capitaine.
Duhamel......	Lieutenant.	N...........	Lieutenant.
Rullié........	Sous-Lieutenant.	Delahode.....	Sous Lieutenant.
Agny.........	—	Sainglant.....	—
Maréchal des Logis Chef.	1	Maréchal des Logis Chef.	1
Maréchaux des Logis....	4	Maréchaux des Logis....	4
Fourrier..............	1	Fourrier..............	1
Brigadiers	8	Brigadiers.............	6
Dragons............. ..	79	Dragons	81
Trompettes...	2	Trompettes...........	2

TOTAL DU RÉGIMENT

Hommes présents.	282	Chevaux présents.	128
— en congé..............	4		
— hôpitaux intérieurs.......	56		
— hôpitaux extérieurs.......	2		
— détachés..............	425	— détachés..............	306
	769		434

D'où il résulte que pour porter ce Régiment au pied de paix d'après l'arrêté du 1er Vendémiaire dernier, il lui faut une remonte de 137 hommes et une remonte de 162 chevaux de troupe, non compris ceux des Officiers dont tous les emplois sont vacants.

Le Général a déclaré qu'il allait procéder à l'organisation du *3e Régiment de Dragons* en faisant par lui-même celle des 3e et 4e Escadrons, que d'après les ordres et instructions qu'il expédiera au Colonel Fiteau, ce dernier serait chargé de l'opérer dans les 1er et 2e Escadrons ; qu'à cet effet, les hommes tirés des 3e et 4e Escadrons pour compléter les 1er et 2e y resteraient définitivement attachés et que ceux des 1er et 2e qui se trouvent ici présents, ainsi que les hommes qui rentreraient des hôpitaux ou de congé à quelque compagnie qu'ils appartiennent, la compagnie d'élite exceptée, feraient partie des 3e et 4e Escadrons.

Le Général a ordonné d'égaliser en hommes les 3e, 7e, 4e, 8e compagnies et de leur faire une égale répartition des chevaux.

Le Général a désigné provisoirement les citoyens *Canuet*, Sous-Lieutenant pour la 3e Compagnie ; *Danel*, Sous-lieutenant pour la 7e ; *Delahode*, Sous-Lieutenant pour la 4e et *Galand* pour la 8e Compagnie ; *Lozier*, Maréchal des Logis à la 3e Compagnie ..... etc ..... pour faire partie des détachements à pied, et après les avoir fait exercer sur le terrain et avoir reconnu leurs capacités, a déclaré que cette désignation était définitive.

Le nommé *Schinster,* Maréchal des Logis de la 2ᵉ Compagnie, se trouvant en état de remplir l'emploi de Brigadier-Tambour, il y a été nommé.

Ziwigny de la 3ᵉ, *Fourmans* de la 7ᵉ, *Desaix* de la 4ᵉ et *Bertrand* de la 8ᵉ, tous quatre trompettes, ont été désignés pour être tambours.

Les Compagnies des 3ᵉ et 4ᵉ Escadrons ayant été égalisées, le Général a fait ouvrir un ban et a déclaré au nom du Gouvernement aux officiers, sous-officiers et dragons du *3ᵉ Régiment* que le Régiment conservait sa dénomination, et qu'ils reconnaîtraient le citoyen *Fiteau* pour leur Colonel et lui obéiraient en tout ce qu'il leur commanderait en cette qualité pour le service de la République, que le Gouvernement ordonnait que les Régiments de Dragons feraient leur service à pied et à cheval et que cette disposition ne changerait rien à leur solde ni à leur avancement.

Le ban ayant été fermé, le Général a vu manœuvrer et défiler la troupe.

Ainsi le Régiment se trouve actuellement composé ainsi qu'il suit, sauf l'organisation intérieure des Compagnies détachées :

NOUVELLE FORMATION

Etat-Major

Fiteau.......	Colonel.	Adjudants sous-officiers.........	2
N...........	Major.	Brigadier-Trompette............	1
Sainglant	Chef d'Escadron.	Artiste Vétérinaire	1
Dubois	—	Brigadier-Tambour.............	1
Périlleux.....	Quartier-Maître-Trésorier.	Maître Sellier	1
Vandevelde...	Adjudant-Major.	— Tailleur................	1
Delesalle.....	—	— Armurier-Eperonnier.....	1
Bavay........	Officier de Santé.	— Culottier...............	1
		— Bottier.................	1

1ᵉʳ Escadron

COMPAGNIE D'ÉLITE		5ᵉ COMPAGNIE	
Picard..............	Capitaine.	Barbut..............	Capitaine.
Duret	Lieutenant.	Rousse	Lieutenant.
Mathieu	Sous-Lieutenant.	Bailleul.............	Sous-Lieutenant.
Hacquin............	—	Favory	—
Sous-officiers et dragons 55.		Sous-officiers et dragons 155.	
Chevaux............ 54.		Chevaux............. 95.	

2ᵉ *Escadron*

2ᵉ COMPAGNIE	6ᵉ COMPAGNIE
Bouquerot............ Capitaine.	Fontenelle............ Capitaine.
Miller .... Lieutenant.	Guyon.............. Lieutenant.
Marin .... Sous-Lieutenant.	Duhamel .... —
Paul................ —	Rullier.............. Sous-Lieutenant.
Sous-officiers et dragons 96.	Sainglant .... —
Chevaux .... 94.	Sous-officiers et dragons 97.
	Chevaux.............. 66.

3ᵉ *Escadron*

3ᵉ COMPAGNIE (à cheval)	7ᵉ COMPAGNIE (à cheval)
Vanvelsen............ Capitaine.	Cottignies...... Capitaine....... 2 ch.
N................... Lieutenant.	Thivol......... Lieutenant...... 1 ch.
N................... Sous-Lieutenant.	Lancestre. ..... Sous-Lieutenant. 1 ch.
Maréchal des Logis chef 1.	Hommes....... 36.
Maréchaux des Logis... 2.	Chevaux........ 22.
Fourrier .... 1.	
Brigadiers............ 4.	
Dragons............. 18.	
Maréchal-Ferrant...... ».	
Trompette .... 1.	

(à pied)	(à pied)
Canuet .... Sous-Lieutenant.	Danel......... Sous-Lieutenant.
Maréchal de Logis..... 1.	Hommes....... 40.
Brigadiers............ 2.	
Dragons............. 36.	
Tambour............. 1.	

4ᵉ *Escadron*

4ᵉ COMPAGNIE (à cheval)	8ᵉ COMPAGNIE (à cheval)
N............ Capitaine.	Milquin....... Capitaine.
N............ Lieutenant.	N............ Lieutenant.
David........ Sous-Lieutenant.	Agny........ Sous-Lieutenant.
Hommes.......... 41	Hommes.......... 37
Chevaux.......... 26	Chevaux 26

(à pied)	(à pied)
Delahode ..... Sous-Lieutenant.	Gallant .... Sous-Lieutenant.
Hommes 40	Hommes 40
»	Chevaux.......... 1

La différence qui se trouve dans l'effectif des hommes et des chevaux de l'ancienne organisation avec la nouvelle provient de ce que le Commandant *Duvivier*, chef d'Escadron, chargé du détail est employé dans l'ancienne organisation avec ses deux chevaux, et ne l'a pu être dans la nouvelle, devant se retirer dans ses foyers.

Le Général a fait de suite assembler le Conseil d'administration et l'a prévenu que le chef d'Escadron chargé du détail se retirerait de suite dans ses foyers jusqu'à ce que le Gouvernement le mette en activité et cela pour y recevoir le traitement d'activité jusqu'à ce qu'il soit replacé.

L'injonction de se retirer dans ses foyers n'a pu être faite au chef d'Escadron *Duvivier* chargé du détail du Corps comme moins ancien que le chef d'Escadron *Dubois*, attendu qu'ils se trouve aux Escadrons de guerre.

Aussitôt qu'il y aura été relevé par le dit chef d'Escadron *Dubois* et qu'il sera de retour aux Escadrons de dépôt, le Général a annoncé qu'il lui ferait la notification prescrite par les instructions du Ministre.

Le Général a annoncé au chef d'Escadron Commandant et au Conseil d'administration que le Major sera spécialement chargé des détails, de l'instruction, de la tenue, de la police, de la discipline et de la comptabilité du Régiment et des Compagnies ; qu'il sera dépositaire des contrôles, qu'il remplira au Conseil d'administration les fonctions de rapporteur même lorsqu'il le présidera, qu'il commandera le Corps, en l'absence du Colonel et que son traitement annuel sera de 4,700 francs, que le suppléant du chef d'Escadron qui a été jusqu'alors chargé des contrôles sera ainsi suppléant du Major en cette qualité seulement.

Que la 1ʳᵉ Compagnie conservera le titre de Compagnie d'élite, qu'elle sera de nombre égal aux autres compagnies en hommes montés et non montés, qu'elle devra être ainsi qu'elle l'a été précédemment composée d'hommes choisis par le Corps, soit pour le service à cheval, soit pour le service à pied, que les sous-officiers et dragons qui en feront partie toucheront tous indistinctement la haute paie de 5 centimes par jour.

Le Général a ordonné de faire travailler à l'instruction pendant le cours de l'année de manière à ce que la troupe soit en état d'exécuter aux manœuvres de l'automne celle de l'école de Bataillon, lui observant que les dragons à pied ne doivent pas moins recevoir l'instruction pour le service à cheval comme ceux montés doivent anssi recevoir l'instruction pour le service à pied.

N° 23.

A propos du combat de Pohrlitz.

*1° Lettre du Général Walther au Prince Murat
18 Novembre 1805.*

(*Archives du Ministère de la Guerre*).

Monseigneur,

Conformément à votre ordre de ce matin, j'ai mis ma division en marche sur *Pohrlitz* ; en sortant du village de Mislitz, la 1ʳᵉ Brigade a commencé à rencontrer l'ennemi que le général *Sébastiani* a culbuté et poursuivi jusqu'en avant de Pohrlitz. Arrivé à cette hauteur, j'ai fait serrer les deux dernières brigades après les avoir mises en mesure de soutenir le général Sébastiani, j'ai ordonné de continuer à charger l'ennemi qui a été chassé vigoureusement de Pohrlitz et reconduit au-delà du défilé long environ d'une demi-lieue, et nous sommes venus nous établir sur des hauteurs où l'ennemi s'est montré en forces considérables de cavalerie et où, conformément à vos instructions, j'ai arrêté la division pour lui faire prendre les positions que vous m'avez indiquées.

Dans cette journée, belle pour ma Division, j'estime que l'ennemi nous a laissé au moins 500 prisonniers et que nous n'avons eu qu'un homme tué et trois ou quatre blessés.

L'ennemi nous a laissé voir sur les hauteurs environ 1,000 chevaux. Il est possible que des accidents de terrain nous aient caché d'autres troupes, mais nous avons regretté que la journée fût aussi avancée tandis que déjà la division avait fait une forte pointe sur l'ennemi.

J'ai particulièrement à me louer de la Brigade du général *Sébastiani* qui, se trouvant en tête de la division, a parfaitement manœuvré pendant la journée ; le général Sébastiani mérite beaucoup d'éloges.

Il est 5 heures 1/2, je retourne avec une partie de la division à Frainspitz où vous m'avez ordonné d'établir mon quartier général.

D'après les renseignements que j'ai pris auprès de plusieurs déserteurs qui m'ont paru être des jeunes gens enlevés de force pour les faire marcher, il paraît à peu près sûr que le Prince commandant les Autrichiens au moment de notre passage sur le pont du Danube, à Vienne, a été envoyé dans une forteresse et que le commandement des troupes qui se sont retirées des environs de Vienne a été donné à un prince de Lichtenstein, qui les a réunies à Brünn au nombre de 15,000 hommes d'infanterie et de 3,000 hommes de différents régiments de cavalerie, commandés par le général Kienmayer.

Un receveur des Contributions à Pohrlitz m'a assuré qu'une colonne russe devait arriver à Brünn le 19 Novembre, qu'une autre devait arriver le 22 suivant, et enfin une troisième colonne composée de cavalerie doit arriver le 24 Novembre; ces trois colonnes forment un corps de 25 compagnies d'artillerie, de 30 bataillons d'infanterie et de 36 escadrons.

Demain, à la pointe du jour, le général *Sébastiani* enverra une reconnaissance sur Brünn; mais comme nous sommes déjà très en pointe, cette reconnaissance se fera avec beaucoup de précautions.

Je vous prie de remettre vos ordres pour moi à l'aide de camp porteur de ce rapport.

Messieurs vos aides de camp qui se sont toujours trouvés avec les tirailleurs pourront vous donner de sûrs renseignements de la manière dont les troupes se sont montrées.

J'aurai demain l'honneur de vous adresser le rapport des personnes qui se sont le plus particulièrement distinguées.

J'ai l'honneur de vous saluer très respectueusement.

Le Général WALTHER.

Mes trois aides de camp qui ont presque toujours été avec le Général Sébastiani méritent les plus grands éloges.

N° 24

2° *Lettre du Général Belliard au Prince Murat, 18 Novembre,
4 heures 1/2 du soir.*

(*Archives du Ministère de la Guerre*).

Mon Prince,

La Brigade *Sébastiani* a rencontré l'ennemi en avant de Irritz et l'a poursuivi sur la route jusqu'auprès de Pohrlitz et a fait 7 ou 800 prisonniers; le Général Walther avec le reste de sa Division soutenait la Brigade Sébastiani; au départ de l'officier on était devant Pohrlitz où se trouvaient en bataille quatre bataillons russes et environ deux cents hommes de cavalerie russes et autrichiens ; on faisait des dispositions pour attaquer l'infanterie au départ de l'officier ; si on a cru pouvoir le faire avec avantage, j'écrirai au Général d'Hautpoul d'être prêt à partir et de partir même si le Général Walther le demande, mais si l'infanterie se tient dans la ville et qu'elle puisse y tenir, la cavalerie devra renoncer à l'attaque ce soir, et demain il faudra de l'infanterie ; mais je pense que l'ennemi n'y sera plus ; il n'y avait pas un officier avec les Russes qu'on a pris.

La Cavalerie Autrichienne n'a pas tiré un coup de pistolet, elle faisait l'arrière-garde et quand on l'approchait, au lieu de faire demi-tour à droite, elle pressait l'allure. Aussitôt que j'aurai d'autres nouvelles, je m'empresserai, mon Prince, de vous les envoyer.

J'ai l'honneur d'être de Votre Altesse Sérénissime, mon Prince,
Le très humble et très obéissant serviteur.

Aug. BELLIARD.

N° 25

3° Lettre du Maréchal Lannes à l'Empereur (extrait)
18 Novembre 1805

(*Archives du Ministère de la Guerre*).

« J'ai l'honneur de rendre compte à Votre Majesté que le Général *Sébastiani* vient de prendre 800 Russes du corps qui se retire à la débandade.

Il a poursuivi environ 2 bataillons jusque dans Pohrlitz ; il n'attend que la Division Walther qui a du canon pour les y attaquer, et je pense, d'après ce que m'a dit l'officier qu'il m'a envoyé, que ces 2 bataillons n'échapperont pas..... »

N° 26

4° Lettre attribuée au Général Sébastiani (18 Novembre 1805).

(*Archives du Ministère de la Guerre.*)

Monseigneur,
J'ai rencontré l'ennemi à une demi-lieue au-dessus de Mizlitz, sur la route de Pohrlitz. Il ne me paraît plus douteux que ce ne soit la route de

Brünn qu'il occupe avec la majeure partie de ses forces : tous les renseignements que j'ai s'accordent à cet égard. Je l'ai vivement poursuivi et chargé à différentes reprises et le résultat de ces charges est d'environ 6 à 700 prisonniers parmi lesquels une vingtaine de cavaliers. Son intention était de passer la nuit à Pohrlitz; son arrière-garde y avait pris position et ses feux étaient déjà faits. Je n'ai pas hésité à l'en déloger, et ce village a été enlevé de vive force après une charge très impétueuse sur les Hussards et les Cosaques qui couvraient sa retraite. J'y ai fait aussi quelques prisonniers.

Je n'ai que des éloges à faire des différents Régiments qui composent la Brigade que j'ai l'honneur de commander, et des témoignages on ne peut plus honorables à rendre de MM. les Chefs de Corps. MM. Brunet et Piéton, vos aides de camp, ainsi que M. Pirey, adjoint à l'Etat-Major de M. le Maréchal Berthier, qui se trouvaient auprès de moi, méritent à tous égards, Monseigneur, que je les nomme ici et que je vous fasse part de leur conduite très distinguée. Je dois les mêmes témoignages de satisfaction à M. Curnier, mon aide de camp et à M. Morin, aide de camp du Général Walther.

Dans ce moment encore le 1ᵉʳ Régiment de Chasseurs vient de faire environ 150 prisonniers russes dans un bois, sur notre gauche et que nous avions coupés en nous portant rapidement en avant. J'ai pris position à Pohrlitz.

Les débris de l'armée autrichienne se trouvent réunis à l'armée russe sur Brünn.

Je supplie Votre Altesse d'agréer mon respectueux dévouement.

(Attribuée au Général SÉBASTIANI.)

Nᵒ 27

27ᵉ BULLETIN DE LA GRANDE ARMÉE (EXTRAIT).

POHRLITZ 28 BRUMAIRE AN XIV (19 NOVEMBRE 1805.)

(Recueil des Bulletins de la Grande Armée).

« Depuis le combat de Guntersdorf, l'ennemi a continué sa retraite avec la plus grande précipitation. Le Général *Sébastiani* avec sa *brigade de Dragons* l'a poursuivi l'épée dans les reins. Les immenses plaines de

Moravie ont favorisé sa poursuite. Le 27 (18 Novembre), à la hauteur de Pohrlitz, il a coupé la retraite à plusieurs corps et a fait dans la journée 2000 russes prisonniers de guerre.

Pendant ce temps (pendant l'attaque de Blaziewitz par le Maréchal Lannes) les braves Régiments de la Division Kellermann et ceux de la Division *Walther* poussaient et recevaient plusieurs charges, s'emparaient de 8 pièces d'artillerie, faisaient prisonniers un prince russe et plusieurs officiers de marque.....

La Brigade du Général *Sébastiani,* par un changement de front, tombait sur le flanc de l'ennemi qui chargeait nos Hussards et nos Chasseurs, et lui faisait éprouver une perte considérable.....

M. le Maréchal Lannes fait avancer la Division Suchet pour gagner les hauteurs de Siwitz. La Cavalerie ennemie qui s'était ralliée en arrière du ravin de Kruch, ne pouvant plus opérer sur sa gauche, gagne les hauteurs de Posoritz pour soutenir l'Infanterie que faisait attaquer le Maréchal Lannes. Le prince voyant ce mouvement, fait porter sur la gauche la Division Walther et la 2ᵉ Division de grosse cavalerie du Général d'Hautpoul, pour se réunir aux Brigades Treilhard et Milhau et soutenir l'Infanterie. La Cavalerie ennemie se porte en avant, mais chargée par la Brigade *Sébastiani,* soutenue par la Brigade Roget, elle se retire derrière son Infanterie qui par son feu arrête la Division Walther.

... Tous les Corps, toutes les Armes, tous les Officiers ont rivalisé de dévouement, de bravoure et d'ardeur...

Son Altesse Sérénissime ne saurait trop faire d'éloges de tous les Officiers généraux sous ses ordres et particulièrement de MM. les Généraux *Walther* (2ᵉ Division de Dragons), Kellermann, Nansouty, d'Hautpoul ; de MM. les Généraux de Brigade *Sébastiani* (3ᵉ et 6ᵉ Dragons), Milhau et La Houssaye.

Les Généraux Kellermann et *Walther* (2ᵉ Division de Dragons) ont été blessés en chargeant à la tête de leurs troupes, ainsi que le Général *Sébastiani* (3ᵉ et 6ᵉ Dragons)...

Les Divisions de Dragons et de troupes légères n'ayant pas encore envoyé leurs rapports, on ne peut pas indiquer les braves qui se sont particulièrement distingués... »

N° 28

RÉCIT DU COMBAT DE RAUSNITZ TIRÉ DU BULLETIN DE LA 2e DIVISION DE
DRAGONS, PAR LE GÉNÉRAL WALTHER.

(Archives du Ministère de la Guerre).

Le 29 Brumaire an XIV (27 Novembre 1805), la Division s'est mise
en marche à 7 heures du matin, la Brigade du Général Treilhard partant
de Raygers et se dirigeant par Turas sur Ranswitz ; la Brigade du Général
Milhau partant de... et suivant la grande route de Brünn à Olmütz, la Brigade du Général *Sébastiani* partant des Alpes-Pennines, en avant de Brünn,
et la Brigade du Général Roget partant de Turas ; à 9 heures du matin,
la Brigade du Général *Sébastiani* a rencontré l'ennemi sur les hauteurs en
avant de Bellavitz, dont elle s'est emparée ; j'ai fait prendre position à cette
Brigade afin de dégager le mouvement du Général Treilhard qui est arrivé
à la même hauteur à 11 heures 1/4. Son Altesse Sérénissime donna elle-
même à cette Brigade l'ordre de passer le défilé de Schlapanitz et de prendre
position à la droite de la grande route ; le défilé l'a obligée de se porter
beaucoup plus à droite, et l'a empêchée de se lier avec la Brigade *Sébastiani* qui avait passé le défilé sur la grande route avec 200 chevaux des
1er et 26e Régiments ; l'ennemi a fait de suite un mouvement sur ces
2 Brigades avec des forces très supérieures ; cependant elles ont pendant
plus de 2 heures soutenu ses efforts et ont exécuté un très court mouvement de retraite avec le plus grand ordre et sans essuyer la plus légère
perte. Un Escadron de 70 hommes du 11e Dragons commandé par le Major
Lefebvre qui avait été détaché pour communiquer avec M. le Maréchal
Soult sur Austerlitz et faciliter les opérations du Général Treilhard, étant
très éloigné sur la droite, a été attaqué par un grand nombre de Cosaques
et trois Escadrons de Chevau-légers ; ce n'est qu'après des efforts inouïs
de courage et de fermeté qu'il est parvenu à se dégager et à faire sa jonction avec le Général Treilhard, dont le mouvement de retraite avait été
facilité par le *3e Dragons*. A 4 heures, Son Altesse Sérénissime me donna
l'ordre de déboucher avec toute ma Division et d'attaquer vivement
l'ennemi ; je l'exécutai en faisant passer le restant de la Brigade *Sébastiani*,
2 pièces d'artillerie légères et le 22e Dragons de la Brigade du Général

Roget ; je plaçai sur la droite de la Taeste les 1er et 26e de Chasseurs, le 10e de Dragons, l'Escadron qui restait du 11e, le 3e *Dragons* fut placé à la gauche et nous marchâmes dans cet ordre jusqu'à la hauteur occupée par l'ennemi, où les 1er et 26e de chasseurs exécutaient une charge qui enfonça la première ligne ennemie ; je chargeai moi-même un instant après, ayant avec moi trois Escadrons des 10e et 11e Dragons, nous culbutâmes les Hussards de Bauer et je ne fus arrêté que par un nouveau défilé ; l'ennemi profita de cet obstacle pour se retirer en arrière de la maison de Poste ; je me portai avec toute la Brigade du Général *Sébastiani* sur les hauteurs en avant de cette maison où je plaçai mon artillerie ; dans le moment je fus joint par les 16e et 22e de Chasseurs du Général Milhau que je plaçai à la gauche et un peu en avant du Général Sébastiani ; le 13e Régiment de Dragons et l'Escadron détaché du 11e me rejoignirent au même instant et furent placées en 2e ligne ; les Chasseurs de la Garde Impériale vinrent se placer à la gauche du Général Milhau, les Grenadiers de la Garde, les Carabiniers et les Cuirassiers furent placés par Son Altesse Seigneuriale sur différentes lignes ; l'ennemi qui exécutait sa retraite par la route et par notre gauche se forma en colonne, fit un mouvement par sa gauche et vint se déployer devant le Général Milhau et les Chasseurs de la Garde ; je fis appuyer les *3e et 11e Régiments de Dragons* pour pouvoir le charger en flanc au cas qu'il se portât sur les Chasseurs ; ce que j'avais prévu arriva, l'ennemi chargea les Chasseurs de la Garde du Général Milhau qui le reçurent de pied ferme avec beaucoup de sang-froid ; la Brigade du Général Milhau fut obligée de céder à des forces beaucoup trop supérieures et je me décidai à charger le flanc gauche de l'ennemi avec la Brigade du Général *Sébastiani*.

Le 10e Dragons resta en position pour protéger les pièces ; les 1er et 26e Chasseurs restèrent sur la droite pour contenir une nuée de cosaques ; le 13e Régiment de Dragons qui arrivait de la droite n'eut que le temps de mettre en bataille sa Compagnie d'élite ; au moment où tout le Régiment de Dragons russes de Stwer poursuivait les Chasseurs du 16e, le Général Roget avec cette Compagnie chargea l'ennemi, l'arrêta dans sa poursuite que mes charges sur son flanc avaient déjà bien ralentie. Ce fut alors que Son Altesse Seigneuriale ordonna la charge qu'exécutèrent les Cuirassiers. Après l'affaire, les Hussards du Général Treilhard qui étaient restés sur la droite vinrent s'établir à Holabitz ; le 26e de Chasseurs eut l'ordre de se rendre à Austerlitz où l'on présumait que M. le Maréchal Soult était arrivé, et les Dragons bivouaquaient autour des villages et des maisons depuis un peu en avant la maison de Poste jusqu'au près du défilé sur la grande route.

N° 29

PRINCIPALES SITUATIONS D'EFFECTIF DU 3ᵉ RÉGIMENT DE DRAGONS PENDANT LA CAMPAGNE DE 1805

(Archives du Ministère de la Guerre).

26 Août 1805.   FITEAU.   Colonel à Saint-Omer.
                               360 hommes.
                               373 chevaux.
23 Septembre 1805.   FITEAU.   Colonel à Friesenheim.
                               20 officiers.
                               336 hommes.
                               7 aux hôpitaux.
                               Dépôt à Versailles.
22 Novembre 1805.   21 officiers. — Prêts à combattre.
                               163 hommes.   —
                               213 chevaux.   —
                               271 hommes et 225 chevaux. — Détachés ou laissés
                                 en arrière.
15 Décembre 1805.   24 officiers. — Prêts à combattre.
                               153 hommes.   —
                               186 chevaux.   —
                               238 hommes, 346 chevaux. — Détachés ou laissés
                                 en arrière.
                               30 hommes aux hôpitaux.   —
                               11 prisonniers.   —

N° 30

ÉTAT DES PERTES A LA BATAILLE D'AUSTERLITZ

(Archives du Ministère de la Guerre).

3ᵉ DRAGONS

5 Sous-officiers ou soldats tués.
11 Sous-officiers ou soldats blessés.
13 Chevaux blessés.

POUR TOUTE LA DIVISION WALTHER

    1 Officier tué.
    5 Officiers blessés.
   15 Sous-officiers et soldats tués.
   70   —   —   blessés.
   35   —   —   prisonniers.
   36 Chevaux tués.
   32 Blessés.
   32 Chevaux pris.

Nᵒ 31

MARCHE DE LA DIVISION DE DRAGONS A PIED SOUS LES ORDRES DE M. LE
COLONEL-GÉNÉRAL BARAGUAY-D'HILLIERS

(Archives du Ministère de la Guerre).

25 Septembre 1805	Kehl et environs.
26 —	Zand, Wendscheg, Appenoehr et Zimmern.
27 —	Un bataillon à Oberkirch.
28 —	— —
29 —	Hugelheim.
30 —	Ettingen.
1ᵉʳ Octobre 1805	Ensberg en avant de Pfortzheim.
2 —	Environs de Stuttgard.
3 —	Stuttgard.
4 —	Plockingen.
5 —	Heidenheim.
6 —	Geidengem.
7 —	Heidenheim.
8 —	Neresheim, passe au 6ᵉ Corps d'armée et reçoit du Maréchal Ney l'ordre de rétrograder et d'occuper les hauteurs en avant d'Herbrechtingen sur la Brentz, où elle reste vers le 17.
10 —	1ʳᵉ Brigade Bessingen, 2ᵉ Brigade ...
11 —	Albeck et Langueneau.
12 —	Gross, Kissendorf.

13 Octobre 1805	Repos.
14 —	Stross, Falheim, Leipheim.
15 —	Sur les hauteurs de Pfuhl.
16 —	Bouglafingen.
17 —	Même position.
18 —	1re Brigade, Donauwerth ; 2e Brigade , Ulm sous les ordres du Maréchal Ney.
19, 20, 21, 22, 23 Octobre 1805	1re Brigade, Munster, Tapfheim, Donauwerth ; 2e Brigade à Ulm.
24 au 27 Octobre 1805	Mouvement opéré sur Ingolstadt et Neubourg où a rejoint la 1re Brigade.
28, 29, 30, 31 Octobre, 1er, 2 Novembre 1805	Repos.
3 Novembre 1805	A Neustadt.
4 —	Schirling.
5 —	—
6 —	Straubing.
7 —	Ascha, Nitterfeld, etc...
8 —	A Cham et environs.
9 —	Waldmunchen.
10 —	Klentz.
11 —	Klattau.
12 —	Environs de Klattau.
14 —	Rétrograde sur Cham.
15 —	Wichtad.
16, 17 —	Straubing et Prandling.
18 —	En marche pour Vienne où la Division est arrivée du 11 au 16 frimaire (2 au 7 Décembre 1805).
8, 9, 10 Décembre 1805	Repos.
11 —	Ordre pour la dissolution de la Division.
12 —	Départ des divers régiments pour rejoindre les Divisions à cheval, savoir : Le 2e Régiment à Brünn. Les 1er et 4e à Fustermünd et Enzensdorf.
13 —	Le 3e Régiment s'est mis en marche pour Munich.

CHAPITRE VII

N° 32

LETTRE DU GÉNÉRAL DE GROUCHY AU GÉNÉRAL BELLIARD A PROPOS DES
BATAILLES D'IÉNA ET AUERSTSADT.

(Archives du Ministère de la Guerre)

Géra, le 17 Octobre 1806.

Mon cher Général,

Je suis ici depuis le 15 sans aucuns ordres, sans savoir ce que je dois faire et où doit se porter la 2ᵉ Division. Incertain si mon aide de camp pourra vous rejoindre, j'écris aussi au prince Alexandre pour l'informer de ma position et des incertitudes dans lesquelles je me trouve. Veuillez, mon cher Général, nous réunir enfin au Corps de Son Altesse Impériale et lui témoigner combien la *2ᵉ Division* est malheureuse de n'avoir pu coopérer aux glorieux travaux et aux combats mémorables qui ont eu lieu. En mon particulier, vous croyez bien que je suis plus triste que personne d'avoir été appelé au commandement d'une Division que son éloignement a mis hors d'état de coopérer aux opérations.

Tâchez du moins que nous passions maintenant à votre avant-garde.

Je vous embrasse et vous fais mon compliment de bien bon cœur.

N° 33

RAPPORT DE MURAT A L'EMPEREUR SUR LE COMBAT DE ZEHDNICH.

(Archives du Ministère de la Guerre).

Sire,

J'ai l'honneur d'annoncer à Votre Majesté que le Général Lassalle était en présence de l'ennemi. Il avait quatre Régiments de Cavalerie aux environs de Zehdnick. Le Général Lassalle s'est contenté de faire bonne contenance en attendant les Dragons. La Division Grouchy a paru, alors les Hussards ont chargé avec la rapidité de l'éclair, ont tout renversé, ont chassé de la ville cette innombrable cavalerie, l'ont jetée dans un défilé en la taillant en pièces.

Cependant le Régiment de la Reine-Dragons s'est rallié au sortir du défilé, a fait bonne contenance ; les Hussards se sont formés à leur tour sur la droite de la route, pour laisser charger à leur tour les Dragons qui en ont fait une horrible boucherie ; ils les ont poussés jusque sous Templin et en ont fait un horrible carnage. Six cents prisonniers parmi lesquels plusieurs Officiers de marque, le Colonel du Régiment de la Reine-Dragons, un Major, une trentaine d'Officiers, un guidon du Régiment de la Reine, tel est le résultat de la plus belle et de la plus vigoureuse charge qui ait eu lieu. J'ai perdu quelques hommes, mais l'ennemi a perdu plus de deux cents hommes tués ; il n'existe plus d'Officiers aux Dragons de la Reine ; ce Corps qui était encore de 800 hommes n'est plus rien. Cette colonne, presque toute de Cavalerie, était commandée par le Général Schimmelpfenning....

.... Sire, votre Cavalerie s'est véritablement couverte de gloire ; le Général Lassalle a bien effacé la journée de Wainsensée...

JOACHIM.

N° 34

LETTRE DU PRINCE DE HOHENLOHE APRÈS LE COMBAT DE PRENTZLOW

(*Archives du Ministère de la Guerre*).

La supériorité de l'ennemi et son Artillerie me forcèrent à la retraite par Prentzlow... Les Français bien supérieurs à moi en Cavalerie et en Artillerie se disposaient à renouveler l'attaque sur mon centre. Plusieurs bataillons se trouvaient sans cartouches, une batterie entière d'Artillerie légère était perdue, et, d'après le rapport du Colonel Hozen, il ne restait plus à la plupart des autres pièces que cinq charges... Coupé des secours restés à Lichen et du Corps du Général Blücher, sans Cavalerie en état de combattre, puisque l'abattement des hommes et la fatigue des chevaux lui avait ôté toute confiance en elle-même, sans munitions et surtout sans vivres, enfin persuadé que je sacrifierais la vie de cette poignée d'hommes sans aucune utilité pour le service de Votre Majesté, je me suis soumis à ma triste destinée et j'ai capitulé avec l'ennemi suivant les conditions qu'elle trouvera ci-joint. Je suis à même de justifier de ma conduite pendant tous les jours de cette campagne aux yeux de mes contemporains et de la postérité, à ceux de Votre Majesté et devant mes propres regards que je puis tourner avec calme et avec sérénité sur moi-même.

N° 35

RAPPORT SUR LE COMBAT DE KARNICHEN

(Mémoires du Maréchal de Grouchy, t. 2, p. 277.)

Monsieur le Maréchal,

La Division que je commande se trouvait en position en arrière de *Biezun*, le 23 Décembre à la pointe du jour ; ayant reçu l'ordre de passer l'Ucker, elle s'est portée rapidement sur la rive gauche de cette rivière et s'y est réunie au 1er Escadron d'un de ses Régiments, le 3e *de Dragons*, qui y avait été envoyé pour soutenir nos avant-postes attaqués par l'ennemi.

Le terrain où ma première Brigade, aux ordres du Général Roget, dut se déployer en débouchant du pont sur l'Ucker, forme une sorte d'entonnoir, dominé par le plateau où était placée la Cavalerie prussienne. L'Artillerie ennemie s'avançait en hâte pour foudroyer ma première Brigade qui n'était soutenue d'aucun autre Corps de troupes à cheval ; ma seconde Brigade, en mouvement pour me rejoindre, n'avait pu encore arriver à raison de l'éloignement du point où elle se trouvait. Dans cette position délicate, un mouvement hardi et décisif pouvait seul rompre la ligne ennemie et nous rendre maîtres du village de *Karnichen*, que quelques Dragons à pied et une centaine d'hommes du 6e Régiment d'Infanterie légère, seules troupes à pied que nous eussions, ne suffisaient pas pour emporter. Votre Excellence ayant prescrit d'exécuter ce mouvement, je chargeai le 6e Régiment d'enlever ce village en y pénétrant de front, par son avenue principale et en le tournant par sa droite, tandis que le 3e *Régiment* abordant la ligne ennemie, devait l'enfoncer. Ce double mouvement exécuté avec vigueur et précision a obtenu le plus brillant résultat.

Le brave chef d'Escadron Rémy, à la tête d'une partie du 6ᵉ Régiment, est entré dans le village, a sabré et fait mettre bas les armes à l'Infanterie qui le défendait, et, débouchant de l'autre côté de Karnichen, s'est élancé sur les Escadrons prussiens que la charge du 3ᵉ *Régiment* avait fait rétrograder de ce côté.

Les enfoncer a été l'affaire d'un instant, et, continuant à fournir l'une des charges les plus vigoureuses et les plus prolongées qui puissent avoir lieu, le 6ᵉ Régiment les a poursuivis jusqu'à un défilé qu'il a encore franchi, nonobstant le feu de l'Artillerie et de l'Infanterie chargées de protéger leur retraite : l'ennemi a été poussé l'épée dans les reins près d'une lieue au-delà, et nombre de Hussards noirs et de Uhlans sont tombés en notre pouvoir ; le *3ᵉ Régiment* a soutenu les mouvements du 6ᵉ, et a été exposé assez longtemps au feu de l'Artillerie prussienne.

Le résultat des diverses charges et mouvements exécutés par la Division est la prise d'un drapeau, d'un étendard, de cinq bouches à feu, dont uu obusier, de deux caissons et plus de cinq cents Fantassins, Hussards ou Uhlans. Parmi les braves qui se sont le plus distingués, je dois vous nommer, Monsieur le Maréchal, le chef d'Escadron Rémy, du 6ᵉ Régiment, pour lequel je prie Votre Excellence de demander le grade de Major, et l'Adjudant-Major Mercier qui, ayant eu son cheval tué sous lui, a continué à suivre son peloton à la course et à l'exciter par ses propos.

Je me réserve de transmettre à Votre Excellence les noms des Sous-Officiers et Dragons qui ont le plus valeureusement combattu et ont enlevé les étendards.

La perte qu'a éprouvée la Division a été peu considérable ; mais nous avons à regretter deux Officiers dont l'un, le Capitaine Delaunay, emporte l'estime générale.

Nᵒ 36

LETTRE DE MURAT A L'EMPEREUR SUR LE COMBAT DE PASSENHEIM
(EXTRAIT)

(Archives du Ministère de la Guerre)

Passenheim, le 1 Février 1807, à 7 heures.

Murat fait attaquer l'ennemi à Schutzendorf de front par Grouchy et tourner par Lasalle et Milhau.

« ..... L'ennemi s'est aperçu du mouvement et lorsqu'il a voulu quitter
» sa position où je le laissais tranquillement, voulant donner le temps à
» Lasalle de finir sa manœuvre, je l'ai fait charger de tout côté ; il ne
» nous a échappé qu'à cause de la distance où il se trouvait de nous,
» et par les secours de son Infanterie qui s'est emparée des défilés et des
« bois. Cependant le *3e Régiment de Dragons* a fait une superbe
» charge et a fait une douzaine de prisonniers parmi lesquels un Officier.
» Le combat a fini à 6 heures et demie.....
» Les Dragons se sont montrés aujourd'hui comme à leur ordinaire,
» avec la plus grande bravoure..... »

N° 37

RAPPORT de la Bataille de Friedland adressé au Prince de Neufchâtel,
Major Général, du bivouac près du village de Closhenen, le 15 Juin 1807
à deux heures du matin, par le Général Em. de Grouchy.

(*Archives du Ministère de la Guerre*).

Monseigneur,

En exécution des ordres que vous m'avez transmis, je me suis rendu le
13 Juin, vers les 11 heures du soir, au quartier général de l'Empereur qui
a daigné me donner connaissance des projets qu'il venait d'arrêter et m'as-
signer une importante part à leur exécution en me confiant le Commandement de la Cavalerie de l'armée pendant la durée de l'absence du Grand
Duc de Berg, détaché avec le Corps du Maréchal Soult et quelques autres
troupes à cheval vers Kœnigsberg où se trouvait l'armée prussienne.

L'intention de Sa Majesté étant que je me réunisse le plus tôt possible
au Maréchal Lannes, auquel il adressait l'ordre d'attaquer les Russes dès que
je l'aurais rejoint, je continuai ma marche pendant le reste de la nuit avec
ma Division de Dragons et si rapidement que dès trois heures du matin,
j'effectuai, près du village de Georgesau, ma jonction avec le Maréchal
qui s'y trouvait avec son corps d'Armée et la Division des Grenadiers et
Cuirassiers du Maréchal Oudinot.

J'eusse dû rallier, en traversant Domnau, point de réunion assigné aux
troupes à cheval, la majeure partie des corps placés sous mes ordres ; mais
une faible portion seulement y était rendue et j'y laissai en observation

un officier avec l'injonction la plus formelle de diriger, à mesure qu'elles y arriveraient, les divisions en arrière vers les points que j'indiquai.

A la petite pointe du jour, je découvris l'ennemi en position près du village de *Posthenen*, à environ une demi-lieue en avant de Friedland. Sa gauche était appuyée à ce village et sa droite se prolongeait dans la direction de cette ville. Quoique je n'eusse encore avec moi qu'une Brigade de Cavalerie française, deux régiments de Chevau-Légers saxons et *ma Division de Dragons*, nous ne balançâmes pas, le Maréchal et moi, à attaquer immédiatement l'ennemi, ne doutant pas que nous ne fussions bientôt soutenus par les autres corps d'armée, et le but de l'Empereur étant de brusquement rejeter les Russes du côté de l'Alle, afin de couper leurs communications par la rive gauche de l'Alle avec Kœnisberg, ou de leur livrer bataille avant qu'ils aient pu être rejoints par l'armée prussienne, s'ils commettaient la faute de la recevoir de ce côté de cette rivière.

Par suite des dispositions d'attaque concertées avec le Maréchal Lannes, ma Cavalerie fut placée à la droite des Grenadiers d'Oudinot et comme la supériorité de l'ennemi le mettait à même de me déborder, je ne formai ma première ligne que de la Brigade de Cavalerie légère et des Régiments saxons, et je tins les *Dragons* en réserve et ployés en colonne, prêts à repousser victorieusement une attaque de flanc, si les Russes que j'allais attaquer de front, tentaient de la faire. L'impétuosité avec laquelle ma première ligne fondit sur eux et surtout les charges vigoureuses fournies par les Saxons ne leur en laissèrent pas le temps. Ils furent culbutés, poursuivis au loin et si malmenés qu'ils ne se rallièrent qu'avec peine.

Je m'attendais cependant, quand ils furent réunis, à les voir essayer de reprendre l'offensive, mais, au lieu de cela ils demeurèrent stationnés et je ne tardai pas à m'apercevoir que leur immobilité avait pour objet de masquer un grand mouvement de troupes qu'ils faisaient filer vers leur droite; d'où j'inférai qu'ils refusaient leur gauche à dessein de faire effort contre la nôtre, et de déboucher sur nos derrières afin de couper nos communications avec Georgesau, village où passe la seule route praticable qu'ils pussent suivre, pour nous venir joindre et où étaient déjà embarqués les Corps d'armée du Maréchal Ney, Victor, Marmont et la Garde Impériale. Il suffisait aux Russes pour atteindre le but qu'ils se proposaient, qu'ils effectuassent leur mouvement avant que nous fussions en mesure de nous y opposer, et de les empêcher d'occuper la trouée qui se trouve entre le village d'*Heinrichsdorf* auquel s'appuyait leur droite qu'ils avaient garnie de troupes et d'artillerie et les bois qui resserrent de ce côté la plaine à l'extrémité de laquelle est situé Friedland.

Dès le commcement de l'attaque, j'avais envoyé l'ordre à la Division des Carabiniers et Cuirassiers du Général Nansouty de prendre position dans cette trouée (1). Toutefois, aussitôt que je vis le mouvement des Russes bien prononcé, je fis repasser le défilé de Posthenen à *ma Division de Dragons*, et ne laissant que les Saxons et la Cavalerie légère à notre droite, je me dirigeai avec les *Dragons* sur Heinrichsdorf et les devançai de ma personne afin de reconnaître ce village et de m'assurer de la justesse de mes prévisions quant à l'objet des mouvements de l'ennemi.

En arrivant à la trouée que je croyais occupée par la grosse Cavalerie, je m'aperçus avec autant d'étonnement que d'indignation qu'elle l'avait quittée, ignorant probablement l'avantage obtenu à notre droite, et ne se croyant pas, sans doute, en état de résister aux forces qui paraissaient, mais qui étaient encore à une grande distance, et qu'elle effectuait sa retraite à travers les bois, au trot, ce qui pouvait avoir pour nous les plus fâcheuses conséquences, au lieu de se reployer vers Georgesau, ce qu'elle n'eut d'ailleurs dû faire qu'après avoir disputé le terrain pied à pied aux Russes.

De son côté le Maréchal Lannes était fortement pressé par eux. Il n'avait aucune nouvelle des Corps d'armée avec lesquels marchait l'Empereur, et préjugeant la position critique dans laquelle allait nous mettre le mouvement rétrograde et si rapide de la grosse Cavalerie, il m'expédiait aide de camp sur aide de camp et me faisait conjurer par l'un d'eux, son beau-frère Guéheneuc, de tout faire et de sacrifier s'il le fallait jusqu'à mon dernier homme pour empêcher l'ennemi de s'établir sur nos derrières et de couper nos communications avec l'Empereur. Je lui fis dire que j'en sentais non moins fortement que lui l'importante nécessité et qu'il fût tranquille, que je m'occupais des moyens de paralyser les projets des Russes, et que j'espérais y réussir.

Mes Dragons n'étant pas encore arrivés à la position que je leur avais ordonné de prendre en face d'Heinrichsdorf, je courus à toutes jambes vers la grosse Cavalerie pour l'empêcher de s'éloigner davantage, et dès qu'elle put entendre mon commandement, que mon extrème mécontentement rendait fort énergique, elle fit halte et je lui ordonnai de se reporter en toute hâte vers la trouée qu'elle avait si induement abandonnée.

(1) Voir plus loin le Rapport du Colonel Blancard.

Ayant rejoint *mes Dragons*, et voyant que les colonnes russes s'avançaient à grands pas dans la plaine entre Friedland et Heinrichsdorf, je jugeai qu'un mouvement offensif et audacieux, tel que celui de l'attaque de ce village était le seul moyen que j'eusse de déjouer les projets de l'ennemi, mais qu'il fallait l'employer à l'instant même et que je me rendisse maître avant que les Corps, en pleine marche dans sa direction, fussent à portée de soutenir les troupes qui l'occupaient.

Sans donc attendre que les Cuirassiers fussent arrivés, j'ordonnai à *ma Division de Dragons* d'enlever Heinrichsdorf et elle s'en acquitta avec cette brillante valeur dont elle avait tant de fois donné d'éclatantes preuves.

La Brigade du Général *Milet* se précipita sur les pièces qui en défendaient l'approche, les prit, pénétra dans le village et prit ou sabra l'Infanterie qui s'y trouvait. La Brigade du Général Carrié qui avait eu l'ordre de le tourner et d'en occuper toutes les issues du côté de Friedland, fit mettre bas les armes aux débris des Corps qui s'efforçaient d'en sortir et le plus complet succès couronna l'intrépidité de *mes braves Dragons ;* sept bouches à feu, six caissons, quelques drapeaux et plus de quinze cents prisonniers restèrent en notre pouvoir. Je les fis conduire immédiatement à l'Empereur qu'ils rencontrèrent entre Domnau et Posthenen et qui manifesta publiquement toute sa satisfaction de ce brillant fait d'armes.

Cependant dès que la Cavalerie russe avait aperçu l'attaque de Heinrichsdorf, elle s'était ébranlée au galop, espérant arriver assez à temps pour la repousser ; mais la Division de Cuirassiers m'arrivait ; je me mis à sa tête et me portai à la rencontre des Russes qui, chargés à diverses reprises, furent mis dans une complète déroute, culbutés et rejetés sur leur Infanterie qui, entraînée par l'énorme tourbillon de fuyards qui l'entouraient de tous côtés, ne put faire feu sur nous, rebroussa chemin et rentra pêle-mêle avec la Cavalerie dans Friedland.

Je pris alors position en avant de Heinrichsdorf. J'étendis ma gauche dans la direction de Korchen et me portai de ma personne vers notre droite, où, malgré l'avantage obtenu le matin, une fusillade très vive continuait à se faire entendre. Le Maréchal Lannes était engagé sur tout son front ; mais trop inférieur aux Russes, il ne pouvait se maintenir dans les positions dont il parvenait momentanément à les chasser, et quoique la Cavalerie de l'aile droite le secondât de son mieux et combattit aussi valeureusement qu'elle l'avait fait au début de la journée, le Maréchal ne faisait pas de progrès. Cette Cavalerie venait d'ailleurs d'être privée de son chef, le Colonel Gautherin ayant été grièvement blessé.

L'arrivée des Corps d'armée conduits par l'Empereur devenait d'autant plus instante qu'il était plus que probable que pour conserver leurs communications avec l'armée prussienne, inquiétées par la position que j'avais fait prendre à la Cavalerie de l'aile gauche et l'occupation du village de Korchen, les Russes ne tarderaient pas à déboucher de nouveau de Friedland et essayeraient de me chasser d'Heinrichsdorf, en réattaquant ce village avec des forces trop considérables pour que je puisse m'y maintenir.

Préoccupé de cette pensée, je retournai à Heinrichsdorf et j'aperçus en y arrivant que pendant mon absence les Russes avaient réuni en face de mes troupes soixante et quelques escadrons, et lancé sur leurs flancs plus de 2.000 cosaques, qui nous débordaient et voltigeaient déjà sur nos derrières.

En outre, de fortes masses d'infanterie apparaissaient dans la plaine, se dirigeant vers Heinrichsdorf. Enfin dans le lointain, on découvrait une colonne qui débouchant de Schwanau, marchait dans la direction de Georgesau. Il était donc évident qu'un grand effort allait être fait sur le flanc et les derrières de notre avant-garde, et il importait plus que jamais de rester maîtres de Heinrichsdorf et de déjouer les projets des Russes auxquels des forces jusqu'alors si disproportionnées avec les nôtres donnaient tant d'avantages et de moyens de réparer les échecs successifs que nous leur avions fait éprouver sur divers points. Je crus y parvenir en recourant à la ruse et en simulant une rapide retraite qui, attirant à ma poursuite la cavalerie ennemie, l'éloignerait de son infanterie et me mettrait à même de les combattre séparément et avec des chances de succès que venaient d'accroître l'arrivée de Dragons bataves et celle d'une Division légère de Cavalerie française.

J'ordonnai donc à la grosse Cavalerie et aux troupes légères qui appuyaient leur droite à Heinrichsdorf de faire au trot un mouvement rétrograde et je fis peu à peu repasser ce village à *ma Division de Dragons*, qui était en bataille sur un plateau en avant. Je fis également retirer l'artillerie que j'avais sur ce plateau et la masquai derrière les barricades que j'avais fait élever à la sortie du village, du côté de Friedland, quand j'en avais eu chassé l'ennemi le matin. La garde de cette artillerie fut confiée à quelques pelotons de dragons à pied.

Dès que le reste de la 2ᵉ *Division de Dragons* eut évacué Heinrichsdorf, au lieu de lui laisser continuer le mouvement de retraite, qu'effectuaient les cuirassiers et les troupes légères, je l'établis en arrière de Heinrichsdorf, où, cachée par des haies et des vergers, elle ne pouvait être aperçue par l'ennemi.

Aussitôt que la Cavalerie Russe eut connaissance du mouvement rétrograde et précipité des deux lignes qui appuyaient leur droite au village, elle s'avança à toutes jambes pour tomber dessus ces lignes, les culbuter et les sabrer avant qu'elles eussent eu le temps de se reformer. C'est ce que j'avais espéré, et quand je vis que cette cavalerie ennemie avait dépassé Heinrichsdorf, j'envoyai au Général Nansouty l'ordre de faire halte, de se remettre en bataille et de se porter à la rencontre des Russes qui, à raison de la rapidité de leur mouvement, arrivaient peu en ordre et fort décousus. Au moment où ma grosse Cavalerie les abordait de front, je fondis sur eux à la tête de *ma Division de Dragons*. Attaqués de deux côtés et à l'improviste, alors qu'ils croyaient marcher à une victoire facile et assurée, ils ne purent résister à ce double choc, et après une sanglante mêlée, ils prirent la fuite et furent salués en repassant près d'Heinrichsdorf par de meurtrières décharges de l'artillerie que j'y avais laissée.

Dès que l'ennemi se fut reformé hors de leur portée, il se reporta sur nous et de nombreux combats s'engagèrent. Les charges se succédaient avec la rapidité de l'éclair et fournies de notre côté avec une vigueur et un acharnement que portait au plus haut degré l'indispensabilité, sentie par tous, de vaincre sur ce point ; les résultats furent en notre faveur. Les Russes furent refoulés sur Friedland, et la fusillade et la canonnade redoublant sur notre droite et sur tout le front de notre ligne de bataille, nous ne doutâmes plus de l'arrivée de tous les Corps d'armée appelés à figurer sur le sanglant théâtre où nous combattions depuis l'aube du jour. En effet il en était ainsi et peu d'instants après avoir obtenu cet important succès, je fus joint par un des officiers de l'Empereur chargé de m'expliquer les dispositions qu'il venait d'arrêter et de me prévenir de l'attaque générale qu'il venait d'ordonner. Il m'enjoignait de ne pas cesser un instant de harceler les Russes et de les empêcher, en les attaquant incessamment et de la manière la plus vigoureuse, de rien détacher de leur aile droite pour le reporter vers leur centre, contre lequel était dirigé notre principal effort. Il m'était en outre recommandé de faire taire, par de fréquentes et audacieuses charges sur les nombreuses batteries qu'ils avaient à leur droite, leur feu qui, prenant en écharpe nos lignes, nous faisait beaucoup de mal.

Parfaitement secondé dans les divers engagements auxquels ces ordres donnèrent lieu, pendant le reste de la journée, par la Division du Général Nansouty et les Brigades légères des Généraux Colbert et Beaumont, je fus assez heureux pour remplir à la satisfaction de l'Empereur la tâche difficile qu'il m'avait imposée. Ce ne fut pas toutefois sans éprouver des pertes douloureuses, notamment en Officiers.

Mais j'ai la consolation de penser que ces combats partiels contribuèrent éminemment au succès du dernier et décisif effort qui complète une journée si glorieuse pour nos armes.

Placé, lorsqu'il eut lieu, à la droite du 8ᵉ Corps d'armée que commandait le Maréchal Mortier, au moment où il allait aborder à la baïonnette l'Infanterie russe, je me précipitai sur la Cavalerie ennemie qui s'avançait au soutien de son Infanterie, je l'enfonçai et la repoussai vers l'Alle, qu'elle ne put alors passer, tous les ponts étant encombrés de fuyards, d'équipages et d'artillerie. Je continuai donc à la poursuivre l'épée dans les reins jusqu'au village de Posthenen près duquel elle passa la rivière au gué, m'abandonnant une partie de son Artillerie et de ses caissons. La nuit qui était arrivée depuis longtemps ne me permit pas de la poursuivre de l'autre côté de la rivière et je bivouaquai sur les bords de l'Alle afin de pouvoir la passer dès que le jour commencerait à paraître.

Je ne saurais, Monseigneur, payer un tribut d'éloges plus mérité que celui qui est dû aux valeureuses troupes qui ont combattu sous mes ordres pendant la glorieuse journée qui vient de s'achever, ainsi qu'aux Généraux qui les ont conduites à l'ennemi. Ne pouvant citer tous les Corps qui sont dignes de l'être, je vous désignerai comme s'étant particulièrement distinguées la Brigade de Cuirassiers du Général Nansouty, la Cavalerie légère des Généraux Beaumont et Colbert, les Chevau-légers Saxons et surtout la *2ᵉ Division de Dragons*. C'est à elle qu'est due l'importante prise d'Heinrichsdorf. Ce fut elle aussi qui, au moment où plusieurs autres Corps étaient ramenés par l'ennemi, resta inébranlable au milieu de la plaine, ne put être entamée par aucune des charges dirigées contre elle et me donna le temps de rallier deux Régiments de Cuirassiers et de reprendre victorieusement l'offensive.

Je sollicite donc par votre organe, Monseigneur, les bontés de Sa Majesté en faveur des Généraux *Milet* et Carrié qui commandaient deux des Brigades de cette brave Division.

La Division de grosse Cavalerie a glorieusement réparé la faute qu'elle avait commise le matin ; les charges qu'elle a fournies ont été des plus brillantes et productives d'importants résultats.

Enfin j'ai beaucoup à me louer des Généraux de Cavalerie légère Beaumont et Colbert.

J'aurai l'honneur de vous transmettre plus tard l'état des Officiers particuliers et des Soldats auxquels je désire qu'il soit accordé de l'avancement ou des récompenses et qui s'y sont donné des droits que Sa Majesté se plaira, sans doute, à reconnaître.

Agréez, Monseigneur, l'hommage de mes respectueux sentiments.

Le Général Commandant la 2e Division de Dragons
par intérim la Cavalerie de l'Armée.

Signé : Em. GROUCHY.

N° 38.

RAPPORT DU COLONEL BLANCARD, DU 2e CARABINIERS, SUR LA BATAILLE
DE FRIEDLAND.

(Revue de Cavalerie.)

« ...... Le Colonel Blancard livré à lui-même se hâta de quitter avec ses deux premiers escadrons la ridicule position où il était ; se portant à droite du village, il alla se placer derrière le 3e *Régiment de Dragons*, et voyant ce qui se passait, sentant tout le prix du temps et de l'occasion, il prit sur lui d'envoyer l'adjudant-major Béranger dire au colonel *Grézard* du 3e de charger l'ennemi qui lui faisait face, sans quoi il allait se placer devant lui pour exécuter cette charge ; dans ce moment le 2e Régiment de Cuirassiers arrivait et se formait en bataille derrière les Carabiniers. Le Colonel *Grézard*, après avoir témoigné quelque mécontentement, se décida cependant ; ses dragons, conduits par lui, firent leur charge avec résolution, mais ils furent ramenés par une seconde ligne. Comme les Carabiniers les appuyaient de très près, ils reprirent la charge d'une manière si vigoureuse que cette ligne ennemie fut écrasée et ils en poussèrent vivement les débris, ce qui rappela sur eux toute la cavalerie russe qui était au-delà à droite de celle qu'ils venaient de charger, vers le général Nansouty. En s'acharnant trop imprudemment à cette poursuite, ils laissèrent à leur droite et en arrière d'eux la position ennemie, garnie des réserves de Cavalerie ; le colonel Blancard, qui prévoyait le danger, s'efforçait inutilement de rallier et d'arrêter sa troupe, lorsqu'il aperçut un corps de cuirassiers russes qui sortait de sa position en arrière de la droite et se dirigeait de manière à lui couper la retraite. Heureusement qu'au moment même où il reconnut ce mouvement et où il s'inquiétait de ne pas voir le général Doumerc se porter en avant pour protéger ses derrières, il vit ses deux derniers escadrons, dont le commandant Tarbé ne recevant aucun ordre prenait sur lui de marcher au-devant de cette troupe. Le Colonel pouvait encore passer de sa personne, il courut à ces deux escadrons qu'il mena contre les cuirassiers, qui attendirent la charge derrière un fossé assez large, et il était déjà sur l'autre bord du fossé aux prises avec le Commandant ennemi avant qu'aucun carabinier eut sauté le fossé; son exemple électrise ses braves, le fossé est franchi, les cuirassiers sont culbutés dans le plus grand désordre et vivement poursuivis ; mais dans ce moment même les deux premiers escadrons beaucoup plus en avant et à gauche s'étaient arrêtés ainsi que le *3º Régiment de Dragons*, et l'ennemi renforcé sur ce point reprenait l'avantage. Il s'en aperçut, y courut, et avait déjà fait cesser le mouvement de retraite lorsque le 2ᵉ Régiment de Cuirassiers arriva. Son colonel Chouard ne voulant pas rester spectateur oisif de tous ces mouvements avait vivement sollicité l'ordre de venir l'appuyer, et venait enfin de l'obtenir. Nos trois Régiments donnèrent sur l'ennemi qui, culbuté de nouveau sur ce point, ne se rallia plus que dans sa position, laissant momentanément à découvert la route d'Allenbourg.... »

N° 39

HARPIN, dragon de la Compagnie d'élite du 3ᵉ Dragons, prisonnier a Graudentz.

(Extrait des Mémoires du Général Baron de Marbot.
Tome I. Chapitre 31.)

« ... Dans les combats qui venaient d'avoir lieu depuis Iéna jusqu'à la Vistule, les Prussiens ne nous avaient enlevé qu'une centaine de prisonniers, qu'ils employaient aux terrassements de la forteresse de Graudentz dans laquelle ils étaient enfermés. Le Maréchal Duroc m'avait chargé de distribuer des secours à ces pauvres diables, qui étaient d'autant plus malheureux que, du haut de la citadelle, ils apercevaient les troupes françaises dont ils n'étaient séparés que par la Vistule. Ce voisinage et la comparaison de sa position avec celle de ses camarades libres et heureux sur la rive gauche, portèrent un prisonnier français, *cavalier d'élite au 3ᵉ Dragons*, nommé *Harpin*, à employer tous les moyens en son pouvoir pour s'évader des mains des Prussiens. La chose n'était pas facile, car il fallait d'abord sortir de la forteresse, et traverser ensuite la Vistule ; mais que ne peut une ferme volonté ? *Harpin*, employé par le maître charpentier prussien à empiler du bois, avait fabriqué en secret un petit radeau ; il avait pris un grand câble et s'en était servi pour descendre la nuit son radeau au pied des remparts et sortir lui-même de la citadelle. Déjà il avait mis le radeau dans la Vistule et se préparait à y monter, lorsque, surpris par une patrouille, il avait été ramené dans la forteresse et mis au cachot. Le lendemain, le Commandant prussien, selon l'usage alors en vigueur dans l'armée prussienne, avait condamné *Harpin* à recevoir cinquante coups de bâton. En vain ce dragon faisait-il observer qu'étant Français, il ne pouvait être soumis au règlement prussien ; sa qualité de prisonnier rendait sa réclamation inutile. Déjà même on le conduisait sur le chevalet de bois, auquel on allait l'attacher, et deux soldats se préparaient à le frapper, lorsque, ayant voulu prendre un livre dans la voiture du Maréchal Duroc, j'aperçus *Harpin* se débattant au milieu des soldats prussiens qui voulaient l'attacher.

Indigné de voir un militaire français prêt à subir la bastonnade, je m'élance vers lui le sabre à la main, en menaçant de tuer le premier qui oserait flétrir du bâton un soldat de mon Empereur ! La voiture du Maréchal Duroc était gardée par un courrier de Napoléon connu, dans tous les relais de l'Europe, sous le nom de Moustache. Cet homme doué d'une force herculéenne et d'un courage à toute épreuve avait accompagné l'Empereur sur vingt champs de bataille. Dès qu'il me vit au milieu des Prussiens, il accourut vers moi, et d'après mon ordre il apporta quatre pistolets chargés qui se trouvaient dans la voiture. Nous dégageâmes *Harpin* ; je l'armai de deux pistolets, et, le faisant monter dans la voiture, je plaçai Moustache auprès de lui, et déclarai au Major de place que cet équipage appartenant à l'Empereur, dont il portait les armes, il devenait pour le dragon français un asile sacré dont j'interdisais l'entrée à tout prussien sous peine de recevoir une balle dans la tête et j'ordonnai à Moustache et à *Harpin* de faire feu si l'on entrait dans la voiture. Le Major de place me voyant si résolu abandonna momentanément son prisonnier pour aller prendre des ordres de ses chefs. Alors laissant Moustache et *Harpin* les pistolets au poing dans la voiture, je me rendis au logement du Roi, et priai l'un de ses aides de camp de vouloir bien entrer dans le cabinet de Sa Majesté pour dire au Maréchal Duroc que

j'avais à lui parler d'une affaire qui ne pouvait souffrir aucun retard. Duroc
sortit et je lui rendis compte de ce qui se passait...

En apprenant qu'on voulait bâtonner un soldat français, le Maréchal
partageant mon indignation, retourna sur le champ auprès du Roi auquel
il adressa une chaleureuse protestation, ajoutant que si on exécutait cette
sentence, il était certain que l'Empereur ferait par représailles appliquer la
bastonnade, non point aux soldats, mais aux officiers prussiens prisonniers
de guerre... Le Roi était un homme fort doux ; il comprit qu'il fallait
traiter les militaires de chaque nation selon leur point d'honneur ; il prescrivit de mettre le dragon *Harpin* en liberté, et pour se rendre agréable à
Napoléon, dont il sollicitait en ce moment la paix, il offrit au Maréchal
Duroc de lui rendre 150 prisonniers français, s'il s'engageait à lui renvoyer
un pareil nombre de Prussiens. Duroc ayant accepté, un aide de camp du
Roi et moi fûmes annoncer la bonne nouvelle aux prisonniers français
dont la joie fut extrême... Nous les fîmes embarquer de suite et une
heure après, ils étaient de l'autre côté de la Vistule, au milieu de leurs
frères d'armes.

Le Maréchal Duroc et moi quittâmes Graudentz la nuit suivante ; il
approuva ma conduite et me dit plus tard qu'il en avait rendu compte à
l'Empereur, dont elle avait obtenu l'assentiment, à tel point que, éclairé
par ce qui s'était passé à Graudentz, il avait prévenu les Prussiens et les
Russes que s'ils bâtonnaient ses soldats prisonniers, il ferait fusiller tous
ceux de leurs officiers qui tomberaient en son pouvoir... »

CHAPITRE IX

N° 40

ORDRE GÉNÉRAL DE L'ARMÉE SUR LA SURETÉ DES COMMUNICATIONS

(Archives du Ministère de la Guerre).

En exécution des ordres de Sa Majesté l'Empereur et de Sa Majesté le Roi d'Espagne sur la sûreté des communications avec Bayonne, les dispositions suivantes seront observées sous la responsabilité personnelle des Commandants de place.

Sur la route depuis Madrid jusqu'à la frontière, chaque poste fera partir tous les jours, et à une heure convenue d'avance entre les Commandants des deux postes respectifs, des détachements plus ou moins forts suivant les localités et les circonstances, qui prendront sous leur escorte tout ce qui sera dans le cas de faire route du même côté.

Ces détachements rencontreront nécessairement ceux du poste voisin à moitié chemin ou à peu près, échangeront avec eux les courriers, les voyageurs, les convois, et autres objets qu'ils auront de part et d'autre escortés et reviendront au lieu de départ après s'être remis des billets cachetés dans lesquels le Commandant le plus élevé en grade ou le plus ancien entre ceux des deux postes indiquera à son collègue pour le lendemain l'heure à laquelle devront partir les deux détachements. Cette heure devra être changée tous les jours et indiquée tantôt pour le jour, tantôt pour la nuit.

Les soldats de ces détachements trouveront dans ce nouveau mode l'avantage de ne pas découcher et de retrouver à leur retour leur logement et leur repas prêts.

MM. les Généraux Gouverneurs des provinces devront se regarder comme particulièrement responsables du succès de cette mesure ; ils régleront en conséquence pour chaque poste la force des détachements qui devront marcher d'après les renseignements qu'ils auront sur les circonstances locales, et MM. les Commandants de places ne pourront s'écarter de ce qui leur sera prescrit à cet égard ; ils disposeront les marches de façon que les courriers ou estafettes puissent faire au moins huit lieues par jour, ou pour mieux dire deux étapes.

MM. les Commandants de places répondront personnellement du moindre événement qui arrivera sur la route et ils seront punis sévèrement s'il est reconnu qu'ils n'aient pas pris des précautions suffisantes.

Il y aura en outre un Officier d'Etat-Major désigné spécialement pour ce service qui ne fera que de parcourir la route de Bayonne à Madrid et de Madrid à Bayonne à l'effet d'en surveiller les détails, ce qu'il pourra faire avec ses propres chevaux et en faisant la marche des détachements. Cet Officier fera des rapports directs au Major général, prendra ses ordres et les fera exécuter sans qu'aucun Général ou Commandant particulier puisse y rien changer.

Le Maréchal d'Empire Major-Général,
Maréchal duc de DALMATIE.

N° 41

RAPPORT du Général Milet sur le Combat de Carpio

(Archives du Ministère de la Guerre).

Milet au Général Kellermann

Médina d'El Campo, 23 Novembre 1809, au soir.

Mon Général,

J'ai l'honneur de vous rendre compte que d'après vos ordres, je me suis porté ce matin avec ma Brigade sur *Carpio* pour y prendre position. Mon avant-garde a trouvé dans les premiers villages quelques centaines de cavaliers qu'elle a chargés et forcés de rentrer à Carpio.

L'ennemi avait dans ce village les Régiments de Bourbon et la Reine-Cavalerie avec deux Régiments d'Infanterie. Ne pouvant forcer ce village sans une grande perte, j'ai pris position et ai invité le Général Carrié à venir avec la 2ᵉ Brigade, les forces de l'ennemi augmentant à vue d'œil : à 12 heures et demie on pouvait calculer ses forces de 8 à 10.000 hommes, et il paraissait probable que derrière le village il devait avoir du monde ; à la même heure il manœuvra et forma deux lignes en avant du village.

N'ayant que 600 hommes, je dus me retirer ; la retraite s'est faite au pas et en échiquier et dans le plus grand ordre ; l'ennemi nous a suivis et a commencé à tirer sur nous avec 10 pièces de canon. Je lui ai riposté avec les deux que j'avais ; à 4 heures et à une lieue de Médina, la 2ᵉ Brigade et deux pièces d'Artillerie sont arrivées : il s'est engagé alors une canonnade assez vive après laquelle l'ennemi augmenta considérablement le nombre de ses tirailleurs. M. le Chef d'Escadron Rémy fit une très belle charge avec un Escadron du 6ᵉ Régiment, et repoussa les pelotons qui les soutenaient. Peu après, le 11ᵉ Régiment chargea avec le plus grand succès une tête de colonne d'Infanterie qui cherchait à déborder notre flanc gauche. Dans la première charge on a tué à l'ennemi plus de 100 hommes. Mais nous avons eu le malheur de perdre M. le Chef d'Escadron Rémy, officier supérieur d'un grand mérite. Dans la deuxième, il a dû perdre près de 300 hommes ; M. le Chef d'Escadron Garravaque s'y est particulièrement distingué.

La Brigade de Dragons commandée par M. le Colonel Ornano nous a joints à peu près vers cinq heures. On a continué de se canonner jusqu'à la nuit.

Notre perte n'a point été considérable pour le nombre ; j'aurai l'honneur de vous en donner l'état. Le Capitaine Mocheron du 10ᵉ Régiment a été tué. Au *3ᵉ Régiment*, le Colonel *Grézard* et le Chef d'Escadron *Delesalle* ont été blessés.

D'après le rapport de quelques prisonniers, le Duc del Parque avait là toute son armée forte de 30,000 hommes d'Infanterie, 2,000 de Cavalerie et 30 pièces de canon. Son intention était de venir à Médina le même jour et il paraissait marcher sur Valladolid. Son espérance est au moins retardée d'un jour.

Le Général Baron de l'Empire.

Signé : MILET.

N° 42

ETAT DES OFFICIERS DU 3ᵉ RÉGIMENT DE DRAGONS LE 25 JUILLET 1810
EN ESPAGNE

MM.	Grézard.....	Colonel.	Commandant le Régiment.
	Delesalle....	Chef d'Escadron.	Aux eaux de Barèges depuis la bataille d'Alba de Tormès.
	Labarbée....	id.	
	Rousse......	id.	En Espagne à la suite du 5ᵉ Régiment provisoire de Dragons.
	Sainglant....	Adjudant-Major.	
	Cavalery....	id.	
	....	Chirurgien-Major.	Cette place est vacante, M. Charlier étant passé dans la Garde.
	Colignon....	Aide-Major.	
	Mathis......	Sous-Aide-Major.	
	....	id.	Cette place est vacante par suite de la promotion de M. Colignon au grade d'Aide-Major à la suite.
	Barbut......	Capitaine.	
	Duret.......	id.	
	Canuet.....	id.	
	Haquin	id.	
	Miller	id.	
	....	id.	Ces places sont vacantes par les promotions de MM. Rousse au grade de chef d'Escadron à la suite du 5ᵉ Régiment provisoire de dragons et Guyon au grade de chef d'Escadron au 12ᵉ Régiment de Chasseurs.
	....	id.	
	Rullier......	Lieutenant.	
	Bayeul......	id.	
	David.......	id.	
	Mourret.....	id.	
	Faubories....	id.	
	Bazire.......	Sous-Lieutenant.	
	Vandemal....	id.	
	Vacquier	id.	
	Neveu	id.	
	Carrié......	id.	
	Vailly......	id.	
	Surgis.......	id.	
	Fontenay....	id.	
	Surry.......	id.	
	Carrière.....	id.	

MM.   Voisin........   Sous-Lieutenant.
     Rosinguen...   id.
     Bernard.....   id.
     ....   id.   Cette place est vacante, Mr Decoquerel ayant été tué à Alba de Tormès.

AU DÉPÔT DE VERSAILLES

Contant.....	Major.	
Thivol......	Chef-d'Escadron.	A la suite, hors d'état d'entrer en campagne.
Delacroix...	Quartier-Maître.	
Teylaud....	Chir.-Aide-Major.	
Cottignies...	Capne-d'Habnt.	Hors d'état d'entrer en campagne.
Miltgen.....	Lieutenant.	id.
Berthier....	Sous-Lieutenant.	id.

N° 43

Mémoires sur la Guerre d'Espagne pendant les années 1808, 1809, 1810, 1811, par M. de Naylies, Officier de Dragons (Extraits).

Page 63. «..... Ils pensaient défaire aisément un corps de cavalerie
» voyageant sans infanterie au milieu des montagnes et des gorges étroites;
» ils ignoraient que nos dragons avaient le double avantage d'être tour à
» tour cavaliers et fantassins et que la baïonnette au bout du fusil ils
» emportaient une position inaccessible à la cavalerie... »

Page 64. Prise d'un pont et d'un village. «..... La division se mit en
» bataille derrière le défilé et 200 dragons mettant pied à terre s'avancèrent
» vers le village... »

Page 85. «..... Le Maréchal Soult voulut faire emporter Linoso par
» 300 Dragons appuyés de deux Escadrons... »

Page 104. Village de Canaves. «..... 200 dragons, commandés par le
» Major Montigny, mirent pied à terre et descendirent jusqu'au pont.....

« Notre position était d'autant plus pénible que les dragons à cheval
» étaient obligés de tenir les chevaux de ceux qui combattaient à
» pied..... »

Il semble par la suite de ce récit que ces cavaliers tenant les chevaux
ont fait plusieurs charges.

Page 190. «..... Les soldats manquaient souvent de chaussures en
» Espagne et façonnaient une espèce de botte avec les dépouilles des

» bœufs et la laissaient continuellement à leurs pieds jusqu'à ce qu'elle
» en eut pris la forme et que le cuir fut pour ainsi dire tanné ; ils avaient
» soin de mettre le poil en dehors.....»

N° 44

**Armée de Portugal.
Cavalerie de Réserve.**

3e RÉGIMENT DE DRAGONS

ETAT NOMINATIF DE MM. LES OFFICIERS DU RÉGIMENT A L'ÉPOQUE
DU Ier JUIN 1811

MM.	Berruyer.....	Colonel.	Présent.
	Contant......	Major.	Au dépôt en France.
	Labarbée.....	Chef d'Escadron.	Présent.
	Barbut.......	Id.	Id.
	Sainglant.....	Aide-Major.	Id.
	Miltgen......	Id.	Id.
	Delacroix....	Quartier-Maître.	Au dépôt en France.
	Teylaud.....	Chirurgien-Aide-Major..	Id.
	Mathis.......	Chirur.-sous-Aide-Major.	Présent.
	Cottignies....	Capitaine	Au dépôt en France, chargé de l'Habillement.
	Duret.......	Id.	Présent.
	Miller.......	Id.	Id.
	Canuet......	Id.	Id.
	Hacquin.....	Id.	Id.
	Cavalerie	Id.	Id.
	Bailleul......	Id.	Id.
	Rullier.......	Id.	Id.
	David........	Lieutenant.	Id.
	Faubories	Id.	Id.
	Mourret......	Id.	Id.
	Bazire	Id.	Détaché auprès du Général Milet.
	Defontenay...	Id.	Présent.
	Neveu.......	Id.	Au dépôt en France.
	Vandemal....	Id.	Présent.
	Thibeaudeau..	Id.	Id.
	Vaquier	Id.	Id.
	Carié........	Id.	Id.
	Carliou......	Id.	Au dépôt en France.
	Sury........	Sous-Lieutenant.	Présent.
	Surgis.......	Id.	Id.

MM.	Vailly	Sous-Lieutenant	Présent.
	Voisin	Id.	Id.
	Carrière.......	Id.	Au dépôt en France.
	Rosingen.....	Id.	Présent.
	Bernard......	Id.	Id.
	Dumont	Id.	Id.
	Duteil	Id.	Id.
	Chazelle.....	Id.	Id.
	Miltgen	Id.	Id.
	Sardou	Id.	Id.
	Delaprade ...	Id.	Détaché auprès du Généra. erey.
	Desrocques ..	Id.	Présent.
	Guillomont...	Id.	Id.
	Saint-Costard.	Id.	Id.

Certifié véritable par le Colonel commandant le Regiment, à Pénaranda, le 1er Juin 1811.

DE BERRUYER.

N° 45

FORMATION DES LANCIERS PAR F. DE BRACK

(Réponse d'un militaire à M. de Saint-Aulaire. F. de Brack, Officier des Lanciers rouges de l'ex-garde)

« Les Chevau-légers polonais furent formés à Varsovie en 1807. Comme leur but était alors d'être Garde d'honneur, les soldats furent pris dans la jeune noblesse. Les premiers Escadrons exigèrent même que leurs Chevau-légers sussent plusieurs langues. Cette jeunesse instruite et distinguée n'avait pas encore porté d'uniforme. Le Régiment fut armé de carabines et de sabres et partit pour la France.

En 1810, seulement, l'Empereur l'arma de lances, et des instructeurs vinrent lui apprendre le maniement d'une arme qui lui était tout à fait inconnue.

Cette théorie qui est un véritable enfantillage, fut dans ce Régiment comme dans ceux des Dragons français créés Lanciers, l'affaire d'un moment à apprendre.

De l'adresse comme cavalier, de la force, de la taille et de la souplesse pour l'homme et le cheval, un cœur français, deux heures de cette nouvelle théorie, et le Dragon devient le plus redoutable Lancier européen.

MARÉCHAL DES LOGIS CAPITAINE SOLDAT
1832   1843   1865

La confection de l'arme plus soignée qu'on lui confia augmenta de beaucoup sa force ; presque tous les coups en furent mortels.

La campagne de Russie commença, les Lanciers de la ligne prirent tête de colonne, ils poussèrent l'ennemi..... (Les Lanciers chargent à Smolensk.....)

La promptitude qu'on avait mise à compléter les Régiments en chevaux, qui avait forcé d'en prendre de trop jeunes pour supporter les fatigues de la guerre, le principe destructeur de toute cavalerie de multiplier les armes d'un cavalier, d'en vouloir faire un fantassin et de l'entourer d'un arsenal inutile, embarrassant et qui blesse et tue les chevaux ; le peu de raisonnement que l'on mit à monter des hommes de cinq pieds six pouces et de six pieds sur des chevaux de taille de hussards, enfin les froids excessifs de la retraite détruisirent les Régiments de Lanciers.

A une époque plus malheureuse, époque où l'armée toute française, eut à lutter contre toute l'Europe, les Lanciers se couvrirent d'une nouvelle gloire...

Le 2e *Lanciers,* commandé par l'intrépide *Sourd,* détruit les Hussards anglais ; le 4e....., Colonel Bro..... »

CHAPITRE X

N° 46

LETTRE SUR L'ORGANISATION DE LA CAVALERIE (20 JANVIER 1813)

(Au Général Sébastiani).

Dans le travail que vous devez faire pour l'organisation de la Cavalerie il faut, quand il ne se trouverait que 25 à 50 hommes dans un Régiment, organiser une Compagnie comme s'il y en avait 100.

Vous devez garder à l'Armée un Chef d'Escadron pour une ou deux Compagnies, tous les autres Chefs d'Escadron doivent être envoyés à Mayence avec les cadres.

Recommandez bien qu'on n'envoie en France que des cadres et qu'on conserve à l'Armée tous les soldats qui peuvent être montés dans l'Allemagne, le Général Bonnier ayant pour cela autant et plus de chevaux qu'il n'en faut.

N° 47

LETTRE DU COLONEL DU 2ᵉ CHEVAU-LÉGERS SUR LA DISPARITION
DU CHEVAU-LÉGER GOHARD

*Le Colonel du 2ᵉ Régiment de Chevau-Légers à M. Hénocq
Rue des Fossés-Montmartre, à Paris.*

Monsieur,

Le jeune Gohard avait effectivement été placé dans la 4ᵉ Compagnie et recommandé à son Capitaine ; ce jeune homme qui annonçait du goût pour son métier était du nombre de ceux que je destinais pour le grade de sous-officiers à la première occasion ; la Compagnie dont il faisait partie n'est venue que jusqu'à Smolensk, où elle me rejoignit pendant notre marche rétrograde ; son Capitaine m'annonça qu'il l'avait laissé malade chez un Commissaire de guerre, de ses amis, dans une ville de la Lithuanie ; je me rappelle très bien que le jeune Gohard me confirma pendant la retraite ce que m'avait dit son Capitaine ; depuis lors et jusqu'au 23 du mois dernier que j'ai quitté l'Armée, il a constamment manqué aux appels de mon Régiment ; tout me porte à croire qu'il est prisonnier de guerre.

Recevez, Monsieur, l'assurance de ma parfaite considération.

DE BERRUYER.

N° 48

2ᵉ RÉGIMENT DE CHEVAU-LÉGERS. REVUE PASSÉE LE 21 NOVEMBRE 1813

RAPPORT.

Ce Régiment avait à la revue 20 Officiers, 115 Sous-officiers et Chevau-légers et 107 chevaux de troupe, plus 2 Officiers, 14 hommes et 11 chevaux de troupe indisponibles.

Total de ce qui est à l'Armée : 22 Officiers, 129 Sous-officiers et Chevau-légers et 118 chevaux de troupe.

Les trois quarts vieux soldats, belle espèce d'hommes.

On a donné aux anciens dont l'habillement ne valait rien les habits des jeunes gens démontés qui ont été envoyés au dépôt.

Manque de bottes, de culottes, de pantalons.

D'ailleurs propres et assez bien tenus.

Equipage du cheval assez bon, besoin de réparation.

Plusieurs porte-manteaux mauvais.

Schabraques à réparer et à nettoyer.

Chevaux en assez bon état.

N'a aucun renseignement sur le dépôt ; le Chef d'Escadron *Barbut* qui commande la partie du Régiment qui est à l'Armée croit qu'il n'y a pas grand'chose. Le Colonel est au dépôt.

104 hommes à pied ont été envoyés du dépôt à Sedan au 8ᵉ Régiment de Lanciers. Ces 104 hommes habillés, les Officiers qui les ont conduits

sont revenus au dépôt. Ce détachement est parti par l'ordre du Ministre de la Guerre.

N'avait pas touché le mois de solde, a besoin de remplacement en habillement et équipement ; a également besoin de fonds pour l'entretien et la ferrure.

Ci-joint des demandes en remplacement d'emplois vacants et des demandes de la décoration de la Légion d'honneur.

On m'a fait l'éloge du Chef d'Escadron *Barbut* et j'ai été généralement assez content de ce que j'en ai vu.

Andernach, le 21 Novembre 1813.

Le Général de Division,

NANSOUTY.

N° 49

COMBAT DE GENAPPES (17 JUIN 1815)

(Extrait de Traditions et Souvenirs, T. 3, p. 454, par le marquis de Colbert-Chabanais).

«..... Sir Hussey-Vivian me demanda si je n'étais pas parent d'un Général Colbert qui commandait une Brigade de Lanciers en 1815(1). Je lui répondis qu'il était mon oncle. Alors sir Hussey-Vivian, avec la franchise la plus courtoise et la plus chevaleresque, me raconta comment une Brigade qu'il commandait avait été fort maltraitée dans la charge du 17 Juin. Puis on entra dans les détails. Les Anglais dirent que la plupart des officiers avaient été tués et la Brigade presque entièrement détruite. Comme on cherche toujours à expliquer sa défaite, ils attribuaient la leur d'abord à l'arme terrible à laquelle ils avaient eu affaire, puis à la petitesse de leurs chevaux, lord Uxbridge, Commandant en chef de la Cavalerie anglaise, ayant voulu faire un essai en montant cette Brigade sur des chevaux de petite taille venus d'Anglesey.

Il résulta pour moi de tout ce que j'avais entendu dire que la destruction de cette Brigade commandée par un de leurs officiers les plus distingués, avait fait une vive impression en Angleterre et avait grandement

____

(1) 2e et 4e Lanciers.

influé sur le parti que prirent les Anglais, après la guerre, de créer des Régiments de Lanciers dans leur armée.

Je me rappelle que le Général Alphonse Colbert avait conservé de nombreux souvenirs qui témoignaient de la vivacité et de l'acharnement du combat ; c'étaient des sabres d'officiers anglais, des gibernes traversées par des coups de lance. Dans la lutte, beaucoup d'Anglais avaient été démontés ; poursuivis par les lanciers, ils s'étaient pressés autour du Général Colbert, et c'était au moment où le Lieutenant-Colonel d'un de ces Régiments, arrivant jusqu'à lui, lui tendait son sabre pour se rendre, qu'il reçut un coup de lance, qui, traversant sa giberne, pénétra dans les reins et le tua.

Un singulier résultat de cette charge avait été de laisser aux mains du vainqueur un grand nombre de parapluies, les officiers anglais, tout braves qu'ils sont, ne croyant pas nécessaire à la dignité de l'uniforme de se laisser mouiller..... »

N° 50

EXTRAIT DE LA RELATION MÉDICALE DES CAMPAGNES ET VOYAGES DE 1815
A 1840, PAR LE BARON LARREY.

«..... Le Général *Sourd* fut atteint dans une charge de cavalerie, après la bataille de Fleurus, de plusieurs coups de sabre anglais au bras, à l'avant-bras et à la main droite.

Deux de ces blessures avaient entamé d'une part l'articulation du coude et coupé l'artère brachiale, de l'autre l'articulation du poignet et celle de deux doigts de la main.

L'amputation du membre avait été déjà reconnue indispensable par plusieurs de nos confrères. Pendant que je pratiquais cette opération, cet intrépide guerrier dicta à l'un des officiers de son Régiment une lettre à l'Empereur pour le prier de lui conserver le commandement de ce Corps, et à peine l'appareil de la plaie résultant de l'opération fut-il terminé, qu'il remonta à cheval et alla le rejoindre pour suivre ses mouvements.

La guérison a été prompte et facile. »

N° 51.

COMPOSITION DU 2ᵉ RÉGIMENT DE LANCIERS (LA REINE), SUIVANT L'ORDONNANCE DU 12 MAI 1814.

ETAT-MAJOR	H.	Ch.	COMPAGNIE	H.	Ch.
Colonel	1	3	Capitaine	1	2
Major	1	3	Lieutenant	1	1
Chefs d'Escadron	2	4	Sous-Lieutenant	2	2
Adjudants-Majors	2	4	Maréchal des Logis Chef	1	1
Quartier-Maître	1	1	Maréchaux des Logis	4	4
Porte-Etendard	1	1	Fourrier	1	1
Chirurgien-Major	1	1	Brigadiers	8	8
Aide-Chirurgien	1	1	Lanciers montés	42	42
Adjudants, sous-of.	2	2	— non montés	16	»
Mal vétérinaire en 1er	1	1	Trompettes	2	2
— en 2ᵉ	1	1			
Brigadier-Trompette	1	1			
Maître Tailleur	1	»			
— Sellier	1	»			
— Bottier	1	»			
— Armurier Eperonnier	1	»			

CHAPITRE XII

N° 52.

Liste nominative des Officiers du Régiment en Juillet 1870.

MM.

Bilhau	Colonel	Etat-Major.
Collignon	Lieutenant-Colonel	—
Huyn de Verneville	Chef d'Escadron	—
Augey-Dufresse	—	—
Durdilly	Major	—
De Coniac	Capitaine instructeur	—
Guiraudon	Capitaine Adjudant-Major	—
Gaudet	—	
Mesples	Capitaine-Trésorier	—
Lamarque	Capitaine d'habillement	—
Sangouard	Sous-Lieutenant adjoint au Trésorier.	—
Husson	Sous-Lieutenant Porte-Etendard	—
De Malherbe	Lieutenant d'Etat-Major	—
Delon	Médecin-Major de 2e classe	—
Robert	Médecin Aide-Major de 1re classe	—
Barthes	Vétérinaire en 1er	—
Papillier	— en 2e	—
Bourtequoy	Capitaine-Commandant	3e Escadron.
Duhoux d'Henuecourt	—	2e —
Jullien	—	1er —
Peyron	—	5e —
Bigaré	—	4e —
Viette de la Rivagerie	Capitaine en 2e	4e —
Dumont	—	3e —
André	—	1er —
Schemmel	—	2e —
d'Abel de Libran	—	5e —
Parrassols	Lieutenant en 1er	1er —
Richard (Jean)	—	5e —
Bourgues	—	4e —

Decléve	Lieutenant en 1er	2e Escadron.
François	—	3e —
Dubreuil	Lieutenant en 2e	1er —
Mossier	—	4e —
Richard (Jean-Claude-Fleury)	—	2e —
Pillin	—	3e —
Blesseau	—	5e —
Doucy	Sous-Lieutenant	3e —
Pasquier	—	4e —
Charrier	—	4e —
Serre	—	2e —
Crotel	—	2e —
Molinier	—	4e —
De Masson d'Autume	—	2e —
Feuillat	—	1er —
Choppin	—	1er —
Thibaut de Ménonville	—	5e —
De Fontanges	—	5e —
Lacroix	—	5e —
De Braüer	—	3e —
Cailhau	—	3e —
Nachbaur	—	1er —

N° 53

LISTE NOMINATIVE DES OFFICIERS A LA RECONSTITUTION DU 16 AVRIL 1871

(Archives du Régiment).

1° *Officiers venus du Dépôt*

Chef d'Escadrons	CLAUDE, major.
Capitaines en 1er	LAMARQUE, capitaine d'habillement ; GUIRAUDON ; BIGARÉ ; VIETTE DE LA RIVAGERIE.
Lieutenant en 2e	DAUDET.
Sous-Lieutenants	MATHIEU, BROISY.

2° *Officiers venus du Régiment de Marche*

Lieutenant-Colonel	DURDILLY.
Chefs d'Escadrons	D'AUDIFFRET ; DURSUS.
Capitaines en 1er	PRUD'HOMME ; BERTRAND ; CORDREAUX ; MANGIN ; POULARD, adjudant-major.
Capitaines en 2e	DOAZAN, adjudant-major : DE SAINT-FÉLIX ; THOMASSON ; VISEUX ; LOGERAIS.

Lieutenants en 1er .... POURCIN ; DE PÉRIGNON : DUMAY : ARNOUS-RIVIÈRE.
Lieutenants en 2e .... DE SAINT-DIDIER : MAUR : MONGIN ; DUCRAY.
Sous-Lieutenants .... ROBIN : LANG ; BAUBRAS : MAZEAUD ; DE FLEURY ; CHARLOT : BOULAY, officier payeur.
Médecins et Vétérinaires.. BOUTONNIER, médecin-major de 2e classe : BLAVOT, médecin-aide-major de 1re classe ; FOURNIER, aide-vétérinaire auxiliaire.

3° *Officiers venus de captivité*

Colonel .... BILHAU.
Lieutenant-Colonels ...... COLLIGNON ; DUFRESSE.
Chefs d'Escadrons .... DE SOULAGES ; DE VERNEVILLE.
Capitaines en 1er .... JULLIEN : PEYRON ; ANDRÉ.
Capitaines en 2e .... D'ABEL DE LIBRAN ; PARASSOLS : RICHARD (Jean).
Lieutenants en 1er .... DUBREUIL ; MOSSIER : RICHARD (Jean-Claude-Fleury) ; BLESSEAU ; CHEVALY ; HUSSON ; DE MALHERBE, lieutenant d'Etat-Major.
Lieutenant en 2e .... SERRE.
Sous-Lieutenants .... CROTEL ; DE MASSON D'AUTUME ; THIBAUT DE MÉNONVILLE ; SANGOUARD ; CHOPPIN ; DE FONTANGES ; LACROIX : NACHBAUR ; LUX ; BAILLOT : LENORMAND : VIGER.
Vétérinaires .... BARTHES, vétérinaire en 1er ; PAPILLIER, vétérinaire en 2e.

N° 54

COMPOSITION DU 3e DRAGONS EN 1892

11e Corps d'Armée : M. le Général de Division FAY, G. O. ✳
2e Arrondissement d'Inspection : M. le Général de Division Comte DUHESME, O ✳.
11e Brigade de Cavalerie : M. le Général de Brigade LE GUERN, C. ✳

3e Régiment de Dragons

Etat-Major

Colonel :   DELARÜE DE BEAUMARCHAIS, ✳
Lieutenant-Colonel :   PAPILLON, ✳
Chef d'Escadrons (3e et 4e) :   PELLÉ DE QUÉRAL, ✳
Chef d'Escadrons (1er et 2e) :   AMEIL, ✳
Major :   LE BRUN, ✳
Capitaine-Instructeur :   DE TARRAGON.

Capitaine-Trésorier :   MAITRE, lieutenant faisant fonctions.
Capitaine d'habillement :   BAUBRAS, ✷
Adjoint au Trésorier :   LHUILLIER, Sous-Lieutenant.
Porte-Etendard :   VUIBERT, Lieutenant.
Médecin-Major de 2e classe :   GUÉGAN.
Médecin-Aide-Major de 1re classe :
Vétérinaire en premier :   POITEVIN.
Vétérinaire en second :   ROUSSELOT.
Aide-Vétérinaire :   LANEY.

Petit Etat-Major

Adjudants :   GRANDCLAUDE (C.), Vaguemestre.
    id.   SAULOU (R.)
    id.   VENDÈS (R.)
Maréchal des Logis, Trompette-Major :   PAUL.
Brigadier-Trompette :   VIAU.

Peloton hors rang

Chef Armurier :   SÉDELÈNE (R.)
Adjudant Maître-d'Escrime :   ZIMMERMANN (C.) ✵
Maréchal des Logis, 1er Secr. du Trésorier : FAUCON (R.)
Mal des Logis, Garde-Magasin d'hab. :   CHAUBET (R).
Mal des Logis, chargé de l'Infie des chev. : JAFFRELO (R.)
Maréchal des Logis, Maître-Sellier :   RENCUREL (C.)
Brigadier-Fourrier :   LE BER.
Brigadier, 2e Secrétaire du Trésorier :   DAMBRINE.
Brigadiers, Prévôts d'Armes :   MOTREUL, GORON.
Brigadier, 1er ouvrier armurier :   EPIN (R.)
    id.   id.   sellier :   BOUGAREL (R.)
Brigadier, Tailleur :   BILLARD (R.)
Brigadier, Bottier :   MARTIN (R.)
Brigadier chargé de l'Infie des hommes :   LAUNEAU.

1er ESCADRON

Capitaine commandant.......... SAVOYE DE PUINEUF.
Capitaine en second............. YVELIN DE BÉVILLE.
Maréchal des Logis chef......... VAUTHIER (R).
Maréchal des Logis fourrier...... DE LA MOTTE.
Brigadier fourrier.............. BRETESCHÉ.
Brigadier maréchal.......... .. GAUBERT (R).

1er Peloton

Lieutenant. .. DUFILHOL.
Mal des Logis. DE FAUCIGNY-LUCINGE et
        COLIGNY.
—   MOSSET.
Brigadier.... PUJOS.
—   LAHAYE.
—   DE TARRAGON.

2e Peloton

Lieutenant. .. BRACH.
Mal des Logis. BRIAND (R).
Brigadier.... DENANCY.
—   LEMONNIER.
—   CATELIN.

3e Peloton

Lieutenant. .. POULET.
Mal des Logis. FLEURY.
Brigadier.... DUQUESNE.
—   LANGLAIS.
—   SAINT-GAL.

4e Peloton

Lieutenant. .. DE SESMAISONS.
Mal des Logis. AUBERT DE VINCELLES.
—   BAUDRY.
Brigadier.... ALLENOUE.
—   ORIOT.
—   DU BOISPÉAN.

2e ESCADRON

Capitaine commandant.......... RICARD.
Capitaine en second............. DE TOURNEBU.
Maréchal des Logis chef .... THOMAS (R).
Maréchal des Logis fourrier...... MARIUS.
Brigadier fourrier.............. BOHLY.
Brigadier maréchal............. BORDERON (R).

1er Peloton

Lieutenant. .. DE VERCHÈRE.
Mal des Logis. MINIER (R).
—   ROY.
Brigadier.... RICHARD.
—   DOUSSAIN.
—   ROBIN.

2e Peloton

Lieutenant. .. GAYARD.
Mal des Logis. RAZE (R).
—   CAMMARTIN (R).
Brigadier.... MICHELET.
—   LELANDAIS.
—   DE BELLOY DE St-LIÉNARD.

3e Peloton

Lieutenant. .. LÉVESQUE.
Mal des Logis. LECOMTE.
Brigadier.... FLÉCHEAU.
—   AUTRAN.
—   MASSONNEAU.

4e Peloton

Lieutenant. .. HERVOUET DE LA ROBRIE.
Mal des Logis. GUILLART DE FRESNAY (R).
—   BUSSIÈRES (R).
Brigadier.... CORNU.
—   RÉTIÈRE.
—   LEFORT.

3e ESCADRON

Capitaine commandant......... BRIDOUX.
Capitaine en second............ JOCHAUD DU PLESSIX.
Maréchal des Logis chef......... LE PRÉDOUR DE KÉRAMBRIEC (R).
Maréchal des Logis fourrier...... BÉZIAU.
Brigadier fourrier.............. CHEVREAU.
Brigadier maréchal........ ..... MILLET (R).

1er Peloton

Lieutenant... FLEURIOT DE LANGLE.
Mal des Logis. LE MATELOT.
— MÉTOIS.
Brigadier.... MARCHAIS.
— LE BRETON.
— HARSCOUET DE St-GEORGES.

2e Peloton

Lieutenant... POINÇON DE LA BLANCHAR-
DIÈRE JAN DE LA HAME-
LINAYE.
Mal des Logis. BRACH (R).
Brigadier.... LUCOTTE.
— FRIOUX.
— DELAUNAY DE LA MOTHAYE.

3e Peloton

Lieutenant... d'ALEXANDRY D'ORENGIANI.
Mal des Logis. SÉGUIN.
Brigadier.... BARON.
— MASSON.
— TROCHON.

4e Peloton

Lieutenant... FAURE.
Mal des Logis. CRIAUD.
— HERVÉ.
Brigadier.... ANDRÉ.
— BERGERAT.
— PLAINE-LÉPINE.

4e ESCADRON

Capitaine commandant......... DE BONNIÈRES DE WIERRE.
Capitaine en second............ PRÉVOST, ✻
Maréchel-des-Logis chef......... JOUANNET (R).
Marécal des Logis maître maréchal ALLIAUME (R).
Maréchal des Logis fourrier...... SIMONNET (R).
Brigadier fourrier.............. DESJACQUES.

1er Peloton

Lieutenant... JULLIAN.
Mal des Logis. MÉREY (R).
— LE MEIGNAN DE L'ECORSE.
Brigadier... LESTRAT.
— DE BALBY DE VERNON.
— DÉROUET.

2e Peloton

Lieutenant... DÉSASSIS.
Mal des Logis. DE MÉTAER DE LORGERIE.
Brigadier.... DARBEAU.
— DE BOSSOREILLE DE RIBOU.
— LE BOTERF.

3e Peloton

Lieutenant... CHEVALLIER-CHANTEPIE.
Mal des Logis. DE CAZENOVE DE PRADINES
(R).
Brigadier.... CHARNEAU.
— DUPONT.
— DE CLÉRAMBAULT.

4e Peloton

Lieutenant... DE LATAULADE.
Mal des Logis. IMBERT DE TRÉMIOLLES (R).
— GUIONNET.
Brigadier.... LE GOAZRE DE TOULGOET-
TRÉANNA.
— BICHON.
— TRÉANTON.

5e ESCADRON

Capitaine commandant.........	JAQUINET. ✻	
Capitaine en second...........	BENET. ✻	*Remontes.*
Maréchal des Logis chef.........	MALISVAUD (R).	
Maréchal des Logis fourrier......	CHAPPELLE (R).	
Brigadier fourrier..............	RICARD.	
Brigadier maréchal.............	CHAMPION (C).	

1er Peloton

Lieutenant... DE LA BARRE DE CARROY,
     officier d'ordonnance.
Sous-Lieutent BÉNIER.
Mal des Logis. D'HAUTPOUL, *élève officier.*
—   AMIARD.
Brigadier.... GUILLERME.
—   ARNAUD.
—   LAMBERT.

2e Peloton

Lieutenant... AUBERT DE VINCELLES.
Mal des Logis. DEVAUT.   *Remontes.*
Brigadier.... EVENOT.
—   FRESLON.
—   LEMASSON.

3e Peloton

Sous-Lieutent SILVESTRE DE FERRON.
Mal des Logis. BRILLANT.
Brigadier.... BACHELIER.
—   LE CLAINCHE.
—   DE VILLOUTREYS.

4e Peloton

Lieutenant... CHAPELLE DE JUMILHAC.
Mal des Logis. VAUCHEZ, *élève officier.*
—   BACQUA.
Brigadier.... BORET.
—   CALAIS.

MESTRES DE CAMP PROPRIÉTAIRES

DU RÉGIMENT

I

PRINCE DE CONDÉ, HENRI-JULES DE BOURBON

(17 Janvier 1649 — 28 Décembre 1686)

Il porta le nom de duc d'Anguien pendant la vie de son père, prit le nom de Prince de Condé le 11 Décembre 1686.

On le fit Capitaine d'une Compagnie de Chevau-légers à la démission de son père qui prenait la Compagnie de Condé par Commission du 3 Décembre 1646.

Colonel d'un Régiment d'Infanterie par Commission du même jour à la démission de son père qui devenait Colonel du Régiment de Condé.

Il en leva un de Cavalerie par Commission du 17 Janvier 1649.

Ses Régiments et sa Compagnie de Chevau-légers furent licenciés par ordre du 13 Septembre 1651 (Il avait suivi le Prince de Condé son père).

Revenu en France à la paix des Pyrénées le 7 Novembre 1659, on rétablit son Régiment de Cavalerie.

Il fut fait Grand-Maître de France à la démission du Prince de Conty, par provision du 2 Février 1660.

Chevalier des Ordres du Roi le 31 Décembre 1661.

Il accompagna le Roi aux Pays-Bas, dans la guerre contre l'Espagne, en 1667, aux sièges de Tournay, de Douai et de Lille.

Le Roi rétablit son Régiment d'infanterie (aujourd'hui Bourbon), par Commission du 26 Octobre de cette année avec rang de ce jour seulement.

Il marcha sous son père en 1668, pour la conquête de la Franche-Comté.

Il fut créé Brigadier de Cavalerie par brevet du 2 Février de cette année. Commandant la Cavalerie dans l'armée que devait commander son père, par Commission du 3 Avril. La paix se fit au mois de Mai.

Il commanda la Cavalerie dans l'armée du Maréchal Créqui et la frontière de Lorraine par Commission du 18 Janvier 1669. Il ne fit aucune expédition.

Gouverneur de Bourgogne et de Bresse, en succédance du Prince de Condé par provision donnée à Saint-Germain-en-Lay le 22 Janvier 1670, au Parlement de Paris le 24 Janvier 1671.

Il fut nommé pour commander la Cavalerie de l'armée de Lorraine par Commission du 6 Septembre 1670 ; on fit la conquête de la Lorraine en moins d'un mois.

Créé Maréchal de Camp par brevet du 20 Avril 1672, il servit dans l'armée commandée par le Prince de Condé en Hollande, et était à la prise d'Orsoi, d'Emerie, au passage du Rhin au mois de Juin.

Lieutenant-général des armées du Roi par pouvoir du 3 Avril 1673, il servit dans l'armée employée à couvrir le Bas-Rhin ; Commandant de l'armée du Roi, sous les ordres du Prince de Condé par pouvoir du 5 Août 1673, cette armée fut chargée de veiller aux mouvements des Espagnols en Flandre.

Commandant de l'armée de Franche-Comté sous son père par pouvoir du 2 Janvier 1674. Il joignit le duc de Navailles qui avait commencé la conquête de la Franche-Comté, il investit Besançon au mois d'Avril ; le Roi la prit au mois de Mai. Il investit Dôle dans le même mois ; elle se rendit au Roi au mois de Juin.

Commandant de l'armée de Flandre sous le Prince de Condé, par pouvoir du 5 Août. Au combat de Senef le 11 Août, le duc d'Anguien fut un jour aux côtés de son père, blessé d'un coup de mousquet à la jambe ; il remonta le Prince de Condé dont le cheval avait été tué et continua de combattre avec lui jusqu'à la retraite du Prince d'Orange.

Commandant de l'armée de Flandre sous le Prince de Condé, par pouvoir du 1er Mai 1675. Il attaqua Limbourg au mois de Juin. Elle se rendit après huit jours, le 21. Il eut un ordre le 30 pour commander en chef l'armée d'Allemagne, jusqu'à l'arrivée du Prince de Condé et un pouvoir du 2 Août pour la commander sous lui.

Dans l'armée du Roi, commandée par Monsieur, en 1676, le Duc d'Anguien servit au siège de Bouchain, aux sièges de Valenciennes et de Cambrai en 1677, au siège de Gand en 1678.

A la mort de son père, le 11 Décembre 1686, il prit le nom de Prince de Condé.

Il fut fait Colonel du Régiment de Condé-Infanterie, Mestre de Camp du Régiment de Condé-Cavalerie par Commission du 28 du même mois, et se démit des Régiments d'Anguien-Infanterie et Cavalerie en faveur du Duc de Bourbon son fils. Ces régiments prirent alors le nom de Bourbon qu'ils ont conservé depuis.

Il suivit le Roi au siège de Mons en 1691, au siège de Namur en 1692.

Il commanda l'armée de Flandre sous le Roi par pouvoir du 27 Avril, sous Monseigneur par pouvoir du 13 Mai 1693. Ce fut sa dernière campagne.

II

DUC DE BOURBON (LOUIS DE BOURBON-CONDÉ III)

(28 Décembre 1686.— 15 Septembre 1709)

Connu sous le nom de Monsieur le Duc, il eut d'abord la surveillance du gouvernement de Bourgogne et de Bresse par provisions données à Versailles le 16 Juillet 1685, la charge de Grand-Maître de la Maison du Roi en survivance de son père par provision du 24. Fut créé chevalier des Ordres du Roi le 2 Juin 1686.

Colonel du Régiment d'Infanterie de Bourbon, Mestre de Camp du Régiment de Cavalerie du même titre, à la démission de son père qui passait au Régiment de Condé par provision du 28 Décembre suivant.

Il fit sa première campagne sous Monsieur le Dauphin en 1668, et se trouva au siège et à la prise de Philipsbourg, de Manheim, à la soumission de Spire, de Worms, d'Oppenheim, de Trèves, au siège de Franckenthal.

Il servit en Allemagne en 1689, sous le Maréchal de Lorges qui se tint sur la défensive.

Maréchal de Camp par brevet du 2 Août 1690, il fut employé à l'armée d'Allemagne sous Monsieur le Dauphin, qui tint les ennemis en échec toute la campagne et les empêcha de faire aucun progrès.

Employé en Flandre par lettre du 14 Mars 1691, il servit sous le Roi au siège de Mons, y monta plusieurs tranchées, passa ensuite à l'armée d'Allemagne, sous le Maréchal de Lorges qui se tint sur la défensive.

Lieutenant-Général de l'armée du Roi, par pouvoir du 3 Mai 1692. Employé à l'armée de Flandre par lettre du même jour, il servit sous le Roi au siège et à la prise de Namur. A l'attaque de l'ouvrage neuf, à la tête de 15 compagnies de grenadiers soutenues par 7 bataillons, il emporta le chemin couvert en moins d'une demi-heure, contraignit les ennemis à se retirer dans le fort et à se rendre sur le champ à l'attaque des chemins et des contrescarpes de l'ouvrage à cornes ; le duc de Bourbon commandant comme Lieutenant-Général, entra des premiers dans les palissades. A la bataille de Steinkerque, à la tête d'une Division, il chargea plusieurs fois les ennemis.

Employé à l'armée de Flandre, par lettre du 27 Avril 1693, il commanda l'aile gauche de la ligne de la Maison du Roi à la bataille de Nerwinde.

Les troupes françaises emportèrent le village de Nerwinde. De la possession de ce village dépendait la victoire. Après un long et sanglant combat, les ennemis le reprirent. M. le duc de Bourbon, à la tête de la Brigade de Guiche, l'attaqua de nouveau, l'emporta, repoussa l'ennemi jusqu'à la plaine où étaient leurs canons ; il chargea ensuite plusieurs fois les ennemis, avec la Cavalerie qu'il commandait, conserva l'avantage sur eux, reçut plusieurs coups dans sa cuirasse et dans ses habits, contribua beaucoup au gain de la bataille.

Servit au siège et à la prise de Charleroy.

Il était en 1694 à l'armée de Flandre, sous Monniganne, qui déconcerta les ennemis par la fameuse marche de Pignamont au pont d'Espierre.

En 1695, au bombardement de Bruxelles sous le Maréchal de Villeroy ; il servit en 1696 en Flandre sous le même Général qui tint les ennemis en échec et n'entreprit rien ; ce fut sa dernière campagne.

A la mort de M. le Prince de Condé son père, il obtint les Régiments de Cavalerie et d'Infanterie de Condé par commission du 15 Septembre 1709 et se démit de ceux de Bourbon en faveur de M. le duc d'Anguien son fils.

III

DUC DE BOURBON (LOUIS-HENRI DE BOURBON-CONDÉ)

(15 Septembre 1709. · 1er Avril 1710)

Connu d'abord sous le nom de M. le duc d'Anguien, du vivant de M. le duc, son père, il leva le Régiment d'Infanterie d'Anguien par commission du 1er Février 1706. Chevalier des Ordres du Roi, le 1er Janvier 1709, il prit séance au Parlement en qualité de Pair de France le 19 du mois suivant.

On lui donna les Régiments d'Infanterie et de Cavalerie de Bourbon par commission du 15 Septembre. Il se démit de celui d'Anguien à la mort de son père le 4 mars 1710, il devint duc de Bourbon et fut connu sous le nom de M. le Duc. Grand-Maître de la Maison du Roi par provision donnée le même jour; Gouverneur et Lieutenant-Général de Bourgogne et de Bresse par provision donnée à Versailles aussi le même jour. Il prêta serment le 24. On enregistra ces provisions au Parlement de Dijon le 20 et à la Chambre des Comptes le 21 Mai suivant.

Colonel et Mestre de Camp des Régiments d'Infanterie et de Cavalerie de Condé par commission du 1er Avril, il se démit de ceux de Bourbon. Toutes ces charges vaquaient par la mort de son père.

Monsieur le Duc fit sa première Campagne la même année en Flandre, sous le Maréchal de Villars qui se tint sur la défensive. Il se trouva en 1711 à l'attaque d'Hordain.

Commandant la Cavalerie de l'armée de Flandre par commission du 29 Août 1712, il servit aux sièges du Quesnoy, de Douai et de Bouchain.

Il était en 1713 au siège de Landau, à la défaite du Général Vaubonne le 20 Septembre ; il s'y distingua. On le fit Maréchal de Camp par brevet du 2, il servit en cette qualité au siège de Fribourg.

Il fut ensuite chef du Conseil de Régence le 12 Septembre 1715.

Lieutenant-Général des Armées du Roi, par pouvoir du 8 Mars 1718.

Surintendant de l'éducation du Roi le 26 Août suivant.

Premier Ministre le 2 Décembre 1723.

Grand-Maître et Surintendant des Postes par provision du 2 Juin 1724.

On mit le régiment de Gœsbriand sous le nom de Condé par ordre du 12 Décembre de la même année.

M. le Duc se retira à Chantilly le 11 Juin 1726, se démit de la charge de Grand-Maître des Postes, le même jour, et fut fait Mestre de Camp du régiment de Condé par commission du 23 Juillet 1731.

Il l'a conservé jusqu'à sa mort ainsi que toutes ses autres charges.

IV

CHARLES DE BOURBON, COMTE DE CHAROLAIS

(. —   )

Fils de Louis III, duc de Bourbon, et de Louise-Françoise de Bourbon ; frère de Louis-Henri de Bourbon Condé, duc de Bourbon.

Il est à l'armée du Rhin en 1733.

Mort le 22 Juillet 1760.

MESTRES DE CAMP LIEUTENANTS

CHEFS DE BRIGADE ET COLONELS DU RÉGIMENT

depuis sa création.

1.

GASPARD III, COMTE DE SALIGNY, MARQUIS D'ORNE.

1649

Tué à l'attaque de Charenton.

2.

DE COLIGNY (JEAN DE COLIGNY-SALIGNY, COMTE)

Fut d'abord page de la Chambre de Louis XIII, puis page du cardinal de Richelieu et après avoir servi quelques années dans la Compagnie des mousquetaires du même Cardinal, il fut fait guide des Gendarmes de la Garde par décret du 10 Mars 1651 ; il n'y servit pas, s'étant démis de cette charge dès le 26 du même mois.

N. B. — Les états de services des Mestres de Camp Lieutenants, chefs de brigade ou Colonels sont tirés des *Manuscrits* du Ministère de la Guerre, de la *Chronologie historique* de Pinard, de l'*Armorial de France* de d'Hozier ou des *Matricules* tenues au Ministère de la Guerre.

On le nomma par provision du même jour Gouverneur des ville et châteaux d'Autun, bailli du Charolais à la mort de son père.

Il suivit le prince de Condé qui le fit Mestre de Camp Lieutenant du Régiment du Duc d'Anguien, son fils (aujourd'hui Bourbon) par Commission de 1652 ; elle servit jusqu'à la paix des Pyrénées.

Il leva pour le service alpin, commission de ce Prince, en 1653, un Régiment de Cavalerie de son nom. Il rentra avec lui au service du Roi le 7 Novembre 1659. Ce Régiment fut réduit à une Compagnie de Chevau-légers le 12 Avril 1661.

Il se démit au mois de Janvier 1662 du Régiment de Cavalerie d'Anguien.

Lieutenant-général commandant l'Armée envoyée en Hongrie au secours de l'Empereur par pouvoir du 12 Mars 1664, il combattit à l'aile gauche de l'Aigle Impériale à la bataille de Saint-Gothard, le 1er Août. Elle commença à 9 heures du matin et finit à 4 heures après-midi. Les Turcs avaient mis en désordre le prince de Bade. Coligny les chargea, rétablit le combat, força l'ennemi de repasser le Ruas ; il tua même jusqu'à 30 Turcs de sa main.

Depuis cette expédition, une goutte habituelle ne lui permit plus de reparaître ni à la Cour, ni à l'Armée. Il se retira dans un de ses châteaux où il mourut.

3.

DE ROMAINVILLE.

1659

4.

ÉRARD BOUTON, MARQUIS DE CHAMILLY.

(7 Novembre 1659 — 7 Décembre 1665)

Né en 1630, frère aîné de Noël Bouton de Chamilly, suivit, dans sa jeunesse, avec son père la fortune du prince de Condé. Dans la guerre de Hollande, il eut le commandement d'un Corps d'Armée et prit Graves (1672).

Homme de guerre distingué, il allait être fait Maréchal lorsqu'il mourut en 1673.

5.

GASPARD DE CHAMPAGNE, COMTE DE LA SUZE.

(7 Décembre 1665 — 9 Août 1671)

6.

MARQUIS DE LANMARY.

(9 Août 1671-1681)

7.

COMTE DE SAINTRAILLES.

(1681. — 28 Février 1690)

8.

COMTE DE LA CHAPELLE-BALON.

(28 Février 1690. — 14 Juin 1692)

Tué sur la Méhaigne d'un coup de mousquet qu'il reçut en observant les postes ennemis.

9.

DE CHOISEUL dit le MARQUIS DE LANQUES

(1693)

10.

DE CHOISEUL, MARQUIS DE LANQUES.

(30 Mai 1693. — 6 Décembre 1702)

11.

DE ROYER, COMTE DE SAINT-MICAUD.

(6 Décembre 1702. — 1719)

12.

MARQUIS DE MONTAUSIER (DE CRUSSOL D'UZÈS).

(1719. — 1er Octobre 1730)

13.

MARQUIS DE CRUSSOL DES SALES (FRANÇOIS-EMMANUEL) DE CRUSSOL D'UZÈS.

(1er Octobre 1730. — 13 Août 1744).

Lieutenant réformé au Régiment du Roi le 12 Août 1720.

Enseigne le 1er Mai 1723.

Capitaine au Régiment de Cavalerie de Bourbon le 12 Janvier 1723 ; il servit au camp de la Meuse du 29 Août au 28 Septembre 1727, au camp de la Meuse en 1730, et fut fait Mestre de Camp commandant du même Régiment sur la démission du marquis de Montausier, son frère, par commission du 1er Octobre de la même année. Il le commanda au siège de Kehl en 1733, au siège de Philipsbourg en 1734, à l'armée du Rhin en 1735.

Brigadier par Brevet du 1er Janvier 1740. Employé à l'armée du Bas-Rhin sous le Maréchal de Maillebois le 1er Août 1741, il passa en Wesphalie avec la 1re division de l'armée qui partit de Sedan le 28 du même mois, passa l'hiver à Paderborn.

Lorsque cette armée marcha de Wesphalie en Bohême au mois d'Août 1742, le marquis de Crussol des Sales suivit la 2e Division, se trouva à plusieurs escarmouches sur la frontière de la Bohême, passa l'hiver à Frontenhausen en Bavière, rentra en France avec la 5e Division de l'armée au mois de Juillet 1743, finit la campagne en Haute-Alsace sous le Maréchal de Coigny, par lettre du 1er Septembre, et contribua le 30 du même mois à la défaite des ennemis à Rhinvillers.

Employé à l'armée du Rhin le 1er Août 1744.

Maréchal de Camp par brevet du 2 Mai ; il concourut comme Brigadier à la reprise de Weissembourg et des lignes de la Lauter. Déclaré Maréchal de Camp le 13 Août, il se démit du Régiment de Bourbon, se trouva à l'affaire d'Argenson, fut employé à l'armée de Bavière, sous les ordres du comte de Ségur, par lettre du 1er Octobre, et passa l'hiver avec cette armée aux environs de Donauwerth.

Il se distingua particulièrement au combat de Parsenhoffen, le 15 Août 1745, et étant rentré en France avec l'armée, il fut employé à l'armée du Bas-Rhin, sous les ordres du prince de Conti, par lettre du 1er Mai ; il y servit depuis le 31 jusqu'à la fin de la Campagne et alla commander pendant l'hiver au Neuf-Brisack, par lettre du 1er Novembre.

Employé à l'armée commandée par le prince de Conti, le 1er Mars 1746, il servit au siège de Mons, à celui de Charleroy ; revenu à l'armée du Roi commandée par le Maréchal de Saxe, il couvrit avec cette armée le siège de Namur, combattit à Raucoux, et fut employé pendant l'hiver au Pays-Messin par lettre du 1er Novembre.

Il se rendit le 10 Mars 1747 en Provence, fut employé à l'armée d'Italie le 1er Juin suivant, se trouva au passage du Var, à la prise des retranchements de Villefranche, et de Montalban, à la prise de ces deux places, de la ville de Nice, de Vintimille, au ravitaillement de cette place au mois d'octobre, et continua d'être employé à cette frontière jusqu'au mois d'Août 1749. Il avait été créé Lieutenant-Général des armées du Roi, par pouvoir du 10 Mai 1748, mais la promotion ne fut déclarée qu'au mois de Décembre.

Gouverneur de l'Ile d'Oléron par provision du 23 Septembre 1786 ; il y a résidé jusqu'à sa mort.

14

MARQUIS DE CAMBIS (LOUIS-JOSEPH-NICOLAS).

(10 Septembre 1744 — 20 Février 1761).

Mousquetaire en 1739.

Capitaine au Régiment de Cavalerie de Bourbon le 6 Mai 1740, Gouverneur des villes et citadelles de Sisteron, à la mort de son père, le 1er Juin 1741. Il commanda sa Compagnie en Wesphalie, sur les frontières de Bohême, en Bavière et sur les bords du Rhin en 1741-1742-1743, à la reprise de Wissembourg et des lignes de la Lauter, et à l'affaire d'Anguemun en 1744.

Mestre de Camp Lieutenant du même Régiment par commission du 10 Septembre, il le commanda au siège de Fribourg la même année, sur le Bas-Rhin, pendant l'hiver et pendant les premiers mois de la Campagne de 1745.

Il joignit l'armée de Flandre au mois de Juin, campa quelque temps à Chièvres, sous le Marquis de Clermont-Gallerande, et servit sous ses ordres au siège d'Ath.

Il était au siège de Bruxelles et à la bataille de Raucoux en 1746 ; à la bataille de Lawfeld et au siège de Berg-Op-Zoom en 1747 ; au siège de Maëstricht en 1748 et fut fait Brigadier par brevet du 10 Mai.

Il servit en cette qualité au camp de Gray en 1754 ; à la bataille d'Hastembeck, à la prise de Minden et de Hanovre, à la bataille de Rosbach, en 1757 ; sur les côtes en 1758 et 1759, aux affaires de Corbach et de Warbourg, à la bataille de Clostercamp en 1760.

Maréchal de Camp par brevet du 20 Février 1761, il s'était démis du Régiment de Cavalerie de Bourbon et n'a pas été employé depuis.

15.

COMTE DE COIGNY (GABRIEL-AUGUSTIN DE FRANQUETOT)

(20 Février 1761. — 1er Janvier 1762)

Mestre de camp en second du Régiment ; Mestre de camp général des Dragons en 1758.

Mestre de camp Lieutenant du Régiment de Bourbon-Cavalerie en 1761.

Mestre de camp d'un Régiment de Dragons de son nom en 1762.

Colonel-Lieutenant de la Légion Royale (troupes légères) en 1765.

Brigadier de Dragons en 1768 jusqu'à 1774.

Maréchal de camp en 1780.

Lieutenant-Général sous la Restauration. Né en 1740, mort en 1817.

16.

VICOMTE DE NOÉ (LOUIS)

(1er Janvier 1762. — 3 Janvier 1770)

Services

Mestre de camp de Cavalerie du   27 Avril 1761
Mestre de camp Lieutenant de ce Régiment à l'incorpo-
   ration de   1762
Brigadier la même année   1762

17.

MARQUIS DE LAGUICHE (AMABLE-CHARLES)

(3 Janvier 1770. — 10 Mars 1788)

Services

Sous-Lieutenant aux Grenadiers de France   27 Décembre 1763
Capitaine-Commandant en la Compagnie du

Lieutenant-Colonel de la Brigade de
Montesquieu-Carabiniers le   28 Avril 1765
Mestre de camp de ce Régiment le   3 Janvier 1770
Mestre de camp commandant à la formation de   1776

Décorations

Le 19 Août 1781 pour être décoré le 27 Septembre 1782.

18.

BARON D'HUNOLSTEIN (JEAN-FRANÇOIS-LÉONOR)

(10 Mars 1788. — 1er Avril 1789)

Services.

Sous-Lieutenant le   15 Novembre 1767
Capitaine dans le Régiment de Schomberg   11 Avril 1770
Capitaine Commandant à la formation de   1776
Major du Régiment de Chartres-Dragons le   26 Août 1780
Colonel le   10 Mars 1788
Quitte ce Régiment le   22 Avril 1789

Conservé au service jusqu'à ce qu'il soit replacé soit à une Lieutenance des Gardes du Corps, soit à une autre place.

Décorations.

Chevalier de Saint-Louis le 6 Avril 1788.

A remis le Régiment à M. le duc de Bourbon le 1er Avril 1789 et a passé Lieutenant aux Gardes du Corps.

19.

VICOMTE DE RONCHEROLLES (ANNE-MICHEL-LOUIS)

(4 Avril 1789. — 21 Octobre 1791)

Services.

Sous-Lieutenant sans appointements dans le Régiment du Mestre de Camp
Général de Cavalerie le   31 Janvier 1774

Sous-Lieutenant le	26 Avril 1775
Capitaine par commission le	21 Avril 1777
Mestre de camp Lieutenant en 2ᵉ du Régiment d'Or-léans-Cavalerie le	1ᵉʳ Janvier 1784
Devenu Colonel le	1ᵉʳ Mai 1788
Colonel-Lieutenant de ce Régiment le	4 Avril 1789
A quitté le service le	12 Août 1791

20.

D'HANGEST (RENÉ-PIERRE-LOUIS)

(21 Octobre 1791. — 5 Février 1792)

Services

Cornette le	19 Mars 1759
Réformé en 1763 dans Languedoc-Dragons	
Replacé Sous-Lieutenant	1ᵉʳ Juin 1763
Lieutenant	1ᵉʳ Juin 1772
Pourvu d'une Compagnie	12 Février 1774
Réformé à la formation de	1776
Capitaine en 2ᵉ	6 Juillet 1779
Major de ce Régiment	13 Novembre 1785
Lieutenant-Colonel le	6 Avril 1788
Colonel	21 Octobre 1791
A émigré	12 Juin 1792
Remplacé	29 Juin 1792

Campagnes

A fait la campagne de 1761-1762.

Décorations

Chevalier de Saint-Louis le 14 Mai 1785.

21.

DE VAUJOURS (ANNE-HYACINTHE, D'HARANGE)

(29 Juillet 1792. — 26 Octobre 1792)

Services

Mousquetaire en la 2ᵉ Compagnie le	23 Décembre 1761
Rang de Capitaine de cavalerie le	10 Janvier 1773
Rang de Capitaine dans le Régiment de Lanau-Dragons le	28 Septembre 1778
Capitaine de remplacement le au même Régiment devenu Durfort	6 Septembre 1784
Capitaine en 2ᵉ le	13 Mai 1785
Capitaine Commandant le	18 Mai 1787
Chef d'Escadron à la formation de mai 1788 au dit Régiment qui a pris le nom de Chassseurs de Franche-Comté	
Lieutenant-Colonel	5 Février 1792
Colonel le	29 Juillet 1792
Destitué le	26 Octobre 1792

Décorations

Décoré le 23 Décembre 1789.

Nº 22

LE BLANC DE LISLE (PAUL-ALEXANDRE)

(26 Octobre 1792. — 8 Mars 1793)

Services

Cavalier dans le régiment de Saluces, le	6 Avril 1750
— dans celui de Royal le	1ᵉʳ Septembre 1759
— dans Bourbon le	1ᵉʳ Mars 1764.
Brigadier du	1ᵉʳ Septembre 1764

Maréchal des Logis le	25 Octobre 1765.
Rang de Sous-Lieutenant du	17 Juin 1770.
Lieutenant en 2ᵉ le	1ᵉʳ Septembre 1786
Lieutenant-Surnuméraire à la formation du	1ᵉʳ Mars 1788
Capitaine au 3ᵉ Régiment	15 Septembre 1791
Lieutenant-Colonel le	8 Juillet 1792
Colonel le	26 Octobre 1792
Général de Brigade le	8 Mars 1793

Campagnes

A fait les campagnes de 1757, 1758, 1759, 1760, 1761 et 1762 en Allemagne.

A eu un cheval tué sous lui à l'affaire de Schouast étant de détachement d'équipages.

Blessures

A été blessé à la bataille de Rosbach en 1757 d'un coup de sabre dans la tête et d'un coup de pointe dans les reins; a eu dans cette affaire un cheval tué sous lui et a été fait prisonnier.

Décorations

Décoré le 21 Septembre 1788.

Nᵒ 23.

CAPITAIN (MARIE-JOSEPH)

(8 Mars 1793. — 11 Novembre 1794)

Services

A commencé à servir en qualité de :

Soldat dans la Légion de l'Isle de France du	24 Octobre 1766
au	30 Décembre 1772
Porte-drapeau au Régiment d'Isle de Bourbon	30 Décembre 1772
Réformé le	25 Janvier 1775
Lieutenant de la maréchaussée du Soissonnais avec rang de Capitaine de Cavalerie le	20 Février 1781
Lieutenant-Colonel de la Gendarmerie Nationale au département de l'Aisne le	12 Juin 1791

Réformé le   29 Avril 1792
Adjoint à l'Etat-Major de l'armée du Centre le   24 Août 1792
Colonel de la Légion de l'armée du Centre le   15 Octobre 1792
Passé Colonel au 5ᵉ Régiment de Cavalerie   26 Janvier 1793
Colonel du 3ᵉ Régiment de Dragons   8 Mars 1793
Retiré le   21 Brumaire an III

Campagnes

A fait les campagnes de guerre dans l'Inde depuis 1766 jusqu'en 1775.
A fait la Campagne de guerre de 1792.

Nᵒ 24.

DAUNANT (PAUL-GUILLAUME)

(11 Novembre 1794. — 19 Avril 1796)

Services

Rang de Sous-Lieutenant   6 Novembre 1771
Sous-Lieutenant   1ᵉʳ Juin 1772
Réformé en   1776
Replacé   15 Octobre 1776
Rang de Capitaine   3 Juin 1779
Capitaine en 2ᵉ   3 Mars 1786
Pourvu d'une Compagnie à la formation du   1ᵉʳ Mars 1788
Chef d'Escadron au Régiment   23 Mars 1792
Chef de Brigade (21 Brumaire an III)   11 Novembre 1794
Nommé chef de Division de Gendarmerie le
   (22 Prairial an V)   19 Avril 1796
A cessé ces fonctions en   Nivôse an VI
n'ayant point été conservé dans ces fonctions lors
   de la révision des nominations.

25

Bron (André-François)

(22 Septembre 1797. — 22 Septembre 1800)

Services

Dragon au 12ᵉ Régiment	1ᵉʳ Mars 1777
Brigadier	20 Mars 1783
Fourrier écrivain	9 Juillet 1784
Maréchal des Logis en Chef	1ᵉʳ Février 1788
Adjudant	1ᵉʳ Mars 1789
Sous-Lieutenant	15 Septembre 1791
Lieutenant	1ᵉʳ Juin 1792
Capitaine	1ᵉʳ Avril 1793
Chef d'Escadron au 24ᵉ Chasseurs à Cheval	21 Ventôse an II
Chef du 3ᵉ Régiment de Dragons nommé par le Général en Chef	1ᵉʳ Vendémiaire an VI
Général de Brigade nommé par le Général Commandant en Chef l'armée d'Orient	1ᵉʳ Vendémiaire an IX
Confirmé dans ce grade par le Premier Consul	9 Février an X
Cisalpine le	13 Nivôse an X
République Italienne :	
Employé près le corps de troupes à Faenza dans le royaume de Naples	
Passé à la Grande-Armée le	6 Janvier 1807
Autorisation de se rendre à Paris	20 Décembre 1807
Ordre de se rendre à Poitiers pour y commander une Brigade de la Division de Cavalerie de Réserve	18 Janvier 1808
Reste disponible à Mayence par ordre du	15 Février 1808
Armée d'Espagne	17 Octobre 1808
Armée d'Italie	6 Mars 1809
Ordre du Mars 1809 de se rendre à Paris	
Armée d'Allemagne	24 Mai 1809
8ᵉ Corps d'Armée, près le duc d'Abrantès	24 Août 1809

8ᵉ Corps d'Armée d'Espagne   7 Décembre 1809
Fait prisonnier de guerre en   1812
Rentré en   1814
En non-activité
Commandant l'arrondissement de Dôle (Jura)   30 Décembre 1814
Ordre de se rendre à Paris   20 Avril 1815
Disponible   6 Juin 1815
Employé au Dépôt de Cavalerie à Troyes   15 Juin 1815

Campagnes

1792-1793	Armée du Nord.
Ans 2-3	Armée des Pyrénées.
Ans 4, 5, 6, 7, 8	Armée d'Italie, d'Orient et de Batavie.
Ans 12, 13, 14, 1806	Armée de Naples.
1807	Grande Armée.
1808-1809	Espagne, Allemagne, Italie.
1810-1811	Espagne.
1812	Prisonnier de guerre par les Anglais.
1813-1814	id.
1814	Rentré en France.

Mutations

Admis à la solde de retraite en vertu de l'Ordonnance du 1ᵉʳ Août 1815.

26.

FITEAU

(22 Septembre 1800. — 27 Septembre 1806)

Services

Chasseur à cheval au 4ᵉ Régiment   19 Août 1789
Brigadier-fourrier au id.   15 Juillet 1793
Passé en cette qualité au Corps des Partisans de
    l'Armée du Rhin   21 Novembre 1793
Maréchal des Logis   18 Nivôse an II
Quartier-Maître Lieutenant   10 Pluviôse an II

Incorporé et confirmé Lieutenant au 7 (*bis*) de
  Hussards   11 Prairial an II
Capitaine   1er Ventôse an VI
Chef d'Escadron   21 Vendémiaire an VII
Chef de Brigade au 3e Dragons   1er   id.   an IX
Confirmé dans cet emploi   10   id.   an XII
Passé Major des Dragons de la Garde Impériale   27 Septembre 1806

Campagnes

Campagnes de 1793, an 2, an 3, à l'Armée du Rhin.
                    4, 5 et 6   id.   d'Italie.
                    7, 8 et 9   id.   d'Orient.

A reçu un coup de feu qui lui a traversé l'avant-bras, le 30 Ventôse
an IX, près d'Alexandrie, à l'Armée d'Orient.

Décorations

Officier de la Légion d'honneur.

27

GRÉZARD (JOSEPH)

(24 Septembre 1806 — 14 Juillet 1810)

Services

Soldat au 16e de Cavalerie   13 Février 1784
Brigadier-Fourrier   1er Janvier 1791
Maréchal des Logis   15 Mai 1792
Adjudant   1er Avril 1793
Sous-Lieutenant   29 Octobre 1793
Lieutenant   24 Pluviôse an II
Capitaine   25 Messidor an II
Chef d'Escadron   22 Floréal, 30 Brumaire an IX
Major au 6e Dragons   6 Brumaire an XII
Colonel au 3e Dragons   24 Septembre 1806

Campagnes

1792	De la Moselle.
1793	Id., du Nord.
An II	Du Nord.
An III	Sambre et Meuse.
An VII	Danube.
An VIII	Rhin.
An IX	Rhin.

Actions d'éclat

En Octobre 1793, près Poperingue, étant avec 30 hommes du Régiment faisant partie de l'arrière-garde de la Division du Général d'Hédouville, il chargea un bataillon autrichien qui était embusqué dans une houblonnière, le dispersa et lui fit 89 prisonniers.

Le 12 Frimaire an VIII, à Neckergemmunde, sous les ordres du Général Baraguay d'Hilliers, il chargea à la tête d'un Escadron plusieurs Escadrons de Hussards de Hesse prêts à s'emparer de 2 pièces d'artillerie. Il parvint après deux charges successives exécutées avec la plus grande audace à repousser l'ennemi et à dégager les deux pièces de canon, et quelques Compagnies de la 27ᵉ Demi-Brigade de ligne qui avaient été obligées de se retirer devant des forces supérieures.

Au mois de Frimaire an IX, au milieu de la nuit, il passa à la nage, avec 25 Cavaliers, l'Art-Niol, rivière encaissée et d'un abord très difficile ; il tomba inopinément sur une grand'garde de Cavalerie et d'Infanterie autrichiennes et enleva 4 Hussards ; les autres n'échappèrent qu'à la faveur de la nuit.

Décorations

Légionnaire, 5 Germinal an II.

28.

BERRUYER (PIERRE-MARIE)

(2 Août 1809. — 18 Janvier 1814)

Né à Paris le 19 Novembre 1780, entra le 17 Vendémiaire an IV au service en qualité d'aide de camp du Général Berruyer, son père. Le 7 brumaire an V, Sous-Lieutenant au 21ᵉ Dragons et Lieutenant le

17 Vendémiaire an V, incorporé au 11ᵉ et Capitaine le 17 Germinal an VI.
26 Vendémiaire an IX, au 11ᵉ Hussards. Le 10 Vendémiaire an XII, passé
comme chef d'Escadron au 1ᵉʳ Dragons. Il avait fait alors à l'armée du
Rhin les campagnes de l'an V à l'an VII et à l'armée d'Italie celles des
ans VIII et IX. A Marengo, remplissant les fonctions d'aide de camp de
Berthier, il rallia sous le feu de l'ennemi un bataillon qui faiblissait.
Légionnaire le 25 Prairial an XII, Major du 11ᵉ Dragons le 30 Frimaire
an XIV. Envoyé ensuite en Espagne, il entra comme chef d'Escadron le
10 Septembre 1808 aux Dragons de la Garde Impériale, et sa coopération
aux événements de la campagne d'Autriche en 1809, le fit appeler le
2 Août à commander comme Colonel le *3ᵉ Dragons*. Campagne de
Russie 1812 ; Officier de la Légion d'honneur 11 Octobre 1812 ; il fit les
campagnes de Saxe et de France et fut nommé Général de brigade le
18 Janvier 1814. Chargé avec le Général Danloup-Verdure de conserver
Soissons, tous deux cédèrent sur les menaces du Général Witgenstein et
livrèrent la place sans combat. Traduits devant une commission d'enquête,
ils furent acquittés. En non-activité en Septembre 1814 ; Chevalier de
Saint-Louis le 10 Décembre 1814 ; le Général Berruyer prit le 6 Avril 1815
le commandement d'une Brigade d'Infanterie à la tête de laquelle il combattit à Ligny, où il fut blessé grièvement.

En non-activité le 20 Juin 1815.

Mort le 6 Juillet 1816.

29

JOANNÈS (JEAN-SYLVESTRE)

(16 Novembre 1813. — Octobre 1814)

Services

Entré au service au 9ᵉ Régiment de Chasseurs à cheval	6 Octobre 1790
Passé dans la légion de police à cheval devenu le 21ᵉ Dragons	9 Messidor an II
Passé dans les Grenadiers à cheval du Directoire	1ᵉʳ Nivôse an V
Fourrier	27 Vendémiaire an VII

Passé Maréchal des Logis aux Grenadiers à cheval de la Garde du Consul	13 Nivôse an VIII
Passé Adj^t Sous-Lieutenant au même Régiment	13 Thermidor an IX
Lieutenant en 2^e	21 Vendémiaire an XI
Lieutenant en 1er	1er Véndémiaire an
Capitaine	16 Février 1807
Chef d'Escadron	23 Octobre 1811
Nommé Colonel par décret du	16 Novembre 1813

Campagnes

1792	Moselle
1793	—
An II	—
An III	Sambre et Meuse
An IV	Rhin
An VIII	Italie
An IX	—
An XII	Côtes de l'Océan
An XIII	—
An XIV	Prusse et Pologne
1806	—
1807	—
1808	Espagne
1809	Autriche
1812	Russie
1813	Grande Armée
1814	En France.

Blessures

Blessé de trois coups de sabre à la main gauche, de deux à la main droite, et de deux aux deux épaules, reçus le 9 Août 1792 à Fontenoy.

Un coup de biscaïen au bras droit le 8 Février 1807, à la bataille d'Eylau.

D'un coup de baïonnette à la cuisse droite au combat de Hanau le 13 Octobre 1813.

Décorations

Membre de la Légion d'Honneur	25 Prairial an XII
Officier —	15 Mars 1810
Baron —	15 Août 1813

N° 30.

SOURD (JEAN-BAPTISTE)

(9 Octobre 1814. – 9 Décembre 1815)

Services

Engagé au 1ᵉʳ Bataillon du Var	6 Février 1792
Maréchal des Logis des gardes du Général en chef de l'armée d'Italie	15 Mars 1797
Sous-Lieutenant au 7ᵉ Régiment de Chasseurs	8 Juin 1803
Lieutenant	18 Octobre 1805
Adjudant-Major	12 Novembre 1807
Capitaine	1ᵉʳ Juillet 1808
Chef d'Escadron	17 Juin 1812
Colonel provisoire du 20ᵉ Chasseurs	28 Septembre 1813
Colonel titulaire au 2ᵉ Lanciers (Régiment de la Reine)	9 Octobre 1814.
Admis à la retraite par décision royale du	9 Décembre 1815
Maréchal de Camp dans le cadre de réserve de l'Etat-Major général	2 Avril 1831
Admis comme disponible dans le cadre d'activité de l'Etat-Major général	3 Février 1836
Commandant le Dépôt de Lot-et-Garonne	20 Mars 1836
En non-activité	24 Juin 1837
Placé dans la section de réserve	15 Août 1839
Admis à la retraite	12 Avril 1848
Décédé à Paris	2 Avril 1849

Campagnes

Italie	1792-93-94-95-96-97-98-99	1800	1801
Côtes de Brest		1803	1805
Autriche			1805
Prusse		1806	1807
Autriche			1809
Russie			1812

Allemagne   1813

France   1814   1815

Blessures

A reçu deux coups de sabre sur la tête au siège de Gênes le 29 Mai 1800.

Blessé d'un coup de feu à l'épaule droite à Coqueletto, près Gênes, le 18 Avril 1800.

Blessé au passage du Mincio 1800.

Blessé de deux coups de baïonnette à Iéna, le 14 Octobre 1806.

Blessé d'un coup de sabre à la tête et de plusieurs coups de lance à Eylau le 8 Février 1807.

Blessé d'un coup de sabre au bras droit près de Polotsk, le 17 Octobre 1812.

Blessé d'un coup de feu à la main à la Ferté-sous-Jouarre en 1814.

Blessé de six coups de sabre à Genappes, amputé du bras droit le 17 Juin 1815.

Décorations

Chevalier de la Légion d'honneur   1807

Officier   —   —   22 Décembre 1813

Baron de l'Empire   5 Août   1814

31

DE LIGNIVILLE (PIERRE-JOSFPH, *Comte*)

(28 Septembre 1815 — 27 Juin 1816)

Services

Dragon au 1er Régiment le 15 Mars 1798.

Sous-Lieutenant au 12e Régiment de Dragons et Aide de Camp du Général de Division Clarke le 20 Décembre 1800.

Lieutenant, Aide de Camp du même Général le 18 Décembre 1802, Aide de Camp du Général de Division Becker le 29 Septembre 1805.

Capitaine, Aide Camp du Général de Division Becker le 9 Novembre 1806.

Chef d'Escadron au 17e Régiment de Dragons le 2 Février 1809.

Aide de Camp du Général Becker le 14 Mars 1809.

Aide de Camp du Maréchal Masséna, duc de Rivoli, le 2 Juillet 1809.

Passé au 13e Dragons le 1er Juin 1811.

Major en second le 19 Septembre 1813.

Major au 13e Régiment de Dragons le 19 Novembre 1813.

Colonel de Cavalerie le 3 Janvier 1814. Colonel au 13e Régiment de Dragons le 6 Février 1814.

En non-activité le 22 Juin 1814. Employé au Dépôt général de Cavalerie à Troyes, le 12 Juin 1815.

Colonel du Régiment de Dragons de la Garonne le 27 Septembre 1815.

Lieutenant dans les Gardes du Corps du Roi, Compagnie d'Havré le 27 Juin 1816.

Colonel à la suite du Corps Royal d'Etat-Major le 24 Novembre 1819. Titulaire au même Corps, le 12 Février 1823. Chef d'Etat-Major de la 2e Division de Dragons à l'armée des Pyrénées le 14 Janvier 1823. Disponible le 1er Janvier 1824. Chef d'Etat-Major du Lieutenant-Général commandant le Camp de Lunéville, le 30 Avril 1824. Disponible 1er Novembre 1824.

Maréchal de Camp disponible le 22 Mai 1825. Compris dans le cadre d'activité, Etat-Major Général, comme disponible le 22 Mars 1831. Commandant le département du Jura le 8 Juin 1833. Mis à la disposition du Ministre de la Marine le 5 Août 1837 pour remplir les fonctions d'Inspecteur Général des troupes affectées à la garde des Colonies. Remis à la disposition du Ministre de la Guerre et nommé au commandement du département de la Loire-Inférieure le 20 Août 1838. Décédé à Nantes le 18 Décembre 1840.

Campagnes

Ans VII, VIII, Armée d'Italie. — An XII, au camp de Boulogne. — An XIV, 1806, 1807, 1808 Grande Armée. — 1809 Armée d'Allemagne. — 1810, 1811, 1812 et partie de 1813 en Espagne et en Portugal. — Fin de 1813 et 1814 Armée du Rhin. — 1823 en Espagne.

Blessures

S'est distingué en l'an VIII à la bataille de Marengo où il a été blessé d'un coup de sabre.

Blessé à la bataille d'Austerlitz.

Blessé à Essling.

Actions d'éclat

S'est trouvé aux batailles de Marengo, d'Ulm, d'Austerlitz, d'Eylau, d'Iéna, d'Essling, de Wagram et au combat de Cavalerie de Najalahouda, en Espagne en 1812, où il a commandé les Tirailleurs toute la journée et chargé le premier à leur tête. S'est aussi particulièrement distingué à Naumbourg (Saxe).

Décorations

Chevalier de Saint-Louis le 20 Août 1814.
Chevalier de la Légion d'honneur le 14 Mai 1807.
Officier de la Légion d'honneur le 21 Août 1823.
Commandeur de la Légion d'honneur le 17 Septembre 1837.

32.

BUREAUX DE PUSY (JOACHIM-IRÉNÉE-ADELAÏDE)

(1er Juillet 1816. — 11 Septembre 1822)

Services

Soldat au 18e Régiment de Cavalerie le	5 Octobre 1791
Sous-Lieutenant le	25 Novembre 1792
Suspendu de ses fonctions par le Représentant du Peuple Duroy le	22 Juillet 1794
Réintégré le	9 Novembre 1798
Prisonnier de guerre	26 Mars 1799
Echangé le	8 Septembre 1800
Lieutenant le	2 Août 1800
Passé aux Chasseurs à cheval dé la Garde Consulaire devenue Garde Impériale le	21 Juillet 1801
Capitaine le	18 Décembre 1805
Passé au Régiment de Dragons de la Garde Impériale le	12 Septembre 1806
Major du 28e Régiment de Dragons le	3 Août 1809
Colonel du 13e Régiment de Hussards le	1er Août 1813

Passé au commandement du 14e Régiment de
  Hussards le   1er Février 1814
Placé à la suite du 4e Régiment de Hussards le   16 Juillet 1814
Mis en demi-solde le   1er Septembre 1814
Placé à la suite du 12e Régiment de Dragons le   19 Avril 1815
Mis en non-activité par suite de licenciement le   10 Décembre 1815
Colonel du Régiment de Dragons de la Garonne
  (No 3) le   6 Juillet 1816
Décédé à Paris le   1er Septembre 1822

Campagnes

1792, 1793, 1794 Armée du Rhin. — 1798, 1899 et 1800 Armée
d'Italie et Captivité. — 1804 Armée des Côtes de l'Océan.— Vendémiaire
an XIV, 1805, 1806 et 1807 Grande Armée. — 1808 Armée d'Espagne.—
1809 Armée d'Allemagne. — 1813 Saxe. — 1814 Italie. — 1815 Armée
du Nord.

Blessures

Coup de feu à la jambe droite le 26 Mars 1799 au Combat de Vérone.
Deux coups de baïonnette au bras droit le 2 Décembre 1805, à la
bataille d'Austerlitz.

Décorations

Membre de la Légion d'honneur le 15 Juin 1804.
Officier   id.   le 25 Septembre 1814.
Chevalier de Saint-Louis   le 21 Septembre 1815.

Dotation

. Mille francs de rente annuelle sur le Mont de Milan le 1er Février 1808.

33.

DE BERGERET (CHARLES-XAVIER-LOUIS)

(11 Septembre 1822. — 6 Juin 1830)

Services

Légion de Mirabeau (porté pour Mémoire, attendu que M. de Bergeret n'avait pas seize ans).		
13e Régiment de Dragons	Sous-Lieutenant	10 Décembre 1791
	Dragon	16 Vendémiaire an VII (8 Octobre 1798)
8e Régiment de Hussards	Fourrier	8 Juin 1800
	Maréchal des Logis	20 Juin 1802
	Mal des Logis en Chef	13 Décembre 1803
	Adjnt Sous-Officier	20 Mai 1804
	Sous-Lieutenant	27 Décembre 1805
	Lieutenant	26 Avril 1809
Aide de Camp du Général Marulaz	Lieutenant	29 Avril 1809
	Capitaine	23 Juillet 1809
Adjoint à l'Etat-Major	Capitaine	13 Février 1812
	Chef d'Escadron	4 Avril 1812
Etat-Major	Adjnt Commnt	15 Octobre 1813
	Colonel	
Corps Royal d'Etat-Major	Colonel à la suite	27 Mai 1818
Régiment de Dragons de la Garonne	Colonel	11 Septembre 1822

Campagnes

An VII en Helvétie ; Ans VIII et IX Armée du Rhin ; Ans XII et XIII Côtes de l'Océan ; An XIV Ulm, Austerlitz ; 1806, 1807, 1808 Prusse et Pologne ; 1809 Allemagne ; 1812, 1813, 1814, 1815, Grande-Armée ; 1823 Espagne, (2e Corps) Corps d'Observation de Murcie.

Blessures, Actions d'éclat

Blessé de deux coups de sabre, l'un à la main droite, l'autre à l'épaule gauche à la bataille d'Iéna le 14 Octobre 1806.

Blessé d'un coup de feu à l'épaule gauche le 27 Juillet 1812 à l'affaire de Witepsk en Russie.

Blessé d'un coup de biscaïen à l'avant-bras droit le 7 Mars 1814, à la bataille de Craonne.

S'est distingué particulièrement à Austerlitz.

Décorations

Chevalier de la Légion d'honneur le	14 Avril 1807
Officier —	3 Avril 1814
Chevalier de l'Ordre Royal Militaire de St-Louis le	19 Août 1818
Commandeur de la Légion d'honneur le	14 Octobre 1823
Chevalier de l'Ordre Royal d'Espagne de Saint-Ferdinand de 2ᵉ classe	23 Novembre 1823

Mutations

Nommé Colonel de la 14ᵉ Légion de Gendarmerie à Carcassonne, par Ordonnance Royale du 6 Juin 1830.

34.

DE BOUGAINVILLE (JEAN-BAPTISTE-HYACINTHE-ALPHONSE)

(6 Juin 1830. — 11 Septembre 1830)

Services

Ecole Militaire de Fontainebleau, Elève	22 Septembre 1805
Placé au 27ᵉ Régiment de Dragons, Sous-Lieutenant	10 Octobre 1806
— — — Lieutenant	28 Janvier 1811
Aide de Camp du Général Lagrange, —	18 Mars 1812
— — — Capitaine	3 Mars 1813
25ᵉ Régiment de Chasseurs, Chef d'Escadron	10 Novembre 1813
Passé au 8ᵉ même arme, —	11 Juillet 1814
Licencié et mis en expectative —	2 Décembre 1815
Placé dans le cadre de remplacement des Chasseurs de l'Orne, Chef d'Escadron	5 Août 1817
Placé dans le cadre de remplacement des Chasseurs de la Corrèze, Chef d'Escadron	13 Mai 1820

Mis en activité dans les Dragons du Doubs (N° 2)
    Chef d'Escadron   15 Janvier 1821
Nommé au 2ᵉ Régiment de Cuirassiers de la Garde
    Royale, Chef d'Escadron   1ᵉʳ Mai 1822
Rang de Lieutenant-Colonel   1ᵉʳ Mai 1822
Cuirassiers de la Reine, Lieutenant-Colonel   31 Décembre 1826
3ᵉ Régiment de Dragons, Colonel   6 Juin 1830

Campagnes

1806, 1807, Prusse et Pologne. — 1808, 1809, 1810, 1811 Espagne et Portugal. — 1812 Russie; — 1813, 1814 Allemagne et France. — 1815 Belgique.

Blessures, actions d'éclat

Blessé en 1811 d'un coup de lance dans le col à l'affaire de Baëza, en Andalousie.

Décorations

Chevalier de la Légion d'honneur   1ᵉʳ Octobre 1807
Officier   27 Octobre 1814
Chevalier de Saint-Louis   17 Août 1822

Mutations

Admis au traitement de réforme le 17 Septembre 1830.

33

DESAIX (LOUIS-JEAN)

(20 Août 1830 — 5 Août 1831)

Services

Elève du Prytanée de Saint-Cyr.
10ᵉ d'Infanterie légère, Sous-Lieutenant   29 Septembre 1806
         —   Lieutenant   10 Février 1808
Aide de Camp du Général Becker, Lieutenant   31 Mai 1808

Aide de Camp du Général Suchet, Lieutenant   23 Novembre 1808
—   —   Capitaine   10 Février 1810
Officier d'ordonnance de l'Empereur,   —   29 Février 1812
2e Régiment des Gardes d'honneur, Chef d'Escadron   5 Août 1813
Mis en non-activité,   —   31 Juillet 1814
2e Cie de Mousquetaires de la Garde   Sous-aide-major   1er Juillet 1814
   du Roi jusqu'au 19 mars 1815   (rang de Lt-Colonel)
11e Division de Cavalerie du 3e Corps, Colonel   21 Juin 1815
—   —   Chef d'Etat-Major   5 Juillet 1815
Licencié avec le grade de Lieutenant-Colonel   8 Août 1815
3e Régiment de Dragons, Colonel   20 Août 1830
Admis au traitement de réforme, Colonel   26 Juillet 1831

Campagnes

1806-1807 Prusse et Pologne.—1808, 1809, 1810, 1811, 1812 Espagne ; 1812 continuée en Russie.—1813 Grande Armée.—1814 et 1815 France.

Blessures

Blessé d'un coup de feu au ventre à l'affaire de Heilsberg le 10 Juin 1807.
Blessé d'un autre coup de feu à la jambe à l'assaut de Tarragone.

Titres

Baron.

Décorations

Membre de la Légion d'honneur   10 Mars 1809.
Officier   28 Novembre 1813.
Chevalier de Saint-Louis   28 Août 1814.

Mutations

Mis en congé illimité le 31 Décembre 1831.

36.

DE BRÉMOND (THÉOPHILE-CHARLES)

(5 Août 1831. — 18 Décembre 1841)

Services

Ecole Militaire de Fontainebleau, Elève		2 Avril 1805
—	Caporal	4 Mai 1806
21e Régiment de Chasseurs à cheval	Sous-Lieutenant	23 Septembre 1806
	Lieutenant	4 Septembre 1812
	Adjnt-Major	15 Septembre 1813
	Capitaine	13 Février 1814
Aide de Camp du Mal de Montmorency, Capitaine		12 Décembre 1815
Aide de Camp du Général Donadieu	Capitaine	19 Novembre 1816
	Chef d'Escon	16 Juillet 1817
Mis en demi-solde, Chef d'Escadron		28 Janvier 1818
5e Escadron des Chasseurs des Alpes —		10 Octobre 1821
Hussards du Nord (par Ordonnance Royale), Major		18 Décembre 1822
Hussards du Haut-Rhin (6e Régiment), Lieutenant-Colonel		8 Juin 1825
Passé au 16e Régiment de Chasseurs (Don Mlle), Lieutenant-Colonel		5 Septembre 1830
3e Régiment de Dragons (Ordonnance Royale), Colonel		5 Août 1831

Campagnes

1806	Grande-Armée.
1807	—
1808	Armée d'Espagne.
1809	—
1810	—
1811	—
1812	—
1813	—
1814	Armée des Pyrénées.

TROMPETTE
1873

COLONEL
1885

CHEF D'ESCADRONS
1892

Blessures, Actions d'éclat

Blessé d'un coup de feu au bras gauche le 18 Mai 1811 à la bataille d'Albuera (Espagne).

A eu la cuisse rompue en poursuivant l'ennemi à Aracina (Espagne) le 4 Février 1812.

A l'affaire de Ballanga (Estramadure) le 12 Juillet 1810 où 41 chevaux du 21ᵉ Régiment chargèrent deux Escadrons ennemis, cet officier à la tête d'un peloton tomba avec impétuosité sur 80 tirailleurs, en tua ou sabra une trentaine et ne cessa de les poursuivre qu'après les avoir jetés sur leur infanterie.

Mutations

Nommé dans la 1ʳᵉ section du cadre de l'Etat-Major général, au grade de Maréchal de Camp par ordonnance royale du 18 Décembre 1841.

N° 37

HANUS DE MAISONNEUVE (CHARLES-ARNOULD-LAMBERT)

(18 Octobre 1811. — 3 Mai 1849)

Services

15ᵉ Régiment d'Infanterie légère	Sous-Lieutenant	13 Mars 1808
103ᵉ — de ligne	—	3 Juillet 1809
— —	Lieutenant	28 Décembre 1810.
Aide de Camp du Général de Division Grandjean	Lieutenant	11 Juillet 1811
24ᵉ Régiment de Chasseurs à Cheval	Capitaine	6 Août 1813
Régiment des Dragons du Rhône devenu 8ᵉ Cuirassiers	—	17 Janvier 1816
—	Chef d'Escadrons	8 Septembre 1830
5ᵉ Régiment de Dragons	Lieut.-Colonel	24 Août 1838
5ᵉ —	Colonel	28 Décembre 8841

Campagnes

1807   En Pologne.
1808   —
1809   En Autriche.
1810   A la défense des Côtes.
1811   A compter du mois de Septembre à Dantzick.
1812   En Russie.
1813   Au Siège de Dantzick.
1814   Comme prisonnier de guerre.
1823   En entier en Espagne (Corps de l'expédition d'Andalousie).
1831   En Belgique.

Blessures

Atteint d'une balle à la tête le 5 Juillet 1809 à la bataille de Wagram.

Atteint d'une balle pénétrant la main gauche à l'attaque de Langfuhr, devant Dantzig le 2 Septembre 1813.

Il résulte de cette blessure perte du mouvement de deux doigts.

Décorations

Chevalier de l'Ordre Royal de la Légion d'honneur, 25 Avril 1821.

Ordre Royal d'Espagne de St-Ferdinand 2e classe, 18 Novembre 1823.

Chevalier de l'Ordre Royal et Mre de Saint-Louis, 23 Mai 1825
Officier de l'Ordre Royal de la Légion d'honneur, 19 Avril 1843.
Commandant de l'Ordre National   —   24 Octobre 1848.

Mutations

Admis à la pension de retraite pour ancienneté de service, par arrêté du 21 Avril 1849.

38

GASTU (GANDÉRIQUE-ANDRÉ-JOSEPH)

(3 Mai 1849. — 19 Juillet 1849)

Services

Commis aux distributions des subsistances au 4ᵉ Corps de l'armée d'Espagne. Commis de 3ᵉ classe	1ᵉʳ Août 1822
Commis aux distributions des subsistances au 4ᵉ Corps de l'armée d'Espagne, près la Division française en Catalogne. Commis de 3ᵉ classe	1ᵉʳ Janvier 1824
Licencié. Id.	1ᵉʳ Mars 1825
Réintégré dans son grade à la Division d'expédition de Morée. Commis de 3ᵉ classe	1ᵉʳ Septembre 1828
Licencié. Id.	23 Juillet 1828
Réintégré dans son grade à l'armée d'expédition d'Afrique. Commis de 3ᵉ classe	6 Avril 1830
Chasseurs algériens { Lieutenant-Officier-payeur nomination provisoire non confirmée.	29 Novembre 1830
Chasseurs Algériens. Confirmé. Sous-Lieutenant-Officier-payeur	25 Mai 1831
1ᵉʳ Régiment de Chasseurs d'Afrique. Sous-Lieutenant-Adjoint au Trésorier	1ᵉʳ Mars 1832
1ᵉʳ Régiment de Chasseurs d'Afrique. Lieutenant	21 Juin 1833
Id. Lieutenant-Adjoint au Trésorier	5 Août 1833
Spahis réguliers d'Afrique. Lieutenant-Trésorier	30 Décembre 1834
Id. Capitaine	31 Décembre 1834
1ᵉʳ Régiment de Chasseurs d'Afrique. Capitaine	20 Novembre 1839
Corps de Cavalerie indigène. Major	22 juillet 1842
2ᵉ Chasseurs d'Afrique. Chef d'Escadrons	9 Janvier 1845
5ᵉ Régiment de Lanciers. Lieutenant-Colonel	28 Août 1846
3ᵉ Régiment de Dragons. Colonel	1ᵉʳ Mai 1849

Campagnes

1831-32-33-34-35-36-37-38-39-40-41-42-43-44-45-46 jusqu'au 17 Septembre en Afrique.

Observations

Aux termes de l'article 4 de la loi du 11 Avril 1831 sur les pensions de l'armée de terre, M. Gastu ne pourra compter pour sa retraite le temps qu'il a passé dans l'Administration des subsistances que lorsqu'il aura accompli 20 années de service militaire. Mais cette loi n'admet pas dans les mêmes circonstances le bénéfice des Campagnes. En conséquence il y a lieu de retrancher celles de 1823 à 1830 inclus.

Décorations

Chevalier de la Légion d'honneur le 30 Août 1836.

Blessures, Actions d'éclat

Blessé d'un coup de feu à la joue et a eu son cheval tué sous lui au combat de Mouzaïa (Afrique) le 31 Mars 1836.

Cité à l'ordre de l'armée les 11 Octobre 1835, 4 Janvier et 10 Avril 1836. Cité à l'ordre de l'armée le 28 Mai 1840, comme s'étant particulièrement fait distinguer pendant l'expédition sur Médéah.

Cité comme s'étant distingué dans un combat livré aux Arabes le 1er Juillet 1842 sur les Hauts-Plateaux, au sud de l'Oued-Senis (province d'Alger).

Mutations

Nommé par décret du 19 Juillet 1849 à un emploi de son grade dans la gendarmerie et au commandement de la Garde républicaine.

39

BAVILLE (JOSEPH-LOUIS)

(19 Juillet 1849 — 19 Avril 1850)

Services

Ecole spéciale militaire, Elève	11 Novembre 1823
Ecole de Cavalerie, Sous-Lieutenant élève	1er Octobre 1825
1er Régiment de Cuirassiers, Sous-Lieutenant	26 Septembre 1827
— Lieutenant	11 Septembre 1830
— Capitaine	31 Décembre 1834
7e Hussards —	11 Novembre 1840
4e Régiment de Lanciers, Chef d'Escadrons	14 Avril 1844
2e Régiment de Chasseurs d'Afrique, Chef d'Escadrons	17 Avril 1844
1er Régiment de Spahis, Lieutenant-Colonel	22 Avril 1847
3e Régiment de Dragons, Colonel	25 Juillet 1849

Campagnes

1831, 1832 en Belgique — 1844, 1845, 1846, 1847, 1848, 1849 en Afrique.

Décorations

Chevalier de l'Ordre de la Légion d'honneur 20 Août 1845.
Mort à la Chambre, à Melun, le 29 Avril 1850.

40.

MARION (CHARLES-LOUIS-FRANÇOIS)

(15 Mai 1850. — 10 Mai 1852)

Services

Ecole spéciale de Saint-Cyr, Elève	6 Novembre 1821
Rang de Sous-Lieutenant	1er Octobre 1823
Gardes du Corps du Roi (Cie de Luxembourg) S.-Lt	28 Janvier 1824

Cuirassiers de la Reine (1er de l'arme), Sous-Lieutenant   3 Décembre 1828
      —   Lieutenant   5 Novembre 1830
Admis au traitement de réforme   —   23 Mai 1832
1er Régiment de Chasseurs d'Afrique   —   25 Mai 1832
3e   —   —   Capitaine   18 Décembre 1832
4e   —   —   Chef d'Escadrons   11 Octobre 1840
8e Régiment de Lanciers   —   20 Décembre 1840
5e Régiment de Dragons, Lieutenant-Colonel   23 Février 1847
11e Régiment de Chasseurs, Colonel   29 Avril 1850
3e Régiment de Dragons   —   2 Mai 1850

Campagnes

1831 en Belgique — 1832, 1833, 1834, 1835, 1836, 1837, 1838, 1839 1840, 1841, jusqu'au 15 Février en Afrique.

(Expédition de Constantine en 1836 et 1837).

Décorations

Chevalier de la Légion d'honneur le 13 Janvier 1837.
Officier   —   le 17 Février 1852.

Blessures, Actions d'éclat

Cité à l'ordre du jour le 9 Octobre 1836, pour sa conduite brillante dans une charge exécutée à la tête de son Escadron contre les Arabes.

S'est particulièrement distingué le 3 Février 1840 à l'affaire des Beni-Saach et des Beni-Ouellan.

S'est distingué à l'affaire du 21 Avril 1840 contre la tribu des Arectas.

Cité à l'ordre du jour le 10 Septembre 1840 comme s'étant particulièrement distingué à l'affaire de Merdrajerga.

Cité à l'ordre du jour du 17 Septembre 1840 comme s'étant particulièrement distingué à El Reguis contre les troupes d'Adji-Mustapha, frère d'Abd-el-Kader.

Cité à l'ordre du jour le 19 Janvier 1841, comme s'étant particulièrement distingué dans l'expédition contre les Beni-Salas.

Mutations

Passé pour son grade au 1er Régiment de Carabiniers le 15 Juin 1852.

41.

D'ESTAMPES (AUGUSTE-FRANÇOIS-HECTOR)

(10 Mai 1852. — 7 Mars 1861)

Services

Ecole de Cavalerie (Engagé volontaire), Cavalier   3 Mars 1827
—   — de 1re classe 1er Janvier 1828
—   Brigadier   23 Juin 1828
—   M^{al} des Logis 1er Avril 1829
1er Régiment de Cuirassiers, Maréchal des Logis   15 Avril 1829
—   Maréchal des Logis Chef 16 Novembre 1829
—   Sous-Lieutenant   5 Juillet 1832
Spahis réguliers de Bône, Sous-Lieutenant   25 Septembre 1837
—   Lieutenant   15 Janvier 1838
—   Capitaine-Adjudant-Major 7 Juillet 1840
Corps de Cavalerie indigène, Capitaine   15 Mars 1842
2e Régiment de Spahis, Capitaine   3 Août 1845
1er Chasseurs d'Afrique, Chef d'Escadrons   8 Novembre 1846
10e Chasseurs, Lieutenant-Colonel   17 Janvier 1850
3e Spahis, Lieutenant-Colonel   12 Février 1850
3e Régiment de Dragons, Colonel   10 Mai 1852

Campagnes

1831 en Belgique.

Du 29 Octobre 1837 en Afrique au 22 Avril 1852, époque à laquelle M. d'Estampes a quitté le 3e Spahis pour aller recevoir à Paris l'Etendard de ce régiment.

Décorations

Chevalier de l'ordre de la Légion d'honneur, le 14 Avril 1844.
Officier   —   —   le 29 Décembre 1854.

Blessures, Actions d'éclat

Blessé d'un coup de feu à la deuxième phalange du doigt médium de la main droite à l'attaque du 11 Mai 1842, contre les Ouled d'Hann.

Mutations

Nommé dans la première section du cadre de l'Etat Major Général au grade de Général de Brigade par décret du 7 Mars 1861.

42.

DE BRAUER (LÉOPOLD)

(7 Mars 1861. — 14 Décembre 1868)

Services

Ecole de Cavalerie (Engagé volontaire), Cavalier		15 Décembre 1828
—	— de 1re classe	3 Novembre 1829
—	Brigadier	23 Novembre 1830
—	Mal de Logis	9 Mars 1831
—	Mal des Lis Chef	25 Mai 1833
—	(Ss-Me de Manège)	
1er Chasseurs d'Afrique, Maréchal des Logis		7 Avril 1835
—	Sous-Lieutenant	31 Mai 1837
—	Lieutenant	31 Juillet 1842
3e Spahis, Capitaine-Adjudant-Major		5 Août 1845
1er Carabiniers, Chef d'Escadrons		8 Août 1851
10e Cuirassiers, Lieutenant-Colonel		29 Mars 1856
3e Dragons, Colonel		7 Mars 1861

Campagnes

En Afrique du 25 Avril 1835 au 23 Août 1851. — Paris 1851.

Blessures, Actions d'éclat

S'est particulièrement distingué au combat livré le 31 Mars 1836 aux Kabyles, au pied du mamelon de Mouzaïa dans l'expédition sur Médéah.

Cité à l'ordre de l'Armée le 25 Novembre 1841 comme s'étant distingué pendant les opérations de la Campagne d'Automne.

Décorations

Chevalier de la Légion d'honneur le 2 Octobre 1842.
Officier — le 20 Septembre 1853.
Commandeur — le 12 Avril 1864.

Motifs et dates de la cessation de service dans le Corps

Nommé Général de Brigade par décret du 14 Décembre 1868.

43,

BILHAU (CHARLES-HIPPOLYTE)

(25 Décembre 1868. — 28 Janvier 1873)

Services et positions diverses

12ᵉ Chasseurs (Engagé volontaire), Chasseur	19 Mars 1833
1ᵉʳ Chasseurs d'Afrique, Chasseur	24 Avril 1834
— Brigadier	10 Avril 1835
— Maréchal des Logis	30 Septembre 1837
Corps de Cavalerie indigène (Escadron d'Alger), Maréchal des Logis	28 Août 1844
1ᵉʳ Régiment de Spahis, Maréchal des Logis	1ᵉʳ Octobre 1845
— Adjudant-sous-Officier	27 Octobre 1848
— Sous-Lieutenant	17 Octobre 1849
— (Escadron du Sénégal), Lieutᵗ	2 Mai 1853
— — Capitaine	30 Avril 1854
— Chef d'Escadrons	13 Août 1857
2ᵉ Chasseurs d'Afrique, Lieutenant-Colonel	12 Août 1864
3ᵉ Dragons, Colonel	22 Décembre 1868

Campagnes

Algérie du 25 Mai 1834 au 31 Janvier 1854.
Sénégal du 1ᵉʳ Février 1854 au 4 Février 1858.
Afrique du 5 Février 1858 au 6 Janvier 1869.
Allemagne du 19 Juillet 1870 au 24 Mars 1871.
Prisonnier du 17 Août au 24 Mars.

Blessures, Actions d'éclat

S'est particulièrement distingué à l'affaire du 31 Décembre 1839 à Oued-el-Kaleg (Algérie).

S'est particulièrement distingué à l'affaire de Dialmath (Sénégal) en Mai 1854 en venant au galop ramener des pelotons qui avaient fait demi-tour.

S'est particulièrement distingué en opérant une razzia sur la tribu des Azzomas en Février 1855.

Blessé le 5 Octobre 1842 d'un coup de feu à la main droite et d'un autre à la poitrine entre Ben-Chahan et Sidi-Kalifa.

A reçu de fortes contusions à l'épaule droite et au genou droit au combat de Mars-la-Tour où il a été fait prisonnier le 16 Août 1870.

Cité à l'ordre général du corps de l'Armée du Rhin en date du 25 Août 1870 comme s'étant particulièrement distingué dans les journées du 14 Août 1870, à la bataille de Borny et du 16 Août, à la bataille de Rézonville.

Décorations

Chevalier de Légion d'honneur, 15 Août 1846.
Officier — 2 Mai 1855.
Commandeur — 3 Juin 1871.

Mutations

Admis à la pension de retraite par décret du 28 Janvier 1873.

44.

BARBUT (PIERRE-AUGUSTE)

(2 Mars 1873. — 20 Mai 1876)

Services

2ᵉ Hussards, Hussard		10 Mars 1838
— Brigadier élève fourrier		16 Octobre 1838
— Maréchal des Logis fourrier		1ᵉʳ Mai 1840
— Maréchal des Logis		17 Octobre 1840
— Maréchal des Logis fourrier		1ᵉʳ Mars 1841
— Maréchal des Logis Chef		1ᵉʳ Janvier 1845
5ᵉ Hussards, Sous-Lieutenant		27 Avril 1847
— Lieutenant		3 Avril 1852
— Capitaine		30 Mai 1855
— Capitaine Trésorier		26 Octobre 1858

5ᵉ Hussards, Capitaine	7 Novembre 1861
12ᵉ Chasseurs, Chef d'Escadrons	5 Octobre 1864
2ᵉ Dragons, Lieutenant-Colonel	19 Juillet 1870
4ᵉ Régiment de marche de Cavalerie mixte, Lieutenant-Colonel	17 Octobre 1870
4ᵉ Régiment de marche de Cavalerie mixte, Colonel	18 Novembre 1870
Général de Brigade, (Général de Brigade à titre provisoire)	11 Janvier 1871
Remis Colonel par décision de la Commission de Révision des grades notifiée le	18 Octobre 1871
Pour prendre rang du	18 Novembre 1870
1ᵉʳ Hussards, Colonel	18 Novembre 1871
Non-activité par retrait d'emploi	9 Février 1872
3ᵉ Dragons, Colonel	2 Mars 1873
Rang du	6 Décembre 1871

Campagnes

En Afrique du 18 Juillet 1844 au 23 Juillet 1848.
— du 28 Avril 1855 au 25 Mai 1857.
— du 27 Novembre 1857 au 31 Mai 1859.
Au Mexique du 24 Juillet 1862 au 18 Avril 1867.
A reçu la médaille du Mexique.
Contre l'Allemagne du 19 Juillet 1870 au 7 Mars 1871.
En Afrique du 20 Novembre 1871 au 5 Janvier 1872.

Blessures, actions d'éclat

Cité à l'ordre de l'armée le 13 Janvier 1866 pour s'être particulièrement distingué au combat de Los Lormas (Mexique) le 25 Novembre 1865.

Décorations

Chevalier de la Légion d'honneur, 31 Octobre 1845.
Officier de la Légion d'honneur (décret du 7 Octobre 1863) 14 Août 1863.
Autorisé par décret du 7 Août 1867 à accepter et à porter la décoration de N.-D. de Guadeloupe (Officier).
Commandeur de la Légion d'honneur par décret du 11 Janvier 1876.

Observations générales

A été fait prisonnier de guerre à l'affaire de Sidi-Ibrahim, le 23 Septembre 1845, rentré au Corps le 27 Novembre 1846.

Mutations

Admis à la pension de retraite par décret du 20 Mai 1876.

45.

BARBAULT DE LA MOTTE (LOUIS-EUGÈNE-ALFRED)

(27 Mai 1876. — 23 Juin 1876)

Services

10ᵉ Chasseurs (Engagé volontaire), Chasseur	15 Novembre 1840
Ecole Spéciale Militaire, Elève	18 Novembre 1840
— Elève d'élite	30 Avril 1841
— Caporal	7 Septembre 1841
— Sergent	29 Avril 1842
1ᵉʳ Dragons, Sous-Lieutenant	1ᵉʳ Octobre 1842
8ᵉ — —	10 Octobre 1844
— Lieutenant	10 Octobre 1846
— Capitaine	5 Juin 1850
— Capitaine-Adjudant-Major	23 Février 1852
— Capitaine	1ᵉʳ Mai 1854
— Capitaine-Adjudant-Major	7 Novembre 1854
Dragons de l'Impératrice, Capitaine	20 Juin 1856
9ᵉ Cuirassiers, Major	14 Mars 1860
3ᵉ Spahis, Lieutenant-Colonel	27 Février 1869
7ᵉ Dragons, Colonel	30 Novembre 1870
13ᵉ Dragons, —	24 Avril 1871
3ᵉ Dragons, —	27 Mai 1876

Campagnes

En Afrique, du 26 Mars 1869 au 4 Décembre 1870.
Contre l'Allemagne, du 5 Décembre 1870 au 7 Mars 1871.

Décorations.

Chevalier de la Légion d'honneur le 3 Avril 1862.
Officier de la Légion d'honneur le 11 Mai 1871.
Nommé Officier de l'Instruction publique par arrêté du 11 Mars 1872 du Ministre de l'Instruction publique, des Cultes et des Beaux-Arts, soins particuliers donnés à l'instruction militaire du Collège de Compiègne.

Mutations

Admis à la pension de retraite par décret du 23 Juin 1876.

46

DE LOUVENCOURT (MARIE-AUGUSTE-RAOUL)

(5 Août 1876. — 6 Juillet 1882)

Services

Ecole spéciale Militaire (engagé volontaire), Elève	18 Novembre 1842
50ᵉ Régiment d'Infanterie de ligne, Sous-Lieutenant	1ᵉʳ Octobre 1844
13ᵉ Régiment de Chasseurs, Sous-Lieutenant	12 Décembre 1844
— — Lieutenant	12 Avril 1850
8ᵉ Régiment de Hussards, Lieutenant	20 Novembre 1852
— — Capitaine	1ᵉʳ Mai 1854
— — Capitaine-Adjudant-Major	29 Janvier 1857
— — Capitaine	27 Octobre 1859
4ᵉ Régiment de Hussards, Chef d'Escadrons	13 Août 1865
8ᵉ Régiment de Hussards, —	21 Octobre 1865
Régiment de Dragons de l'Impératrice, Chef d'Escadrons	7 Février 1870
13ᵉ Régiment de Dragons, Chef d'Escadrons	4 Février 1871
8ᵉ Régiment de Dragons, Lieutenant-Colonel	4 Mars 1873
18ᵉ Régiment de Dragons, —	11 Octobre 1873
3ᵉ Régiment de Dragons, Colonel	5 Août 1876

Campagnes

En Italie du 9 Mai 1859 au 27 Mai 1860.
A reçu la médaille d'Italie.
En Afrique du 21 Décembre 1869 au 12 Mars 1870.
1870 contre l'Allemagne du 21 Juillet au 22 Mars.
1871   —   —   —   —
1870 ⎫
1871 ⎭ En captivité du 29 Octobre au 22 Mars.

Décorations

Chevalier de la Légion d'honneur le 2 Décembre 1867.
Officier de la Légion d'honneur le 13 Juillet 1880.
Autorisé par décret du 2 Août 1860 à accepter et à porter la Médaille de la valeur militaire de Sardaigne.
Autorisé par décret du 13 Octobre 1879 à accepter et à porter la décoration de Commandeur de 2ᵉ classe de l'ordre de l'Epée de Suède.

Mutations

Promu général de Brigade par décret du 6 Juillet 1882 et appelé au commandement de la 12ᵉ Brigade de Cavalerie à Limoges (Haute-Vienne).

47

DUGUEN (EUGÈNE)

(11 Juillet 1882 — 22 Décembre 1882)

Services

1ᵉʳ Régiment de Lanciers (Engagé volont.), Lancier	9 Novembre 1854
Ecole spéciale Militaire, Elève	13 Novembre 1854
— Elève de première classe	1ᵉʳ Septembre 1855
2ᵉ Régiment de Lanciers, Sous-Lieutenant	1ᵉʳ Octobre 1856
— Lieutenant	5 Juin 1861
— Capitaine	13 Août 1865
2ᵉ Régiment de Chasseurs d'Afrique, Capitaine	1ᵉʳ Octobre 1866

2ᵉ Régiment de Chasseurs d'Afrique, Capitaine Adjudant-Major   10 Août 1868

—   Chef d'Esc^ons   20 Novembre 1870
5ᵉ Régiment de Dragons, Major   13 Novembre 1871
9ᵉ   —   Chef d'Escadrons   28 Décembre 1875
12ᵉ Régiment de Hussards, Lieutenant-Colonel   12 Janvier 1878
3ᵉ Régiment de Dragons, Colonel   11 Juillet 1882
Mis en non-activité pour infirmités temporaires,
  le   8 Décembre 1882

Campagnes

1866   En Afrique, du 31 Octobre au 22 Novembre.
1867   —
1868   —
1869   —
1870   —
1871   —

Décorations

Chevalier de la Légion d'honneur le 21 Avril 1874.

48.

DUVIVIER (ERNEST-ALEXANDRE-HIPPOLYTE)

(22 Décembre 1882 — 14 Février 1889)

Services

1ᵉʳ Régiment de Cuirassiers (Engagé volontaire),
  Cuirassier   6 Novembre 1852
Ecole spéciale Militaire, Elève   8 Novembre 1852
10ᵉ Régiment de Dragons, Sous-Lieutenant   1ᵉʳ Octobre 1854
—   Lieutenant   10 Novembre 1860
4ᵉ Régiment de Cuirassiers, Capitaine-Instructeur 12 Mars 1864
—   Capitaine-Commandant   11 Mars 1868
—   Capitaine en 2ᵉ   1ᵉʳ Octobre 1868

7ᵉ Régiment de Dragons, Chef d'Escadrons	3 Novembre 1872
12ᵉ Régiment de Dragons, Major	3 Novembre 1872
4ᵉ Régiment de Cuirassiers, Chef d'Ecadrons	21 Février 1876
3ᵉ Régiment de Dragons, Lieutenant-Colonel	17 Novembre 1878
— Colonel	22 Décembre 1882

Campagnes

1870-1871	Contre l'Allemagne du 19 Juillet au 7 Avril.
—	En captivité du 2 Septembre au 7 Avril.
1871	A l'Intérieur (Armée de Versailles), du 6 Avril au 7 Juin.

Décorations

Chevalier de la Légion d'honneur le 1ᵉʳ Février 1872.
Officier   —   17 Février 1889.
Autorisé par décret du 30 Novembre 1872 à accepter et à porter la décoration de 4ᵉ classe de l'Ordre du Medjidié qui lui a été conférée par le Sultan de Turquie.

Mutations

Admis à la pension de retraite par décret du 14 Février 1889.
Rayé des contrôles le 16 Mars 1889.

49

DELARÜE DE BEAUMARCHAIS (RAOUL-ANDRÉ-ÉDOUARD)

29 Mars 1889

Services

2ᵉ Régiment de Lanciers (Eng. vol.)	Lancier	30 Octobre 1858
Ecole Impériale spéciale militaire	Elève	4 Septembre 1858
8ᵉ Régiment de Chasseurs	Sous-Lieut.	1ᵉʳ Octobre 1860
—	Lieutenant	14 Mars 1865
—	Capitaine	8 Août 1869

3ᵉ Régiment de Dragons	Major	5 Août 1876.
—	Chef d'Escad.	28 Février 1881
4ᵉ Régiment de Dragons	Lieut.-Colonel	30 Décembre 1884
3ᵉ Régiment de Dragons	Colonel	29 Mars 1889

Campagnes

Afrique du 4 Janvier 1861 au 29 Septembre 1861 inclus. Allemagne du 26 Juillet 1870 au 1ᵉʳ Septembre 1870.

Prisonnier de guerre à Sedan le 2 Septembre 1870. Autorisé par l'autorité prussienne à aller en Belgique, libre de tout engagement, pour se faire soigner d'une blessure devant entraîner une indisponibilité de plus de trois mois.

Blessures

Blessé d'un coup de feu au pied gauche le 1ᵉʳ Septembre 1870, à Sedan.

Décorations

Chevalier de la Légion d'honneur le 3 Juin 1871.

ÉTATS DE SERVICES

Du 3ᵉ Régiment de Dragons

BERRUYER (*Voir aux Colonels*).

BOUSSON (Jean-François). Né le 21 Novembre 1760 à Arbois (Jura), entra au *3ᵉ Dragons* le 16 Avril 1776 et parvint successivement aux grades de Brigadier, Maréchal des Logis, Adjudant Sous-Officier et de Sous-Lieutenant, les 11 Mars 1785, 25 Avril 1788, 6 Septembre 1791, 25 Janvier 1792. Sa conduite distinguée à l'armée du Nord en 1792 et 1793 lui mérita le grade de Lieutenant le 17 Juin 1792, et celui de Capitaine le 4 Mai 1793. Le 21 Ventôse an ii promu au grade de chef d'escadron, campagnes des ans ii, iii et iv à l'armée de Sambre et Meuse, et de l'an v à l'an viii aux armées d'Italie et d'Helvétie. Le 13 Fructidor an ix, Colonel au 2ᵉ Régiment de Chasseurs à cheval, avec lequel il fit les campagnes de l'an xi et de l'an xii à l'armée des côtes de l'Océan. Chevalier de la Légion d'honneur le 19 Frimaire an xii, Officier le 25 Prairial même année, et Commandant le 4 Nivôse an xiv. Retraité le 2 Janvier 1807 après 31 ans de services sans interruption. — Mort le 29 Août 1825.

BRON DE BAILLY (André-François, *Baron*). Né le 30 Novembre 1757 à Vienne (Isère). Il entra au service dans le Régiment d'Artois (12ᵉ) le 1ᵉʳ Mai 1777. Brigadier le 20 Juin 1783, Fourrier le 9 Juillet 1784, Maréchal des Logis 9 Juillet 1784, Maréchal des Logis chef le 1ᵉʳ Février 1788, Adjudant le 1ᵉʳ Mai 1789, Sous-Lieutenant au 18ᵉ Dragons le 15 Septembre 1791, Lieutenant le 1ᵉʳ Juin 1792 et Capitaine le 1ᵉʳ Avril 1793. Il se signala dans le Var et à l'armée des Pyrénées occidentales pendant les campagnes de 1792 et 1793, notamment à l'affaire du 24 Juillet de cette année, dans laquelle il reçut un coup de pistolet et deux coups de sabre à la tête. Passé avec le grade de chef d'Escadron dans le 24ᵉ Chasseurs le 21 Ventôse an II, il continua à servir dans les Pyrénées jusqu'en l'an III et passa à l'armée d'Italie. Campagnes des ans IV et V. A l'affaire de Storo sur les bords du lac d'Iseo (Tyrol) à la tête de 100 chasseurs, il fit prisonniers 2 bataillons autrichiens et s'empara de 8 pièces de canon. Nommé chef de Brigade au *3ᵉ Dragons* le 1ᵉʳ Vendémiaire an VI, il fit avec ce corps la campagne d'Helvétie et partit en Egypte. A la bataille de Salahieh, le 24 Thermidor an VI, il arrêta avec son Régiment le choc de 2,000 Mamelucks et dégagea le 7ᵉ bis de Hussards qui était enveloppé par l'ennemi. Nommé Général de Brigade par Kléber, Premier Vendémiaire an IX; confirmé dans son grade le 9 Frimaire an X. Campagnes des ans X et XI en Toscane, sous les ordres de Murat, et attaché à l'armée de Naples de l'an XII à 1806....

BUTHIAUX (Guillaume), dragon au *3ᵉ Régiment*, reçut un fusil d'honneur le 28 Fructidor an X, pour s'être fait remarquer en chargeant un carré d'infanterie ennemie.

CANUET (Jean-Louis). Né le 26 Août 1779 à Paris. Dragon au *3ᵉ Régiment* le 27 Ventôse an V, il servit de l'an V à l'an VII aux armées d'Italie, d'Helvétie, de l'Ouest et d'Egypte. Devant Alexandrie, le 22 Ventôse an VII, il reçut un coup de feu à la jambe droite et eut un cheval tué sous lui. Démonté à la bataille d'Aboukir, le 30 du même mois, il fut atteint d'un coup de baïonnette au cou et de trois coups de feu. Brigadier 1ᵉʳ Vendémiaire an VIII, Fourrier le 18 Germinal an X, Maréchal des Logis et Maréchal des Logis chef les 16 Pluviôse et 1ᵉʳ Ventôse an XI, Sous-Lieutenant et membre de la Légion d'honneur les 12 Vendémiaire et 25 Prairial an XII, il fit les campagnes de l'an XII et de l'an XIII, sur les côtes de l'Océan, celles de l'an XIV et de 1806 en Autriche et en Prusse.

Lieutenant le 14 Août 1806, Capitaine le 22 Novembre, il reçut un coup de sabre au bras gauche à Eylau et combattit à Friedland. Passé en Espagne en 1808, le Général en chef du 6ᵉ corps le mit à l'ordre du jour de l'armée pour sa brillante conduite dans la journée du 17 Mai 1810. Son Régiment, le *3ᵉ Dragons*, concourut en 1811 à la formation de l'armée de Portugal; 1812, campagne de Russie; à la Moskowa, Canuet fut blessé d'un coup de lance à la cuisse gauche, chef d'Escadron et Officier de la Légion d'honneur les 28 Juin et 4 Décembre 1813. Il fit la campagne de

1813 en Saxe, et celle de 1814 en France. Licencié avec son Régiment le 7 Février 1815, il entra comme Major le 7 Février 1816 dans les Chasseurs de la Marne (12e) et devint Chevalier de Saint-Louis le 6 Mars 1817, Major des Lanciers de la Garde Royale le 22 Février 1821 et Lieutenant-Colonel du 12e Dragons le 27 Août 1826. Désigné pour servir avec son grade dans le 2e Régiment des Grenadiers à cheval de la Garde Royale, il fut admis le 29 Octobre 1828 en la même qualité dans les Dragons de la Garde. Reconnu dans son grade le 11 Août 1830 après le licenciement de la Garde Royale et chargé le 27 Janvier 1831 du commandement du 5e Régiment de Cuirassiers, Louis-Philippe le nomma Commandeur de la Légion d'honneur le 29 Mars suivant. Il passa au commandement des 19e et 1re Légions de Gendarmerie le 23 Mai et le 5 Septembre 1835. Maréchal de Camp le 31 Décembre suivant et appelé au commandement du département de la Vienne, il est mort à Poitiers le 8 Août 1840 dans l'exercice de ses fonctions.

CHARNOTET (Jean-Baptiste). Né le 17 Septembre 1761 à Autrey (Haute-Saône), a servi au Régiment de *Bourbon-Dragons* depuis le 5 Février 1779 au 5 Février 1787, époque à laquelle il obtint son congé de réforme. En Juillet 1789, Major de la Garde Nationale d'Autrey ; le 30 Septembre 1792, Capitaine au 1er Bataillon de volontaires de la Haute-Saône, campagnes de 1792 à l'an II ; le 2 Pluviôse an II, chef de Bataillon. Armée d'Allemagne de l'an III à l'an VII, chef de Brigade du 89e de ligne et passé à l'embrigadement de l'an XII dans le 27e de même arme, Légionnaire le 19 Frimaire an XII, Officier le 25 Prairial. Le Colonel Charnotet fut cité, en l'an XIV, dans un rapport que fit le Maréchal Bernadotte du passage du défilé de Groling et de la prise du fort de Leng-Pass. Il se distingua en 1806 à la prise de Trawemund. Mis à la solde de retraite de Général de Brigade le 8 Mars 1807. Commandant d'armes à Flessingue le 7 Octobre 1810, jusq'en 1814. Chevalier de Saint-Louis en 1814. Aux Cent-Jours, Commandant supérieur d'Arras et, le 16 Septembre 1815, du département du Nord. A la retraite le 1er Décembre 1819.

CHARPENTIER (Jacques-Mathieu). Né à Saint-Martin de Broglie (Eure) en 1773, entra au 3e *Dragons* le 3 Avril 1792, Brigadier 11 Frimaire an VII, Maréchal des Logis 21 Ventôse an VIII. Le 21 Frimaire an IV chargeant l'ennemi à la tête d'une colonne au-dessous de Crémone, il s'empara de 2 pièces de canon, sabra les Hussards de Wurmser qui les escortaient, en tua deux, mit le reste en fuite et ramena les 2 pièces à l'Etat-Major. Le lendemain entre Bassano et Citadella, il chargea l'escorte d'un convoi d'Artillerie. Pendant qu'il la mettait en déroute, il s'aperçoit qu'une vingtaine d'hommes cherchent à s'échapper sur la gauche de la route ; il les poursuit, les atteint et les force à se rendre prisonniers. Le même jour il attaque une escorte de 150 hommes commandés par un Officier et qui conduisaient 62 mulets. Il les force à briser leurs armes, les fait prisonniers et ramène hommes et mulets à l'Etat-Major du Général Augereau. Au mois de Germinal an V, à la prise de Brixen, chargeant à la tête de la colonne de Cavalerie aux ordres du Général Dumas, ils se trouvèrent l'un et l'autre cernés dans un verger ; ils fondirent ensemble sur les Dragons ennemis qui les entouraient, et les tuèrent tous. Un sabre d'honneur lui fut décerné le 28 Germinal an IX. Légionnaire du 1er Vendémiaire an XII. Mort le 24 Germinal an XIII.

COLNEAU (Jean). Dragon au 3e *Régiment*, reçut un fusil d'honneur le 26 Frimaire an XI pour s'être distingué à l'armée d'Egypte dans toutes les affaires auxquelles son Régiment prit part.

CONTANT (Théodore). Naquit le 26 Mai 1766 à Rouen. Sous-Lieutenant dans la Légion du Nord le 11 Janvier 1792. Blessé d'un coup de sabre à la tête à Jemmapes. Lieutenant le 9 Novembre. Blessé d'un coup de sabre au genou gauche le 18 Juillet 1793 près de Mayence. Capitaine le 1er Septembre ; au combat de Laval (armée de l'Ouest), blessé d'un coup de feu à la cuisse droite, et d'un coup de biscaïen à l'épaule. Adjoint aux Adjudants généraux, 18 Ventôse an II ; passé à l'Etat-Major de Paris, 4 Brumaire an IV ; Capitaine à la suite du 21e Dragons, le 5e jour complémentaire, puis au 11e de même arme le 4 Nivôse an VI ; campagnes de l'an V à l'an VIII aux armées d'Helvétie et d'Italie. Placé à la tête des guides du Général Masséna, il reçut le 16 Prairial l'ordre de se rendre auprès du Général Soult qui occupait les hauteurs de l'Albize. Il prit à son arrivée le commandement d'un Bataillon de la 106e demi-Brigade, composé de conscrits arrivés de la veille, culbuta le Corps ennemi qui lui était opposé, et fit prisonnier l'aide de Camp du Général autrichien. C'est à cette occasion que Masséna lui adressa du quartier général de Breingarten, le 23, la pièce suivante : « Le Général en Chef sur le rapport qui lui a été fait par le « Général Soult, de la bravoure et du zèle avec lesquels le citoyen Con- « tant, Capitaine au 11e Dragons, commandant les guides de l'armée,

« s'est conduit dans la bataille du 16 de ce mois, voulant en outre lui
« donner un avancement mérité par la manière distinguée avec laquelle il
« a servi depuis qu'il est à l'armée et par le courage avec lequel il a donné
« dans toutes les affaires sous les yeux du Général en Chef, l'a nommé
« Chef d'Escadron pour remplir provisoirement les fonctions de ce grade
« en attendant que le gouvernement confirme cette nomination : Masséna. »
Cette nomination fut sanctionnée le 27 Vendémiaire an VIII. Contant suivit
Masséna dans les Etats de Gênes, et se fit remarquer pendant la durée du
siège de cette place, notamment à l'affaire de Cogoletto, le 19 Prairial
an VIII, où à la tête de 15 guides il chargea les Hussards de Zeikler et les
mit en fuite. Le 24 du même mois, au combat de Voltri, il reprit avec
30 cavaliers ce village aux Autrichiens. Une heure après, 3,000 prisonniers
faits la veille par le Général Soult et faiblement escortés se révoltèrent au
moment d'entrer dans la place. Ce fut lui qui, avec son détachement,
rétablit l'ordre et ramena les captifs dans Gênes. Appelé le 21 Frimaire
an IX à un emploi de son grade dans le 6ᵉ Dragons, il passa le 13 Ventôse
an XI dans le 13ᵉ Régiment de même arme qu'il rejoignit à l'armée de
Hanôvre. Chevalier de la Légion d'honneur, 25 Prairial an XII, il fit les
campagnes des ans XII et XIII à l'armée des Côtes de l'Océan. Incorporé le
1ᵉʳ Ventôse dans le 4ᵉ Dragons, il servit en Autriche en l'an XIV et reçut
un coup de feu à la jambe droite à l'affaire de Cerum le 20 Brumaire. Il
fit les campagnes de 1806 et 1807 en Prusse et Pologne et fut blessé d'un
coup de feu au teton gauche au combat de Hoff le 6 Février 1807 et d'un
autre dans les reins à Eylau. Nommé Major dans le 3ᵉ *Dragons* (2ᵉ Chevau-
légers), le 10 Avril 1807. Il fut mis à la retraite le 1ᵉʳ Juin 1812. Depuis
le 1ᵉʳ Juillet suivant, on est resté sans nouvelles de lui.

COQUILLON (Antoine). Né le 17 Janvier 1761 à Mareuil (Oise),
Dragon le 6 Décembre 1784 dans *Bourbon*. Campagnes de 1792 à l'an II
à l'armée du Nord. Brigadier le 1ᵉʳ Juillet 1793. En l'an II, sorti de
Langurges avec une patrouille de 8 hommes, il aperçoit un troupeau de
moutons et 3 chevaux qu'entraînaient 25 Hussards Hongrois. Au moment
où Coquillon se jetait sur eux, il fut assailli par un détachement de
45 Autrichiens. Cependant les 8 Dragons renversent tout ce qui se trouve
devant eux et rentrent avec leur butin en ville. Maréchal des Logis le
1ᵉʳ Germinal il fit les campagnes de l'an III à l'an V à l'armée de Sambre
et Meuse et d'Italie et rentra le 1ᵉʳ Nivôse an V avec son grade dans les
Grenadiers à pied de la Garde du Directoire et fut nommé Sous-Lieutenant

le 13 Nivôse de cette année. Après Marengo, il passa le 1er Fructidor an IX avec son grade dans les vétérans de la garde consulaire, et fut nommé membre de la Légion d'honneur le 25 Prairial an XII. Admis à la retraite le 30 Mars 1809 comme Lieutenant en second, il est mort à Marolles (Oise) le 5 Janvier 1823.

CORBINEAU (Claude-Louis-Constant-Esprit-Juvénal-Gabriel). Né à Laval le 7 Mars 1772, où son père était Commissaire Inspecteur des Haras. Le 9 février 1788, Gendarme dans la maison du Roi avec rang de Sous-Lieutenant dans la Compagnie des Gendarmes de la Seine. Réformé avec ce corps le 1er Avril 1789. Rappelé au service comme Sous-Lieutenant au 3e *Dragons*. Campagne de 1792 aux armées du Nord et de la Moselle. Capitaine le 4 Mai 1793. Campagne de Belgique. Employé à l'armée du Nord pendant les ans II et III, il se distingua le 25 Vendémiaire an II à Wattignies où il fut blessé de plusieurs coups de sabre, dont un sous l'aisselle, deux à la tête et les autres au bras droit. Au combat de Beaumont, 7 Floréal suivant, il mena plusieurs charges contre l'infanterie et reçut un coup de feu à la cheville du pied gauche. Vers la fin de l'an III il fut envoyé à l'armée de Sambre et Meuse où il servit pendant une partie de l'an IV, et ayant été nommé Chef d'Escadron à l'Etat-Major du Général Hoche, le 1er Floréal an IV, il alla rejoindre l'armée des Côtes de l'Océan, en Vendée, où il acheva la campagne de cette année...

CURTO (Jean-Baptiste-Théodore, *Baron*). Né le 16 Mai 1770 à Montpellier (Hérault). Dragon le 26 Décembre 1786 dans le régiment de *Bourbon*, il servit à l'armée du Nord de 1792 à l'an II et se trouva aux batailles de Jemmapes, de Nerwinden et de Wattignies. Brigadier-fourrier le 1er Octobre 1792, Maréchal des Logis et Adjudant Sous-Lieutenant les 26 Avril et 4 Mai 93, Adjudant Lieutenant, le 21 Pluviôse an II, il passa à l'armée de Sambre et Meuse à la fin de l'an II et fit avec elle les campagnes de l'an III. Attaché en l'an IV à la 17e Division Militaire, il rejoignit l'armée d'Italie en l'an V, assista aux batailles de Rivoli et de Saint-Georges, au passage du Tagliamento, aux combats de Tarvis et de la Piave, et fut nommé Lieutenant en pied le 10 Germinal. Pendant le reste de l'an V et partie de l'an VI, il combattit en Helvétie et se trouva à la prise de Berne le 15 Ventôse an VI. Désigné pour l'expédition d'Egypte, il se fit remarquer à la prise de Malte, et aux batailles de Chebreiss et des Pyramides. Le 30 Vendémiaire an VII, il commandait l'escorte du Général Dupuy, Gouverneur du Caire, lorsque celui-ci fut tué par les révoltés. De 50 hommes il ne lui en resta que 5, avec lesquels il parvint à porter le cadavre du malheureux Dupuy, jusqu'au logement de Junot, situé à une grande distance du lieu du combat. Capitaine le 21 Pluviôse, il prit part au siège de Saint-Jean-d'Acre et à la bataille du Mont-Thabor. Il se fit remarquer à la bataille livrée sur la plage d'Aboukir, et après celle d'Héliopolis, il passa Chef d'Escadron dans le 7ᵉ bis de Hussards, le 1ᵉʳ Vendémiaire an IX.

DANEL. Né le 14 Septembre 1772 à Saint-Omer. Soldat *au 3ᵉ Dragons*, le 7 Avril 1792, il fit cette campagne et la suivante à l'armée du Nord, fut nommé Brigadier le 1ᵉʳ Germinal an II, et servit jusqu'en l'an V aux armées de Sambre et Meuse, de l'Intérieur et d'Italie. Maréchal des Logis le 1ᵉʳ Frimaire an VI, il enleva deux pièces de canon au combat d'Yverdun (Helvétie) et servit en Egypte et en Syrie de l'an V à l'an IX. En l'an VII, il engagea un combat corps à corps avec un Maugrabin et le terrassa à coups de crosse. A la bataille d'Aboukir, son cheval fut tué sous lui ; il fut bientôt entouré par 6 cavaliers turcs ; et il se défendit longtemps avec courage et allait peut-être succomber lorsqu'il fut délivré par un de ses camarades qui périt victime de son dévouement. Il fut nommé Adjudant Sous-Officier le 1ᵉʳ Ventôse an VIII. A l'affaire du 19 Ventôse an IX, suivi de deux hommes de son escadron, il contraignit 15 tirailleurs Anglais à battre en retraite et en fit un prisonnier. Le 22 il fut atteint dans une charge contre la cavalerie Anglaise de quatre coups de feu dont un lui traversa l'épaule. Lieutenant le 30 du même mois, il fut créé membre de la Légion d'honneur le 25 Prairial suivant. En l'an XIV et en 1806, il servit en Autriche et en Prusse et obtint sa retraite le 22 Novembre 1806. Il est mort à Saint-Omer le 19 Novembre 1820.

DAUVERT (Guillaume). Né à Damvillé (Meuse), Dragon au 3ᵉ *Régiment* le 5 Mars 1792, il servit avec distinction aux armées du Nord, du Rhin, d'Italie et d'Egypte. Au combat de Naplouse, chargé par quatre Mamelucks, il s'arrête et attend de pied ferme ses adversaires, abat le premier d'un coup de sabre et assomme le second avec la crosse de son fusil ; les deux autres prennent la fuite. L'impétuosité qu'il mit à les poursuivre lui procura l'occasion de sauver quelques Grenadiers blessés qui étaient tombés au pouvoir de l'ennemi. A la bataille d'Aboukir, il entra dans le village un des premiers et eut son cheval tué. Un de ses camarades désarmé allait avoir la tête tranchée par les Turcs, lorsque Dauvert courut à son secours et le sauva. Pendant toute la bataille on le vit combattre à pied avec les Grenadiers et rivaliser de courage avec eux. Le 28 Fructidor an X, il reçut un fusil d'honneur. Légionnaire le 1er Vendémiaire an XII.

DELARUE (Jean-Dominique). Né en 1776 à Bourbourg (Pas-de-Calais). Le 21 Août 1791, Soldat au 3e *Dragons*, il fit toutes les campagnes de la République aux armées de Sambre et Meuse, d'Italie et d'Orient. Brigadier le 1er Messidor an VIII, il revint en France avec l'armée d'Egypte, passa le 14 Frimaire an XII dans les Grenadiers à cheval de la Garde consulaire et fut nommé Légionnaire au camp de Boulogne le 25 Prairial an XII. Après avoir fait les campagnes d'Autriche, de Prusse et de Pologne, il rentra avec son grade dans le 3e *Dragons*, le 20 Octobre 1807. On sait encore qu'en 1815 il servait dans le 2e *Lanciers*.

DELESALLE (Joseph-Augustin, *Chevalier*). Né le 22 Mars 1773, à Neuve-Eglise (ancien département de la Lys), de parents français. Réquisitionnaire *au* 3e *Dragons*, le 8 Septembre 1793 ; armée du Nord, armée de Sambre et Meuse jusqu'au 9 pluviôse an IV ; Brigadier Fourrier en Italie le 4 Brumaire an V ; blessé d'un coup de sabre au poignet droit au combat de Sainte-Justine, près de Feltre, le 24 Ventôse suivant. Maréchal des Logis en Helvétie le 9 Germinal et Adjt Sous-Officier le lendemain. Embarqué pour l'Egypte an VI ; à Salahieh, le 24 Thermidor, enveloppé par une troupe nombreuse de Mamelucks, il reçut plusieurs coups de sabre et parvint à se dégager après avoir tué un cavalier qui le pressait vivement. Sous-Lieutenant 1er Pluviôse an VII ; expédition de Syrie. Surpris le 23 Ventôse dans une reconnaissance entre Jaffa et Saint-Jean-d'Acre, par un gros détachement de cavaliers turcs qui, après une lutte désespérée, lui tuèrent presque tout son monde, il reçut plusieurs coups de sabre, au bras droit, aux reins, au côté droit et un dernier à la main qui fit tomber son arme, fut terrassé, fait prisonnier et conduit garrotté à la queue d'un cheval devant Djezzar pacha d'Acre, qui, ne pouvant s'empêcher d'admirer sa bravoure, lui fit grâce de la vie et le remit au Commodore anglais Sydney Smith. Renvoyé en France le 26 Germinal de la même année, Lieutenant le 26 Pluviôse an X, Adjudant-Major le 10 Floréal, rang de Capitaine an XII, Légionnaire le 25 Prairial.

De l'an XIV à 1807, pendant les campagnes d'Autriche, de Prusse, de Pologne, successivement attaché au 1er Corps et à la Réserve de Cavalerie de la Grande Armée, il se trouva le 26 Octobre 1806 à l'affaire du bois de Zednick, en Prusse, où cerné par un groupe de Hussards, il en tua plusieurs et dégagea le Général Becker, qui lui-même fut sur le point d'être pris. Chef d'Escadron le 22 Novembre ; démonté par une charge audacieusement poussée au milieu de l'Infanterie et de la Cavalerie russe, il se remit à pied à la tête de son Escadron et le ramena au pas dans les lignes françaises, sans que l'ennemi osât l'entamer. Le 3 Mars suivant, à Puttsdadt, à la sortie d'un défilé, son Régiment qui formait l'avant-garde de la Division, trouve le chemin barré par un corps de 1,800 Cosaques qui se disposait à attaquer son extrême-gauche, quand, par un changement de front aussi rapide qu'imprévu, il dissipa l'ennemi et ouvrit un passage à la Division. A Friedland, à la tête du 1er Escadron du Régiment, il fit une charge brillante sur une batterie russe, et l'enleva après avoir tué un Officier sur sa pièce ; en continuant sa charge, il eut à résister aux attaques des Cosaques et des Hussards qui soutenaient l'artillerie et au retour il essuya le feu d'une embuscade d'infanterie. Campagne de Portugal où il eut, durant trois mois, le commandement d'un Régiment de Cavalerie formé d'hommes du 2e Corps ; pendant cette campagne il remplit plusieurs missions difficiles, à la tête de détachements d'Infanterie et de Cavalerie sur les frontières du Portugal, du côté de Bragance et dans la province de Zamora, et s'en acquitta toujours à la satisfaction du Général Milet, dans la Brigade duquel il était placé. Officier de la Légion d'honneur le 13 Janvier 1809, on lui confia durant cette nouvelle campagne différentes missions dangereuses et très pénibles, entre autres, le 23 Novembre, à l'affaire de San-Carpio, dans la Vieille-Castille, où, à la tête de l'avant-garde de la Brigade, forte de 150 chevaux et d'une Compagnie de Chasseurs hanovriens, il tint toute la journée contre le Corps du duc del Parque, et reçut à la fin de cette affaire un coup de feu qui lui fracassa le genou droit et le rendit dès lors incapable de monter à cheval.

Chevalier de l'Empire le 11 Janvier 1810, admis à la retraite le 1er Janvier 1811, et désigné le 14 Mars suivant pour occuper un commandement d'armes de 4e classe ; envoyé en cette qualité à la citadelle de Lille le 9 Octobre. Il conserva cet emploi jusqu'au 30 Avril 1815 et reçut à cette époque le commandement de la place d'Hesdin ; mais les réactions politiques le firent replacer dans sa position de retraite le 19 Janvier 1816. Plus tard le Gouvernement Royal lui rendit plus de justice en lui décernant le 1er Juillet 1820 le titre de Lieutenant-Colonel honoraire. Mort le 7 Juillet 1838 à Lille.

DERMONCOURT (Paul-Ferdinand-Stanislas). Né le 3 Mars 1771 à Crécy-au-Mont (Aisne). En 1789 il était à la prise de la Bastille et entré dans les Grenadiers de la Garde Nationale de Paris, Compagnie Odiot, quartier de Saint-Roch ; Volontaire dans le 3ᵉ Bataillon de l'Aisne le 4 Septembre 1791 ; Sergent de Grenadiers et Sergent-Major les 4 Avril et 3 Juillet 1792 ; il fit la campagne de cette année à l'Armée du Nord, se trouva au combat de Quiévrain et s'embarqua à Lorient pour la Martinique avec le Général Rochambeau. A Saint-Domingue, il rallia à la Convention les troupes de l'ancien gouverneur, M. d'Esparbès. Le 1ᵉʳ Novembre, les officiers étant malades, à la tête de sa Compagnie, il prit sur les noirs le fort du Morne-Pellé. Mis à l'ordre de l'Armée et fait Lieutenant le même jour, 19 Décembre, Capitaine le 28. Parti le 1ᵉʳ Octobre 1793 pour Philadelphie pour y rétablir sa santé, il fut pris par des Corsaires Bermudiens, puis rejeté en mer par une tempête, il gagna Philadelphie, où sévissait la fièvre jaune. Atteint de ce mal affreux, il eut le bonheur d'y échapper. Parti de la baie de Chesapeake avec un grand convoi qui eut lieu le 2 Floréal an II, il arriva à Brest le 23 Prairial. Emprisonné pendant quelques jours, comme tous ceux qui venaient d'outre-mer, attaché ensuite à l'Armée des Côtes de Brest, il combattit à Quiberon le 23 Messidor, et retourna à Brest où il remplit les fonctions d'Adjudant de place. Le 12 Vendémiaire an IV, il était à Paris et prenait part au combat de Saint-Roch. Nommé le 23 Germinal an IV Aide de Camp du Général Alexandre Dumas, il se rendit avec lui en Italie, puis, après la bataille de Rivoli et la reddition de Mantoue, il le suivit dans le Tyrol. Au passage du Lavis, il sauva la vie à l'Aide de Camp Lambert que le torrent entraînait. S'apercevant qu'une redoute défendue par 60 Autrichiens et placée à la tête du village de Faver, incommodait la Division, il se mit à la tête de 50 Grenadiers, prit la redoute à revers, et ramena la garnison prisonnière. Il se distingua à l'enlèvement du pont de Neumarck et à la prise de Bolgiano. On marchait sur Brixen. L'ennemi était posté à Clausen, sur l'Eisach, et l'entrée de cette petite ville se trouvait défendue par un pont couvert de 200 mètres de longueur. L'Aide de Camp Dermoncourt mit pied à terre avec une vingtaine de dragons et sous le feu de l'ennemi, dégageant le pont en jetant dans l'Eisach tout ce qui l'encombrait, livra passage à la colonne et Brixen fut pris. En avant et à une lieue de cette ville, le général Dumas se trouva seul en présence d'un Escadron ennemi ; Dermoncourt se précipita à son secours et reçut une blessure grave à l'épaule.

Bonaparte, informé par Joubert de sa belle conduite, le cita avec éloges dans un rapport au Gouvernement. Le 6 Frimaire an VI, passé Capitaine dans le 3e *Dragons*, il servit en Suisse, s'embarqua à Toulon le 30 Floréal avec l'Armée d'Orient et fit les campagnes d'Egypte et de Syrie. A Aboukir, le 7 Thermidor an VII, le Colonel Duvivier qui commandait toute la Cavalerie ayant été tué, le Capitaine Dermoncourt lui succéda dans ce commandement jusqu'à son remplacement par le Général Roise. Durant l'action il reçut une balle dans la poitrine qui le renversa sur la croupe de son cheval et dont il n'évita le danger que parce que son manteau était roulé en croix devant lui, et fut blessé d'un coup de feu à la cheville gauche. Quoique sa blessure le fit beaucoup souffrir et l'empêchât de se chausser, le Général en Chef le chargea de conduire des chameaux chargés d'argent à Rahmanié, puis à Alexandrie avec des dépêches secrètes pour le Général Marmont et l'Amiral Gantheaume, dont il devait lui rapporter la réponse au Caire. Il remplit sa mission malgré les attaques répétées des Arabes ; la réponse de l'Amiral était verbale ; elle se bornait à ces mots : « Le vent est bon. » Dermoncourt la porta exactement au Général en Chef qui bientôt après cinglait vers la France. Il se distingua encore à la bataille d'Héliopolis, où il porta secours à Kléber en danger, et à la reprise du Caire Menou le nomma Chef d'Escadron au 14e Dragons, le 4 Messidor an VIII.....

DUBOIS (Jacques-Charles, *Baron*). Né le 27 Novembre 1762 à Reux (Calvados). Enrôlé le 3 Mars 1781 dans Colonel-Général Dragons, 17 Mars 1784 Brigadier dans la Compagnie Laurencin ; parti par congé absolu le 3 Mars 1789 ; rentré au service en 1792 et Sous-Lieutenant le 25 Janvier au 16e Dragons; compris dans le détachement de 200 hommes que ce régiment envoya à Saint-Domingue, parti le 12 Juin, Lieutenant le 17 Décembre. Il fit dans cette colonie les campagnes de 1792 à l'an II et obtint le grade de Capitaine le 12 Juin 1793. Rentré en France en l'an III, il servit en Vendée sous les ordres de Hoche, et fit les campagnes des ans IV et V aux armées de Sambre et Meuse et du Rhin. Ans VI et VII aux armées d'Italie et de Naples ; le 19 Frimaire an VII à l'affaire d'Otricoli (armée de Nalpes) il sauta dans un ravin avec son chef de Brigade, un Capitaine, un Sous-Lieutenant et un Dragon, pour tâcher de débusquer un bataillon ennemi qui par son feu inquiétait nos troupes. Démonté pendant l'action il combattit à pied et fit une vingtaine de prisonniers qu'il emmena au quartier général à l'aide de quelques Dragons. Sa conduite à la

Starta et à Novi lui valut les plus grands éloges et le recommanda à l'attention du Général en chef qui demanda pour lui le grade de Chef d'Escadron. Employé aux armées de Batavie et Gallobatave ans VIII et IX, il tint garnison dans la Première Division Militaire ans X et XI et fut promu au grade de Chef d'Escadron au *3e Régiment de Dragons* le 10 Vendémiaire an XII. Il alla rejoindre ce régiment qui fit partie de la 2e Réserve de l'armée des Côtes de l'Océan, pendant les ans XII et XIII et reçut, le 25 Prairial an II, la décoration de la Légion d'honneur. De l'an XIV à 1807, il combattit avec la Réserve de Cavalerie de la Grande-Armée en Autriche, en Prusse et en Pologne, et passa Major le 24 Septembre 1806 au 5e Dragons. Le 4 Février 1807, à la tête de la Compagnie d'élite, il alla reconnaître une colonne d'infanterie russe qui filait dans un ravin ; ayant atteint son arrière garde, il la chargea, la culbuta et lui fit des prisonniers. L'audace et l'intrépidité dont il fit preuve dans cette rencontre excitèrent l'admiration de toute l'armée et lui valurent les éloges du prince Murat. Le 8 du même mois, à Eylau, il dégagea deux bataillons d'infanterie pressés par une cavalerie nombreuse, l'ennemi démasqua vainement une batterie de 5 pièces de canon à mitraille, le Major Dubois effectua sa retraite en bon ordre sous ce feu meurtrier. Il courut les plus grands dangers dans cette affaire, et eut son cheval tué sous lui par un boulet. Nommé Colonel du 7e Cuirassiers le 25 Juin 1807 et baron de l'Empire le 17 Mars 1808, il fit la campagne d'Autriche, il se distingua à Essling et à Wagram où il enfonça un carré ennemi à la tête d'un peloton du 7e Cuirassiers. Officier de la Légion d'honneur le 8 Octobre 1811, il prit part à l'expédition de Russie et le 28 Novembre 1812, à la Bérézina, où sur 22 officiers du 7e Cuirassiers, qui se trouvaient à cette affaire, 2 furent tués, 14 blessés et 6 honorablement mentionnés dans le rapport adressé à l'Empereur. Le 7 Février 1815, Napoléon rendit un décret conçu en ces termes :

« Pour reconnaître la conduite distinguée du Colonel Dubois et du 7e » Cuirassiers à la bataille de la Bérézina en chargeant seuls un carré de » 7000 Russes et leur faisant mettre bas les armes nous avons décrété et » décrétons : Article 1er. Le Colonel Dubois est nommé Général de » Brigade ». Appelé en cette qualité au commandement du Dépôt général de Cavalerie à Brunwisck le 1er Août suivant, il fut en non-activité le 1er Septembre 1814 et nommé Chevalier de Saint-Louis le 31 Janvier 1815. Aux Cent-Jours, il commanda la 1re Brigade de la 13e Division de Cavalerie du 4e Corps de Cavalerie. Blessé à Waterloo, admis à la retraite le 6 Octobre, il se retira à Villeneuve-sur-Yonne. Le Cinq Août 1830 il eut le commandement de la 18e Division militaire, puis de la 2e Subdivision de cette Division et celui du Département de l'Yonne. Commandeur de la Légion d'honneur le 20 Avril 1831 et réadmis à la retraite le 1er Mai 1832, il se retira à Sens, où il vivait encore en 1844.

DUFETREL (Antoine). Réquisitionnaire *au 3e Dragons* le 29 Germinal an II, à l'armée du Nord, il y fut grièvement blessé dans une mêlée avec les Autrichiens, où il fit preuve d'un grand courage. Retraité le 15 Fructidor an II, il fut nommé Légionnaire le 26 Frimaire an XII ; électeur de Boulogne-sur-Mer, il se retira à la Chaussée (Pas-de-Calais). Il est mort le 29 Décembre 1819.

FITEAU (Edme-Nicolas Comte de Saint-Etienne, Général de Brigade). Né le 9 Août 1772 à Saint-Léger-le-Petit (Cher). Entré au service comme enrôlé volontaire au 4e Chasseurs à cheval le 10 Août 1789. Campagne de 1792 à l'Armée des Alpes, Brigadier-Fourrier le 15 Juillet 1793, entré avec ce grade aux partisans de l'Armée du Rhin ; Campagnes de 1792 et ans II et III, Maréchal des Logis 18 Nivôse an II ; Lieutenant-Quartier-Maître 19 Pluviôse suivant ; le 6 Ventôse à la tête de quatre hommes dans les bois de Kaiserslautern, se fait jour à travers quinze cavaliers qui fermaient le défilé et les défait. Incorporé comme Lieutenant dans le 7e bis de Hussards, le 11 Prairial même année, sert avec distinction en Italie, ans IV, V, VI. Le 12 Prairial an V avec 25 hommes, défait deux Escadrons Napolitains et prend leur chef, prince Cutto. Capitaine 1er Ventôse an VI, le 25 Floréal embarqué pour l'Orient. Campagnes d'Egypte et de Syrie ans VI, VII, VIII et IX ; se distingue dans une expédition dirigée par le Général Lagrange, dans laquelle avec 25 Hussards, il se lance dans le camp des Mamelucks, les disperse et prend leurs bagages. Chef d'Escadron provisoire 21 Vendémiaire an VII, se distingne au combat de Samananhout. Chef de Brigade provisoire au 3e *Dragons*, 1er Vendémiaire an IX. Le 19 Ventôse suivant, ramène au combat un peloton de tirailleurs et fait à à leur tête plusieurs charges vigoureuses. Le 21, soutient énergiquement la retraite de l'armée en chargeant jusque dans le camp ennemi. Le 30 (21 Mars), à la bataille d'Alexandrie, il culbute la première ligne et reçoit deux coups de feu au bras droit. Rentré en France, tient garnison à Versailles, ans X et XI. Fait partie de la 2e Réserve de l'Armée des Côtes de l'Océan ans XII et XIII. Confirmé dans ces deux derniers grades, 10 Ven-

démiaire an XII ; Membre et Officier de la Légion d'honneur 19 Frimaire et
25 Prairial an XII ; Campagnes de 1805 et 1806 à la 1re Brigade de la 2e Division de Dragons, à la Réserve de Cavalerie de la Grande-Armée, au passage du Leech, à la prise de Wels, au passage de la Traun et à Austerlitz.
Commandant de la Légion d'honneur, 4 Nivôse an XIV ; Colonel Major
des Dragons de la Garde Impériale le 13 Septembre 1806. Général de
Brigade et Commandant la 2e Brigade de la 2e Division de Cuirassiers
(Général Saint-Sulpice) à la Réserve de Cavalerie de l'Armée d'Allemagne.
Blessé grièvement le 6 Juillet 1809 à Wagram, où il se couvrit de gloire,
l'Empereur lui conféra le titre de comte de Saint-Etienne avec une dota-
tion. A peine convalescent il fut appelé au commandement du Dépôt du
Léman (7e Don Militaire), 5 Août 1810....

GAUDRIOT (Antoine). Né le 2 Octobre 1763 à Dijon. Engagé dans
Picardie le 10 Avril 1780, Caporal le 2 Août 1783, Sergent le 16 Octobre
1784, Sergent-Fourrier le 21 Septembre 1786, congédié le 10 Juin 1789.
Le 16 du même mois, engagé simple dragon dans *Bourbon*. Brigadier
Fourrier le 22 Mars 1791, Maréchal des Logis le 24 Décembre, Adjudant
Sous-Officier 11 Avril 1793, Sous-Lieutenant le 16 Juin 1793 et rentré
dans ses foyers pour cause de maladie le 1er Vendémiaire an IV, après
avoir fait les campagnes de 1792 à l'an III aux armées du Nord et de
Sambre et Meuse. Replacé le 3 Nivôse an VII avec le grade de Lieutenant
dans la 25e Légion de Cavalerie et employé dans la gendarmerie de la
Grande-Armée jusqu'en 1814. Chef d'Escadron et Chevalier de Saint-
Louis en 1816. Mort le 20 Février 1833.

GUYON (Dominique-Clément), frère du général de ce nom. Né le
15 Avril 1776 à Montant (Ardèche), Volontaire le 22 Juillet 1797 dans
la 70e Demi-Brigade devenue 75e de Ligne, il fit les campagnes de 1792
à l'an V aux armées des Alpes et d'Italie. Fourrier le 23 Août 1793, Sergent le 21 Frimaire an II, blessé à Arcole et à Rivoli, il entra comme
simple *dragon* dans le 3e de l'arme le 5 Ventôse suivant et termina dans
son nouveau corps la Campagne de l'an V en Italie. Brigadier, 1er Frimaire
an VI, embarqué pour l'Egypte, il se distingua aux Pyramides et à Salahieh
et fut nommé Maréchal des Logis le 26 Fructidor suivant, puis Sous-
Lieutenant provisoire le 15 Thermidor an VII pour sa conduite à Aboukir,
enfin Lieutenant provisoire le 30 Ventôse an IX sur le champ de bataille
d'Alexandrie. Rentré et confirmé dans ces deux grades le 10 Vendé-

miaire an XII, il fit partie de l'armée des Côtes de l'Océan. Légionnaire le 25 Prairial an XII, Capitaine le 7 Vendémiaire an XIII. Campagnes de l'an XIV à 1807, Austerlitz, Iéna, Friedland, où il reçut plusieurs blessures. Promu Chef d'Ecadron au 12ᵉ Chasseurs après Wagram le 27 Septembre 1809.

HACQUIN (Louis-Pierre-François). Né le 8 Août 1774 à Neuilly-Saint-Front (Aisne). *Réquisitionnaire au 3ᵉ Dragons*, 20 Pluviose an II. Campagnes de l'armée du Nord, de Sambre et Meuse, d'Italie, an V ; blessé d'un coup de sabre à la tête à l'affaire d'Ansola ; Brigadier 1ᵉʳ Vendémiaire an VI ; campagne d'Egypte ; Maréchal des Logis le 26 Fructidor an VI, il s'empara de 2 pièces de canon à Aboukir et fut fait Maréchal des Logis chef le 21 Messidor an VIII. Le 30 Ventôse an IX, au débarquement des Anglais à Alexandrie, il tua de sa main un Officier ennemi, fit 7 prisonniers, reçut un coup de sabre dans la mêlée et fut nommé Sous-Lieutenant sur le champ de bataille. Confirmé dans son grade le 30 Prairial suivant et rentré en France, il devint Légionnaire le 25 Prairial an XII et Lieutenant le 11 Messidor suivant ; fit les campagnes d'Autriche, de Prusse et de Pologne. Adjudant-Major le 20 Février 1807. Il fit partie de l'Escadron qui, le 14 Juin, à Friedland enleva 2 canons et un obusier à l'ennemi. Au Portugal, au commencement de 1808, il fut fait Capitaine en pied le 15 Janvier 1809 et concourut à la réorganisation du Corps en Juin 1812 sous le nom de 2ᵉ Chevau-légers. Rentré en France, il fit la campagne de 1812 en Russie et fut promu au grade de Chef d'Escadron en Saxe le 28 Juin 1813. Blessé de 17 coups de lance le 26 Août au combat de la Katzbaach, près de Dresde, et laissé pour mort sur le champ de bataille, il tomba au pouvoir de l'ennemi et rentra des prisons de Bohême le 29 Juillet 1814. En non-activité en 1815, Chevalier de Saint-Louis 16 Août 1820 ; retraité 19 Février 1824, il se retira à Gerberg (Oise), où il habitait encore en 1844.

JEUFFROY, Fourrier au 3ᵉ *Régiment de Dragons* prit un étendard prussien au combat du village de Karnichen, le 27 Décembre 1807 en Pologne.

LAPLACE, *Dragon au 3ᵉ Régiment*, servit en Egypte de 1798 à 1800. A l'affaire du 30 Ventôse an IX entre Alexandrie et Aboukir, il pénétra dans les rangs ennemis, et, entouré de toutes parts, il sut par son courage se frayer un passage au travers des Turcs ; blessé pendant cette affaire, il eut aussi son cheval tué sous lui ; il eut pour cette affaire un mousqueton d'honneur le 9 Thermidor an X ; Légionnaire de droit le 1er Vendémiaire an XII. Brigadier en 1803, Maréchal des Logis en 1805, il quitta le service en 1807.

LAUGIER ou LAUZIÈRES (Claude-Louis), Maréchal des Logis au 3e *Dragons*, se signala à l'armée d'Egypte à toutes les affaires où son Régiment prit part et reçut le 28 Fructidor an X, un sabre d'honneur. Il entra en 1803 comme Brigadier dans les Chasseurs à cheval de la Garde consulaire, prit sa retraite en 1806 et fut nommé membre du Collège électoral de Paris (1er arrondissement). Légionnaire de droit 1er Vendémiaire an XII.

LÉGER (Jean-Baptiste). Né le 21 Décembre 1772 à la Mare (Eure). Entra au 3e *Dragons* le 9 Mai 1793, Brigadier et Maréchal des Logis les 1er Frimaire et 21 Thermidor an IX. Congé absolu du 17 Germinal an XI, décoré le 26 Frimaire an XII, classé parmi les électeurs d'Avignon, s'est retiré dans cette ville où il résidait encore en Février 1844.

MAILLET (Jean-Louis), Cavalier au 3e *Dragons*, se conduisit avec bravoure pendant les campagnes d'Italie (1796-1797) et en Egypte de l'an VI à l'an IX. Le 28 Fructidor, reçut un fusil d'honneur. En 1803, Chasseur à cheval dans la Garde consulaire. Retiré du service en 1807. Légionnaire de droit 1er Vendémiaire an XII.

MONTMARIE (Aimé-Sulpice-Victor-Pelletier), *Baron de*). Naquit à Doury (Oise) le 13 Novembre 1772. Sous-Lieutenant au 17e Bataillon des volontaires de Paris, Lieutenant le 1er Frimaire an II, fit avec ce Corps les guerres de 1793 et de l'an II à l'Armée de la Moselle ; il entra le 20 Germinal dans le 3e *Régiment de Dragons*, mais comme simple cavalier. Nommé adjoint aux Adjudants généraux le 6 Vendémiaire an III, il fit la campagne de cette année et la suivante aux armées de Sambre et Meuse et du Nord. Le 12 Thermidor an IV, il rentra comme Sous-Lieutenant dans le 3e *Dragons*, fit avec ce Régiment les guerres d'Italie, d'Helvétie et embarqua pour l'Egypte en l'an VI. Lieutenant le 6e jour complémentaire an VII. Capitaine le 6 Pluviôse an VIII, il passa Chef d'Escadron à la suite le 9 Pluviôse an IX. Il prit à cette époque le commandement des Mamelucks organisés en Egypte par le Général Bonaparte. Chef d'Escadron titulaire dans le 19ᵉ Dragons le 4 Floréal an x, il servit en Hanôvre durant les ans xi et xii, obtint le grade de Major dans le 9ᵉ Chasseurs à cheval le 3 Ventôse même année, et fut nommé membre de la Légion d'honneur le 4 Germinal an xii. Passé à l'armée de Naples, il y resta de l'an xiii à 1807, devint Colonel du 21ᵉ Dragons le 4 Avril 1807 et Officier de la Légion d'honneur le 27 Juillet 1807. Blessé d'un coup de sabre à la tête au passage de la Piavre, 9 Mai 1809, Chevalier de la Couronne de fer le 30 Mai 1809. Baron de l'Empire le 15 Août 1810. Campagne de Russie 1812, blessé d'un coup de biscaïen au côté gauche à la Moskova. Général de Brigade 22 Juillet 1813, employé à la 4ᵉ Division de Cavalerie légère, il pénétra en Bohême avec sa Brigade et deux Bataillons d'Infanterie et poussa l'ennemi jusqu'à Mackerback ; mais vigoureusement attaqué, il eut des peines énormes à joindre Vandamme ; après le combat de Kulm il fut chargé, en remplacement du Général Corbineau, de couvrir la retraite. Après des charges répétées, il parvint à échapper à la capitulation et rejoignit l'armée principale. Le 16 Octobre 1813 à Wachau, il eut la jambe droite emportée par un boulet. Transporté à Leipsick, il mourut le 2 Novembre des suites de l'amputation. Son nom est inscrit sur les tables de bronze de Versailles et sur le côté Est de l'Arc de triomphe de l'Etoile.

NAZE (Louis-Charles). Maréchal des Logis au 3ᵉ *Dragons*. Mis deux fois à l'ordre du jour de l'Armée d'Egypte, reçut un sabre d'honneur, 28 Fructidor an x. Légionnaire 1ᵉʳ Vendémiaire an xii. Passé en 1806 aux Dragons de la Garde.

PÉRILLEUX (Nicolas-Joseph). Né le 28 Mai 1775 à Marcigny (Aisne). *Dragon au 3ᵉ Régiment* le 2 Mai 1793. Campagnes de 1793 à l'an vi aux Armées de Sambre et Meuse, d'Italie et d'Helvétie au combat d'Amsfort (Tyrol) en l'an v, blessé d'un coup de feu à la mâchoire. Brigadier 1ᵉʳ Brumaire an vii, il suivit son Régiment en Egypte et devint Maréchal des Logis le 26 Pluviôse an viii. Décoré le 26 Frimaire an xii, Sous-Lieutenant le 25 Pluviôse suivant. Campagnes des ans xii, xiii et xiv, sur les Côtes de l'Océan et à la Grande-Armée ; 1807 et 1808 en Portugal. Le 17 Août 1808, blessé grièvement à la jambe gauche à l'affaire de Rolica, dirigé sur Burgos où il obtint sa retraite le 11 Juin 1809. Mort à Vignoux (Cher) le 17 Juin 1828.

PEYRON (Alfred-Joseph). *Sous-Lieutenant au* 3ᵉ *Dragons* le 3 Avril 1852, Lieutenant le 30 Mai 1855, Capitaine le 11 Décembre 1861. Cité à l'ordre général du 4ᵉ Corps de l'Armée du Rhin en date du 25 Août 1870, comme s'étant particulièrement distingué dans la journée du 14 Août 1870 à la bataille de Borny et du 16 à la bataille de Rézonville.

RABASSE, *Chef d'Escadron au* 3ᵉ *Régiment de Dragons*, a fait la campagne d'Egypte et s'est fait remarquer en 1798 dans une expédition contre les Bédouins. Devenu Adjudant-Général, il se distingua de nouveau en 1799 en poursuivant la cavalerie de Mourad vers l'Oasis.

ROUX (François), désigné sur quelques listes de nomination de la Légion d'honneur sous le nom de Rousse. Né le 7 Octobre 1770 à Cruas (Ardèche), *soldat au* 3ᵉ *Dragons* le 8 Avril 1789, fit les premières guerres de la Révolution de 1792 à l'an III à l'Armée de Sambre et Meuse et se distingua en 1792 à la tête de quelques dragons avec lesquels il enleva le Secrétaire du Général en Chef de l'Armée prussienne, duc de Brunswick, malgré 12 hussards qu'il défit. Le 2ᵉ jour complémentaire an II, à l'affaire de Sprimont il fut blessé d'un coup de feu à la bouche. Employé à l'Armée de l'Intérieur an IV, à celle d'Italie an V, il fut nommé Brigadier le 1ᵉʳ Germinal même année. Etant près de Bellune, à la tête de 22 dragons qui composaient l'escorte du Général Masséna, il attaqua 50 hussards Autrichiens, les battit, s'empara de plusieurs caissons, d'un canon, et fit 35 prisonniers parmi lesquels se trouvait le Général Lusignan. Campagnes d'Egypte et de Syrie ; le 26 Fructidor an VI, Maréchal des Logis Chef. Le 4 Germinal an VII au combat de Loubi, Roux chargea au milieu des Turcs, en tua plusieurs et entre autres un porte-drapeau qu'il tua après un combat singulier célèbre ; il s'empara du drapeau qu'il conserva quoique son cheval fut tombé au milieu de la mêlée et vint déposer ce glorieux trophée entre les mains du Général Junot qui le combla d'éloges et le fit nommer Sous-Lieutenant par arrêté du Général en Chef du 6 Prairial suivant. Le 7 Thermidor de la même année, à Aboukir, il fit des prodiges de valeur et fut blessé d'un coup de feu à la poitrine. Le 30 Ventôse an IX près d'Alexandrie après avoir traversé les retranchements ennemis, le brave Roux rallia une partie du Régiment sous le feu de l'artillerie et la conduisit de nouveau au combat. Nommé Lieutenant sur le champ de bataille, il reçut un sabre d'honneur à son retour en France le 13 Pluviôse an XI. Légionnaire le 1ᵉʳ Frimaire an XII ; de l'an XI à l'an XIII à l'Armée des Côtes de l'Océan. Officier de la Légion d'honneur 25 Prairial an XII. De l'an XIV à l'an 1807, campagnes d'Autriche, de Prusse et de Pologne ; il était Capitaine du 3 Nivôse an XIV. Passé en 1808 en Espagne, en 1809 à l'Armée d'Allemagne et blessé d'un coup de feu le 29 Juin. Chef d'Escadron le 27 Juillet suivant au 1er Régiment provisoire de Dragons, il passa au 13e Dragons le 5 Décembre même année et revint à l'Armée d'Espagne en 1810. Retraité le 24 Juillet 1811 ; électeur du département de l'Ardèche.

SAINGLANT (Paul). Né le 26 Janvier 1765 à Mons (ancien département de Jemmapes). Lieutenant à la Légion belge le 10 Septembre 1792, il fut nommé Capitaine le 29 Octobre suivant et fit les campagnes de 1792-1793 et an II à l'Armée du Nord. Passé avec son grade dans les Hussards de Jemmapes le 14 Février 1793, il fut incorporé *au 3e Dragons* le 5 Prairial an II et servit à l'Armée de Sambre et Meuse depuis cette époque jusqu'à l'an IV inclusivement. Employé en l'an V à l'Armée d'Helvétie, il prit part à l'Expédition d'Egypte et y fit les Campagnes des ans VI, VII, VIII et IX. Dès le début de la guerre, il fut nommé Chef d'Escadron le 25 Fructidor an VI. Le 4 Germinal an VII au combat de Loubi, sa brillante conduite fut remarquée par le Général Junot qui le recommanda vivement au Général Bonaparte. Il se signala aux affaires des 19, 21, 22 Ventôse an IX (10, 12, 13 Mars 1801) et particulièrement à celle du 30 du même mois (21 Mars) sous les murs d'Alexandrie où il prit le commandement du Régiment lorsque le Chef de Brigade eut été blessé. Il s'empara, avec le petit nombre de Dragons qui lui restait, de 2 pièces de canon et fit un grand nombre de prisonniers que le feu de la mousqueterie le força d'abandonner. Dans la mêlée il eut son cheval tué sous lui, ses habits percés de plusieurs balles et de plusieurs coups de baïonnette et il reçut en outre plusieurs coups de crosse dont il se ressentit pendant longtemps. A la rentrée de l'Armée d'Egypte le premier Consul, par arrêté du 9 Thermidor an X, lui décerna un sabre d'honneur. Créé Officier de la Légion d'honneur, le 21 Prairial an XII. Retraité le 9 Fructidor an XIII.

SOURD (*Voir aux Colonels*).

TRUFFAUT (Auguste). Né en 1778 à Jouy-Moisier (Seine-et-Oise) *Dragon au 3e Régiment* le 29 Frimaire an VI. Campagnes d'Egypte et de

Syrie. Brigadier le 1er Brumaire an VII, il se distingua le 19 Ventôse an IX dans une affaire d'avant-postes qui eut lieu à l'embarcadère entre Alexandrie et Aboukir, où il franchit un enclos que défendaient une vingtaine de fantassins ; il en tua une partie et fit le reste prisonnier. A Aboukir, le 30 du même mois, il reçut deux coups de feu au bras gauche qui nécessitèrent l'amputation. Admis aux Invalides avec le grade de Lieutenant honoraire le 9 Pluviôse an X, le 9 Thermidor suivant il reçut un fusil d'honneur. Légionnaire le 1er Vendémiaire an XII. Electeur de l'arrondissement de Saint-Denis. Retraité le 4 Mars 1808.

NOTE SUR LES UNIFORMES DU RÉGIMENT

DEPUIS SA CRÉATION

Depuis sa création, le Régiment portait les couleurs du duc d'Anguien, son Mestre de Camp propriétaire ; l'uniforme n'existait pas encore. En 1690 une première ébauche de règlement lui donna l'habit gris à revers rouges ; mais la première description détaillée que nous trouvons est celle de 1734.

Voici, depuis cette époque jusqu'à nos jours, les principaux changements survenus dans la tenue du *3e Dragons* :

1734   Habit blanc, parements rouges, bandoulières de buffle bordées de blanc, mousqueton, sabre et pistolet.

1735   Habit et manteau de drap gris blanc, doublure rouge, parements demi-écarlate, boutons de drap gris blanc, buffle à boutons de cuivre, bandoulière blanche, culotte de peau de chèvre, et chapeau bordé d'argent fin.

1763   Habit bleu, parements, revers, collets et doublures ventre de biche, doubles poches en long, garnies de trois boutons, autant au parement, six au revers de 2 en 2 et 3 au-dessous ; buffle et culotte chamois, boutons blancs n° 27, chapeau bordé d'un galon de laine ou fil blanc.

     L'équipage du cheval en drap ventre de biche, bordé d'un galon velouté, avec raie ventre de biche au milieu de deux raies cramoisies mouchetées de blanc, liseré de couleur ventre de biche.

1768   Habit à la polonaise ; parements et collets de drap bleu ; doublure, veste, culotte et revers chamois condé, les revers bordés ainsi que les parements et collets d'un petit galon de fil blanc, 7 boutons au revers, 3 au-dessous avec autant d'agréments et houppes de fil blanc, boutons blancs n° 27, chapeau bordé de galon blanc.

     L'équipage du cheval comme en 1763.

1776   Habit veste drap vert foncé, collet droit de drap rouge, parements et revers de drap chamois condé ; la patte de la poche coupée en travers, liseré de même drap, marquée de trois boutonnières sans boutons ; chaque côté du revers garni de 7 petits boutons placés à distances égales, 4 petits au-dessous du revers, 2 aux épaulettes, l'ouverture de l'avant-bras et du parement fermées par deux petits boutons chacune. Gilet et culotte de drap blanc ; boutons blancs aux armes de Bourbon n° 12.

La housse en drap vert, bordée d'un galon en laine veloutée, avec raie ventre de biche, au milieu de deux raies cramoisies, mouchetées de blanc, liserés de couleur ventre de biche.

1803 Habit vert ; collet, revers, pattes de parements et liseré écarlate ; poches en long casque ordinaire.

1812 Fond de l'habit vert ; collet aurore ; liseré vert ; épaulette fond vert, liseré aurore sans franges ; revers et liseré aurore ; parements et liseré aurore ; poches figurées dans les plis, liseré aurore, retroussis fond et liseré aurore ; doublure partie supérieure du corps toile, taille et basques aurore, ornement de retroussis aigle vert ; boutons plats jaunes.

1816 Habit veste vert dragons à revers droits, agrafant du haut en bas sur la poitrine, et de couleur jonquille, parements, collet, passepoils et retroussis de la même couleur, pantalon blanc à la hongroise, bottes rondes à l'autrichienne, ceinturon s'agrafant par dessus l'habit, casque à la dragonne avec chenille et couvre-nuque au lieu de la crinière des anciens dragons ; le reste de l'équipement était en tout conforme à celui des dragons de l'ancienne armée, seulement la carabine remplaçait le grand fusil, ce qui avait fait ajouter à l'équipement des dragons de la nouvelle armée le porte-carabine des troupes légères.

1823 Habit vert à revers, collet, revers, parements et retroussis rose foncé. Boutons jaunes ; pantalon gris argentin avec passepoils de la couleur tranchante, casque en cuivre à la Romaine, avec crinière en chenille.

1826 Modifications au précédent uniforme : Pantalon en drap garance avec passepoils de la couleur tranchante ; casque avec bombe en cuivre, avec crinière noire flottante.

1832 Habit vert à revers ; couleur distinctive rose, revers, parements, ornements de retroussis, passepoils du collet, de la bride d'épaulette, des pattes de parements et de ceinturon, figurant des poches, et des retroussis, de la couleur distinctive ; le collet, les pattes de parements et de ceinturon, les passepoils des revers, des brides d'épaulettes, et de parements, vert ; épaulettes, corps vert, frange écarlate, boutons jaunes à numéro ; pantalon garance avec passepoils des côtés vert et à fausses bottes ; casque en cuivre à crinière flottante ; plumet droit en plume de coq écarlate, buffleterie blanche.

1841 Habit vert à revers ; couleurs distinctives : Le 3e Dragon rose. Il a les revers, les parements, les ornements de retroussis, les passepoils du collet, de la bride d'épaulette, des pattes de parements et de ceinturon, figurant les poches, et des retroussis, de la couleur distinctive ; le collet, les brides d'épaulettes, les pattes de parements et de ceinturon, les passepoils des revers et de parements, vert ; épaulettes corps vert, frange écarlate ; boutons jaunes à numéro ; pantalon garance, avec passepoils des côtés, vert ; casque en cuivre à crinière flottante ; plumet droit en plume de coq écarlate ; buffleterie blanche.

De 1843 à 1852 Habit vert à revers : couleur distinctive : orange, collet vert ; parement vert, retroussis vert à passepoils et à ornements orange ; épaulettes corps vert à pattes orange ; revers orange à passepoils verts, frange écarlate ; boutons jaunes à numéro ; pantalon garance à passepoils vert ; casque de cuivre à turban de tigre, crinière et aigrette noire ; plumet droit écarlate ; buffleteries blanches.

1853 La couleur distinctive du 3e Dragons qui était orange devient blanche. Ce changement de couleur distinctive fait modifier les pattes de parements, les revers, les passepoils et ornements des retroussis (blanc). Les épaulettes deviennent écarlate.

1854 Modifications : casque à turban peau de vache tigrée.

De 1855 à 1869 L'habit devient vert clair.

Il est fait mention d'un manteau en drap blanc piqué de bleu, à manches et à rotonde.

1869-1870 Tunique bleu foncé, à un rang de boutons ; collet blanc, passepoil bleu foncé ; parements bleu foncé, passepoils et pattes blancs, boutons jaunes, à numéro ; épaulettes écarlates ; pantalon garance à passepoils bleu foncé.

Le casque et ses accessoires, le manteau, les buffleteries ne changent pas.

(L'uniforme de 1869 est le même pour tous les régiments de dragons).

1873 Tunique en drap bleu foncé, à un rang de boutons ; passepoils blancs ; collet blanc orné dans les angles de pattes bleues portant le numéro du régiment découpé en drap blanc ; parements bleus à pattes blanches ; boutons en cuivre estampés d'une grenade, sans numéro ; épaulettes écarlates ; pantalon garance à passepoils bleus ; casque d'acier à cimier de cuivre ; crinière noire, plumet droit écarlate en plumes de coq ; manteau en drap blanc piqué de bleu à manches et à rotonde

NOTE SUR LES ÉTENDARDS ET LES GUIDONS DU RÉGIMENT

DEPUIS SA FORMATION

Jusqu'en 1791, les étendards du Régiment n'ont pas varié. L'ordonnance du Roi de 1737 les indiquait comme étant de soie bleue, le soleil d'or et sa devise au milieu, quatre fleurs de lys brodées en or aux coins. Les six étendards étaient frangés d'or. Les cravates étaient blanches.

En 1776, quand Bourbon-Cavalerie devient Bourbon-Dragons, aux étendards sont subtitués les *guidons*. Les étendards étaient de forme rectangulaire ; les guidons ont leur partie flottante découpée en deux pointes arrondies. Ces guidons furent brûlés à Ardres, en exécution de la loi du 22 Avril 1792.

Celle du 10 Juillet 1791 avait donné au Régiment des guidons qui portaient d'un côté : Discipline, Obéissance à la loi ; sur le revers le numéro 3. Le 30 Septembre ce numéro doit être placé au-dessus de l'inscription. Le guidon du 1er Escadron était aux trois couleurs ; ceux des autres Escadrons ventre de biche, couleur du Régiment.

En 1803 toutes les cravates sont tricolores, et nos guidons ont pour couleurs :

1er Escadron, Bleu d'un côté, vert clair de l'autre.
2e   —   Vert dragon des deux côtés.
3e   —   Vert dragon d'un côté et rouge de l'autre.
4e   —   Rouge des deux côtés.

Ils furent changés le 5 Décembre 1804, et les aigles impériales remplacèrent les emblèmes de la République.

Le 21 Août 1816, le nouvel étendard fut remis au Régiment alors à Toulouse par le Général de Division Partouneaux. Il était blanc avec l'écusson de France et l'inscription : *Le Roi au 3e Régiment de Dragons.*

Le 27 Mars 1831, le Régiment a l'étendard tricolore, bleu à la hampe, blanc au centre, le rouge flottant.

Le 16 Avril 1848, le 1er Escadron est chargé d'aller à Paris pour recevoir le nouvel étendard des mains des membres du Gouvernement provisoire. Il portait aux quatre angles le numéro 3 dans une couronne de laurier, au centre l'inscription : *République Française, 3e Régiment de Dragons ;* aux angles les mots : *Unité, Liberté, Egalité, Fraternité ;* au revers le numéro 3 et l'inscription : *Valeur et Discipline.* La hampe était surmontée d'un fer de lance doré.

Le décret du Président de la République du 31 Décembre 1851 remplaça le fer de lance doré par l'aigle, et le nouvel étendard fut distribué à Paris le 10 Mai 1852. Le Colonel Marion, un officier et cinq hommes allèrent le recevoir. Le Régiment conserva cet étendard jusqu'en 1870. Il ne fut pas emporté pendant la campagne, et suivit le Dépôt.

Les 5 Juillet et 5 Août 1871, le Régiment dut se procurer sur les frais de la masse générale d'entretien un étendard en laine sans cravate, sans frange et sans inscription ; la face portait simplement : 3ᵉ *Régiment de Dragons.*

Il subsista jusqu'en 1880. Le 14 Juillet, le Colonel de Louvencourt et une députation du Régiment alla recevoir, à Paris, l'étendard actuel du Régiment, il est ainsi décrit :

« L'étendard mesure 64 centimètres carrés, non compris les franges ;
» l'étamine en soie n'est pas d'un seul morceau, comme pour les éten-
» dards distribués en 1852, mais composée de trois bandes cousues à la
» main. Sur un côté de l'étoffe sont peints en lettres d'or les mots :
» *République Française, Honneur et Patrie* ; sur l'autre côté la désignation
» du Régiment et les noms des principales batailles dans lesquelles il s'est
» fait remarquer. Des couronnes de laurier, placées aux quatre angles des
» deux côtés de l'étoffe, contiennent le numéro du Régiment. L'étamine est
» bordée sur ses quatre côtés d'un galon lézardé en or fin, formant tête
» et encadrement ; une frange à torsades d'argent doré de cinq centimètres
» de hauteur garnit les bords libres.

» La hampe, en bois de frêne et peinte en bleu, porte en haut un fer
» de lance en bronze doré passant dans une couronne de laurier et sur-
» montant un cartouche sur lequel se détachent d'un côté les initiales
» R. F., et de l'autre le numéro du Régiment.

» A la base de ce cartouche se trouve un bracelet dans lequel est nouée
» la cravate, formée d'une bande de soie tricolore, longue de 64 centi-
» mètres, large de 21 et terminée par une frange à grosses et petites
» torsades en or fin, de 8 centimètres de hauteur. Une guirlande de chêne
» et de laurier brodée en or, entourant le numéro du Régiment, égale-
» ment brodé en or, orne les extrémités de cette cravate.

» C'est au bracelet de la cravate que s'attache la Croix de la Légion
» d'honneur décernée à l'étendard du Régiment qui a pris une enseigne à
» l'ennemi. »

Le 3ᵉ *Dragons* porte inscrits sur son étendard les noms *Arcole, Austerlitz, Iéna, Friedland.*

OFFICIERS, SOUS-OFFICIERS, BRIGADIERS & CAVALIERS

Du 3ᵉ Régiment de Dragons

TUÉS OU BLESSÉS A L'ENNEMI

1649

Gaspard III, Marquis d'Orne, Mestre de Camp.............. Tué à Charenton.

1674

Duc d'Anguyen, Mestre de Camp...................... Blessé à Senef.

1692

Comte de la Chapelle-Balon, Mestre de Camp.............. Tué le 12 Juin, sur la Méhaigne.

1709

Bontout, Maréchal des Logis............................ Blessé à Malplaquet.

1742

Jean Vincent .... Tué en Février.
Claude Julien.. —
Varnay le jeune.. Tué le 16 Mars.
Jacques Dumont.. Tué en Mai.
Richard Barbet.. Tué le 21 Septembre.
Dombal .... Tué le 11 Novembre.

1743

Marcade, David.. Tué le 24 Février.
Vannier, Jacques..... .... —
La Noue, S.. Tué le 1ᵉʳ Mars.
Founel, François .... Tué le 3 Mars.
Pichette, Ernest....................................... Tué le 29 Mars.
Guiche, Antoine....................................... —

Raymond, Jacques.................................... Tué le 5 Avril.
Bourg, Barthélémy.................................. —
Landrin, Jacques.................................... Tué le 15 Avril.
Moreau, Nicolas.................................... —
Cordonnier, Pierre-Joseph........................... Tué le 10 Avril.
Colla, Antoine .... Tué le 25 Avril.
Colla, Jean.. —
Boyer, Constantin.................................. Tué en Juin.
Mazin, André...................................... —
Héry, Jean... Tué le 9 Juin.
Hardey, Gabriel.................................... Tué en Août.
Cresme, Martin..................................... Tué en Septembre.
Goleffe, Jean...................................... Tué en Octobre.
William, François.................................. —
Coussier.. Tué en Novembre.
Guyon, Jean-Pierre................................. —
Berth, Jean .... Tué en Bavière.
Schliger, Dominique................................ Tué en Novembre.

1744

Tousset, Thomas.................................... Tué en Août.
Darinthier, Jean.................................... —
Franquette, Louis .... Tué le 15 Octobre.
Patre, Jacob....................................... Tué en Novembre.

1747

Philippot, Louis.................................... Tué.
Larcher, Adrien .... Tué.
Lefebvre, Jean..................................... Tué le 2 Juillet.
Ourbal Rasser...................................... Tué en Août.
Cauveret, Jean .... Tué le 18 Octobre.
Morin .... Tué en Novembre.

1748

Lidère, Jacob...................................... Tué le 25 Octobre.

1749

Lefebvre, Gui-Michel, dit Lefebvre................... Tué.

1753

Gérard, Philippe.................................... Tué.

1754

Tussy, Jean-François, dit la Forge.................... Tué.
de Vannier, Jacques, dit Vannier .... Tué.
Wissembert, Jean, dit Wissembert .... Tué.

1757

de Caillères, Capitaine (1).
de Maussabrey, Lieutenant.
de L'Isle, Capitaine.
Bonhomme, Joseph, dit Saint-Denis.
de Vaucelle, Jean-Nicolas, dit Vaucelle.
Maillet, Etienne-Alexandre, dit Alexandre.
Lesueur, Denis, dit Denis.
Menin, Henry, dit Montmédy.
Franquet, Joseph, dit Franc-Cœur.
Renaud, Nicolas-Joseph, dit Renard.
Berry, Etienne, dit Berry.
Verlin, Antoine, dit Antoine.
Lambert, Michel, dit Lambert.
Froment, Antoine, dit Froment.
Painer, Nicolas, dit Painer.
Bonnet, Joseph, dit Bonnet.
Aubert, Joseph, dit Aubert.
Perrier, Charles, dit Perrier.
Turber, Pierre, dit Turber.
Marigny, Pierre, dit Dijon.
Rouvien, Jacques, dit Rouvien.
d'Hainaut, Louis, dit Tourrangeau, Maréchal Fourrier.
Bidault, Laurent, dit Charpentier.
Bauvel, Jean-Baptiste, dit Courtois.
Richard, Jean-Baptiste, dit Sivey.
Renaud, Philippe, dit Renaud.
Gautier, Pierre, dit Gautier.
Richard, Antoine, dit Antoine.
Vidal, Pierre, dit David.
Adeline, Jean, dit Beaulieu.
Mougenot, Marc, dit Mougenot.
Maurice, Claude, dit Maurice.
Clunberger, Léonard, dit Saint Charles.
Wissembach, Jean, dit Wissembach.
Landion, Claude, dit Claude, 2e Brigadier.
Aubot, Etienne, dit Laurier.
Henri, Nicolas, dit Lefebvre.
Le Seine, Jean, dit Clermont.
Cartagnel, Pierre, dit Croye.
Doriante, Louis, dit Saint Louis.

(1) Tous les Officiers et Cavaliers cités en 1757 sont portés sur la Matricule : Restés à la bataille de Rosbach (5 Novembre)

Guillemain, J., dit Guillaume.
Girard, J., dit Girard.
Baujou, Jean, dit Saint Jean.
Cugny la Pâque, dit Dupé.
Dolingue, H., dit Antoine.
Martin, Jean, dit Saint Martin.
Duval, Pierre, dit Duval.
Rasback, Jean, dit Colmar.
Angelet, Jean, dit Saint Pierre.
Goulard, Jean-Baptiste, dit Goulard.
Deville, Toussaint, dit Deville.
Ribourg, Jean-Baptiste, dit Lajeunesse.
Brune, Antoine, dit Brune.
Risser, Georges, dit Baslieu.
Parain, Etienne, dit Etienne.
Arnauld, Jean, dit Saint Jean.
Roger, Barthélemi, dit Berry.
Rodel, François, dit la Douceur.
Mercier, Jean-Baptiste, dit Mercier.
Meunet, Pierre, dit Vieux Pierre.
Fournier, Louis, dit Dubois.
Boulet, Charles, dit Gilbert.
Hélain, François, dit Hélain.
Smerling, Joachim, dit Gaspard.
Lafond, Pierre, dit Chrétien.
Devaux, Jean-Baptiste, dit Devaux.
Fombert, André, dit André.
Jacob, Jean-Claude, dit Jacob.
L'hôtellier, Louis, dit L'hôtellier.
Viélin, Jacques, dit Villefranche.
Duché, François, dit Duché.
Brousse, Martial, dit Saint Georges.
Vergne, Pierre, dit Vergne.
Husson, Claude, dit Mircourt.
François, Jacques, dit François.
Thuillier, Jean-François, dit Saint François.
Lourdet, François-Charles, dit Saint Charles.
Décamp, Edmond, dit Saint Louis.

1759

de la Coudraye, Capitaine............................. Blessé à Cassel.

1760

Nicolas, Lieutenant.................................. }
de Neuilly, Major .... } Blessés à la bataille de
de Maussabrey, Lieutenant............................ } Warburg.

1792

Cottignies, Dragon............................... Blessé à Grandpré.

1793

Bousson, Capitaine .... Blessé en Mars.
Milquin, Dragon................................... —
Cottignies, Dragon .... —
Laurent Vèvre, Trompette.......... .... —
Étienne Labbé, Sous-Lieutenant .... Blessé le 14 Septembre.
Monin, François, Dragon........................... —
Daniel   —   .... —
Bourgeois, Jean-Claude, Brigadier.................. Blessé le 15 Octobre.
Faubories, Dragon................................. Blessé à Tirlemont.

1794

Gaucher, Laurent, Dragon .... Tué le 3 Janvier.
Courtois, Jean-Baptiste, Brigadier.................. Tué le 20 Mars.
Pelletier   Dragon .... —
Dorion, Benoît   —   .... —
Detoulet   —   .... —
Grappin   —   .... —
Legher, J.   —   .... —
Merlet, Jean   —   .... —
Couterelin, René   —   .... —
Grave   —   .... —
Montfort, Antoine, Maréchal des Logis .... Tué le 25 Avril.
Brochard, Pierre, Brigadier........................ Tué le 26 Avril.
Berme, Victor,   Dragon .... Tué en Avril ou Mai.
Gerbaut, Jean-Baptiste —   .... Tué le 21 juin.
Durand, Jean-Baptiste Brigadier .... Tué le 8 Juillet.
Danel, Jean-Baptiste   Dragon..................... Tué le 27 Juillet.
Têtard, Albert   —   .... Tué le 3 Octobre.

1795

Manget, François   Dragon..................... Tué le 19 Février.

1797

Joly, Pierre   Dragon..................... Tué le 27 Janvier en
                                                        Italie.
Decauvelaert, Jh-César Brigadier.................. Tué le 25 Février.
Roland, Marie   Dragon .... Tué le 13 Mars.
Legros, Antoine   Capitaine................... Tué le 29 Mars.
Baudoin, Nicolas   Dragon..................... —
Leclerc   Brigadier .... —

Buysson, Pierre — Brigadier — Blessé le 29 Mars.
Delesalle, Jh-Augustin — Brigadier-Fourrier — —
Boubert, Célestin — Dragon — Tué le 30 Mars.
Praslé, Henri-Joseph — Maréchal des Logis Chef — Tué le 31 Mars.
Védie, Jean-Louis — Dragon — Tué le 14 Août.
Lemoine, Pierre — — — Tué le 9 Mai.
Paquier, René — — — Tué le 8 Juin.
Mortelier, Antoine — — — Tué le 17 Août.
Tisset, Antoine — — — Tué le 28 Août.
Mercier, Antoine — — — Tué le 13 Septembre
Vichery, Jean-Baptiste — Brigadier — Tué le 24 Septembre.
Morisse, Maurice — Dragon — Tué le 4 Seprembre.
Legros, Antoine — — — Tué le 29 Novembre.
Blin, François — — — Blessé le —

1798

Roussel, Alex.-Charles — Dragon — Tué le 16 Mars.
Morel, Ch.-Toussaint — Maréchal des Logis — Tué le 1er Avril.
Faillebin — Dragon — Tué le 1er Mai.
Brasseur, J.-Baptiste — — — Tué le 19 Mai.
Dumont, Gaspard — — — Tué le 24 Juin.
Marcon — Maréchal des Logis — Tué le 14 Juillet.
L'Ecrivain, Jean — — — Tué le 1er Août.
Piémont, Jean — Dragon — Tué le 4 Septembre.
Duhault, Alex. — Dragon — Tué le 16 Septembre.
Berquet — Brigadier — Tué le 22 Septembre.
Lamotte, André — Dragon — Tué le 7 Octobre.
Pajot, François — — — Tué le 21 Octobre.
Lepaire, Daniel — — — —
Bazzezed, François — — — —
Martin, Jean-Baptiste — — — —
Blin, Nicolas — — — Tué le 22 Octobre.
Lemaize, Claude — — — —
Daudet, Jean — — — —
Auluc, Jean — — — Tué le 21 Novembre.
Cappe, Amand — Dragon — Tué le 21 Novembre.
Preux, André — — — —
Gaudet, Joseph — — — —
Hamon, Félix — Brigadier — Tué le 20 Décembre.

1799

Gibert — Capitaine — Tué.
Jérôme, François — Dragon — Tué en Février ou Mars.
Lostellerie, Louis — — — Tué le 19 Février.

Lallaguen, Jean	Dragon	Tué le 10 Mars.
Marchand, François	Brigadier	—
Delarue, Louis	Dragon	Tué le 11 Mars.
Delacroix, Benoit	Brigadier	Tué le 13 Mars.
Habert, François	—	—
Lefebvre, Louis-François	—	—
Mahon, Pierre-François	Dragon	—
Mezenguy, Nicolas	—	—
Fontaine, Jean-Baptiste	—	—
Lezay, Pierre	—	—
Huzel	—	—
Sidanes, Yves	—	—
Bonnemain, Aug.	—	—
Lelarge, Hubert	—	—
Bougon, Jean-Baptiste	—	—
Pichon, Yves	—	—
Homon, Jean-Baptiste	—	Tué le 20 Mars.
Ragot, Pierre	—	Tué le 21 Mars.
Barente, Augustin	—	Tué le 28 Mars.
Chantel, Aug.	—	Tué le 31 Mars.
Bouland, François	Brigadier	Tué le 6 Avril.
Dam, Jean-Marie	Maréchal des Logis	Tué le 15 Avril.
Bazire, Julien,	Dragon	—
Druc, Jean-Louis	—	Tué le 20 Avril.
Le Naze, Pierre	—	Tué le 23 Avril.
Noël, François	Brigadier	Tué le 25 Avril.
Lainé, Isidore	Dragon	Tué le 2 Juin.
Petit, Jean	—	Tué le 8 Juin.
Bruxelles, Nicolas	—	Tué le 9 Juillet.
Crépin, Jean	Trompette	Tué le 19 Juillet.
Quenet, François	Dragon	Tué le 23 Juillet.
Roome, Jean-François	Brigadier	Tué le 25 Juillet.
Bouquerot des Essards	Capitaine	Blessé —
Fréron, Barthélémy	Dragon	Tué le 31 Août.
Demante, François	—	—
Guirain, Jean-Baptiste	Maréchal des Logis	Tué en Août ou Septembre.
Blanchelande, Théodore	Brigadier	Tué le 23 Septembre.
Berthelot, Jean	Dragon	—
Delesalle, Jh-Auguste	Sous-Lieutenant	Blessé —
Niéville, Claude	Dragon	Tué le 8 Octobre
Leclérel, François,	Dragon	Tué le 25 Octobre.
Sadot, Jean	—	Tué le 26 —
Naze, Nicolas,	—	Tué le 28 —
Dequin, Pierre,	—	Tué le 2 Novembre.

Guérin, Louis,	Dragon	Tué le 11 Novembre.
Dezinanne, René	—	Tué le 12 —
Laguen	—	Tué le 6 Décembre.

1800

Fiteau	Colonel	Blessé.
Leclère, Joseph	Dragon....... ...	Tué le 13 Janvier.
Foucault, Louis	—	Tué le 5 Mars.
Bertrand, Claude	—	Tué le 2 Mai.
Delard	—	Tué le 6 Mai.
Cabaret, Joseph	—	Tué le 10 Juillet.
Canler, Louis	—	Tué le 21 Août.
Lambert, Louis	—	Tué le 12 Novembre.
Outerleys, Eug.	Brigadier	Tué le 16 —
Aulne, Jean	Dragon...........	Tué le 22 —
Duvivier	Capitaine.........	Blessé.
Terraud	.Sous-Lieutenant.	Tué.

1801

Pizelle, Siméon	Dragon...........	Tué le 3 Février (Egypte).
Lement	Trompette........	Tué le 20 —
Lesplanquois, Aubin	—	Tué le 6 Mars.
Boidin, Antoine	Dragon...........	Tué le 13 —
Danel, Barthél.-F.-Jos.	—	Blessé le 13 Mars.
Delaroux, François,	Maréchal des Logis.	Tué le 21 —
Metz, J.-B.-Célestin	Dragon...........	—
Lucas, Ambroise	Sous-Lieutenant....	—
Vasseur, Joseph	M^{al} des Logis Chef.	—
Alain, Joseph	Brigadier	—
Lecleur, Jean Baptiste	Dragon...........	—
Rainguenoir, Auguste	Maréchal des Logis.	—
Monard, Jean	Dragon...........	—
Maginot, Pierre	Brigadier.........	—
Couleuvrier, François	—	—
Libord, Charles	Maréchal des Logis.	—
Aumont, Amable	M^{al} des Logis Chef.	—
Lebrun, Jean-Louis	Dragon...........	—
L'Hermitte, Joseph	—	—
Laziche, J.,	Maréchal des Logis.	—
Bligne, Charles	Brigadier..........	—
Mercier, Henri	Dragon.....	—
Blin, Jean	Maréchal des Logis.	—
Danicourt, Pierre	Dragon...........	—
Morel, Jean	—	—
Marion, Julien	—	—

Jacquart, Augustin	Fourrier........	Tué le 21 Mars.
Montcharmont	Lieutenant.....	—
Hacquin	M^{al} des Logis...	Blessé le 21 Mars.
Laplace	Brigadier.......	—
Fauvel, Jacques	Sous-Lieutenant.	Tué le 21 Mars.
Dellèvre, Charles	Dragon	—
Pascot, Jean	—	—
Ducos, Jean	Brigadier.......	—
Chambellan, Pierre	Dragon	—
Boucher, Laurent	—	—
Houssière, Jean-Marie	—	—
Legaudy, François	Sous-Lieutenant.	—
Doutrelaine, Narcisse	Brigadier.......	—
Gamelle, Augustin	M^{al} des Logis...	Blessé au Caire.
Haye, Louis	—	Blessé à Aboukir.
Bono	—	—
Caillet, Antoine	Dragon	Blessé le 24 Mars.
Bouzy, Vincent	—	—
Baudet, Jean	—	Tué le 21 Avril.
Cahague	—	—
Chartrain, Louis	—	—
Prévost, Jean	—	Tué le 6 Mai.
Dumoutier, Benjamin	Brigadier.......	Tué le 10 Mai.
Leventu, Pierre	Maître-Sellier...	Mort le 2 Août (peste).
Aubry, Jean	Brigadier.......	Tué le 19 Août.
Chalumeau, Pierre	Dragon........	Tué le 30 Août.
Philémon	M^{al} des Logis...	Tué le 25 Septembre.

1802

Métrap, Ambroise	Brigadier.......	Tué le 17 Septembre.
Tissot, Jean	M^{al} des Logis...	—

1805

Miller	Capitaine.......	Blessé le 20 Novembre.
Galland	Sous-Lieutenant.	— (Rausnitz).
Rochet, Pierre-Louis	Dragon	Tué le 21 Novembre.
Pautrain	Brigadier.......	Tué le 2 Décembre. (Austerlitz).
Schetringer, Etienne	Dragon	—
Chopart, Victor	Trompette......	—
Corbet, Ch.-François	Dragon	—
Canuet	Sous-Lieutenant.	Blessé le 2 Décembre (Austerlitz).
Bazire	—	—
Lascours	—	—
Gagneux, Etienne	Dragon	Tué le 6 Décembre.

Sebville, Charles	M^{al} des Logis...	Tué le 9 Décembre.
Podevin, Etienne	Dragon	Blessé le 20 Décembre.

1806

Melkouet, Jean	Dragon	Tué le 27 Octobre.

1807

Autinet, Jacques	Brigadier	Tué le 8 Février (Eylau).
Gariner, J.	Dragon.........	—
Sadou	M^{al} des Logis...	Blessé le 8 Février.
Belmant	Dragon.	—
Desrocques	Fourrier	—
Toutant, Jean-Henri	M^{al} des Logis chef.	Tué le 8 Février (Eylau).
Lagge, Louis	Dragon.........	—
Varin, Charles-Jean	—	—
Blantron, Jacques-Michel	—	—
Maison, Antoine	—	—
Deguerre François	—	—
Perrond Charles	Brigadier.......	—
Blin, François	Dragon	Blessé le 8 Février (Eylau).
Gamelle, Augustin	—	—
Barbut	Capitaine.......	—
Bazin	Sous-Lieutenant.	Tué le 8 Février.
Canuet	Lieutenant......	Blessé le 8 Février.
Bouquerot	Capitaine.......	—
Reumont, Charles	M^{al} des Logis...	Tué le 14 Juin (Friedland).
Vicaire, Joseph	Brigadier........	—
Souliers, Jean-Louis	Dragon.........	—
Diart, Nicolas	—	—
Moignet, Vincent-Pierre	—	—
Privat, Jacques-Michel	—	—
Dauvert, Joseph	Brigadier......	—
Nain, Pierre	Dragon.......	Blessé le 14 Juin (Friedland).
Carnavan, Louis	M^{al} des Logis...	—
Butant	Dragon........	—
Grégoire, Joseph	—	—
Moulin, Etienne	—	—
Labitte, Jean-François	—	—
Ducaudas, Jean-Baptiste	—	—
Mauduit, Jean	—	—
Coniard, Jean-Baptiste	—	—
Dufréchon, Médard	—	—
Lasserre, Pierre-César	—	—
Senter, Pierre	—	—

Foquet, Claude	Dragon	Blessé le 14 Juin (Friedland).
Bruckel, Jean	—	—
De Badonville, Merlin	Lieutenant	Tué le 14 Juin.
Guyon	Capitaine.......	Blessé le 14 Juin.
David	Sous-Lieutenant.	—
Chuppin, Auguste	Dragon	Blessé le 26 Juin.
Beauvalot, Pierre	—	Tué le 19 Juillet.
Ballet, François	—	Blessé le 20 Juillet.
Sirugne, Louis	—	—

1808

Bonchet	Sous-Lieutenant.	Blessé le 19 Juillet.
Périlleux	— .	—

1809

Ballin, Jean	Dragon	Tué le 6 Mars.
Chassert, Jean-Baptiste	—	Tué le 14 Avril.
Carrière	M^{al} des Logis...	Blessé le 29 Juin.
Guibert, François	Dragon	Tué le 20 Avril.
Dracard	Sous-Lieutenant.	Tué le 6 Mai.
Cantourne	Dragon	Tué le 29 Juin.
Bournon, Jean-Baptiste	—	Blessé le 29 Juin.
Rousseau, Marie-Charles	—	—
Roux	Capitaine.......	—
Mouret	Sous-Lieutenant.	—
Surry	Sous-Lieutenant.	Blessé le 7 Juillet.
Laurent, François	—	Blessé le 8 —
Langlois, Jean	Dragon	Tué le 25 Septembre.
Dechome, Frédéric	—	—
Bossert, Antoine	Dragon	—
Espitalier, Vincent	M^{al} des Logis...	Tué le 23 Novembre (Espagne).
Malingre, Claude	Dragon	— —
Ridel, Jean-Marie	—	— —
Roux, Jacques	Brigadier	— —
Bonnet, Jean	Dragon	— —
Delesalle	Chef d'Escadron.	Blessé le 23 Novembre (San-Carpio).
Decoquerel	Sous-Lieutenant.	Tué le 28 Novembre (Alba de Tormès).
Carrié	—	Blessé le — —
Miltgen	M^{al} des Logis...	Blessé le 7 Juillet.

1810

Brimbœuf, François	Dragon	Tué le 15 Janvier (Espagne).
Huet, Pierre-François-René	—	Tué le 20 Juin —

Charpentier, Alexis	Dragon	Tué le 21 Juin (Rodrigo).
Pasqué, Jean	—	— —
Donard-Sentin	—	Tué le 27 Juin.

1811

Antoine, Pierre	M^{al} des Logis...	Blessé le 4 Janvier (Portugal).
Bellengreville, Pierre-Fçois	Dragon	Tué le 17 Janvier.
Guillemont	Sous-Lieutenant.	Blessé le 7 Juillet (Naval-Mujado).

1812

Vandemal	Lieutenant......	Tué le 27 Août (passage de l'Osma).
Saint-Sauveur	Sous-Lieutenant.	Blessé le — —
Barbut	Chef d'Escadron..	Blessé le 7 Septembre (Moskowa).
Duret	Capitaine	— —
Surry	Lieutenant......	— —
Canuet	Capitaine.......	— —
Robert	M^{al} des L^s Chef .	— —
Sardou	Sous-Lieutenant.	Blessé le 4 Octobre (près Moscou).
Chappèle	M^{al} des Logis...	— —
Canuet	Capitaine.......	Blessé en Octobre.
Auguste, Jean-Louis	M^{al} des Logis...	Tué le 18 Octobre (Russie).
Gobel, Ch.	M^{al} des Logis...	— —
Massaux, Etienne	Chevau-Léger...	— —
Carrié	Lieutenant......	— —
Saint-Costard	Lieutenant......	Blessé le 18 Octobre (Moskowa).
Enard, François	Brigadier........	Tué le 7 Septembre (Russie).
Place, Etienne	Dragon	—
Reveillé	Lieutenant	Tué le 10 Décembre (Wilna).
Lefebvre	Sous-Lieutenant .	Blessé le 10 Décembre.
Antoine	M^{al} des L^s Chef .	—

1813

Witch, Sébastien	Chevau-Léger...	Tué le 21 Août.
Boquet, Michel	— ...	—
Dourthe, Henri	— ...	—
Miltgen	Lieutenant......	Blessé le 21 Août.
Viel	Sous-Lieutenant.	Tué le —
Lefèvre	—	Blessé le —
Lecerf, Félix	Brigadier	Tué le 26 Août (Dresde).
Geances, Eloi	—	—
Mouillot, Pierre	—	—
Hacquin	Chef d'Escadron .	Blessé le 26 Août —
David	Capitaine.......	—

Baronnie	Lieutenant......	Tué le 26 Août (Dresde).
Mignot	Sous-Lieutenant.	—
Lefèvre	Lieutenant	Blessé le 25 Août —
Le Bugle	Sous-Lieutenant.	Blessé le 20 Septembre (Bischofswerda).
Dupont, Louis-Thibault	—	Tué le 30 Septembre.
Legendre, Nicolas	M^{al} des Logis ...	Blessé le 18 Octobre.
Beaugez	Capitaine.......	Tué le 18 —
Rouillet	Sous-Lieutenant.	Blessé le 18 — (Leipsick).
Barbut	Chef d'Escadron.	Blessé le 22 — (Weimar).
Le Bugle	Sous-Lieutenant.	Tué le 26 — (Silésie).
Banzil	Capitaine.......	Blessé le 18 —
Mottu, Paul-Marie	—	Tué le 30 —
Pillay	Major..........	Blessé le 23 Septembre.
Lefebvre	Lieutenant......	—
Lebon, Jean-Constant	—	—

1814

Batellier, Jean-Louis	Dragon	Tué le 5 Février.
Miltgen	Sous-Lieutenant.	Blessé le 14 —
Faivre	—	Blessé le 25 — (Bar-sur-Aube)
Plaisant	—	Blessé le 2 Mars (Troyes).
Miltgen	—	Blessé le 5 Mars (Craonne).
Cahey, François	M^{al} des Logis ...	Tué le 7 —
Plaisant	Sous-Lieutenant,	Blessé le 12 —
Jallais	Lieutenant......	Blessé le 15 —
Bernard	—	Tué le 25 —

1815

Lagrange de Latuillerie	Lieutenant......	Blessé le 1er Février.
Dambesse, Joseph	—	Tué le 16 Juin.
Sourd	Colonel	Blessé le 17 Juin (Genappes).
Delaporte	Lieutenant......	—
Gersat-Maurne	—	Blessé le 18 Juin.

1870

Voir le *Journal de Marche* au Chapitre XII.

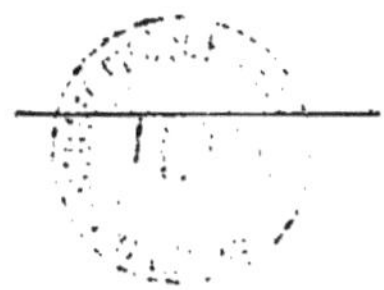

TABLE DES MATIÈRES

PREMIÈRE PARTIE

DEUXIÈME PARTIE

NOTES ET REMARQUES

Nantes — Imp. Bourgeois, rue St-Clément